本書出版得到安徽省重點學科
阜陽師範學院古代文學學科資助。

嘉靖潁州志

（李本）

校箋（下）

（明）李宜春　纂脩

張明華　戴歡歡　校箋

中国社会科学出版社

潁州志目錄（下）

人物

兵　防

學校

夫學，士之閒也；教，俗之依也。故「譽髦」，咏德之成乎？① 「子衿」，賦制之弛矣。② 作《學校》，敘設教以樹坊，章禮以起義，而《祀典》附焉。

州學

自宋蔡齊以戶部侍郎出知潁州，奏請立學，就西湖境上營建。③ 洪武丙辰（1376），陷於河，廼就南城内通衢北草創。提學廬陵彭公勗屬知州王希初脩建，無何，王去，代以富陽孫景名［明］，功始告成。成化己丑（1469），巡撫滕公昭、代巡陳公爕又屬知州李溥重建。④

中爲明倫堂，左爲進學齋、成德齋，右爲育才齋、會饌所，會饌而南爲訓導宅。堂之北爲尊經閣，閣後爲敬一亭。⑤閣左爲規、矩、準、繩四號，房右爲學正宅。堂之南爲先師廟，翼以東西兩廡。前爲戟門三楹，左名宦祠，右鄉賢祠。前泮池，跨以負梁。池右爲神厨，爲宰牲所。神庫廼在東廡之北，又前爲櫺星門。知州朱同蓁重脩。櫺星之左爲儒學門，路遶東廡之背，右轉以達於堂。路左爲啟聖祠，祠北爲訓導宅，其一又在儀門之東。規模宏敞，信爲興賢地矣。⑥建安蘇鎰《記》：

潁州儒學，舊基在於州之西湖境上，後淪於河。洪武十年（1377），遷於南城街東。學之殿宇、廊廡、齋舍

---

①《詩經·大雅·思齊》：「古之人无斁，譽髦斯士。」

②《詩經·鄭風·子衿》：「青青子衿，悠悠我心。」

③《九朝編年備要》卷十：「（景祐四年）冬十二月……詔非藩鎮勿立學。既而知潁州蔡齊乞立學，特詔從之。」《續資治通鑑長編》卷一百二十一：「（寶元元年二月）己酉，許潁州立學。潁非藩鎮也，於近詔不當立學。知州蔡齊有請，特從之。」

④《成化中都志·學校書院·潁州》：「儒學。宋景祐四年（1037）肇建於西湖上，至洪武初復建。後淪於河，十年（1377）移於南城內。」《南畿志·鳳陽府·潁州（學校）》：「潁州儒學。宋景祐肇建於西湖上。國初復建，尋圮於河。洪武十年（1377），徙於南城內。正統壬戌（1442），嘗葺而新之。成化己丑重修。」呂景蒙《嘉靖潁州志·學校》：「州學。按宋仁宗景祐四年丁丑詔，非藩鎮不得立學。時蔡齊以樞副出知潁州，奏『潁雖非藩鎮，而故名郡，宜立學。』從之。肇基西湖境上，歷三百四十年。洪武丙辰淪於河，徙南城内通衢北，草創未備。提學廬陵彭公屬知州事王希初修建，未幾王去，而富陽孫景名繼之，功始告成。成化己丑，中丞滕公昭、御史陳公燮屬知州李溥重建。」

⑤呂景蒙《嘉靖潁州志·學校》：「敬一亭，在尊敬閣後。」

⑥呂景蒙《嘉靖潁州志·學校》：「學署。在南城東門内。前爲門，爲儀門。廟北爲明倫堂，堂左爲進學齋，爲成德齋；右爲育材齋，爲會饌所。堂北爲尊經閣。（正德壬申兵備磐建，嘉靖乙未兵備宗樞重飾。）閣貯……閣下爲齋宿所、學正宅，一在閣右。訓導宅三，一在會饌所南，一在儀門東，一在啟聖祠北。號房爲規、矩、準、繩四廳，每廳九間，在閣左。」

卑狹，歷歲滋久，風雨震凌，將欲傾頹。適監察御史廬陵彭公奉勅專理學政，至學，謁廟陞堂，周覽學宮，慨然興歎，志於更作。廼獎勸知州王希初，判官楊暹，學正雷塏，訓導陳俊、陳鉉、危安，各捐己俸而爲之倡，學之諸生亦各以其貲來助。方建禮殿未完，而希初、暹俱以事去。繼得進士富陽孫公景名［明］，以舊任憲刑來知是州，而於學校尤拳拳焉。未幾，御史彭公亦以內艱去。廷勅監察御史廬陵孫公鼎繼董厥事，百司奉承益謹，公心益專。集材鳩工，載石陶甓，經營締構，百廢具舉。始事於正統庚申（1440），訖工於正統癸亥（1443）冬十二月。自戟門、禮殿、講堂、東西兩廡、齋舍、饌堂、神祠［廚］、射圃及宣聖、四配、十哲之像，祭祀器皿，靡不悉備。其規模之壯觀，丹漆之炳燿，煥然一新。視昔之隘陋者，今則至於高明；昔之缺乏者，今則至於完具。由是學之師、弟子得有所依歸，歡忻踴躍，莫不歌燕喜之詩，而頌其成功之美也。典勅事者，列狀來徵記。

夫學校之設，所以育賢才而爲出治之本；其脩舉興廢，寔掌政教者之責任。苟敝壞不治，則無以將事。既撤而新之，其化民成俗之意爲何如哉？我朝稽古崇文，尤重學校。列聖相承，教育涵濡之恩被於四海，而人材輩出，推其所學，致用於世者，寔由學校師儒之所造就也。矧潁州民俗淳樸，士質而文。昔歐陽文忠公嘗遊其地，而祠宇在焉。仰其道德仁義，流風餘韻，尤①有存者。學之諸君子，育於斯，學於斯。朝夕之間，尚其精進磨礱，周旋揖讓，敷邁英烈，效用於旹。庶不負朝廷教育之恩，師友麗澤之益，而奉揚文教，重新學校者之盛心也。故不辭蕪陋，而僭爲之記。②

大學士淳安商輅《重脩記》：

儒學之設，崇正道也。道莫備於孔子，孔子之道，萬世帝王常行之道，正道也。儒學，求道之地也。學有廟有廡，所以嚴祀事孔子，身斯道者也；自餘七十二子，羽翼斯道者也；下逮漢、唐、宋、元諸儒，闡是道者也。祀之，使人知所敬仰，知所取法也。有堂有齋，所以處師生。師知有是道，將推以淑諸人者也；生向慕是道，研窮經史，探索頤隱，汲汲於求知求行者也。是道也，體之於身而身脩，行之於家而家齊，推之於國而國治，達之於天下而天下治③，所謂正道者然也。非若老與佛之道虛無寂滅，有害於人之身心，無益於人之國家也。然而老與佛之宮遍布海內，棟宇傑持，金碧煒煌，而吾儒之學堂、齋廟，無顧④使之弗葺弗飾，曷以居師生，尊聖賢，爲講學求道之本乎？此誠有司之急務也。

潁，中州善地，儒學之設，非一朝夕。廼洪武丁巳（1377）由州之西湖圯岸，遷南城街東，殿堂齋廡，既建而新之。然正統壬戌（1442），提學御史彭勗、知州王希初輩復葺而新之。歷歲滋久，旁風上雨，新者復毀，

---

①「尤」字，疑當作「猶」。《正德潁州志·文章》作「尤」。
②此文，《正德潁州志·文章》題作《重修儒學記》，「建安蘇鎰撰」。
③「治」字，《正德潁州志》、呂景蒙《嘉靖潁州志·學校》均作「平」。
④「顧」字，疑當作「故」。《正德潁州志·文章》、呂景蒙《嘉靖潁州志·學校》均作「顧」。

勢使之然。成化己丑（1469），巡撫副都御史滕昭、南京監察御史陳爕按部詣學，慨然以脩廢爲任。遂相與措置白金若干，屬知州李溥，委耆民邢忠等，市材鳩工，卜日就事。自殿宇、兩廡、神厨、戟門、櫺星門、堂齋、廨舍，悉撤而新之，飾以丹漆，固以垣墉，内外森嚴，瞻者起敬。學正張賢等謂：「吾道增輝，不可無述。」因具始末，走書徵記。

惟學校風化之本，凡君臣之義，父子之親，夫婦之别，長幼之序，朋友之信，其道皆係於此。苟學校不立，則正道不明，人將貿貿焉莫知所之，有弗流於異端之教者鮮矣！我太祖高皇帝肇脩人紀，遐陬僻壤，靡不建學，矧潁爲龍飛之地，畿甸之近乎？自今來遊之士，仰瞻聖賢，俯稽載籍，求之日用之間，驗之踐履之際，使知必正道，行必正道。①如是，則於朝廷設學育才之意，有司脩建作興之功，庶爲無負也已。是役也，憲臣倡之，知州成之，佐文學贊之，人弗勞而事易集者，守②提調之功也。知州長垣人，甲戌進士，歷宰大邑，遷今官，其政蹟之善，尤足稱述云。③

先師廟。嘉靖辛卯（1531），奉詔去封號，撤聖像，而易以牌位，題曰至聖先師孔子。其配哲兩廡，俱以先賢先儒。春秋以仲丁日致祭。壬辰（1532），同知張綰置銅人、香爐，並祭器籩、豆各四十四，簠、簋各八，登五，鉶十二，酒樽一，各連盖。丙申（1536），判官呂景蒙置正案香爐一四，配十哲，東西廡各二。丁未（1547），知州李宜春築兩廡，牌座覆以木幔，立二長扁，及几案四張，牲卓［桌］十四張，燭臺二十對。並脩明倫堂，置考卓［桌］十六張，長凳十條。④

啟聖祠。嘉靖辛卯（1531），同知張綰奉詔建。祀叔梁紇，題曰啟聖公孔氏。以顏無繇、曾點、孔鯉、孟孫氏配，題先賢某氏。以程珦、朱松、蔡元定從祀，題先儒某氏。春秋丁日先祭。丙申（1536），判官呂景蒙置銅香爐五，銅籩豆二十，連蓋。⑤

敬一亭。中樹御制《敬一箴》，御註《視》《聽》《言》《動》《心》五箴。壬辰（1532），同知張綰建。丁未（1547），知州李宜春脩。⑥

尊經閣。正德壬申（1512），兵備孫公磐建。嘉靖乙未（1535），李公宗樞脩。丁未（1547），知州李宜春重脩。中貯御制《孝順事實》《爲善陰隲》《五倫書》各一部，《四書》《易》《書》《春秋》《禮記》《大全》各一部，今多缺壞。李宜春新置《四書》《五經》《大全》各一部。巡倉御史李公保置《史記》《前漢書》《後漢書》《三國志》《晉書》《宋書》《南齊書》《北齊書》《梁書》《後周書》《陳書》《隋書》《南書》《北史》《唐書》《五代史》《宋史》《遼史》《金史》《元史》各一部，共六百五十本。提學御史馮公天馭置《文獻通考》一部。判官呂景蒙置《五禮古圖》板，並三木匱。又置射器、楅鹿，中豐銅鍾、

---

①此句後有「以之孝親、忠君、臨民、即政，無一而非正道」句，原遺漏，據《正德潁州志·文章》、呂景蒙《嘉靖潁州志·學校》補。

②「守」字，《正德潁州志·文章》作「知州」，呂景蒙《嘉靖潁州志·學校》作「守」。

③此文，《正德潁州志·文章》題作《重修儒學記》，「淳安商輅撰」。

④呂景蒙《嘉靖潁州志·禮樂志》：「文廟。在學前。中爲大成殿，兩翼爲東西廡；前爲露臺，爲戟門；門之前爲泮池，爲橋；又其前爲櫺星門。嘉靖辛卯，更殿曰先師廟，門曰廟門，迺易封號，撤像而題以木主，制也。」

⑤呂景蒙《嘉靖潁州志·禮樂志》：「啟聖公祠。在廟東。嘉靖辛卯奉制建祀。叔梁紇題稱啟聖公孔氏神位，以顏無繇、曾點、孔鯉、孟孫氏配，俱稱先賢。某氏以程珦、朱松、蔡元定從祀，俱稱先儒。」

⑥呂景蒙《嘉靖潁州志·學校》：「敬一亭。在尊經閣後，內樹御制《敬一碑》，東西分樹御註《五箴碑》，俱同知綰奉詔建。」

石磬、琴和布侯，乏旌、篚、觶、尊、酒壺、勺、水罍、洗盆、斯禁各一，鼓二，笙三，扑四，弓、決遂各十，矢六十四，籌八十，其尊、觶、勺、壺、水盆，俱錫，並諸架俱藏於閣。①

名宦祠。祀漢汝陰令宋登，唐刺史柳寶積，五代刺史王祚，宋知潁州柳植、晏殊、蔡齊、歐陽脩、呂公著、蘇頌、蘇軾、曾肇、燕肅、豊稷，團練推官邵亢，司法參軍王代恕，推官張洞，知順昌府陳元規，通判汪若海，明知州張賢、張愛，學正劉珮。②

鄉賢祠。祀漢決曹掾何比干、光祿勳郭憲、太尉陳蕃、光祿勳主事范滂，宋制置副史張綸、御史丞王臻、知州焦千之、知縣王回，元總管李鼐、教授張紹組，明御史大夫安然、光祿卿張泌、參議郭昇、知縣張守寧。二祠丁畢③致祭，俱嘉靖甲午（1534）知州朱同蓁建。丙申（1536），判官呂景蒙置銅香爐各一，籩豆各二十，連盖。丁未（1547），知州李宜春重脩，並築臺立碑，覆以木幔，各立長扁几案。④

養賢倉。在學內。

學田。提學御史楊公益、兵憲蘇公志臯批允入學，收租備濟貧生。旹嘉靖辛丑（1541），署州印教授谷宇齡申允安臣買宋友地一頃，係賀鑾、秦伯萬、張廷玉佃租，一十五石。壬寅（1542），知州劉養仕申允賀仲太⑤買張洪地六十一畝，係何仲文佃租，十六石。又于昂枉受于臣地一頃，係于紀佃租，二十五石。又癸卯（1543），李文經原買馬仲舉⑥地一頃零五畝，係李敖⑦佃租，二十五石。丁未（1547），知州李宜春申允李錦鋭⑧枉受魏昇買免地五十畝，坐驛虎橋落。⑨

①呂景蒙《嘉靖潁州志·學校》：「尊經閣。德壬申兵備磐建。嘉靖乙未兵備宗樞重飾。閣貯御制書《孝順事實》一卷、《爲善陰隲》一卷、《五

倫書》六十二卷。經：《易經大全》十二本、《書經大全》十本、《詩經大全》《春秋大全》十八本、《禮記大全》十八本、《四書大全》二十本。史：《史記》三十本、《前漢書》三十二本、《後漢書》二十八本、《三國志》二十本、《晉書》四十本、《宋書》四十本、《元魏書》四十本、《南齊書》十四本、《北齊書》十本、《梁書》十二本、《後周書》十二本、《陳書》八本、《隋書》二十四本、《南書》二十本、《北史》三十本、《唐書》六十本、《五代史》十本、《宋史》一百二十本、《遼史》十六本、《金史》三十四本、《元史》五十本。子、集俱缺。射器數見《禮樂志》，俱貯於閣。《潁州志》板，連簽計三百有四面；《五禮古圖》板二十七面；經史志板厨三；俱判官景蒙置。」

②呂景蒙《嘉靖潁州志・禮樂志》：「名宦祠。在文廟戟門之東。今據傳考定，合祀漢宋登，唐柳實積，五代王祚，宋柳植、晏殊、邵亢、王代恕、蔡齊、歐陽修、呂公著、張洞、蘇頌、蘇軾、曾肇、燕肅、豐稷、陳規、汪若海，皇明張賢、劉珮、張愛。」

③「畢」字，疑當作「丑」。

④呂景蒙《嘉靖潁州志・學校》：「鄉賢祠，在文廟之西。今據傳考定合祀漢何比干、郭憲、陳蕃、范滂，宋張綸、王臻、焦千之、王回，元李黼、張紹組，皇明安然、張泌。」

⑤賀仲太之「太」字，《順治潁州志》《康熙潁州志》均作「泰」。

⑥馬仲舉之「仲」字，《順治潁州志》《康熙潁州志》均作「文」。

⑦李敖之「敖」字，《順治潁州志》《康熙潁州志》均作「鰲」。

⑧李錦銳，《順治潁州志》《康熙潁州志》均作「李錦、李銳」。

⑨「坐驛虎橋落」，《順治潁州志》《康熙潁州志》均作「坐落驛虎橋。」《順治潁州志・學校・學田學租》：「萬曆二年（1574），潁道朱僉事東光發下案驗，撫按等衙門及前道蘇志皋問明，犯人王嘉愛還官地二段，共二頃六十畝，永爲學田。一段在七里河西岸，東至河，西至路，南至張鄉宦蘆花湄，北至儲登鹿家墳。一段在西湖南岸，東至鄉宦，西至王安，南至張鄉宦，北至杜家莊。萬曆二十八年（1600），署潁州事通判徐鄰遵潁道準給城壕周匝，招人領佃，歲納魚、葦並各色子粒銀十兩。又，本壕内周國臣另認租銀四錢五分。以上二項，見今佃納。萬曆三十二年（1604）正月，潁州知州祝彥帖送陸續官買並入官地，共六頃八十三畝，永爲學田，每年該納地租銀共十七兩一錢二分一釐。佃戶苗順領地一頃四十畝，歲納課銀三兩九錢二分八釐。李希盛領地一頃五十二畝，歲納課銀七錢八分。饒武領地五十六畝，歲納課銀一兩三錢二分三釐。蔣思孝領地十五畝，歲納課銀一兩三錢二分。康咏尭領地一頃，歲納課銀四兩二錢二分。李加愛領地一頃，歲納課銀二兩五錢三分。胡東曉領地一頃二十畝，歲納租銀三兩零三分。本年三月内，又帖送本州官基五處，永爲學租，每年該納租銀共六兩。周濟、周臻領西門甕城，歲納租銀一兩。武尚義領南門甕城，歲納租銀二兩。張好倫、陳舉領東門南官溝，歲納租銀一兩。韓朋領六十里鋪地基，歲納租銀五錢。李朋領白龍溝橋，歲納租

銀一兩五錢。以上二項，本州禮房徵完發學。萬曆三十六年（1608）正月，本州鄉宦尚書張公鶴鳴原賣與張傳地六段，共二頃五十三畝，東至王擢用，西至谷河，南至荐用，北至張臻。本宦贖回呈州，輸爲學田，詳允。召史必忠、張好仁佃種，每年納租銀一兩二錢六分五釐。以上皆年久湮滅，不可考已。《舊志》開載學田：提學御史楊益、兵備蘇志皋等官陸續批準學租。嘉靖辛丑，署州事教授谷宇齡申允安臣買宋友地一頃，係賀鑾、秦伯萬、張廷玉領佃，歲納租一十五石。壬寅，知州劉養仕申允賀仲泰買張洪地六十一畝，係何仲文領佃，歲納租十六石；于昂枉受于臣地一頃，係于紀領佃，歲納租二十五石；李文經原買馬文舉地一頃零五畝，係李鰲領佃，歲納租二十五石。丁未，知州李宜春申允李錦、李銳枉受魏昇買免地五十畝，坐落驛虎橋。以上皆年久侵没，不可考，宜查復之。」《康熙穎州志·學校·〈舊志〉開載學田》：「提學御史楊公益、兵備蘇公志皋陸續批準學租。內一項係嘉靖辛丑署州事教授谷宇齡申允安臣買宋友地一頃，廼賀鑾、秦伯萬、張廷玉領佃，歲納租一十五石。一項係壬寅州守劉公養仕申允賀仲泰買張洪地六十一畝，廼何仲文領佃，歲納租一十六石。一項係于昂枉受于臣地一頃，廼于紀領佃，歲納租二十五石。一項係李文經原買馬文舉地一頃零五畝，廼李鰲領佃，歲納租二十五石。一項係丁未州守李公宜春申允李錦、李銳枉受魏昇買免地五十畝，坐落驛虎橋。以上皆年久侵没，不可考，宜查復之。」

穎上縣儒學

洪武四年（1371），知縣車誠因舊址遭元季兵燹，始就邑東創建。十八年（1385），縣丞孔克暘葺之。成化十年（1474），督儲御史鄭公節行縣，度軍儲倉隙地以開拓焉。會巡按劉公忠至，廼動公帑建欞星門、泮宮坊，增以號房，繚以垣墉。嗣而知縣李旹儀、曹琦、夏釜、魏頌、廖自顯相繼改葺。詳載《縣志》。至嘉靖丙午（1546），知縣李檀脩建，堊以丹雘，煥然傑觀。①

中明倫堂，東祭器庫，中貯銅簠簋二十四個，銅香爐一個，銅爵三十個，《蘭亭記》碑一通，俱舊學基掘出。錫爵八十個，木籩豆共二百個，木燭臺二十對，俱知縣廖自顯置。西養賢倉，左腋以進德齋，右腋以脩業齋。門二，曰居仁、由義。連兩齋，爲二門，曰立禮、秉智。堂北爲尊經閣，中藏《爲善陰隲》《孝順事實》《五倫書》各一部，《四書五經大全》並《性理大全》各一部，《佛曲》一部。東會饌所，西會饌厨。堂南爲先師廟，夾以東西兩廡。又東南數武爲啟聖祠，前爲戟門，東供膳厨，西宰牲所，前泮池。又前爲欞星門，欞星之東爲儒學門，名宦、鄉賢在其西。名宦祀漢令劉脩，北齊令樊子蓋，宋令劉涣、王涣之，明知縣□□□□□□。鄉賢祀元繁昌令章克讓，明左奉政史章順舉，給事中卜謙、李芳。教諭宅在閣之東，訓導二宅各在兩齋之後。敬一亭在泮池之北，西隙地爲文會亭。□□□□□□□載在《縣志》。西北爲射圃，中有觀德亭，今廢，判官呂景蒙置射器楅鹿，中豐

---

①《成化中都志·學校書院·潁上縣》：「儒學。舊址在壽春門外，元末兵廢。洪武四年，知縣車誠創建於通津門內。」《南畿志·鳳陽府·潁上（學校）》：「潁上縣儒學。古在壽春門外，元季毀於兵。國朝洪武四年知縣車誠創建於縣治之東。」呂景蒙《嘉靖潁州志·學校》：「潁上學。在東門內縣治東。洪武四年，知縣誠自壽春門外街西改遷於此。洪武十八年，縣丞克耕重修。成化十年，巡按御史劉忠、督儲御史鄭節會出官帑，建欞星門、泮宮坊二座，增修號房一聯，繚以周垣，廟學爲之一新。（祭酒王偁記。）嗣是，知縣時儀與琦相繼修葺焉。」《順治潁上縣志·學校》：「潁上縣儒學。元統二年（1334），縣尹劉居敬建，肇基壽春門外，毀於兵燹。洪武四年，知縣車公誠遷於縣治東。十八年，縣丞孔克耕重修。成化十年，御史鄭公節因其湫隘，度學東隙地拓之。御史劉公忠佐以官帑羨緡。嗣是，知縣李公時儀、曹公琦、魏公頌、廖公自顯相繼修葺，不至湮墜。事詳碑記中。隆慶元年（1567），知縣郁公言槩移上南數十丈，雖甚盛舉哉，而人文不逮嘉隆以前矣。堪輿家每每言之，當事者屢議改修，每憚工費而止。近頹廢更甚。宛平翟公廼慎加意學宮，捐資肇舉，學博錢公訥鋭意倡修，司訓姚公熙臣力贊其事，克日興工，風氣維新。千秋曠舉，其在兹乎！」

銅鍾、石磬各一。知縣李檀復置學田六十餘畝以周貧士。① 祭酒王偰《重脩學記》：

潁上，古汝南支邑，以潁水名。其風氣清淳，士習知行義，喜文詞。邑故有學在城南，兵燹中蕩無孑遺。我國朝洪武辛亥（1371），更度地城東北隅，旹方偃武，令徒恥文具，故學無弘規。其地後瞰濠，前之左福［偪］軍儲倉，爲委巷，入無重門，邃宇危檐傑棟，大抵皆即其地草創爲之。而繼爲令者，又因之不能改圖，故其制陋而日趨於壞，理固宜也。正統己巳（1449）令，忘其氏名，僅一葺治，尋又罷去。明年景泰初元（1450），鄭侯來令茲邑，始鋭意脩學。屬歲荐飢，民不可重困，第求其甚敝者旹補葺之。然而刻心秉德，以身率諸生，飭勵作興，則出諸政令之上。先旹，科目久乏人，至是謝鵬、費謹、韓雄諸人相繼發解。終鄭侯之任九年，戶口增，流遺占復，而士風爲之一變。嗣之者又落落乎其人矣。

成化辛卯（1471），監察御史鄭君持節至潁上，公暇祇謁先聖廟，退視學舍缺惡尤甚，因慨然興歎，有繼緒前人之志。蓋侍御爲鄭侯仲子，知侯嘗有志脩復而力不及者。會軍儲倉吏以繕廩告，遂亟命撤而東之，得隙地若干丈。戒工徒浚濠，以其土實濠壖地，復得若干丈。曰：「可以爲矣。」旹武弁子多相構訟，君審知其非大憝也，下令：苟能任斯役者，減其辜，從輕典。於是衆咸樂趨事，夷其頹垣，除其地之前仰者，而拓以新。所得地經度之，前立泮宮門，南向，次立櫺星門。門皆三，軒豁高聳，肇基［其］偉觀。適巡按御史劉君來，雅與合志，量發公帑羨錢若干緡佐之。君以②選得正千戶姚鑒、陰陽訓術劉軥輩分任之，以次建戟門三間，東西廡十四間。拆廡基後及尋而隆起之，併戟門址，皆五尺。戟門前之左作神厨三間，名敬滁所。右作企德堂三間，東西相向。作亭名觀德於敬滁所東，東向，以習禮射。是皆撤兩廡舊材爲之，而以新材作屋三間於亭之北，爲米廩。廩北爲屋五區，區三間，鱗次中各爲院，爲諸生藏脩之所。明倫堂後故有堂，會食者頗逼仄，去之而益以新。實濠地封土五尺，所立尊經閣三間其上，其崇二十尺其［有］奇，廣稱之，爲庋，以朱漆飾，謹藏上所賜御制諸書。閣左偏復爲學舍十五間，右偏爲會饌（堂）三間，堂仄③作屋爲庖宇。門廡皆施藻繪，丹堊交輝。庭宇階墄皆甃以甓，潔瑩平衍。昔故闇者，至是④一新。惟禮殿堂齋，則尚仍其舊，加脩飾而已。經始於辛卯春三月，既落成，教諭閩人陳君拳以書來請記。

予惟有民斯有養，有養斯有教。夫民衣食不足，固不暇治禮義，然飽暖無教，則悖理亂倫，又將無所不

---

①呂景蒙《嘉靖潁州志·學校·潁上學》：「學署。前爲門，中爲儀門。廟北爲明倫堂，堂左爲進德齋，右爲修業齋。堂後爲尊經閣，上貯御制書《孝順事實》一部、《爲善陰隲》一部、《五倫書》一部。經：《易經大全》一部、《書經大全》一部、《詩經大全》一部、《春秋大全》一部、《禮記大全》一部、《四書大全》一部、《性理大全》一部、《佛曲》一部。史、子、集俱缺。射器：楅一、鹿中一、豐一、銅鍾一、石磬一，判官景蒙置，俱貯於閣。餘行縣查州數自置。閣之東爲會饌堂，西爲教諭宅。西齋後爲訓導宅二。設師生：教諭一人，訓導二人，司吏一人，生員廩膳二十人，增廣二十人。附學亦不限，惟其人。今四十人。」

②「以」字，《順治潁上縣志》作「復」。

③「仄」字，《順治潁上縣志》作「側」。

④「至是」二字，《順治潁上縣志》作「今」。

至。此三代盛旹所以田必井授，而黨庠、術序、國學之制立乎其中，而王政行，人材盛，有由然也。後世井田廢，學制亡毁，而有民人之寄者，漫不知教養爲何事，非旹有賢君焉振起而責成之，則曠數百年，寂無善治。夫以宋室之興八十餘年，而必待仁宗始開天章閣議政事，詔天下皆始立學，則其他可知矣。惟我皇明治隆前古，學校之制遍舉於干戈甫定之秋，四方萬里，絃誦相聞。庶官有司，軼材殊行，胥此以出，以輔成國家億萬載休明之治。徒以郡邑之吏有愚良，故於奉行之際有緩急如斯。潁學自洪武始建，至於今而墜典始一舉行，而且民不知勞，公不知費，曾不旬月而蠹敗者易而爲鮮新，刓缺者化而爲麗密。邑人士改觀易聽，來遊來歌，民心翕從，風化流動。使非鄭侯之良與侍御君之賢，繼世一心，以嘉①惠潁人，則學政日頹，而德意不幾於泯乎？是誠不可以無記，故特爲之書，以復陳君，使鑱之石，以昭示來者。

鄭侯名祺，字彦禧，歷官通判福州，今致任。侍御君名節，字從儉，廣信貴谿人。巡按劉君名忠，字攄誠，濮州人。其成以是年秋九月，記作於閏九月丙午云。②

曹驄《重脩記》：

縣有學校，制也；學有興廢，旹也；人有脩否，數也。丁其數，乘其旹，以新其制者，賢也。人未必皆非賢也。昔嘗育於學校，誨以天人，在余脩否責人，及守一官，而少不介意。吁！可以哉。潁上爲中都文獻之地，以進士登第者數人，以中武登科者數十人，以貢士綰郡符、列印著者又數十餘人在。斯文尚猶以科第之間，歸之風水；學校之振，望之有司。代者未幾而去者接踵，初未嘗有進士令也。嘉靖二年（1523），廖公以名進士來令潁，斯文輩曰：「幸矣，旹可也，數亦可也，制不亦可乎？」公果下車謁學，亦以是病之，廼謂斯文輩曰：「潁以沃饒之野，環帶之水，凝秀之士，且代不乏人。唐宋近，不足論，亦不必拘。學校，有司首務，吾當爲子圖之。」廼隨旹脩葺，凡殿廡、齋舍，易陋爲整，補缺爲全。舊有磚壁對欞星門，外似有塞滯之狀，則拆之。入五丈餘爲大門，前植以松柏，望邃入深，而藏聚不露。舊祭器殘缺，殆非奉獻之宜，則補而新之。皆捐己俸，而不取給於他。堅厚工緻，而盛奉有具。立宰牲、供饌二厨所於欞星門内之左，右立名宦、鄉賢二祠於學之西隙地，門垣具焉。不限之以歲月，不動之以倉庫，不聞之於上下，不駭之以造作。心至而力辦，事簡而功成。凡此，人皆若易也，不知人之不爲也。學校之制不有光乎？學校之興不以旹乎？學校之遭逢不曰數乎？夫公能擴新昔日之學校，斯文之望也；斯文能振起今日之科甲，不亦公之望耶？慎毋諉曰風水。敢紀。

①「嘉」字，《順治潁上縣志》作「加」。
②此文，又見於《順治潁上縣志·文翰》。

太和縣儒學

洪武五年（1372），知縣馬良就邑治東南創建。正統九年（1444），知縣張處仁重建。尚書魏驥《記》。①中爲明倫堂，左志道齋，右據德齋。堂北爲啟聖祠，祠北爲敬一亭，教諭宅又在其後。東訓導宅，西饌堂。中有匱貯書並射器，俱如潁上藏。東南爲先師廟，夾以東西兩廡。前爲戟門，爲泮池，又前爲櫺星門，櫺星之左爲儒學門。名宦祠在廟之東，中祀明知縣陳名、張處仁、趙夔，縣丞袁伯儀。鄉賢在廟之西，中祀尚書王質，長史紀鏞。養賢倉在其東北，射圃在其東南。②

西湖書院

宋知潁州歐陽文忠公建。嘉靖乙未（1535），兵憲李公宗樞即舊址重建。陳公洙、孔公天胤及茅同知宰、呂判官景蒙成之，兵憲顧公翀、許公天倫又相繼脩葺。中四賢堂，祀文忠並晏元獻、呂正獻、蘇文忠，夾以東西廂。堂後面湖爲絕勝亭，前爲仰高堂，又前爲西湖書院坊。兵憲林公雲同易扁爲西湖祠云。③李宜春《重脩記》：

西湖祠，祀宋晏元獻公、歐陽文忠公、呂正獻公、蘇文忠公，以知是郡武相接，名相映。潁至今稱賢守必曰四公，故四公之並祀宜。況西湖歷漢、唐蒐著，至四公始以名勝聞天下。潁至今談西湖亦必曰四公，故四公

---

①《成化中都志·學校書院·太和縣》：「儒學。在縣治東南。洪武初知縣馬良因元舊基重建。」《南畿志·鳳陽府·太和（學校）》：「太和縣儒學，在縣治東南。洪武初知縣馬良因元舊基重建。」呂景蒙《嘉靖潁州志·學校》：「太和學。在縣治東南。洪武五年，知縣良建。正統九年，知縣處仁重建。（尚書魏驥《記》。）」《萬曆太和縣志·建置·學校》：「國朝定鼎之初，首詔天下郡縣皆立儒學，學必立廟以崇祀先師孔子。太和儒學，洪武五年（1372）始建。」

②呂景蒙《嘉靖潁州志·學校·太和學》：「學署廟後爲明倫堂，堂東爲志道齋，西爲據德齋。堂後爲教諭宅。東爲訓導宅，爲饌堂。有书厨。（貯书如潁上。其射器数如潁上者，亦判官景蒙置。）餘行縣自置。其前東爲徑門，又前爲學門。設師生：教諭一人，訓導二人，司吏一人，生員廩膳二十人，增廣二十人。附學亦不限，惟其人。今四十有七人。」《萬曆太和縣志·建置·學校》：「中爲明倫堂。（知縣馬良建。正統十一年（1446），知縣張處仁修，有《碑記》，見《藝文》。）前爲露臺，東爲進德齋，西爲修業齋。堂之北爲敬一亭。（嘉靖十年知縣林墠奉制鼎建，樹立聖制《敬一箴》及《視》、《聽》、《言》、《動》、《心》六碑於中。）亭之後爲啟聖祠。（嘉靖十年正祀典，謂子思配享廟庭，孔鯉從祀兩廡，是以子坐堂上而父列食於堂下，非協天理順人情也，廼命天下儒學特建啟聖祠，祀聖公叔梁紇，以顏路、曾皙、孔鯉、孟孫氏配之。）先師廟在明倫堂之南。（洪武五年，知縣馬良始建。）前爲露臺，翼以東西兩廡。前爲儀門，東爲名宦祠，西爲鄉賢祠。又前爲欞星門、省牲所，在文廟西。東爲儒學門，門之内爲青雲路。逶東廡之皆［階］左轉西向，以達於明倫堂。教諭宅在儒學門之内，青雲路之東。（原爲文昌帝君廟，後改爲宅。自敬一亭以下，俱萬曆二年知縣劉岭重建。）二訓導宅在明倫堂左右，興賢、育秀二坊峙於東西。泮宫坊在欞星門之南，泮池在泮宫之前，環逶城下，連接文昌樓。」

③《成化中都志·學校書院·潁州》：「西湖書院。在西湖之南。宋歐陽修守潁，樂其風土，有終焉之志。致仕後，築室於此，後淪於河。」《南畿志·鳳陽府·潁州（學校）》：「西湖書院。在西湖之南。宋歐陽修守潁時，樂其風土，及致仕，復築室於此。後圮於河。」呂景蒙《嘉靖潁州志·學校》：「西湖書院。在州西湖南。中爲四賢堂，（中設晏元獻公、歐文忠公、蘇文忠公、呂正獻公木主。）爲露臺。露臺之東爲碑亭。前爲門，又前爲西湖書院坊，後爲梧月柳風堂。東西直爲廂，最後面湖爲勝絕亭，爲垣牆四周。」《順治潁州志·輿地·書院》：「西湖書院。宋皇祐元年（1049）歐陽修知潁，愛其風土，樂西湖勝地，廼建書院於湖南。」

之並祀於西湖尤宜。斁思前哲，代豈乏賢？始而建之者，兵憲石疊公李；嗣而葺之者，退齋公林及今許公書厓也。余奉公命往勘所謂侵湖地者，廼過祠下拜焉。見敗墻毁扉，牛羊踏汙，徘徊久之。風颯颯然，若助余歎息聲。廼召磚工以固其址，廼召土工以壯其墉，廼召木工以補其所未備，廼令一人守焉，儼然肅然，頗稱崇禋。其風神斌斌，有不夷猶於兹堂乎？爰托金石，庸綴侑章。詞曰：

潁陽之西，湖水注焉。波光十頃，粘天漪漣。坤靈呈曜，文旗軫聯。孰開而勝？元獻有篇。孰引其流？溉彼田田。歐陽公矣，不竭之泉。書院俶啟，六一雲連。聚星駿發，正獻接肩。堂開會老，朱輪載鮮。插花對月，老守坡僊。豈曰娱逸，起閘通川。有闕而待，有燁而傳。天祚四公，間世名賢。疇稽祭法，俎豆千年。駿鸞跨鶴，神遊嬿婉。百心仰止，斯宫巋然。人懷明德，誰不崇虔？日星炳赫，鎮坤垂乾。

又《祭文》：

於昭四公，奎星運際。謨猷匡旹，文章華世。福次潁陰，朱幡影繼。勝絶西湖，文旌萃麗。植柳於濱，書院肇制。會老堂開，擇勝亭隸。境爲盛存，名緣人繫。渺渺湖光，峩峩祠勢。昔以遊同，今以位儷。優然貌生，眷矣神契。潮海白雲，羅池丹荔。並類龍鸞，重暉儼盻。啟我後人，仰止維切。菡萏清香，式昭明祭。四公之風，川明湖霽。

鄉序

在州譙樓東。嘉靖乙未（1535），兵憲李公宗樞創。先爲小教場，後欲改爲書院。至丙申（1536），督學襄人公銓立爲鄉序，而射圃附焉。中觀德廳，腋以左右兩廂。後爲堂，前爲露臺，中爲射圃坊，又前爲門，扁曰鄉序。

按同知劉節《志》載：「射圃在南城大東門外關口，南北一百五十步，東西二十五步。」①

鄉飲。歲正月望、十月朔，有司於明倫堂行禮。②

---

①呂景蒙《嘉靖潁州志·學校》：「鄉序。在州譙樓東。中爲觀德廳，爲後廳，爲左右腋廂；廳前爲露臺，中爲圃坊，又前爲門，扁曰鄉序。鄉序爲兵備李石疊先生創，先爲小校場，後欲改爲書院，未果。嘉靖丙申，督學聞人北江先生巡歷鳳陽，詢及州之射圃，以原在總鋪後狹隘，因就此改爲鄉序，而以射圃附焉。」《順治潁州志·学校·州学》同。

②呂景蒙《嘉靖潁州志·禮樂》：「鄉飲酒禮。州縣俱以孟春望日、孟冬朔日行。其齋數禮文，詳見《會典》。」

社學

州

在城一，已廢。丁未（1547），知州李宜春改衛東關王廟爲之。在鄉三。

潁上縣學

縣前、東北關各一所，預備倉東西二所，正陽鎮、江口鎮、南照鎮各一所。

太和縣

在城一所。①

李宜春曰：嗟！學校乎，詞章熾而心學微矣，科目盛而行檢衰矣。然先王之訓也，豈競藻以躐進邪？必不然矣。豪傑之興，其不待文者乎？

①《南畿志·鳳陽府·潁上（學校）》：「社學。在北門外。」《南畿志·學校·潁上》：「社學。一在縣前，一在東關，一在北關，一在西正陽，一在江口鎮，一在南照鎮。」《南畿志·學校·太和》：「社學。在北門内。」吕景蒙《嘉靖潁州志·學校》：「社學。州五，在城一，在鄉四。潁上二，俱在城。太和一，在城。」

祀典①

州

社稷壇。在南城西門關外一里，祀五土五穀之神。以春秋二仲上戊日祭。②

風雲、雷雨、山川壇。在南城南門外二里，祀風雲雷雨、境内山川、潁州城隍。春秋二仲上己日祭。二壇之在郡邑，俱中有壇。③

郡厲壇。在北城西北隅白龍溝北。正統中，知州孫景明置。歲以清明日、七月望、十月朔祭無祀鬼神，請城隍神以主其祭。④

城隍廟。在州北城西南隅。有堂，有退室，有東西廊房，有重門。大街之口，有起敬坊。⑤

覃懷趙鋭《記》：

神有靈則當書，人有功則當紀，此天下之通典，而今昔不易之定論也。神之有益於人，人之崇祀乎神，故往往見諸史傳。況神⑥隍尤切於民生保障，陰司人之善惡，與人道幽明相爲表裏，豈可以不祀乎？潁州城隍最有靈驗，保障一郡。嘗考歷代，兵變不一。潁爲宋、元相據之衡，遇守則有功，攻城則不拔。功德被乎生

---

①此類原附於《學校》之後。

②《成化中都志・壇壝・潁州》：「社稷壇。在城西一里。」《南畿志・鳳陽府・潁州（祠墓）》：「社稷壇，在城西一里。」《正德潁州志・學校・祠廟》：「社稷壇。在南城西門關外一里，洪武初建。正壇面北。」呂景蒙《嘉靖潁州志・禮樂》：「社稷壇。在州西郭，禮制以春秋二仲月上戊日致祭。」

③《成化中都志・壇壝・潁州》：「風雲、雷雨、山川壇。在州南二里。」《南畿志・祠墓・潁州》：「山川壇。在城南二里。」《正德潁州志・學校・祠廟》：「山川壇。在南城南門外二里，洪武初建，正壇面南。」呂景蒙《嘉靖潁州志・禮樂》：「風雲、雷雨、山川壇。在州南郭，禮制以春秋二仲月上巳日致祭。二壇之在郡邑，俱中有壇。」

④《南畿志・鳳陽府・潁州（祠墓）》：「郡厲壇。在城北一里。」《正德潁州志・學校・祠廟》：「郡厲壇。在北城外西北隅白龍溝北。正統中，知州孫景明改移此，面南。」呂景蒙《嘉靖潁州志・禮樂》：「郡厲壇。在州郭西北隅。禮制，歲以清明日、七月望、十月朔，請城隍之神出主其祭，榜無祀鬼神而分祭之。」

⑤《成化中都志・祠廟・潁州》：「城隍廟。在北城內，州治西南。至元丙戌（1286）創建，後火於兵。洪武元年（1368）重建，賜誥命，封監察司氏城隍靈祐侯。」《南畿志・鳳陽府・潁州（祠墓）》：「城隍廟。在北城內，州治西南。」《正德潁州志・學校・祠廟》：「城隍廟。在北城內西南隅，洪武初建，面南。按《舊志》云：『廟在南城，封靈祐侯，有誥命。』」呂景蒙《嘉靖潁州志・禮樂》：「城隍廟。在州北城西南隅。有堂，有退室，有東西廊房，有重門。大街之口，有起敬坊。」

⑥「神」字，《正德潁州志・文章》作「城」。

民，祀禮行乎前代。惜乎断碑残文，事蹟鮮紀。雖曰秦臣馮尚，尤恐不經，未易憑據。我太祖高皇帝龍飛淮甸，穎爲龍岫之邦，城隍默祐羽運，顯著靈蹟。故神器有歸，國祚一統。敕賜號命褒封「監察司民靈祐侯」，則神之威德，丕著當朝，尤盛前古。奈何歲月既久，廟址狹隘，殿廡朽爛，神象剝落。前守閩人高明爲之重新經理，開闢基址。正殿、兩廡、門廊、垣墉焕然一新，但缺畧者多。成化丁亥（1457），適長垣李溥由進士欽陞，來守茲土，既考古傳，尤訪民隱。皆曰：「城隍至靈且驗。」遂與神誓，陰陽表裏，顧其所行，若有启翼。夫何前守之功不可泯滅①，而神之靈蹟不掩也？遂脩其未備，補其缺畧，廼走書於舒，求記刻石，以垂不朽。且爲之銘曰：

赫赫城隍，丕著威德。監察善惡，虛靈洞徹。城而且高，隍而且深。保障江淮，自古及今。神祖天生，龍飛淮甸。羽運皇明，褒封迭見。前守賢能，重新廟貌。軒窗棟榻，曦輝晄耀。李侯承②命，治人事神。報功刻石，永保斯民。③

馬神祠。在州廓西南。春秋上庚日祭。④

歐陽文忠公祠。⑤ 大學士楊榮《記》：

甚矣！文章足洗陋習而歸諸古，著當旹而傳後世者，不恒有也。宋歐陽公之文足以當之，宜乎！後之人讀其文而思其人⑥，而崇其祀也。公，吉之永豐人，嘗出守潁，樂其風土，有終焉之志。既而歷事三朝，出入二府，思潁之念不忘。晚而得請，自以爲慶幸。則公之於潁，盖惓惓也。神靈精爽，固在於是矣。公舊祠在潁城⑦北，淪於河，祀故久廢。正統丁巳（1437）春，監察御史彭勗董學事。至潁，念公爲文章宗工⑧，而祠宇圮没，無以聳學者高山仰止之思。廼捐貲倡，州守、僚屬出俸餘市材，創祠⑨於城南儒學西。中爲堂三間，門

---

①「滅」字，《正德潁州志·文章》作「沒」。

②「承」字，《正德潁州志·文章》作「成」。

③此文，《正德潁州志·文章》題作《重修城隍廟記》。

④呂景蒙《嘉靖潁州志·禮樂》：「馬神祠。在州郭西南。咸有堂，有東西序，有門。俱以春秋上庚日致祭。」

⑤《成化中都志·祠廟·潁州》：「歐陽文忠公祠堂。舊祠在城北，淪於河。正統丁巳（1437）提學御史彭勗率本州僚屬重建於儒學西。春秋次丁祀以特牲。少師楊榮作《祠堂記》。」《南畿志·鳳陽府·潁州（祠墓）》：「歐陽文忠公祠。舊在潁州城北，淪於河。正統丁巳重建於儒學西，春秋祀以特牲。」呂景蒙《嘉靖潁州志·禮樂》：「歐陽文忠公祠。在南城西。中爲堂，東爲書屋，西爲前後宅二重，宅後爲廚。（後重並廚，爲判官景蒙添註，寓此添造者。）祠前爲廳。（即府行署。）廳前爲東西耳房，又前爲門。祀宋知州事歐陽修、蘇軾、呂公著。今三賢俱奉祀於名宦祠。又並晏元獻公設木主於西湖書院祠內。且歐公近復從祀廟庭，禮煩則亂，此堂當改祀宋忠臣劉琦，配以陳規、汪若海。其祠改曰報功，其堂扁曰全勝。」

⑥「人」字之後，《正德潁州志·文章》有「思其人」三字。

⑦「城」字之後，《正德潁州志·文章》有「西」字。

⑧「工」字，《正德潁州志·文章》作「主」。

⑨「祠」字，《正德潁州志·文章》無。

爲屋五①間，繚以周垣②。工訖，郡之守、佐率師生朔望謁拜。春秋，次丁祀之③特牲。父老咸曰：「公嘗福惠潁人，祀不爲過也。」學正雷塏走書京師，請記於余④。

於乎⑤！文章關天地之運，盛衰絶續，固不偶然。周秦以前，無容論矣。漢自賈、董、馬、班諸子以來七百餘年，而唐有韓子又二百餘年，而宋有歐陽子。其文推韓子以達於孔孟，一洗唐末五季之陋，當旹學者翕然宗之。及今幾四百年，而讀其文者，如仰麗天之星斗，莫不爲之起敬。雖通祀於天下學宫不爲過，矧嘗居於潁，其遺風餘澤猶有在者乎？是不可以不祀也。彭君倡之，郡⑥僚屬和之，俾公之神有所依，後學有所仰，可謂知所務也。他日潁之士出，能知通經學古爲高，救旹行道爲賢，則無負諸君興廢舉墜之深意矣。姑爲之記以俟。⑦

李宜春曰：歐陽公一代儒宗，祀廟庭，躋四賢，盛矣！然觀《思潁集》，公精神戀戀在茲土乎？雖專祠可也，豈所謂「鄉先生祭於社」者非邪？故錄文敏公之《記》。

仰高祠。在南城西，即歐陽公祠。判官呂景蒙以公祀名宦，並祀西湖，近復從祀廟庭，改祀宋太尉劉錡、順昌府知府陳元規、通判汪若海，扁曰報功。己亥（1539），兵憲林公雲同易其扁爲仰高祠。今諸生講業於中。

三忠祠。在東關衡直街中，祀元總管李黼及兄冕，配以從子秉昭，判官呂景蒙立。⑧丁未（1547），兵憲許公天倫命學正胡衰《記》節文：

嘉靖⑨癸巳（1533），象郡⑩呂先生以首御⑪棨⑫判潁州⑬，惓惓⑭教化爲己任，懼忠義之風愈久而泯也。相城東數百步外舊有淫祠，不知其所祀，廼謀諸郡守莆陽黃公九霄、同知蒲縣賀君朝聘、節判畧陽劉君芳，於是悉撤而新之。有寢有門，爲左右序，復爲仰高亭於中。凡若干間，扁曰「三忠祠」，以祀公兄弟，而配以秉

---

①「五」字，《正德潁州志·文章》、呂景蒙《嘉靖潁州志·禮樂》均作「二」。

②「周垣」二字，《正德潁州志·文章》作「垣墉」。

③「之」字，呂景蒙《嘉靖潁州志·禮樂》作「以」。

④「余」字，《正德潁州志·文章》、呂景蒙《嘉靖潁州志·禮樂》作「予」。

⑤「乎」字，《正德潁州志·文章》、呂景蒙《嘉靖潁州志·禮樂》作「戲」。

⑥「郡」字之後，《正德潁州志·文章》有「守」字。

⑦此文，《正德潁州志·文章》題爲《重創歐陽文忠公祠堂記》。呂景蒙《嘉靖潁州志·禮樂》亦載其文。

⑧呂景蒙《嘉靖潁州志·禮樂》：「三忠祠，在東關衛直街面西。景蒙會同知州九霄因女神淫祠改爲之，中爲正氣堂，前爲仰高亭，左右爲序，又前爲門。門之兩翼有房，外爲三忠坊，祀元忠臣李黼、兄冕，配從子秉昭。」

⑨「靖」字之後，呂景蒙《嘉靖潁州志·禮樂》有「歲」字。

⑩「郡」字之後，呂景蒙《嘉靖潁州志·禮樂》有「修飾」二字。

⑪「首御」二字，呂景蒙《嘉靖潁州志·禮樂》作「南京山東道監察御史」。

⑫「棨」字，呂景蒙《嘉靖潁州志·禮樂》作「來」。

⑬「州」字之後，呂景蒙《嘉靖潁州志·禮樂》有「事既至以興學」六字。

⑭「惓惓」二字，呂景蒙《嘉靖潁州志·禮樂》無。

昭。門之外爲三忠坊，所謂樹之風聲，以崇正祀，勵臣節也。功始丙申（1536）七月七日，至①十月念日訖事，於是舉祀而妥神焉，爰命衮爲之記。

周敍《吊余青陽李江州》：

有元之季，青陽余公闕守安慶，孤城與賊力戰百餘，屹然爲江淮保障者幾七年，糧盡援絶，死之。妻子、偏裨皆不屈，相從以死。當旹江州李公黼守上流，預料旹危，脩城訓兵爲備禦計。賊不能逾匡廬、彭蠡以窺江右者，黼之功也。卒之力盡不支，先余公城破，死之。悲夫！余嘗謂唐之亂也，賊起於朔方，顔杲卿奮義河北，張巡、許遠力守睢陽，皆先後相繼死賊，而唐遂以中興。元之亂也，賊起於南方，李之江州。余之守②安慶，與顔、張甚相似，其死也不能救元之亡，何哉？於此足以見其君臣政治得失，紀綱振靡，不但其國家之德澤淺深足徵而已。蓋唐雖明皇晚年耄荒，而代以肅宗，有郭子儀、李光弼爲之輔，紀綱賞罰，尤秩然可仰。元順帝在位，荒淫日久，百度廢弛，當旹群后靡然相師，號令不明，賞罰不嚴，淪汲③敗壞，不可救藥。雖④有二君子之烈如唐顔、張輩，不能補其亡也，此其所由異與⑤？於⑥呼悲夫！余屢嘗道安慶，知青陽事甚悉，獨江州，每歎未嘗一至。茲奉命往使衡湘，獲經二⑦郡，徘徊於大江層城之間，英風壯節，凜然可想，廼爲詞以吊之。嗟夫⑧！使元紀綱稍振，則二臣之死，豈徒然哉？詞曰：

凝遙睇兮江州，屹孤城兮上流。吊英魂兮何在？慨元政兮不脩。政不脩兮佚遊，偉郡侯兮良籌。訓兵兮繕甲，擁猛士兮貔貅。群兇張兮援絕，天不祚兮奚尤？臨大節兮不奪，凜勁氣兮横秋。峙匡廬兮峩峩，渺九江兮悠悠。君令名兮同永，增余心兮煩憂。⑨

誠意伯劉基詩：

江州太守文儒宗，駡賊就死真從容。天翻地覆元氣在，斯人萬古其猶龍。⑩

西域丁鶴年詩：

---

①「至」字，呂景蒙《嘉靖潁州志・禮樂》作「逮」。
②「守」字原缺，據《雍正江西通志・藝文志》補。
③「沒」字，《雍正江西通志・藝文志》作「溺」。
④「雖」字前，《雍正江西通志・藝文志》有「故」字。
⑤「與」字，《雍正江西通志・藝文志》作「歟」。
⑥「於」字，《雍正江西通志・藝文志》作「嗚」。
⑦「二」字，《雍正江西通志・藝文志》作「江」。
⑧二字漫漶不清，《雍正江西通志・藝文志》作「向」。
⑨此文，《雍正江西通志・藝文志》題作《吊余青陽李江州文》。
⑩此詩，《劉基集》題作《江行雜詩九首》（其九）。《順治潁州志・藝文（下）・詩部》亦載此詩，題作《吊李江州》。

瓣香遥拜九江城，太守精誠①日月明。叔姪並歸忠義傳，江山不盡古今情。潮回湓浦聲猶怒，雲起廬②峯氣未平。生死總魁天下士，丈夫端不負科名。③

學士劉三吾詩：

紅巾初起惑群蒙，惟有潯陽是要衝。諸郡可憐望風靡，九江獨仗守臣忠。肩輿入府麾兵散，朝服臨軒待命終。一死永④爲科目重，後來誰不仰⑤清風？⑥

尚書邵寶詩：

江上孤城力欲支，忽驚風急仆旌旗。已無天訴吾窮矣，空有人書某死之。不負大魁真此地，終爲厲鬼是何沓？憑誰合祀余安慶，再刻文山兩廟詞［祠］。⑦

貞烈祠。在東關衙直街中，祀范滂母、王嘉會妻楊氏、王伯萬二婦俱楊氏、周雨妻韓氏、沓銓妻李氏、魏隆妻張氏。⑧李宜春《記》：

余嘗讀《范滂傳》，廢書歎曰：東漢尚節義，非獨士也，蓋亦有賢婦焉。子伏其死，母歡其義，何其壯也！後見蘇文忠少讀是傳，喜慕滂，其母曰：「汝能滂，吾不能滂母邪？」爲蘇母慕如此，況生范母鄉，能無慕范母爲貞女，爲烈婦，爲賢母者乎？然世或有之，惜莫之以傳，抑上之人□□表哉？逮嘉靖癸巳（1533），倅佐前侍御呂脩飭□□□玄壇祠祀范母，以近旹五婦附焉。扁曰六貞，□世教也已。余以觀大理政出刺是州，聞范母祠，未嘗不慨慷賢母爲茲邦重也。及閱張氏遭壬申劉賊死，余益傷旹事之可哀焉。方豎瑾逆誅，諸賊猖獗山之東、河之南，破數十縣。潁亦望風靡，所執獨張死，彼固知所處也。李與韓共誓《栢舟》，獨持苦節，或零丁多難，或剪髮幽處，終其身安焉。其烈烈志操，列范母傍，顔不赧矣。其二則陳州之婦，未畢身之節，廼唶唶歎曰：「嗟哉乎！嗟哉乎！何少潁邪？」夫學校，是非之林也，廼屬師生采焉。最先得王嘉會妻楊，夫死輒自經死。後得王伯萬二婦楊，遭流劫，不下樓，焚死。夫劫，利得貨耳，則樓似可下。夫

---

①「誠」字，《鶴年詩集》作「神」。

②「廬」字，《鶴年詩集》作「爐」。

③此詩，《鶴年詩集》題作《過九江追悼李子威太守》。《順治潁州志·藝文（下）·詩部》亦載此詩，題作《又（吊李江州）》。

④「永」字，《劉三吾集》作「允」。

⑤「仰」字，《劉三吾集》作「慕」。

⑥此詩，《劉三吾集》題作《追挽李江州》。《順治潁州志·藝文（下）·詩部》亦載此詩，題作《又（吊李江州）》。

⑦此詩，又見於《順治潁州志·藝文（下）·詩部》。

⑧呂景蒙《嘉靖潁州志·禮樂》：「六貞祠。在東關衝直街面東。景蒙會同知州九霄因玄壇淫祠改爲之，中爲貞烈堂，爲左右廂，前爲門，門外爲六貞坊。祀漢烈婦范滂母，皇明節婦李氏（陳海妻）、劉氏（李深妻）、韓氏（周雨妻）、李氏（時銓妻）、烈婦張氏（魏隆妻）。」

亡，稱未亡人亦何不可？嗚呼！母之靈耿耿也。假陰與張訣，必以許滂許張；與三楊訣，終未必以死許焉。夫死難，尤難於未可死而死。死固烈，未可死，死則尤烈。余故葺其祠，表其位，中范母，左三婦，右三楊。易六貞爲貞烈祠云。夫貞也者，制性之本也；烈也者，秉氣之正也。彼以閨闈之秀，非有《詩》《書》之習，卒遭凶變，守弗更操，義弗受辱，痛弗悋軀，雖古烈士，何以加諸？范母有之：「既有令名，復求壽考，可兼得乎？」李與韓兼之矣。要之，六婦之興，風范母者也。邦之人獨無風六婦乎哉？噫！可風世矣。遂紀諸麗牲之石。

張龍公祠。在迎薰門外。① 唐布衣趙耕《記》：

君諱路斯，潁上百社人也。隋初明經登第，景隆中爲宣城令。夫人關州石氏，生九子。公罷令歸，每夕出，自戌至丑歸，常體冷且濕。石氏異而詢之，公曰：「吾龍也。蓼人鄭祥遠亦龍也，騎白牛據吾池，自謂鄭公池。吾屢與戰，未勝。明日取決，可令吾子挾弓矢射之。繫鬣以青綃者，鄭也；絳綃者，吾也。」子遂射中青綃。鄭怒，東北去，投合肥西山死。今龍穴山是也。由是，公與九子俱復爲龍，亦可謂怪哉！余嘗以事至百社村，過其祠下，見其林樹陰蔚，池水窈然，誠異物之所託。歲旹禱雨，屢獲其應，汝陰人尤以爲神也。②

宋歐陽脩《祈雨文》：

刺史不能爲政而使民失所，其咎安歸！而又頑傲愚冥，無誠慤忠信之心可以動於物者。是皆無以進説於神，雖③有請，宜不聽也。然而明天子閔閔憂勞於上，而生民嗷嗷困苦於下，公私並乏，道路流亡。於此之时，以一日之雨，救一方之旱，用力至少，其功至多。此非人力之所能爲，而神力④之所甚易⑤。苟以此説神，其有不動於心者乎？幸勿⑥以刺史不堪而止也。刺史有職守，不獲躬走祠下，謹遣管界巡檢田甫，布兹懇迫。尚享［饗］！⑦

蘇軾《謝雨文》：

赫赫龍公，甚武且仁。赴民之急，如謀其身。有不應祈，惟汝不虔。我自洗濯，齋居誠陳⑧。旱我之罪，

①吕景蒙《嘉靖潁州志·輿地下·祠（州）》：「張龍公。在迎薰門外。」
②此文，歐陽修《集古録》作《張龍公碑》。
③此處，《歐陽修全集》有「其」字。
④「力」字，《歐陽修全集》無。
⑤此處，《歐陽修全集》有「也」字。
⑥「勿」字，《歐陽修全集》作「無」字。
⑦此文，《歐陽修全集》題作《祈雨祭張龍公文》。
⑧「誠陳」二字，原誤作「陳誠」，據《蘇軾文集》改。

勿移於民。公顧聽之，如與我言。玉質金相，其重千鈞。惠然肯來，期①者四人。眷此行宫，爲溜②浹辰。再雨一雪，既洽且均。何以報之？榜銘皆新。昭③公之德，千億萬年。惟師道迨，復餞公還。咨爾庶邦，益敬事神。尚享［饗］！④

又詩：

張公晚爲龍，抑自龍中來。伊昔風雲會，咄嗟潭洞開。精神⑤苟可貫，賓主真相陪。洞簫振羽舞，白酒浮雲罍。言從闗州妃，遠去焦氏臺。傾倒瓶中水⑥，一洗麥上埃。破旱不論功，乘雲卻空回。嗟龍與我輩，用意豈遠哉。使君今子義，英氣冠東萊。笑説龍爲友，幽明莫相猜。⑦

東嶽行祠。在州東二里，相讓臺上。⑧ 宋歐陽脩《祭文》：

比者⑨獲解郡⑩章，許還里閈，方巾車而即路，屬暑雨之旹行。輒以愚誠，仰干大造，蒙神之惠，賜以不違，吹清飈而散陰，暴秋陽以涸轍，遂無道路之阻，得返草茅之居。荷德之深，不知爲報，一觴之潔，謹用薦衷。（尚饗！）⑪

闗王廟。在東闗門口。⑫

雙廟。在北關白龍菴之左。⑬

八蠟廟。在潁川驛西。知州劉養仕改建。

---

①「期」字，原誤作「其」，據《蘇軾文集》改。

②「溜」字，《蘇軾文集》作「留」字。

③「昭」字，《蘇軾文集》作「詔」字。

④此文，《蘇軾文集》題作《送張龍公祝文》。

⑤「神」字，《蘇軾詩集》作「誠」字。

⑥「水」字，《蘇軾詩集》作「雨」字。

⑦此詩，《蘇軾詩集》題作《禱雨張龍公，既應，劉景文有詩，次韻》。

⑧《正德潁州志·祠廟》：「東嶽行祠。在南城東門外二里。祠基故楚莊王所築，世傳相讓臺是也。」《成化中都志·祠廟·潁州》：「東嶽廟。在州東南五里。至元五年（1268）建，元末火於兵。洪武十一年（1378）重建。有碑。」呂景蒙《嘉靖潁州志·輿地下·祠（州）》：「東嶽。在東二里，相讓臺上。」

⑨「比者」前，《歐陽修全集》有「某」字。

⑩「郡」字，原誤作「部」，據《歐陽修全集》改。

⑪此文，題作《祭東嶽文（熙寧四年）》。

⑫呂景蒙《嘉靖潁州志·輿地下·廟（州）》：「關王。一在衛東，一在東關門口。」

⑬呂景蒙《嘉靖潁州志·輿地下·廟（州）》：「雙廟，在北關白龍菴之左。」

潁上縣

社稷壇。在潁陽門外西一里。洪武十八年（1385），縣丞孔克畊建。成化十七年（1481），知縣李旹儀重建。①

山川壇。在壽春門外南二里。縣丞孔克畊建。知縣李旹儀重建。②

邑厲壇。在禾稔門外北一里。縣丞孔克畊建。知縣李旹儀重建。③

城隍廟。在城潁陽門裏。縣丞孔克畊建。永樂六年（1408），知縣鄧謙脩。嘉靖二十五年（1546），知縣李檀重脩。④

李兵憲生祠。⑤祭酒王瓚《記》：

正德七年（1512）三月，劇賊擁衆寇潁上。兵備僉事李君行之遽入城，與夏令泌用謀爲捍守之計。多募義勇，簡藏⑥器械，凡可以戕賊者大畧皆具。當是旹，承平既久，民不習兵。比境震讋，君喻以利害，爭前效力。雖賊勢猖獗，百方攻城，而應機立辦，舉無遺策。彼賊挽鉅車，蔽濠横騖，則亟沸飛炮攢碎之。賊樹長梯臨城，冀以騰入，則亟運鈎戟鑣戟撇仆之。賊負木板戴草人以剷劚城址，則膏油灌薪、鐵籠盛炬，散擲焚之。而矛銃矢石掀擊無旹，警邏嚴整，號令精到，群力齊奮，人百其勇。賊衆無所用暴，無所逞凶，魄頓褫。而又伺隙設奇，躡而襲之，前後斬首三百五十級。屬援兵垂至，賊聞宵遁。君核功次，疏上於朝，以需旌賞。先是，村落關廂之民有奔入城者，有不及入者，室廬之遭毀，少壯之被掠，亦多矣。及賊退，然後民之淪賊與逃匿山谷者累累來復，君皆勞徠存恤，俾獲寧宇。群情胥慶，若更生焉。且見鄰邑近遠數十城，或力困而陷，或開門迓賊，狼殘犬噬，蹀血通衢。其蹂躪汙辱，有不忍言者。於是茹恩佩德，益切益虔，猛圖所以報者。未

---

①《成化中都志·壇壝·潁上縣》：「社稷壇。在縣西北禾稔門外。」《南畿志·鳳陽府·潁上（祠墓）》：「社稷壇。在縣西北，禾稔門外。」呂景蒙《嘉靖潁州志·禮樂》：「社稷壇。潁上者，在縣西。」《順治潁上縣志·風俗·壇廟》：「社稷壇。在潁陽門外西一里。洪武十八年，縣丞孔克畊建。成化十七年，知縣李公時儀重修。」

②《成化中都志·壇壝·潁上縣》：「風雲雷雨山川壇。在縣東南壽春門外。」《南畿志·鳳陽府·潁上（祠墓）》：「山川壇。在縣東南。」呂景蒙《嘉靖潁州志·禮樂》：「風雲雷雨山川壇。潁上、太和者亦在南郭。」《順治潁上縣志·風俗·壇廟》：「風雲雷雨山川壇。在壽春門外南二里。孔克畊建。萬曆二十七年（1599），何公豸重修。」

③《南畿志·鳳陽府·潁上（祠墓）》：「邑厲壇。在縣東北。」呂景蒙《嘉靖潁州志·禮樂》：「郡厲壇。潁上者，在縣北郭。」《順治潁上縣志·風俗·壇廟》：「邑厲壇。在禾稔門外北一里。孔克畊建。萬曆五年（1577），知縣屠公隆重修。」

④《成化中都志·祠廟·潁上縣》：「城隍廟。在縣西北。洪武十八年（1385）建。」《南畿志·鳳陽府·潁上（祠墓）》：「城隍廟。在縣西北。」呂景蒙《嘉靖潁州志·禮樂》：「城隍廟。潁上者，在縣潁陽門裏。」《潁上縣志·風俗·壇廟》：「城隍廟。在潁陽門內。洪武十八年，孔克畊建。永樂六年，知縣鄧公謙修。萬曆二十年（1592），黃公蘭芳重修。萬曆三十八年（1610），蜀涪張公大業時禱於其間，而應如響，廟貌一新，而規制大備。其廟地界東至關王廟巷，西至軍器局，闊一十四丈零三尺；南至大街，北至吏目宅，長四十五丈六尺。」

⑤呂景蒙《嘉靖潁州志·禮樂》：「李公生祠，在潁上察院之西。縣之東有堂，有東西序，有門，祀皇明忠臣李天衢。歲三月擇日，縣官率師生里老致祭如儀。」《順治潁上縣志·風俗·壇廟》：「西江李公祠。萬曆三年立，在三公祠右，今廢。」

⑥「簡藏」二字，《順治潁上縣志》作「飭礪」。

幾，狼山賊平，而君且以外艱歸，民念念弗克釋，旅①請於令，欲爲生祠之舉。令寔與君協力，備嘗始末，諸之。民爭出私財助其役，令因集財鳩工，擇庀爽之壤，中爲堂五楹，左右有廂，前爲大門。肇事於是歲之仲秋，兩越月而訖工，令率僚屬耄稚以落之。棟宇鞏朴，青垩炳煥，繪君像於正中，使民歲旹得以瞻拜而俎豆之。遂遣國子生凌霄持狀，求紀其成。君固儒者也，率寡弱之民，禦方張之寇，連十晝夜弗遑寢息，以能底有顯績。蓋愛民之仁，憤賊之義，激於中而浮諸外，指示鼓舞，動中機會，是豈習爲城守鬥戰之術者哉？文武一道，而才之過於人也。《禮》：「功施於民則祀之。」而爲生祠，尤其功之茂者，如狄梁之於魏，徐申之於韶，由民之欲，迄千百載而不廢。執今較昔，曾奚以異？嗚呼！是可以觀斯民秉彝之良，而鈞陶於聖朝神化之深矣。蓋自皇祖起臨濠，以有天下，潁上爲濠屬邑，生養休息百四十餘年，老老幼幼安於田里，禮義敦而風俗厚。一旦賊至，錯愕失措，又得良有司彌而綏之，宜其感之深而報之殊也。不然，則康允之、趙士隆皆善禦寇，皆濠境也，何以不聞有是舉乎？今天子銳情除患，以福兆民，使有司罔不君似，又何慮醜類之疵吾治乎？君名天衢，山右樂平人也。與予同舉丙辰進士。在秋曹有能名，方嚮用於旹。令名釜，餘姚人，與予乙卯同舉於鄉，在潁上亦以仁潔得民。余記其事，復系之以詩，將以風勵職保民者。《詩》曰：

皇任維臣，臣惠爲民。曷遐曷迩？变遭力陳。憲節來涖，於潁之澨。群盜陸梁，豕突狼噬。廼礪器械，廼整戎兵。仗劍巡城，衆爭效能。仁動義激，勇氣自倍。無弱無寡，式克用濟。以折紛囂，以鋤跳拏。殫智畢慮，焉敢畏勞？同斯翼斯，兼值賢令。纖鉅紛綸，隨機立應。霆擊焱馳，醜類孰支？喙息宵遁，以殲以追。仁人視民，如父視子。忍使膚肌，而被刃矢？矢石鏗轟，有警弗警②。匪城斯憑，惟官斯城。手援衆溺，納彼寧宇。手援衆焚，濯以甘雨。亦有逋匿，於彼山林。我弗尔庇，寔惻我心。飢吾食汝，寒吾衣汝。彼或痍汝，吾藥治汝。民之茹德，踴躍圖酬。爰樹生祠，斯城之陬。歲旹瞻拜，俎豆有煒。雖陟高遠，恒若戾止。口碑云云，不在斯文。不在斯文，孰延後聞？嗟嗟有位，載覘載效。維國有庇，維民有報。③

附鄂縣王九思《流賊圍潁上速主帥發救兵歌》：

銀鞍綉甲劍在腰，馬鳴十里風蕭蕭。羽旗猶轉杏花塢，鐵騎先過楊柳橋。將軍妙手④逞輕捷，一箭飛落雙皂鵰。道傍觀者衆如覩［堵］，奔走流汗喜欲舞。老夫歎息忽不樂，暮年今見持戈斧。七日賊圍潁上縣，一縣萬民命如線。聞說提兵李僉事，日夜登城奮孤戰。城中婦女⑤愁戚戚，恨不人人生羽翼。晨炊走汲井中渴⑥，

---

①「旅」字，疑當作「屢」。
②「警」字，疑當作「驚」。
③此文，《順治潁上縣志》題作《李公生祠記》，作者爲「王瓚」。然《乾隆潁州府志》《同治潁上縣志》均作「孫賢」。
④「手」字，《順治潁上縣志》作「技」字。
⑤「女」字，《順治潁上縣志》作「子」字。
⑥「中渴」二字，《順治潁上縣志》作「水竭」。

暮號聲遠春雲黑。步兵間①道單身出②，簡書馬上飛來急。豈謂轅門坐③風雨，不念愁城臥荆棘。叢侍郎，馬都督，請君早發元戎纛。淨掃煙塵四千④里，我亦西歸杜陵曲。

其祠在縣治之東。

三相祠。在北關大街東。判官呂景蒙、同知縣姜旹習改晏公祠以祀管仲、甘茂、甘羅。⑤

張龍公廟。在縣東十里焦氏臺側。⑥宋蘇軾《碑記》：

昭靈侯南陽張公諱路斯，隋之初家於潁上縣百社村。十六中明經科。⑦唐景龍中，爲宣城令，以才能稱。夫人石氏生九子。自宣城罷歸，嘗釣於焦氏臺之陰。一日，顧見釣處有宫室樓殿，遂入居之。自是夜出旦歸，歸輒體寒而濕。夫人驚問之⑧，曰：「我，龍也。蓼人鄭祥遠，亦龍也。與我爭此居，明日當戰，使九子助我。領有絳綃者，我也；青綃者，鄭也。」明日，九子以弓矢射青綃者，中之，怒而去。公亦逐之，所過爲谿谷，以達於淮。而青綃者投於合肥⑨之西山以死，爲龍穴山。九子皆化爲龍，而石氏葬關洲。公之兄爲馬步使者，子孫散居潁上，其墓皆存焉。事見於唐布衣趙耕之文，而傳於淮潁間父老之口，載於歐陽文忠公之《集古錄》云。

自景龍以來，潁人世祠之於焦氏臺。乾寧中，刺史王敬蕘始大其廟。有宋乾德中，蔡州大旱，其刺史司超聞公之靈，築祠於蔡。既雨，翰林學士陶穀爲記其事。蓋自淮南至於陳、蔡、許、汝⑩，皆奔走奉祀。景德中，建［諫］議大夫張秉奉詔益新潁上祠宇。而熙寧中，司封郎中張徽奏乞爵號，詔封（公）昭靈侯，石氏柔應夫人。廟有穴五，往往見變異，出雲雨。或投器穴中，則見於池。而近歲有得脱骨於池者，金聲玉質，輕重不常，金藏廟中。

元祐六年（1091）秋，旱甚。郡守龍圖閣學士、左朝奉郎蘇軾，迎致其骨於西湖之行祠，與吏民禱焉，其

---

①「間」字，《順治潁上縣志》作「問」字。

②「出」字，《順治潁上縣志》作「去」字。

③「坐」字，《順治潁上縣志》作「生」字。

④「千」字，《順治潁上縣志》作「十」字。

⑤呂景蒙《嘉靖潁州志·禮樂》：「三相祠。在潁上北關大街東，面河。判官景蒙與知縣時習因晏公祠改爲之，有堂，有東西序，有門。祀春秋管仲、列國甘茂、秦甘羅。以春秋上庚日致祭。」

⑥《成化中都志·祠廟·潁上縣》：「張公龍王廟。在城東十二里甘羅鄉。公於縣西南四十里淮潤鄉蜕骨化龍，其地爲龍池。邑人迎立祠於此，遇旱禱之輒應。」呂景蒙《嘉靖潁州志·輿地下·廟（潁上）》：「張龍公。在東十里熊［焦］氏臺側。」《潁上縣志·風俗·壇廟》：「張龍王廟。在縣東十里焦氏臺。唐景龍中，立廟祀之。宋乾寧中，蔡州大旱，刺史司超迎公禱焉，有感，建祠。景德中，建［諫］議大夫張秉奉詔益新祠宇。熙寧中，司封郎中張徽奏乞爵，封公爲昭陵侯，柔應夫人石氏。元祐六年秋，大旱，郡守龍圖閣學士蘇軾迎公脱［蜕］骨於郡之西，立行祠，與吏民祈禱，應如影響，立石碑紀焉。元末廢於兵。明洪武三年（1370），邑人仍於故址建廟。弘治七年（1494），爲釐正祀典事，每歲春秋仲月上旬日，縣官率僚屬致祭。」

⑦此句，《蘇軾文集》作：「年十六，中明經第。」

⑧「之」字後，《蘇軾文集》有「公」字。

⑨「肥」字，《蘇軾文集》作「淝」，二者通。

⑩「陳、蔡、許、汝」四字，《蘇軾文集》作「蔡、許、陳、汝」。

應如響。廼益治其廟，作碑而銘之。《銘》曰：

維古至人，泠然乘風。變化往來，不私其躬。道本於仁，仁故能勇。有殺有生，以仁爲終。相彼幻身，何適不通。地行爲人，天飛爲龍。惠於有生，我則從之。淮潁之間，篤生張公。跨歷隋唐，顯於有宋。上帝寵之，先帝封之。昭於一方，萬靈宗之。哀我潁民，處塉而窮。地傾東南，源［潦］水所鍾。忽焉歸壑，千里一空。公居其間，拯溺吊凶。救瘵疾癘，驅攘螟蟲。開闔抑揚，孰知其功？坎坎擊鼓，巫師老農。斗酒隻鷄，四簋其饛。度公之居，貝闕珠宮。揆公之食，瓊醴玉饔。何以稱之？我愧於中。公之所享，惟誠與恭。誠在愛民，無傷農工。恭不在外，洗濯厥躬。以此事神，神聽則聰。敢有不然，上帝之恫。①

東嶽廟。在縣東南五十里。元潁州學正李汝楫《記》。②

武安王廟。在城十字街西北。正德壬申（1512），兵備李公天衢提兵潁上，劇賊攻城，著有靈驗。新其祠宇，特牲祭焉。

太和縣

社稷壇。在北廓。③

山川壇。在南廓。④

邑厲壇。在北廓。⑤

城隍廟。在邑治南。⑥

馬神祠。在邑治西南。⑦

遺愛祠。在邑治東北。正德間民立，祀知縣趙夔。嘉靖甲午（1534），知縣林墠卒於官，民即其祠並祀焉。丁未（1547），知州李宜春與知縣胡寧重脩。

---

①此文，《蘇軾文集》題作《昭靈侯廟碑》，《順治潁上縣志》題作《昭靈侯廟碑記》。

②《潁上縣志·風俗·壇廟》：「東嶽廟。《舊志》：在城外東北隅。洪武四年，知縣陳公勝遷於東華觀左。」

③《成化中都志·壇壝·太和縣》：「社稷壇。在縣西北。」《南畿志·鳳陽府·太和（祠墓）》：「社稷壇。在縣西北。」呂景蒙《嘉靖潁州志·禮樂》：「社稷壇。太和在縣北郭。」《萬曆太和縣志·建置·壇壝》：「社稷壇。在北門外。」

④《成化中都志·壇壝·太和縣》：「風雲雷雨山川壇。在縣東南。」《南畿志·鳳陽府·太和（祠墓）》：「山川壇。在縣東南。」呂景蒙《嘉靖潁州志·禮樂》：「風雲雷雨山川壇。太和者，亦在南郭。」《萬曆太和縣志·建置·壇壝》：「風雲雷雨山川壇。在崇文門外。」

⑤《南畿志·鳳陽府·太和（祠墓）》：「邑厲壇。在縣東北。」呂景蒙《嘉靖潁州志·禮樂》：「邑厲壇。太和亦在縣北郭。」《萬曆太和縣志·建置·壇壝》：「邑厲壇。在北門外，社稷壇之背。」

⑥《成化中都志·祠廟·太和縣》：「城隍廟。在縣治南。洪武五年（1372）建。」《南畿志·鳳陽府·太和（祠墓）》：「城隍廟。在縣治南。」呂景蒙《嘉靖潁州志·禮樂》：「城隍廟。太和在縣之南。其堂室、廊門並如州。」《萬曆太和縣志·建置·壇壝》：「城隍廟。在縣治南街。有道士王大慶，號埜林，司寇王公之裔，自幼出家，遇至人，授以要訣，能運氣行功，除卻雜症……年百歲而終，人或以僊目之。」

⑦呂景蒙《嘉靖潁州志·禮樂》：「馬神祠。太和在縣西南。」《萬曆太和縣志·建置·壇壝》：「馬神廟。在西門。地廣七畝五分，萬曆二年知縣劉岎重建。」

東嶽廟。在邑治東北三百步。①

關王廟。在邑治北一里。②

光武廟。在西北六十里。③

彭丘廟。在東北三十里。④

雙廟。在北八十里。⑤

李宜春曰：聞祀，國之大節；而節，政之所以成也。故雖可以義起近載諸祠，祀以春秋，是越禮而淩節也。吾其豈敢？吾其豈敢？

---

①《成化中都志·祠廟·太和縣》：「東嶽廟。在縣治東北二里。泰定間創，洪武十年（1377）修。」呂景蒙《嘉靖潁州志·輿地下·廟（太和）》：「東嶽。在東北三百步。」

②《成化中都志·祠廟·太和縣》：「關王廟。在縣治西北。大德年間創，洪武五年（1372）修。」呂景蒙《嘉靖潁州志·輿地下·廟（太和）》：「關王。在北一里。」《萬曆太和縣志·輿勝·寺宇》：「關王廟。有四所，一在縣治北，一在縣治西，一在舊縣，一在界首集。」

③呂景蒙《嘉靖潁州志·輿地下·廟（太和）》：「光武。在西北六十里。」《萬曆太和縣志·輿勝·寺宇》：「光武廟。在縣西北七十里。漢光武嘗起兵於此，今地尚有土堆坑次，高下脈絡，世傳爲其屯營之所，後因建廟祀焉。」

④呂景蒙《嘉靖潁州志·輿地下·廟（太和）》：「彭丘。在東北三十里。」

⑤呂景蒙《嘉靖潁州志·輿地下·廟（太和）》：「雙廟。在北八十里。」

選舉

夫士以藹藹媚，而資言則爲獻身；罔以濟濟寧，而干祿則爲愷悌。作《選舉》，敘應旹以奮庸，積勞以顯耀，而貢例、貤封、雜科附焉。

隋

進士一人：

張路斯。潁上縣百社人。①

後晉

一人：

李穀。汝陰人。見《人物》。

宋

二人②：

舒明遠。潁州沈丘人。任大理寺丞，賜進士第。官至太常博士。③

王臻。汝陰人。見《人物》。

劉弘義。太和縣斤溝人。④

①《成化中都志·道釋神僊異人·潁上縣》：「張路斯。其先南陽人，家於潁上百社村。隋初，年十六，明經登第，爲宣城令。以才能稱，後罷歸。於縣治西南四十里淮潤鄉蛻骨化龍，其地名龍池。歐陽文忠公《集古錄跋尾》云：『張龍公碑。唐布衣趙耕傳云：『君諱路斯，潁上百社人也。隋初明經登第，景龍中爲宣城令。夫人關洲石氏，生九子。公罷令歸，每夕出，自戌至丑歸。嘗體冷且濕，石氏異而詢之。公曰：『吾龍也。蓼

人鄭祥遠亦龍也，騎白牛據吾池，自謂鄭公池。吾屢與戰，未勝。明日取決，可令吾子挾弓矢射之。繫鬣以青綃者，鄭也。絳綃者，吾也。』子遂射中青綃，鄭怒東北去，投合肥西山死，今龍穴山是也。由是，公與九子俱復爲龍。亦可謂怪矣。余嘗以事至百社村，過其祠下，見其林樹陰鬱，池水窈然，誠異物之所託。歲時禱雨，屢應。汝陰人乞以爲神也。」《正德潁州志・人物・隋》：「張路斯。潁上百社人。年十六，以明經登隋進士第。景隆中爲宣城令，以才能稱。罷歸，每夕出，自戌至丑歸。嘗體冷且濕，夫人石氏異而詢之。公曰：『吾龍也。蓼人鄭祥遠亦龍也，騎白牛據吾池。屢與戰，未勝。明日取決，可令吾子挾弓矢射之。繫鬣以青綃者，鄭也。絳綃者，吾也。』子遂射中青綃，鄭怒去。公與九子皆化爲龍。」呂景蒙《嘉靖潁州志・人物表・（潁上）仕》：「（唐）張路斯。登進士，爲宣城令。詳本傳。」然張路斯未入正史，所謂「本傳」亦無從談起。《順治潁上縣志・選舉・進士（唐）》：「張路斯。十六歲登第，官宣城令，後與九子皆化爲龍。見《人物》。」《順治潁上縣志・人物・唐》：「張路斯。登進士第。景龍中爲宣城令，以才能鳴世。棄官居家，怡情林下，設釣水邊，飄飄然遺世獨立之人也。後與九子皆化爲龍，禱雨輒應。事詳蘇軾碑記。今祀鄉賢。」《光緒宣城縣志・官師・令》：「張路斯，景隆間任……」

②據後所列，實爲三人。

③《宋史・舒元传》：「舒元，潁州沈丘人。少倜儻好學……子知白、知雄、知崇……知白子明遠，大中祥符五年任大理評事，因對自陳，改大理寺丞，賜進士第，至太常博士。」呂景蒙《嘉靖潁州志・人物表・仕（宋）》：「（真宗大中祥符）舒明遠。知白子。任大理丞，以明經賜進士第，改太常博士。」《順治潁州志・選舉表・進士（宋）》：「舒明遠。太常博士。」

④《萬曆太和縣志・人物・進士題名（宋）》：「劉弘義。斤溝人。登進士（第）。」《萬曆太和縣志・人物・鄉賢（宋）》：「劉弘義。斤溝人。登進士第，歷官有政聲。」

元

二人：

李黼。潁州人。泰定四年（1327）廷試第一。見《人物》。

章克讓。潁上縣人。見《人物》。

李宜春曰：荒哉遐乎！不可得而稽也已。歷隋而元，僅此此爾。前正凋落，科甲無傳，不謂潁之厄哉？

明進士十一人

李芳。潁上縣人。永樂辛卯（1411）舉人，乙未登陳循榜。見《人物》。

盛能。潁上縣人。永樂甲午（1414）舉人，乙未登陳循榜。見《人物》。

洪清。太和縣人。壬午（1402）舉人，永樂癸未［甲申］（1404）登曾棨榜。樂清縣丞。①

郭昇。潁州人。景泰丙子（1456）河南中式，天順庚辰（1460）登王一夔榜。見《人物》。

黃廣。潁上縣人。成化辛卯（1471）舉人，甲辰（1484）登李旻榜。觀政卒。見《人物》。

李葵。潁州人，字朝陽。成化癸卯（1483）河南中式，丁未（1487）登費宏榜。授監察御史，終按察司僉事。②

紀鏞。太和縣人。成化庚子（1480）舉人，丁未（1487）登費宏榜。見《人物》。

儲珊。潁州人。弘治己酉（1489）舉人，己未（1499）登倫文敘榜。見《人物》。

楊世相。潁州人。字維薰。嘉靖乙酉（1525）舉人，丙戌（1526）登龔用卿榜。授蘄水知縣，卒。③

張光祖。潁州人，字德徵。治之子。嘉靖戊子（1528）河南中式，壬辰（1532）登林大欽榜，授鉅鹿知縣。以才優，更繁

---

①《成化中都志·科貢·鄉舉》：「（壬午科洪武三十五年）洪清。太和人。」《成化中都志·科貢·進士》：「（甲申科永樂二年，1404）洪清。太和人。」《南畿志·鳳陽府·進士科》：「（永樂甲申）洪清。太和人。侍讀。」呂景蒙《嘉靖潁州志·人物表·（太和）鄉貢》：「（洪武壬午）洪清。」呂景蒙《嘉靖潁州志·人物表·（太和）甲科》：「（永樂癸未）洪清。樂清縣丞。」《萬曆太和縣志·人物·進士題名（皇明）》：「洪清。登永樂甲申科曾棨榜進士。」比較而言，《順治太和縣志·人物·舉人題名（明）》所載較詳：「洪清。字永達，洪武壬午科。授提舉，改縣丞、王府伴讀。洪公以洪武鄉榜既仕爲提舉，爲縣丞，爲伴讀，復登永樂進士。豈明初制既仕，不得會試乎？抑洪公不得志於洪武，而再售於永樂也。進士後又何不書爵？」《光緒樂清縣志·職官·（明）縣丞》：「洪清。清一作靖。」

②《成化中都志·科貢·鄉舉》：「（癸卯科成化十九年）李葵。潁州人。」《成化中都志·科貢·進士》：「（丁未科成化二十三年）李葵。潁州人。」《南畿志·鳳陽府·進士科》：「（成化丁未）李葵。潁州人。僉事。」《正德潁州志·科貢·科（本朝）》：「李葵。成化癸卯中河南鄉試，登丁未進士。任監察御史，仕至僉事。」《順治潁州志·選舉表·（明）舉人》：「（成化癸卯）李葵。河南（中式）。見《進士》。」《順治潁州志·選舉表·（明）進士》：「（成化丁未）李葵。監察御史，按察司僉事。於書一覽無餘，居官有氣節。今其詳不可考。」

③《成化中都志·科貢·鄉舉》：「（乙酉科嘉靖四年）楊世相。潁州人。」《成化中都志·科貢·進士》：「（丙戌科嘉靖五年）楊世相。潁州人。」《南畿志·鳳陽府·進士科》：「（嘉靖丙戌）楊世相。潁州人。知縣。」呂景蒙《嘉靖潁州志·人物表·（皇明）鄉貢》：「（嘉靖乙酉）楊世相。（字）維薰。」呂景蒙《嘉靖潁州志·人物表·（皇明）甲科》：「（嘉靖丙戌）楊世相。蘄水知縣，卒於官。」《順治潁州志·選舉表·（明）舉人》：「（嘉靖乙酉）楊世相。河南中式。見《進士》。」《順治潁州志·選舉表·（明）進士》：「（嘉靖丙戌）楊世相。蘄水縣知縣。」

上虞縣。尋徵入，爲監察御史，按京儲，按東路，又按陝西，紀功宣府。①

李增。潁州人，字孟川。炳之子。嘉靖辛卯（1531）河南中式，乙未（1535）登韓應龍榜，授户部主事。任山東濟寧知府。②

舉人五十九人

方亨。潁州人。任沔池教諭，累遷吏部考功司員外郎。③

高舉。潁上縣人。授山東濟河縣學訓導。俱洪武甲子（1384）中式。④

韓進。潁州人。洪武庚午（1390）中式。終監察御史。⑤

焦敏。潁州人。洪武癸酉（1393）中式。終金華知府。⑥

陳璵。潁上縣人。洪武丙子（1396）中式。終國子學錄。⑦

沈鏞。潁上縣人。字惟聲。洪武丙子（1396）中式。保定縣學訓導。⑧

諸葛珙。潁上縣人。字惟祥。洪武丙子（1396）中式。永平府學訓導。⑨

范淵。太和縣人。洪武己卯（1399）中式。終湖廣襄陽府通判。⑩

李泰。潁州人。永樂乙酉（1405）中式。固始縣學訓導。⑪

①《成化中都志·科貢·鄉舉》：「（戊子科嘉靖七年）張光祖。潁州人。」《成化中都志·科貢·進士》：「（壬辰科嘉靖十一年）張光祖。潁州人。」《南畿志·鳳陽府·進士科》：「（嘉靖壬辰）張光祖。潁州人。知縣。」呂景蒙《嘉靖潁州志·人物表·（皇明）鄉貢》：「（嘉靖戊子）張光祖。（字）德徵。治子。俱河南鄉試。」呂景蒙《嘉靖潁州志·人物表·（皇明）甲科》：「（嘉靖壬辰）張光祖。上虞知縣。」《順治潁州志·選舉表·（明）舉人》：「（嘉靖戊子）張光祖。河南中式，詳《人物》。」《順治潁州志·選舉表·（明）進士》：「（嘉靖壬辰）張光祖。巡按陝西監察御史。詳《人物》。」《康熙上虞縣志·秩官·（明）知縣》：「張光祖。潁州人。」《光緒鉅鹿縣志·官師·（明）知縣》：「張光祖。潁川［州］進士，十二年任。」

②《成化中都志·科貢·鄉舉》：「（甲午科嘉靖十三年，1534）李增。潁州人。」《成化中都志·科貢·進士》：「（乙未科嘉靖十四年）李增。潁州人。」呂景蒙《嘉靖潁州志·人物表·（皇明）鄉貢》：「（嘉靖辛卯）李增。（字）孟川。炳子。俱河南鄉試。」呂景蒙《嘉靖潁州志·人物表·（皇明）甲科》：「（嘉靖乙未）李增。戶部主事。」《順治潁州志·選舉表·（明）舉人》：「（嘉靖辛卯）李增。河南中式。見《進士》。」《順治潁州志·選舉表·（明）進士》：「（嘉靖乙未）李增。山東濟寧知府。」

③《成化中都志·科貢·鄉舉》：「（庚午科洪武二十三年，1390）方亨。潁州人。」《成化中都志·人才傳·潁州（國朝）》：「方亨。由舉人，任沔池縣教諭，累遷吏部考功司員外郎。」《南畿志·鳳陽府·鄉舉科》：「（洪武甲子）方亨。潁州人。郎中。」《正德潁州志·科貢·科（本朝）》：「方亨。洪武十七年甲子（1384）中應天府鄉試，任至考功郎中。」呂景蒙《嘉靖潁州志·人物表·（皇明）鄉貢》：「（洪武甲子）方亨。考功郎中。」《順治潁州志·選舉表·（明）舉人》同。

④《成化中都志·科貢·鄉舉》：「（甲子科洪武十七年）高舉。潁上人。」《南畿志·鳳陽府·鄉舉科》：「（洪武甲子）高舉。潁上人。訓導。」呂景蒙《嘉靖潁州志·人物表·（潁上）鄉貢》：「（洪武甲子）高舉。山東濟河訓導。」《順治潁上縣志·選舉·（明）舉人》：「（洪武甲子科）高舉。濟河訓導。」

⑤《成化中都志·科貢·鄉舉》：「（庚午科洪武二十三年）韓進。潁州人。」《成化中都志·人才傳·潁州（國朝）》：「韓進。由舉人，任監察御史。」《南畿志·鳳陽府·鄉舉科》：「（洪武庚午）韓進。潁州人。御史。」《正德潁州志·科貢·科（本朝）》：「韓進。洪武二十三年庚午中應天府鄉試。任監察御史。」呂景蒙《嘉靖潁州志·人物表·（皇明）鄉貢》：「（洪武庚午）韓進。監察御史。」《順治潁州志·選舉表·（明）舉人》同。

⑥《成化中都志·科貢·鄉舉》：「（癸酉科洪武二十六年）焦敏。潁州人。」《成化中都志·人才傳·潁州（國朝）》：「焦敏。由舉人，任西安府

知府。」《南畿志・鳳陽府・鄉舉科》：「（洪武癸酉）焦敏。潁州人。知府。」《正德潁州志・科貢・科（本朝）》：「焦敏。洪武二十六年癸酉中應天府鄉試。仕至金華知府。」呂景蒙《嘉靖潁州志・人物表・（皇明）鄉貢》：「（洪武癸酉）焦敏。金華知府。」《順治潁州志・選舉表・（明）舉人》同。《萬曆金華府志・官師・國朝知府》：「焦敏。潁州人。洪武二十五年（1392），由舉人授任。」

⑦《成化中都志・科貢・鄉舉》：「（甲子科洪武十七年，1384）陳璵。潁上人。」《南畿志・鳳陽府・鄉舉科》：「（洪武甲子）陳璵。潁上人。國子學錄。」呂景蒙《嘉靖潁州志・人物表・（潁上）鄉貢》：「（洪武丙子）陳璵。國子學錄。」《順治潁上縣志・選舉・（明）舉人》：「（丙子科舉人）陳璵。國子監學錄。」

⑧《南畿志・鳳陽府・鄉舉科》：「（洪武丁卯，1387）沈鏞。潁上人。訓導。」呂景蒙《嘉靖潁州志・人物表・（潁上）鄉貢》：「（洪武丙子）沈鏞。保定訓導。」《順治潁上縣志・選舉・（明）舉人》：「（丙子科舉人）沈鏞。保定訓導。」《同治醴陵縣志・秩官・（明）訓導》：「沈鏞。潁上舉人。《通志》作貢生。」

⑨《成化中都志・科貢・鄉舉》：「（丙子科洪武二十九年）諸葛珙。潁上人。」《南畿志・鳳陽府・鄉舉科》：「（洪武丙子）諸葛珙。潁上人。訓導。」呂景蒙《嘉靖潁州志・人物表・（潁上）鄉貢》：「（洪武丙子）諸葛珙。永平訓導。」《順治潁上縣志・選舉・（明）舉人》：「（丙子科舉人）諸葛珙。永平訓導。」

⑩《成化中都志・科貢・鄉舉》：「（己卯科洪武三十二年）范淵。太和人。」《南畿志・鳳陽府・鄉舉科》：「（洪武己卯）范淵。太和人。通判。」呂景蒙《嘉靖潁州志・人物表・（太和）鄉貢》：「（洪武己卯）范淵。湖廣襄陽通判。」《萬曆太和縣志・人物・鄉貢題名（皇明）》：「范淵。字叔澄。洪武乙［己］卯科中式。任至襄陽府通判。」

⑪《成化中都志・科貢・鄉舉》：「（乙酉科永樂三年）李泰。潁州人。」《南畿志・鳳陽府・鄉舉科》：「（永樂癸未）李泰。潁州人。訓導。」《正德潁州志・科貢・科（本朝）》：「李泰。永樂元年癸未補科中應天府鄉試。任固始縣訓導。」呂景蒙《嘉靖潁州志・人物表・（皇明）鄉貢》：「（永樂乙酉）李泰。固始訓導。」《順治潁州志・選舉表・（明）舉人》同。《嘉靖固始縣志・官師・（大明）訓導》：「李泰。潁州舉人。」

吳翔。潁州人。永樂乙酉（1405）中式。府學教授。①

董敏。潁州人。永樂乙酉（1405）中式。筠連縣學訓導。②

張蘊。太和縣人。永樂乙酉（1405）中式。③

韓璽。潁州人。永樂辛卯（1411）中式。見《人物》。

閔名。潁州人。終夏邑教諭。④

仵恭。潁州人。字克敬。陝西行都司斷事。終嘉興通判。⑤

卜謙。潁上縣人。見《人物》。

---

①《成化中都志・科貢・鄉舉》：「（乙酉科永樂三年）吴翔。潁州人。」《南畿志・鳳陽府・鄉舉科》：「（永樂乙酉）吴翔。潁州人。教諭。」《正德潁州志・科貢・科（本朝）》：「吴翔。永樂三年乙酉中應天府鄉試。任府教授。」呂景蒙《嘉靖潁州志・人物表・（皇明）鄉貢》：「（永樂乙酉）吴翔。府學教授。」《順治潁州志・選舉表・（明）舉人》同。

②《成化中都志・科貢・鄉舉》：「（乙酉科永樂三年）董敏。潁州人。」《南畿志・鳳陽府・鄉舉科》：「（永樂乙酉）董敏。潁州人。教諭。」《正德潁州志・科貢・科（本朝）》：「董敏。永樂三年乙酉中應天府鄉試。任筠連縣訓導。」呂景蒙《嘉靖潁州志・人物表・（皇明）鄉貢》：「（永樂乙酉）董敏。筠連訓導。」《順治潁州志・選舉表・（明）舉人》同。

③《成化中都志・科貢・鄉舉》：「（乙酉科永樂三年）張蘊。太和人。」《南畿志・鳳陽府・鄉舉科》：「（永樂乙酉）張蘊。太和人。」呂景蒙《嘉靖潁州志・人物表・（太和）鄉貢》：「（永樂乙酉）張蘊。」《萬曆太和縣志・人物・鄉貢題名（皇明）》：「張蘊。字純中。永樂乙酉科中式。」

④《成化中都志・科貢・鄉舉》：「（辛卯科永樂九年，1411）閔銘。潁州人。」《南畿志・鳳陽府・鄉舉科》：「（永樂辛卯）閔銘。潁州人。教諭。」《正德潁州志・科貢・科（本朝）》：「閔銘。辛卯中應天府鄉試。任夏邑縣學諭。」呂景蒙《嘉靖潁州志・人物表・（皇明）鄉貢》：「（永樂辛卯）閔名。夏邑教諭。」《順治潁州志・選舉表・（明）舉人》同。《嘉靖夏邑縣志・官師・（明）訓導》：「（永樂二十一年癸卯，1423）閔賢。直隸潁州舉人。」疑即其人。

⑤《成化中都志・科貢・鄉舉》：「（辛卯科永樂九年，1411）仵恭。潁州人。」《南畿志・鳳陽府・鄉舉科》：「（永樂辛卯）仵恭。潁州人。斷事。」《正德潁州志・科貢・科（本朝）》：「仵恭。辛卯中應天府鄉試。任斷事司斷事。」呂景蒙《嘉靖潁州志・人物表・（皇明）鄉貢》：「（永樂辛卯）仵恭。嘉興通判。」《順治潁州志・選舉表・（明）舉人》：「（永樂辛卯）仵恭。（字）克敬。任陝西行都司斷事。遷嘉興通判。」

林英。潁上縣人。見《人物》。

楊誠。潁上縣人。字彥實。終靖江王府伴讀。俱永樂辛卯（1411）中式。①

齊敬。太和縣人。永樂甲午（1414）中式。授山西石樓訓導。②

王質。太和縣人。永樂甲午（1414）中式。見《人物》。

范寬。太和縣人。永樂庚子（1420）中式。終湖廣石首訓導。③

周彬。潁州人。永樂癸卯（1423）中式。終魯府教授。④

秦昕。潁州人。同癸卯中式。終監察御史。⑤

徐良。太和縣人。正統戊午（1438）中式。授陝西隆德訓導。⑥

葉春。潁州人，字景和。正統丁卯（1447）河南中式。終京衛武學教授。先是，軍民生儒俱應天鄉試，訾學正李悅奏淮軍生試河南，而中式則自春始。⑦

謝鵬。潁上縣人。字騰霄。景泰庚午（1450）中式。⑧

張禎。太和縣人。同庚午中式。授陝西乾州學正。⑨

呂慶。潁州人。景泰癸酉（1453）中式。終府學教授。⑩

韓雄。潁上縣人。同癸酉中式。終河南杞縣知縣。⑪

①《成化中都志·科貢·鄉舉》：「（辛卯科永樂九年，1411）楊誠。潁上人。」《南畿志·鳳陽府·鄉舉科》：「（永樂辛卯）楊誠。潁上人。伴讀。」呂景蒙《嘉靖潁州志·人物表·（潁上）鄉貢》：「（永樂辛卯）楊誠。伴讀。」《順治潁上縣志·選舉·（明）舉人》：「（永樂辛卯科四人）楊誠。河間府訓導。陞王府伴讀。」

②《成化中都志·科貢·鄉舉》：「（癸巳科永樂十一年，1413）齊敬。太和人。」《南畿志·鳳陽府·鄉舉科》：「（永樂甲午）齊敬。太和人。教諭。」呂景蒙《嘉靖潁州志·人物表·（太和）鄉貢》：「（永樂甲午）齊敬。山西石樓訓導。」《萬曆太和縣志·人物·鄉貢題名（皇明）》：「齊敬。字致恭。永樂甲午科中式。任石樓縣訓導。詳見《鄉賢》。」然該書《鄉賢》部分未收其人。

③《成化中都志·科貢·鄉舉》：「（庚子科永樂十八年）范寬。太和人。」《南畿志·鳳陽府·鄉舉科》：「（永樂庚子）范寬。太和人。」呂景蒙《嘉靖潁州志·人物表·（太和）鄉貢》：「（永樂庚子）范寬。湖廣石首訓導。」《萬曆太和縣志·人物·鄉貢題名（皇明）》：「范寬。字仲容。永樂庚子科中式。」

④《成化中都志·科貢·鄉舉》：「（癸卯科永樂二十一年）周彬。潁州人。」《南畿志·鳳陽府·鄉舉科》：「（永樂癸卯）周彬。潁州人。教授。」《正德潁州志·科貢·科（本朝）》：「周彬。永樂二十一年癸卯中應天府鄉試。任府教授。」呂景蒙《嘉靖潁州志·人物表·（皇明）鄉貢》：「（永樂癸卯）周彬。魯府教授。」《順治潁州志·選舉表·（明）舉人》同。

⑤《正德潁州志·科貢·科（本朝）》：「秦昕。任監察御史。」呂景蒙《嘉靖潁州志·人物表·（皇明）鄉貢》：「（永樂癸卯）秦昕。監察御史。」《順治潁州志·選舉表·（明）舉人》同。

⑥呂景蒙《嘉靖潁州志·人物表·（太和）鄉貢》：「（正統戊午）徐良。陝西隆德訓導。」《萬曆太和縣志·人物·鄉貢題名（皇明）》：「徐良。字至善。正統庚［戊］午科中式。任於潛縣訓導。又陞崇德縣教諭。」

⑦《成化中都志·科貢·鄉舉》：「（丁卯科正統十二年）葉春。潁州人。」《正德潁州志·科貢·科（本朝）》：「葉春。正統十二年丁卯中河南布政司鄉試。任五河縣教諭。」呂景蒙《嘉靖潁州志·人物表·（皇明）鄉貢》：「（正統丁卯）葉春。（字）景和。河南鄉試。京衛武學教授。以上軍民弟子員俱赴應天鄉試，時以學正李悅奏准，軍生始赴河南鄉試，而中式則自春始。」《順治潁州志·選舉表·（明）舉人》：「（正統丁卯）葉春。河南中式。京衛武學教授。」《光緒五河縣志·官師·教諭》：「（明天順）葉春。河南潁州衛舉人。」

⑧《成化中都志·科貢·鄉舉》：「（庚午科景泰元年）謝鵬。潁上人。」《南畿志·鳳陽府·鄉舉科》：「（景泰庚午）謝鵬。潁上人。」呂景蒙《嘉靖潁州志·人物表·（潁上）鄉貢》：「（景泰庚午）謝鵬。（字）騰霄。」《順治潁上縣志·選舉·（明）舉人》：「（景泰庚午科）謝

鵬。未仕。」

⑨《成化中都志·科貢·鄉舉》：「（庚午科景泰元年）張禎。太和人。」《南畿志·鳳陽府·鄉舉科》：「（景泰庚午）張禎。太和人。學正。」呂景蒙《嘉靖潁州志·人物表·（太和）鄉貢》：「（景泰庚午）張禎。山西乾州學正。」《萬曆太和縣志·人物·鄉貢題名（皇明）》：「張禎。字應祥。景泰庚午科中式。任乾州學正。」《光緒乾州志稿·官師傳·師儒（明）》：「張楨。《前志》：『州學正。勤學善教，剛方而廉。』」

⑩《成化中都志·科貢·鄉舉》：「（癸酉科景泰四年）呂慶。潁州人。」《南畿志·鳳陽府·鄉舉科》：「（景泰癸酉）呂慶。潁州人。教授。」《正德潁州志·科貢·科（本朝）》：「呂慶。景泰四年癸酉中應天府鄉試。任府教授。」呂景蒙《嘉靖潁州志·人物表·（皇明）鄉貢》：「（景泰癸酉）呂慶。應天鄉試。府學教授。」《順治潁州志·選舉表·（明）舉人》：「（景泰癸酉）呂慶。應天中式。府教授。」

⑪《成化中都志·科貢·鄉舉》：「（癸酉科景泰四年）韓雄。潁上人。」呂景蒙《嘉靖潁州志·人物表·（潁上）鄉貢》：「（景泰癸酉）韓雄。杞縣知縣。」《順治潁上縣志·選舉·（明）舉人》：「（癸酉科）韓雄。任杞縣令。」《乾隆杞縣志·職官·（明）知縣》：「韓雄。潁上人。成化年，由舉人任。」

張倫。太和縣人。同癸酉中式。終知縣。①

張嵩。潁州人。字惟嶽。景泰丙子（1456）河南中式。終通判。②

費謹。潁上縣人。同丙子中式。見《人物》。

蕭性和。潁上縣人。成化乙酉（1465）河南中式。終漢陽府學教授。③

陳貴。太和縣人。同乙酉中式。終山東棲霞知縣。④

韓祥。潁州人。璽孫。成化丁酉（1477）中式。終會稽知縣。⑤

楊復初。潁州人。同丁酉科河南中式。終長史。⑥

①《成化中都志·科貢·鄉舉》：「（癸酉科景泰四年）張倫。太和人。」《南畿志·鳳陽府·鄉舉科》：「（景泰癸酉）張倫。太和人。知縣。」呂景蒙《嘉靖潁州志·人物表·（太和）鄉貢》：「（景泰癸酉）張倫。知縣。」《萬曆太和縣志·人物·鄉貢題名（皇明）》：「張倫。字仲理。景泰癸酉科中式。」

②《成化中都志·科貢·鄉舉》：「（丙子科景泰七年）張嵩。潁州人。」《正德潁州志·科貢·科（本朝）》：「張嵩。景泰七年丙子中河南布政司鄉試。仕至通判。」呂景蒙《嘉靖潁州志·人物表·（皇明）鄉貢》：「（景泰丙子）張嵩。（字）惟嶽。通判。俱河南鄉試。」《順治潁州志·選舉表·（明）舉人》：「（景泰丙子）張嵩。河南中式。仕至通判。」

③《成化中都志·科貢·鄉舉》：「（乙卯科成化元年）蕭性和。潁上人。」《南畿志·鳳陽府·鄉舉科》：「（成化乙酉）蕭性和。潁上人。教授。」呂景蒙《嘉靖潁州志·人物表·（潁上）鄉貢》：「（成化乙酉）蕭性和。河南鄉試。漢陽教授。」《順治潁上縣志·選舉·（明）舉人》：「（成化乙酉科）蕭性和。河南中式。漢陽府授。」

④《南畿志·鳳陽府·鄉舉科》：「（成化乙酉）陳貴。太和人。知縣。」呂景蒙《嘉靖潁州志·人物表·（太和）鄉貢》：「（成化乙酉）陳貴。山東棲霞知縣。」《萬曆太和縣志·人物·鄉貢題名（皇明）》：「陳貴。字大用。成化乙酉科中式。任棲霞縣知縣。詳見《鄉賢》。」《萬曆太和縣志·人物·鄉賢（皇明）》：「陳貴。字大用。家世倪丘，少有大志。成化乙酉科領應天鄉薦，卒業成均，授山東棲霞縣知縣。居官廉謹愛民，有古循吏風，大宗伯倪公岳作《十異詩》贈之。子祿兒時即穎異，嘗從父抵縣，父命屬對，云：『騎馬行至雙浮屠，風霜兩鬢。』祿應聲曰：『乘龍直上九重天，雨露一身。』父心奇之，駸駸教習舉子業。比長，從游學士孫公交之門，肆力問學。已而補邑庠弟子員，督學司馬公試文，大加稱賞。每按屬郡邑，必攜之行，或命題賦詩，滚滚數百言，諸名輩數偉其爲奇器云。年弱冠，制作甚富，屬以疾夭，父痛之，俱付回祿，故今罕傳者。有才未就，士論每每深惜之。」

⑤《成化中都志·科貢·鄉舉》：「（丁酉科成化十三年）韓祥。潁州人。」《南畿志·鳳陽府·鄉舉科》：「（成化丁酉）韓祥。潁州人。知縣。」《正德潁州志·科貢·科（本朝）》：「韓祥。壐孫。天順中應貢，補太學。成化十三年丁酉中順天府鄉試。任會稽縣知縣。」呂景蒙《嘉靖潁州志·人物表·（皇明）鄉貢》：「（成化丁酉）韓祥。孫。應天鄉試。會稽知縣。」《順治潁州志·選舉表·（明）舉人》：「（成化丁酉）韓祥。應天中式。會稽知縣。」《萬曆會稽縣志·官師表·（皇明）知縣》：「（成化二十年，1484）鄭祥。潁州人。有傳。」《萬曆會稽縣志·宦蹟傳·皇明》：「鄭祥。字景瑞。潁川［州］人。成化中知縣事，明賞罰，均徭賦。邑人懷之。」

⑥《成化中都志·科貢·鄉舉》：「（丁酉科成化十三年）楊復初。潁州人。」《南畿志·鳳陽府·鄉舉科》：「（成化丁酉）楊復初。潁州人。翰林待詔。」《正德潁州志·科貢·科（本朝）》：「楊復初。成化十三年丁酉中河南布政司鄉試。明年乙榜。授訓導。仕至翰林待詔。」呂景蒙《嘉靖潁州志·人物表·（皇明）鄉貢》：「（成化丁酉）楊復初。河南鄉試。由訓導遷翰林待詔。官至長史。」《順治潁州志·選舉表·（明）舉人》：「（成化丁酉）楊復初。河南中式。仕長史。」

王章。太和縣人。成化辛卯（1471）中式。終山東臨邑知縣。①

劉剛。太和縣人。成化庚子（1480）中式。終山東壽昌知縣。②

張沖。潁州人。字宗遠。成化癸卯（1483）河南中式第二。官終山東涇府左長史，加奉議大夫。見《人物》。

張守亨。沖之叔。同癸卯河南中式。見《人物》。

王相。潁上縣人。字彥卿。同癸卯中式，授順天府推官。尋擢本府通判，廉明公恕，大有聲稱。卒於官，人共惜之。③

王翊。潁上縣人。字用輔。弘治壬子（1492）中式。終奉新知縣。④

胡洲。潁州人。字登之。正德庚午（1510）河南中式。終順天府推官。⑤

郭應元。潁州人。字虞臣。昇子。正德丙子（1516）中式。有迺父風，稟命弗融。惜哉！⑥

王確。潁上縣人。字介夫。相之姪。同正德丙子（1516）中式。終通判。⑦

孫崇德。太和縣人。同丙子中式，授湖廣遠安知縣。陞大名府通判。⑧

張治。潁州人。字宗舜。守亨子。正德己卯（1519）河南中式。授三原知縣。⑨

張葵。潁州人。字司忠。同己卯河南中式。⑩

趙鎧。潁上縣人。字公振。同己卯中式。任永平府通判。⑪

王希喆。太和縣人。嘉靖壬午（1522）中式。授山東蒙陰知縣。⑫

①《成化中都志·科貢·鄉舉》：「（辛卯科成化七年）王章。太和人。」《南畿志·鳳陽府·鄉舉科》：「（成化辛卯）王章。太和人。知縣。」呂景蒙《嘉靖潁州志·人物表·（太和）鄉貢》：「（成化辛卯）王章。山東臨邑知縣。」《萬曆太和縣志·人物·鄉貢題名（皇明）》：「王章。字文顯。成化辛卯科中式。任山東臨邑縣知縣。詳見《鄉賢》。」《萬曆太和縣志·人物·鄉賢（皇明）》：「王章。字文顯。萬壽圖人。容貌魁偉，學問淵宏，及門受業者數百人。持身嚴慎，雖燕居亦衣冠，當盛暑不褻體。成化辛卯領鄉薦，任山東臨邑知縣。明勤方警，政理賦平，惓惓以淑人爲心，以敦教化爲念。民有訟者，一訊立辨，諭其曲直以去，時稱爲古之循良。及致政家居，足蹟不履公廷。與鄉人處，恂恂謙抑，無論少長皆下之。嘗有人犯之者，閉戶不校，明日造其門謝之，其人愧悔無地，經年不敢相見。雖兒童、走卒，皆知公爲盛德君子也。」

②《成化中都志·科貢·鄉舉》：「（庚子科成化十六年）劉剛。太和人。」《南畿志·鳳陽府·鄉舉科》：「（成化庚子）劉剛。太和人。」呂景蒙《嘉靖潁州志·人物表·（太和）鄉貢》：「（成化庚子）劉剛。山東壽章縣知縣。」《萬曆太和縣志·人物·鄉貢題名（皇明）》：「劉剛。成化庚子科中式。任壽張知縣。詳見《鄉賢》。」《萬曆太和縣志·人物·鄉賢（皇明）》：「劉剛。字宗柔，順化圖人。自少以穎異稱，及游芹宮，雋聲大著。成化庚子科，與同邑翰林紀鏞同榜舉人，任壽張縣令。居官清謹，剖決如流。邑有孀婦改嫁，及死，前子爭欲葬之。即判云：『生前改嫁，已無戀子之心；死後歸塋，難見前夫之面。』一時縉紳極服其有識也。有貧民鬻子輸官銀者，行道坐荒草處失銀，覓而求之弗得。其人泣訴於庭，公令取草斷之，邑民皆赴庭觀聽，迺令閉戶，問觀者聽何事，衆皆駭然無對，即令身有銀者悉給失銀之民償官，人以爲異。在官多有惠政及民，上司呼曰小劉，百姓呼曰包劉。」《光緒壽張縣志·職官·縣令（明）》：「劉剛。貢生。安徽潁州府太和縣人。宏［弘］治九年（1496）任。」

③《成化中都志·科貢·鄉舉》：「（癸卯科成化十九年）王相。潁上人。」《順治潁上縣志·選舉·（明）舉人》：「（癸卯科）王相。順天府通判。」

④《南畿志·鳳陽府·鄉舉科》：「（弘治壬子）王翊。潁上人。知縣。」呂景蒙《嘉靖潁州志·人物表·（潁上）鄉貢》：「（弘治壬子）王翊。奉新知縣。傳見《孝義》。」《順治潁上縣志·選舉·（明）舉人》：「（弘治壬子科）王翊。江西奉新尹。相之從姪。」《道光奉新縣志·秩官·知縣》：「王翊。（宏［弘］治）十八年（1505）任。南直潁上舉人。」

⑤《成化中都志·科貢·鄉舉》：「（庚午科正德五年）胡洲。潁州人。」《南畿志·鳳陽府·鄉舉科》：「（正德庚午）胡洲。潁州人。推官。」《正德潁州志·科貢·科（本朝）》：「胡洲。中正德五年庚午科河南鄉試。」呂景蒙《嘉靖潁州志·人物表·（皇明）鄉貢》：「（正德庚午）胡洲。（字）登之。河南鄉試。順天推官。」《順治潁州志·選舉表·（明）舉人》：「（正德庚午）胡洲。河南中式。南京戶部主事。」

⑥《成化中都志・科貢・鄉舉》：「（丙子科正德十一年）郭應元。潁州人。」《南畿志・鳳陽府・鄉舉科》：「（正德丙子）郭應元。潁州人。」呂景蒙《嘉靖潁州志・人物表・（皇明）鄉貢》：「（正德丙子）郭應元。（字）虞臣。昇子。有廼父風，未仕，卒。」《順治潁州志・選舉表・（明）舉人》：「（正德丙子）郭應元。河南中式。」

⑦《成化中都志・科貢・鄉舉》：「（丙子科正德十一年）王確。潁上人。」《南畿志・鳳陽府・鄉舉科》：「（正德丙子）王確。潁州人。」呂景蒙《嘉靖潁州志・人物表・（潁上）鄉貢》：「（正德丙子）王確。知州，改通判。」《順治潁上縣志・選舉・（明）舉人》：「（正德丙子科）王確。餘杭尹，至青州通判。相之姪。見《人物》。」《順治潁上縣志・人物・明》：「王確。天性孝友，領鄉薦。任餘杭令，有惠政，辨冤獄。丁內艱，雪者饋金，不受，後建卻金亭，立石見之。見《名宦志》。服闋，補東明令，治河功擢汾州守。時宗室暴橫，奉三尺裁抑之，騰沸謗議。掛冠歸，優游林泉，教子是務。子民牧吟詠揮灑有父風，由胄監參戎德衛。孫敷納初授別駕。曾孫廁名膠庠。天之報施善人，蓋方興未艾云。」《民國餘杭縣志・職官表・（明）令》：「（嘉靖五年）王確，有《傳》。」《民國餘杭縣志・名宦傳・明》：「王確。字介夫。鳳陽府潁上縣人。由舉人，嘉靖五年（1526）知餘杭縣。人品高邁，臨時敏決，以經術輔吏治，掾史畏其神明。洞徹民隱，民無不被其慈者。其理邑中孫榮獄事，尤見卓識。初確至，入境即知獄有浮里界民孫榮者，以他人縱燒安谿官民廬舍，辭誣及榮，前按獄者治榮罪死，然實非榮燒也。隱之於心，密訪二年，具得安谿被火情狀，臬司委令覆訊，確遂以實詳，當事者怒以輒易成案，勒令如原署。確不得已，疏奏於朝，爲力辨榮實冤，且言：『皇上盛德好生，而微臣預有子民之責，請得身詣詔獄，與衆廷辯。榮情如臣言，妄則甘伏故出之罪；如非妄，則宜釋冤抑之，夫以昭平允之治。民枉伸，則臣職無愧，雖蒙譴責罷官無憾！』其言慷慨切至，天子爲感動焉，命下，緣是榮得減死論，尚未及釋也。頃之，確以憂去。榮母懷白金百助喪役，確愕然曰：『令知民冤，民固不知令志耶！』固卻之。後二年，榮竟以確言獲歸。當是時，確之剛果有爲，名聞天下。邑舊有《成化志》，僅抄本，亦不備，確以爲志者，賦役版籍所載，所以覈民事而資吏治也。漫置之，則凡征輸、運解、物辦無所稽考，胥吏有所售其奸矣。再歲成之，於是《餘杭縣志》始有刻本。人服其簡而有法，確亦自謂：『百五十年來，吾邑治始有所徵信云。』嘗遇火災，頃刻延燒邑中數十家，確亟禱於城隍之神，反躬自責，火遂熄。人敬異之。邑司訓鈕鷟，江右新城人，安貧愛士，確重之。及卒，至不能成喪，又乏嗣，妻女煢煢，確哀之，捐奉爲倡，邑弟子以次賻助以歸。及確朝覲之日，淡泊無與比，極人情所難受，確往返怡然。至考其與民興利，如預備等倉，則又多充積，足以爲儉歲賑貧計。在任五年，民悲其去，嘗歌思之。已而孫榮退念前恩，搆卻金亭，錢塘吳鼎爲之《記》。」《民國東明縣志・設官篇・（明）知縣》：「王確。嘉靖十一年任。潁上縣舉人。陞汾州知州。」

⑧《成化中都志・科貢・鄉舉》：「（丙子科正德十一年）孫崇德。太和人。」呂景蒙《嘉靖潁州志・人物表・（太和）鄉貢》：「（正德丙子）孫崇德。湖廣遠安知縣。陞大名府通判。」《萬曆太和縣志・人物・鄉貢題名（皇明）》：「孫崇德。字一之，號南村，正德丙子科中式。任廣東提

舉司提舉。詳見《鄉賢》。」《萬曆太和縣志・人物・鄉賢（皇明）》：「孫崇德。字一之，號南村。大義圖人。居家以孝友稱。天資明敏，才識粹拔，處鄉和易可親，學行人皆雅重。正德丙子中式，初任湖廣遠安縣令，廉明卓著，陞大名府通判。以督儲有功，復陞廣東提舉，嘉譽駸駸，尋以疾歸。公少負才華，善於制作，議論有關大體，凡發於詩賦詞章者，種種可述。時許侯賢同鄉民鐫石曰愛民父母，鄧侯否毅然以書諫之，里人服其直，邑人□及門者甚眾。」《同治遠安縣志・文職・（明）知縣》：「（嘉靖十年，1531）孫崇德。泰和人。舉人。」

⑨《成化中都志・科貢・鄉舉》：「（己卯科正德十四年）張治。潁州人。」《南畿志・鳳陽府・鄉舉科》：「（正德己卯）張治。潁州人。」呂景蒙《嘉靖潁州志・人物表・（皇明）鄉貢》：「（正德己卯）張治。（字）宗舜。守亨子。三原知縣。」《順治潁州志・選舉表・（明）舉人》：「（正德己卯）張治。河南中式。三原知縣。」《光緒三原縣志・官師・（明）知縣》：「張治。潁川衛舉人。嘉靖十四年（1535）任，數月即解任去，君子稱其恬退。祀名宦。」

⑩《成化中都志・科貢・鄉舉》：「（己卯科正德十四年）張葵。潁州人。」《南畿志・鳳陽府・鄉舉科》：「（正德己卯）張葵。潁州人。」呂景蒙《嘉靖潁州志・人物表・（皇明）鄉貢》：「（正德己卯）張葵。（字）司忠。俱河南鄉試。」《順治潁州志・選舉表・（明）舉人》：「（正德己卯）張葵。河南中式。」

⑪《成化中都志・科貢・鄉舉》：「（己卯科正德十四年）趙鏜。潁上人。」《南畿志・鳳陽府・鄉舉科》：「（正德己卯）趙鏜。潁上人。」呂景蒙《嘉靖潁州志・人物表・（潁上）鄉貢》：「（正德己卯）趙鏜。（字）公振。」《順治潁上縣志・選舉・（明）舉人》：「（己卯科）趙鏜。早領鄉薦，主司期以大器，累副春榜，竟數奇。授永平府通判，有惠政，未久疾歸，弗盡其用，以清白傳家云。」

⑫《成化中都志・科貢・鄉舉》：「（壬午科嘉靖元年）王希誥［喆］。太和人。」《南畿志・鳳陽府・鄉舉科》：「（嘉靖壬午）王希喆。太和人。」呂景蒙《嘉靖潁州志・人物表・（太和）鄉貢》：「（嘉靖壬午）王希喆。山東蒙陰知縣。」《萬曆太和縣志・人物・鄉貢題名（皇明）》：「王希喆。字思賢，號秋渠。嘉靖壬午科中式。任山東蒙陰縣知縣。詳見《鄉賢》。」《萬曆太和縣志・人物・鄉賢（皇明）》：「王希喆。字思賢，號秋渠。大義鄉人。少家貧，奮志儒業，領嘉靖壬午鄉薦，任山東蒙陰縣知縣。居官清謹，秋毫不取，民有冤枉，立爲辨明。邑有官豪董姓者素恣橫，請囑，公至即斂戢，不敢干謁以私。日惟蔬食，每辰置錢數文於儀門外，令隸卒買水菜以自給，百姓稱爲王青天。內艱服闋，隱居不仕，足蹟不履城市，躬課諸子業農。有司數請鄉飲，終不一赴。年八十餘卒，鄉里賢之。」

劉渭。潁州人。字清甫。嘉靖己卯［乙酉］（1525）河南中式。①

田貴。潁州人。字子良。同己卯［乙酉］河南中式，卒。②

張慊。潁州人。字汝明。嘉靖戊子（1528）河南中式。任安慶府太湖縣知縣。③

尚爵。潁州人。字淑仁。嘉靖辛卯（1531）河南中式。④

盧翰。潁州人。字子羽。嘉靖甲午（1534）中式。⑤

盧晉。翰之子。字伯進。嘉靖庚子（1540）中式。⑥

胡淳。潁州人。字性之。洲之弟。嘉靖庚子河南中式。⑦

史綸。潁州人。字廷言。鏡之子。嘉靖丙午（1546）應天中式。⑧

陳嘉慶。潁上縣人。字允積。嘉靖丙午河南中式。⑨

李宜春曰：潁龍翔虎變，亦蒸蒸矣乎！然《禹貢》《職方》詳風土，獨人才闕焉。夫人才豈風土所能囿哉？吾意潁之盛不但此爾。

---

①《南畿志·鳳陽府·鄉舉科》：「（嘉靖乙酉）劉渭。潁州人。」呂景蒙《嘉靖潁州志·人物表·（皇明）鄉貢》：「（嘉靖乙酉）劉渭。（字）清甫。」《順治潁州志·選舉表·（明）舉人》：「（嘉靖乙酉）劉渭。河南中式。詳《人物》。」《順治潁州志·名賢傳·明》或《順治潁州志·孝

友傳·明》均未録其人。

②《南畿志·鳳陽府·鄉舉科》：「（嘉靖乙酉）田貴。潁州人。」呂景蒙《嘉靖潁州志·人物表·（皇明）鄉貢》：「（嘉靖乙酉）田貴。（字）子良。俱河南鄉試。」《成化中都志·科貢·鄉舉》：「（乙酉科嘉靖四年）田貴。潁州人。」《順治潁州志·選舉表·（明）舉人》：「（嘉靖乙酉）田貴。河南中式。」

③張熑（1509—1598），字汝明。嘉靖七年（1528）舉人。《成化中都志·科貢·鄉舉》：「（戊子科嘉靖七年）張熑。潁州人。」《南畿志·鳳陽府·鄉舉科》：「（嘉靖戊子）張濂。潁州人。」呂景蒙《嘉靖潁州志·人物表·（皇明）鄉貢》：「（嘉靖戊子）張熑。（字）汝明。」《順治潁州志·選舉表·（明）舉人》：「（嘉靖戊子）張熑。河南中式。太湖知縣。詳《藝文》。」《順治潁州志·名賢·明》：「張熑。字汝明，號水臺。登嘉靖戊子鄉試，仕太湖縣知縣。孝友天成，慷慨有大節。好施予，空釜待火者相望。於書一目不忘，爲詩豪俊。嘗曰：『武功如衛霍，詩如李杜，花間露耳！』以故稿成輒棄去，年九十卒。子弟摭拾其餘稿，曰《水臺集》，藏於家。」《康熙潁州志·人物·名賢（明）》：「張熑，字汝明，號水臺。於書一覽不忘，爲詩風骨豪俊。年弱冠登嘉靖戊子賢書，爲太湖令，旬日而返。時游松風、秋水諸名園，鄙斥流俗，寄託高遠。嘗曰：『武功如衛霍，詩如李杜，皆花間露耳！』故著述成輒棄去，卒年九十。有一子培，亦舉於鄉。孫嗣軫始刻《思保堂集》，皆掇拾之餘也。其《感懷》云：『汗漫多情淹客住，尋常有酒對花開。』《病目》云：『無睡奈何秋雨夜，有懷空負菊花辰。』雅有勝致，惜全豹無從窺矣。」《張氏族譜·先達列傳》：「公諱熑，字汝明，號水臺。登嘉靖戊子鄉試，仕太湖知縣。孝友天成，慷慨有大節。好施予，空釜待火者相望。於書一目不忘，爲詩風骨豪俊，不染塵俗。嘗曰：『武功如衛霍，詩詞如李杜，花間露耳！』以故稿成輒棄去，年九十卒。其孫嗣軫撫拾其餘稿，曰《水臺集》，藏於家。又有《思保堂集》。祀鄉賢。」

④《成化中都志·科貢·鄉舉》：「（辛卯科嘉靖十年）尚爵。潁州人。」呂景蒙《嘉靖潁州志·人物表·（皇明）鄉貢》：「（嘉靖辛卯）尚爵。（字）國重。」《順治潁州志·選舉表·（明）舉人》：「（嘉靖辛卯）尚爵。河南中式。詳《人物》。」《順治潁州志·名賢傳·明》：「尚爵。字淑任。父病，藥石饘粥必嘗，即便液器具必親滌。嘉靖辛卯舉河南鄉試，授掖縣令。邑學博道失環，責償店主人。爵察其冤，會葺城隍廟，爵曰：『不燭真得環者爲無神。』輟工三日，真得環者果自首。遷永平判。灌園得金，掩其封。歸家，僻處村落，不入城市。環堵蕭然，其適也。性和易簡淡，人稱爲長者。祀鄉賢。」

⑤《成化中都志·科貢·鄉舉》：「（甲午科嘉靖十三年）盧翰。潁州人。」《南畿志·鳳陽府·鄉舉科》：「（嘉靖甲午）盧翰。潁州人。」呂景蒙《嘉靖潁州志·人物表·（皇明）鄉貢》：「（嘉靖甲午）盧翰，子羽。應天鄉試。」《順治潁州志·選舉表·（明）舉人》：「（嘉靖甲午）盧翰。應天中式。兗州府推官。詳《人物》。」《康熙潁州志·選舉·孝廉（明）》：「盧翰，歲貢。甲午中式，官兗州府節推。詳《人物》。」《順治

潁州志·名賢傳·明》：「盧翰。字子羽，號中庵。幼端方潁異，年十八，甫讀書，入目即徹。六經百氏，三教九流，但自書契以來蹟在人間者，靡不研精吸髓，校其訛而釐其偏。選貢入南國子，司丞歐陽南野呼爲老友。登嘉靖甲午應天鄉試。丁父艱，茹蔬廬墓三年。選兗州府推官，剛腸疾惡，執法不撓。有豪右織仇爲盜，臺司偏執，翰正色拂衣爭，始得減。署滕，有巨盜難獲，廉其出沒蹤，盡擒之。當事者至榜其奇，比之虞詡。署曹，抗檄發賑，全活萬人。齊魯士慕翰，不遠數百里走授業，門下殆數百人。翰教以孝友力行，親爲證解六經。署濟寧椽，聞量移之命，即日策蹇渡河。家眷尚在兗，遺倉頭買下澤車載之歸，蕭然無一篋。遂絕意仕進，閉戶讀書，不與市人交。葛巾野服，油油與偕，雖野老里兒，莫不呼爲先生。晚年尤洞於易數，凡晦冥、理亂、床裼、呼吸，皆測之數，燭如蓍蔡。淮西、泗上、汝潁間，有學行者多出其門。臨歿，呼子晉孝廉晉曰：『封《易》置我懷中，我平生精神在此。』口占一絕曰：『中庵魄既降，四體得所放。平生浩然氣，飛還太虛上。』命諸孫歌之，笑曰：『快哉！』遂瞑目而逝。著書數萬言，藏於家。有傳，見《藝文》。按，公理學不減濂洛關閩，數舉鄉賢，皆沉閣不行，識者三致歎焉。」《康熙潁州志·人物·名賢（明）》：「盧翰，字子羽，號中庵。幼端方潁異，年十八甫讀書，入目即徹。六經百氏，靡不研精吸髓，校其訛而訂其偏。選貢入南國子，司丞歐陽南野呼爲老友。登嘉靖甲午應天賢書。父卒，茹蔬廬墓三年。服闋，任兗州府推官。剛腸疾惡，執法不撓。有豪右織仇爲盜，臺司幾誤聽，翰正色力爭，始得釋。署滕邑事，有巨盜難獲，廉其出沒蹤，盡擒之。當事者至榜其奇，比之虞詡。署曹邑事，抗檄發賑，全活萬人。齊魯士慕翰，不遠千里至授業，門下殆數百人。翰教以孝友力行，六籍親爲講授。署濟寧椽，聞量移之命，即日策蹇渡河。家屬在兗，遣倉頭買下澤車載之歸，蕭然無一長物。遂絕意仕進，閉戶讀書，時或葛巾野服散步郊原，雖里老村童，莫不呼爲先生。晚年尤洞於《易》，凡晦明、理亂、床裼纖微旨，以數測之，燭如蓍蔡。淮西、泗上及汝潁間，有學行者多出其門。臨歿，呼子孝廉晉曰：『封《易》置我懷中，我平生精神在此。』口占一絕曰：『中庵魄既降，四體得所放。平生浩然氣，飛還太虛上。』命諸孫歌之，笑曰：『快哉！』遂瞑目。著書數萬言，藏於家。」

⑥盧晉（1518—1599），字伯進，號東⿰日柔，潁州（今安徽阜陽）人。嘉靖十九年（1540）舉人，仕至重慶府別駕。《成化中都志·科貢·鄉舉》：「（庚子科嘉靖十九年）盧晉。潁州人。」《順治潁州志·選舉表·明（舉人）》：「盧晉。翰子。應天中式。重慶府通判。」《康熙潁州志·人物·儒林》：「盧晉，字伯進，別號東⿰日柔。兗州司李［理］翰子。領嘉靖庚子舉人，橫經教授，干謁不通。後任贛之興國令。有嫠婦訟虎食其兒，晉檄於神。翌日，虎死於麓，邑自是無虎患。遷判蜀之重慶，告歸。所著有《養恬錄》《幼學惕言》《禮記捷意》《讀易隙見八法》《針逸醫編》《五經考異》，所纂有《孔子全語》《名物備覽》等書。年八十二卒。」《乾隆阜陽縣志·人物·儒林》所載《盧翰傳》後：「子晉，字伯進，別號東（左田右柔）。嘉靖庚子（1540）舉人，任贛之興國令。有寡婦訟虎食其子，晉檄於神，明日虎死於麓，邑自是無虎患。遷四川重慶府通判，告歸。所著有《養恬錄》《幼學惕言》《禮記捷意》《讀易隙見》《八法針逸醫編》《五經考異》，所纂有《孔子全語》《名物備覽》等書。」

《道光興國縣志·職官·明知縣》：「盧晉，鳳陽潁州人。舉人。隆慶二年（1568）任。整肅明□，作興學校。按贛郡《謝志·秩官表》載，晉興學□，□陞重慶府判。」

⑦《成化中都志·科貢·鄉舉》：「（庚子科嘉靖十九年）胡淳。潁州人。」《順治潁州志·選舉表·（明）舉人》：「（嘉靖庚子）胡淳。河南中式。」

⑧《成化中都志·科貢·鄉舉》：「（丙午科嘉靖二十五年）史綸。潁州人。」《順治潁州志·選舉表·（明）舉人》：「（嘉靖丙午）史綸。應天中式。」

⑨《順治潁上縣志·選舉·（明）舉人》：「（嘉靖丙午科）陳嘉慶。安陸縣尹。陞南京工部主事，陞郎中。河南中式。見《人物》。」《順治潁上縣志·選舉·（明）舉人》：「陳嘉慶。字允積。領鄉薦，授安六［陸］令。時景藩多故，經里［理］有方，撰《便民政畧》，致升米束薪之謠；立《去思碑文》，興一文不取之訟［頌］。擢南工部主事，鑄錢抽稅，秋毫不染。旋陞本部郎中，以疾告歸。制行有方，言語不苟，鄉評咸推重焉。公議僉同邑令，申入鄉賢。」《道光安陸縣志·職官表·（明）安陸縣知縣》：「陳嘉慶。嘉靖四十一年（1562）任。有傳。」《道光安陸縣志·名宦·明》：「陳嘉慶。潁上人。永樂間，由舉人知安陸。精敏有才幹，縮里甲供役，省舊例十之五六。書其籍曰《便民政畧》，徧諭四鄉，俾不爲吏胥所欺，雖遇年飢，民不轉徙。」

歲貢

州一百有六人：

邢守仁。金華知府。①

---

①《成化中都志·人才傳·潁州（國朝）》：「邢守仁。任刑科給事中，陞金華府知府。」《正德潁州志·科貢·貢（本朝）》：「邢守仁。洪武應貢。仕至知府。」呂景蒙《嘉靖潁州志·人物表·（皇明）歲薦》：「（洪武庚午，1390）邢守仁。知府。」《順治潁州志·選舉表·（明）歲貢》：「（洪武）邢守仁。知府。」《萬曆金華府志·官師·國朝知府》：「邢守仁。潁州人。洪武中，由給事中任。」

張泌。見《人物》。

周鎬。河南左參政。俱洪武間貢。①

李顒。仕至知縣。②

孫榮。户部交阯司主事。俱永樂間貢。③

王憲。知縣。洪熙間貢。④

張杲。仕終國子學正。⑤

儲暘。⑥

韓俊。仕至知縣。俱宣德間貢。⑦

陶鎔。任教諭。⑧

丁正。任訓導。⑨

張方。仕至府同知。⑩

丁寧。仕至長史。俱正統貢。⑪

畢昇。十年（1445）貢。⑫

韓琥。⑬

①《成化中都志・人才傳・潁州（國朝）》：「周鎬。由監生，任兵科給事中，陞浙江布政司左參政，調河南左參政。」《正德潁州志・科貢・貢（本朝）》：「周鎬。洪武應貢。仕至左參議。」呂景蒙《嘉靖潁州志・人物表・（皇明）歲薦》：「（洪武癸酉，1393）周鎬。布政司參議。」《順治潁州志・選舉表・（明）歲貢》：「（洪武）周鎬。布政參議。」

②《正德潁州志・科貢・貢（本朝）》：「李顒。永樂應貢。仕至知縣。」呂景蒙《嘉靖潁州志・人物表・（皇明）歲薦》：「（永樂乙酉，1405）李顒。知縣。」《順治潁州志・選舉表・（明）歲貢》：「（永樂）李顒。知縣。」

③《成化中都志・人才傳・潁州（國朝）》：「孫榮。由監生，任行部戶曹主事。」《順治潁州志・選舉表・（明）歲貢》：「（永樂）孫榮。戶部主事。」

④《正德潁州志・科貢・貢（本朝）》：「王憲。宣德應貢。仕終知縣。」呂景蒙《嘉靖潁州志・人物表・（皇明）歲薦》：「（洪熙乙巳，1425）王憲。知縣。」《順治潁州志・選舉表・（明）歲貢》：「（洪熙）王憲。知縣。」

⑤《正德潁州志・科貢・貢（本朝）》：「張杲，宣德應貢。仕終國子學正。」呂景蒙《嘉靖潁州志・人物表・（皇明）歲薦》：「（宣德丙午，1426）張杲。國子學正。」《順治潁州志・選舉表・（明）歲貢》：「（宣德）張杲。國子學正。」

⑥《正德潁州志・科貢・貢（本朝）》：「儲暘。宣德應貢。」呂景蒙《嘉靖潁州志・人物表・（皇明）歲薦》：「（宣德戊申，1428）儲暘。」《順治潁州志・選舉表・（明）歲貢》：「（宣德）儲暘。」

⑦《正德潁州志・科貢・貢（本朝）》：「韓俊。宣德應貢。任知縣。」呂景蒙《嘉靖潁州志・人物表・（皇明）歲薦》：「（宣德甲寅，1434）韓俊。知縣。」《順治潁州志・選舉表・（明）歲貢》：「（宣德）韓俊。知縣。」

⑧《正德潁州志・科貢・貢（本朝）》：「陶鎔。正統應貢。任教諭。」呂景蒙《嘉靖潁州志・人物表・（皇明）歲薦》：「（正統丙辰，1436）陶鎔。教諭。」《順治潁州志・選舉表・（明）歲貢》：「（正統）陶鎔。教諭。」

⑨《正德潁州志・科貢・貢（本朝）》：「丁正。正統應貢。任訓導。」呂景蒙《嘉靖潁州志・人物表・（皇明）歲薦》：「（正統丁巳，1437）丁正。訓導。」《順治潁州志・選舉表・（明）歲貢》：「（正統）丁正。訓導。」

⑩《正德潁州志・科貢・貢（本朝）》：「張方。正統應貢。任府同知。」呂景蒙《嘉靖潁州志・人物表・（皇明）歲薦》：「（正統戊午，1438）張方。府同知。」《順治潁州志・選舉表・（明）歲貢》：「（正統）張方。府同知。」

⑪《正德潁州志・科貢・貢（本朝）》：「丁寧。正統應貢。仕至長史。」呂景蒙《嘉靖潁州志・人物表・（皇明）歲薦》：「（正統庚申，1440）丁寧。長史。」《順治潁州志・選舉表・（明）歲貢》：「（正統）丁寧。長史。」

⑫《正德潁州志·科貢·貢（本朝）》：「畢昇。正統十年乙丑貢。」呂景蒙《嘉靖潁州志·人物表·（皇明）歲薦》：「（正統辛酉，1441）畢昇。」《順治潁州志·選舉表·（明）歲貢》：「（正統）畢昇。」

⑬《正德潁州志·科貢·貢（本朝）》：「韓琥。正統應貢。」呂景蒙《嘉靖潁州志·人物表·（皇明）歲薦》：「（正統壬戌，1442）韓琥。」《順治潁州志·選舉表·（明）歲貢》：「（正統）韓虎［琥］。」

劉政。冠帶終身。①

方泰。仕至德府典寶。②

李勗。任府經歷。③

李琦。任府經歷。④

孫禧。仕至推官。俱正統間貢。⑤

王綸。仕至主簿。⑥

方昌。仕至縣丞。⑦

龎以淳。仕至縣丞。⑧

劉袒。仕至縣丞。⑨

任聰。仕至縣丞。俱景泰間任。⑩

陶瑪。仕至縣丞。⑪

①《正德潁州志·科貢·貢（本朝）》：「劉政。正統應貢。願受冠帶終身。」呂景蒙《嘉靖潁州志·人物表·（皇明）歲薦》：「（正統甲子，1444）劉政。冠帶終身。」《順治潁州志·選舉表·（明）歲貢》：「（正統）劉政。」

②《正德潁州志·科貢·貢（本朝）》：「方泰。正統應貢。仕至德府典寶。」呂景蒙《嘉靖潁州志·人物表·（皇明）歲薦》：「（正統乙丑，1445）方泰。德府典寶。」《順治潁州志·選舉表·（明）歲貢》：「（正統）方泰。德府典寶。」

③《正德潁州志·科貢·貢（本朝）》：「李勗。正統應貢。任府經歷。」呂景蒙《嘉靖潁州志·人物表·（皇明）歲薦》：「（正統丙寅，1446）李勗。府經歷。」《順治潁州志·選舉表·（明）歲貢》：「（正統）李勗。府經歷。」

④《正德潁州志·科貢·貢（本朝）》：「李琦。正統應貢。授府經歷。」呂景蒙《嘉靖潁州志·人物表·（皇明）歲薦》：「（正統戊辰，1448）李琦。府經歷。」《順治潁州志·選舉表·（明）歲貢》：「（正統）李琦。府經歷。」

⑤《正德潁州志·科貢·貢（本朝）》：「孫禧。正統應貢。仕至推官。」呂景蒙《嘉靖潁州志·人物表·（皇明）歲薦》：「（正統己巳，1449）孫禧。推官。」《順治潁州志·選舉表·（明）歲貢》：「（正統）孫禧。推官。」

⑥《正德潁州志·科貢·貢（本朝）》：「王綸。景泰中貢。仕終主簿。」呂景蒙《嘉靖潁州志·人物表·（皇明）歲薦》：「（景泰庚午，1450）王綸。主簿。」《順治潁州志·選舉表·（明）歲貢》：「（景泰）王綸。主簿。」

⑦《正德潁州志·科貢·貢（本朝）》：「方昌。景泰應貢。仕終縣丞。」呂景蒙《嘉靖潁州志·人物表·（皇明）歲薦》：「（景泰辛未，1451）方昌。縣丞。」《順治潁州志·選舉表·（明）歲貢》：「（景泰）方昌。縣丞。」

⑧《正德潁州志·科貢·貢（本朝）》：「麗以淳。景泰應貢。仕至縣丞。」呂景蒙《嘉靖潁州志·人物表·（皇明）歲薦》：「（景泰壬申，1452）麗以淳。縣丞。」《順治潁州志·選舉表·（明）歲貢》：「（景泰）麗以淳。縣丞。」

⑨《正德潁州志·科貢·貢（本朝）》：「劉袒。景泰應貢。仕終縣丞。」呂景蒙《嘉靖潁州志·人物表·（皇明）歲薦》：「（景泰甲戌，1454）劉袒。縣丞。」《順治潁州志·選舉表·（明）歲貢》：「（景泰）劉袒。縣丞。」

⑩《正德潁州志·科貢·貢（本朝）》：「任聰。景泰應貢。仕終縣丞。」呂景蒙《嘉靖潁州志·人物表·（皇明）歲薦》：「（景泰乙亥，1455）任聰。縣丞。」《順治潁州志·選舉表·（明）歲貢》：「（景泰）任聰。縣丞。」

⑪《正德潁州志·科貢·貢（本朝）》：「陶瑪。天順應貢。仕至縣丞。」呂景蒙《嘉靖潁州志·人物表·（皇明）歲薦》：「（天順丁丑，1457）陶瑪。縣丞。」《順治潁州志·選舉表·（明）歲貢》：「（天順）陶瑪。縣丞。」

張和。仕至蜀府典儀。①
李華。②
李春。任訓導。③
豪英。仕至知縣。④
張從。仕至兵馬副指揮。俱天順初貢。⑤
閔賢。仕至府學教授。⑥
陳澤。仕至縣丞。⑦
高洪。仕至縣丞。⑧
丁盛。任教諭。俱七年（1463）選貢。⑨
韓綸。八年（1464）貢。⑩
李本。成化三年（1467）貢。仕至兵馬指揮。⑪
丁安。四年（1468）貢。仕至按察司照磨。⑫

①《正德潁州志・科貢・貢（本朝）》：「張和。天順應貢。任蜀府典儀。」呂景蒙《嘉靖潁州志・人物表・（皇明）歲薦》：「（天順戊寅，1458）張和，蜀府典儀。」《順治潁州志・選舉表・（明）歲貢》：「（天順）張和，蜀府典儀。」

②《正德潁州志・科貢・貢（本朝）》：「李華。天順應貢。」呂景蒙《嘉靖潁州志・人物表・（皇明）歲薦》：「（天順己卯，1459）李華。」《順治潁州志・選舉表・（明）歲貢》：「（天順）李華。」

③《正德潁州志・科貢・貢（本朝）》：「李春。天順應貢。任江西星子縣儒學訓導。」呂景蒙《嘉靖潁州志・人物表・（皇明）歲薦》：「（天順庚辰，1460）李春。訓導。」《順治潁州志・選舉表・（明）歲貢》：「（天順）李春。訓導。」

④《正德潁州志・科貢・貢（本朝）》：「豪英。天順應貢。仕終知縣。」呂景蒙《嘉靖潁州志・人物表・（皇明）歲薦》：「（天順辛巳，1461）豪英。知縣。」《順治潁州志・選舉表・（明）歲貢》：「（天順）豪英。知縣。」

⑤《正德潁州志・科貢・貢（本朝）》：「張從。天順應貢。任副兵馬。」呂景蒙《嘉靖潁州志・人物表・（皇明）歲薦》：「（天順壬午，1462）張從。兵馬副指揮。」《順治潁州志・選舉表・（明）歲貢》：「（天順）張從。副指揮。」

⑥《正德潁州志・科貢・貢（本朝）》：「閃賢。天順七年（1463）選貢。任府教授。」呂景蒙《嘉靖潁州志・人物表・（皇明）歲薦》：「（天順壬午）閃賢。府學教授。」《順治潁州志・選舉表・（明）歲貢》：「（天順）閃賢。府教授。」

⑦《正德潁州志・科貢・貢（本朝）》：「陳澤。天順七年（1463）選貢。任縣丞。」呂景蒙《嘉靖潁州志・人物表・（皇明）歲薦》：「（天順壬午）陳澤，縣丞。」《順治潁州志・選舉表・（明）歲貢》：「（天順）陳澤。縣丞。」

⑧《正德潁州志・科貢・貢（本朝）》：「高洪。天順七年（1463）選貢。任縣丞。」呂景蒙《嘉靖潁州志・人物表・（皇明）歲薦》：「（天順壬午）高洪。縣丞。」《順治潁州志・選舉表・（明）歲貢》：「（天順）高洪。縣丞。」

⑨《正德潁州志・科貢・貢（本朝）》：「丁盛。天順七年選貢。仕終教諭。」呂景蒙《嘉靖潁州志・人物表・（皇明）歲薦》：「（天順癸未，1463）丁盛。教諭。」《順治潁州志・選舉表・（明）歲貢》：「（天順）丁盛。教諭。」

⑩《正德潁州志・科貢・貢（本朝）》：「韓綸。天順八年甲申貢。」呂景蒙《嘉靖潁州志・人物表・（皇明）歲薦》：「（天順甲申，1464）韓綸。」《順治潁州志・選舉表・（明）歲貢》：「（天順）韓綸。」

⑪《正德潁州志・科貢・貢（本朝）》：「李本。成化三年丁亥貢。任兵馬。」呂景蒙《嘉靖潁州志・人物表・（皇明）歲薦》：「（成化乙酉，1465）李本。兵馬指揮。」《順治潁州志・選舉表・（明）歲貢》：「（成化）李本。兵馬指揮。」

⑫《正德潁州志・科貢・貢（本朝）》：「丁安。成化四年戊子貢。任按察司照磨。」呂景蒙《嘉靖潁州志・人物表・（皇明）歲薦》：「（成化丙戌，1466）丁安。按察司照磨。」《順治潁州志・選舉表・（明）歲貢》：「（成化）丁安。照磨。」

董瑄。五年（1469）貢。仕至府知事。①

張表。七年（1471）貢。②

韓璋。八年（1472）貢。仕至主簿。③

曹澤。九年（1473）貢。任縣丞。④

張騰。十二年（1476）貢。⑤

李通。十二年（1476）貢。任南陽知縣。九載，陞衛輝府通判。所在政聲大著。⑥

盧欽。十三年（1477）貢。任知縣。⑦

顧寧。十五年（1479）貢。⑧

崔隆。十六年（1480）貢。按察司照磨。⑨

孫祥。十七年（1481）貢。慈谿縣丞。⑩

沈澄。十九年（1483）貢。⑪

劉清。二十年（1484）貢。主簿。⑫

①《正德潁州志·科貢·貢（本朝）》：「董瑄。成化五年己丑貢。任府知事。」呂景蒙《嘉靖潁州志·人物表·（皇明）歲薦》：「（成化戊子，1468）董宣。府知事。」《順治潁州志·選舉表·（明）歲貢》：「（成化）董宣。知事。」

②《正德潁州志·科貢·貢（本朝）》：「張表。成化七年辛卯貢。」呂景蒙《嘉靖潁州志·人物表·（皇明）歲薦》：「（成化己丑，1469）張表。」《順治潁州志·選舉表·（明）歲貢》：「（成化）張表。」

③《正德潁州志·科貢·貢（本朝）》：「韓璋。成化八年壬辰貢。任主簿。」呂景蒙《嘉靖潁州志·人物表·（皇明）歲薦》：「（成化庚寅，1470）韓璋。主簿。」

④《正德潁州志·科貢·貢（本朝）》：「曹澤。成化九年癸巳貢。任縣丞。」呂景蒙《嘉靖潁州志·人物表·（皇明）歲薦》：「（成化壬辰，1472）曹澤。縣丞。」《順治潁州志·選舉表·（明）歲貢》：「（成化）曹澤。縣丞。」

⑤《正德潁州志·科貢·貢（本朝）》：「張騰。成化十二年貢。」呂景蒙《嘉靖潁州志·人物表·（皇明）歲薦》：「（成化癸巳，1473）張騰。」《順治潁州志·選舉表·（明）歲貢》：「（成化）張騰。」

⑥《正德潁州志·科貢·貢（本朝）》：「李通。成化十三年丙申貢。任南陽縣令。九載，陞衛輝府判。所在政聲大著，得百姓歡心。」呂景蒙《嘉靖潁州志·人物表·（皇明）歲薦》：「（成化甲午，1474）李通。南陽知縣，遷衛輝通判。」《順治潁州志·選舉表·（明）歲貢》：「（成化）李通。通判。」《光緒南陽縣志·職官·（明）知縣》：「李通。」

⑦《正德潁州志·科貢·貢（本朝）》：「盧欽。成化十三年丁酉貢。任知縣。」呂景蒙《嘉靖潁州志·人物表·（皇明）歲薦》：「（成化丙申，1476）盧欽。知縣。」《順治潁州志·選舉表·（明）歲貢》：「（成化）盧欽。知縣。」

⑧《正德潁州志·科貢·貢（本朝）》：「顧寧。成化十五年貢。」呂景蒙《嘉靖潁州志·人物表·（皇明）歲薦》：「（成化丁酉，1477）顧寧。」《順治潁州志·選舉表·（明）歲貢》：「（成化）顧寧。」

⑨《正德潁州志·科貢·貢（本朝）》：「崔隆。成化十六年庚子貢。任按察司照磨。」呂景蒙《嘉靖潁州志·人物表·（皇明）歲薦》：「（成化戊戌，1478）崔隆。按察司照磨。」《順治潁州志·選舉表·（明）歲貢》：「（成化）崔隆。照磨。」

⑩《正德潁州志·科貢·貢（本朝）》：「孫祥。成化十七年辛丑貢。任縣丞。」呂景蒙《嘉靖潁州志·人物表·（皇明）歲薦》：「（成化庚子，1480）孫祥。縣丞。」《順治潁州志·選舉表·（明）歲貢》：「（成化）孫祥。縣丞。」

⑪《正德潁州志·科貢·貢（本朝）》：「沈澄。成化十九年癸卯貢。」呂景蒙《嘉靖潁州志·人物表·（皇明）歲薦》：「（成化辛丑，1481）沈澄。」《順治潁州志·選舉表·（明）歲貢》：「（成化）沈澄。」

⑫《正德潁州志·科貢·貢（本朝）》：「劉清。成化二十年甲辰貢。任主簿。」《順治潁州志·選舉表·（明）歲貢》：「（成化）劉清。主簿。」

張淮。二十一年（1485）（貢）。縣丞。①
李進。二十三年（1487）貢。知縣。②
張輔。弘治元年（1488）貢。諸暨縣丞。③
丁佐。二年（1489）貢。濟寧州同知。見《人物》。
李淮。字維揚。四年（1491）貢。南城兵馬指揮。④
陳宣。字敷政。五年（1492）貢。⑤
仵輔。字良佐。六年（1493）貢。⑥
花錦。字文著。八年（1495）貢。知縣。⑦
韓唐。字文勝。九年（1496）貢。莆圻知縣。⑧
李循。九年（1496）貢。清豐知縣。⑨
呰英。字文綉。十年（1497）貢。濰縣主簿。⑩
丁冠。十一年（1498）貢。見《人物》。
郭昌。字騰秀。十一年（1498）貢。户部照磨，遷隴西知縣。⑪
郭應霖。字商臣。十三年（1500）貢。⑫

①《正德潁州志・科貢・貢（本朝）》：「張淮。成化二十一年乙巳貢。任縣丞。」《順治潁州志・選舉表・（明）歲貢》：「（成化）張淮。縣丞。」

②《正德潁州志・科貢・貢（本朝）》：「李進。成化二十二年（1486）貢。任興國知縣。」《順治潁州志・選舉表・（明）歲貢》：「（成化）李進。知縣。」《道光興國縣志・秩官・明知縣》：「李進。潁州人。監生。宏［弘］治中任。」

③《正德潁州志・科貢・貢（本朝）》：「張輔。弘治元年貢。任諸暨縣丞。」《順治潁州志・選舉表・（明）歲貢》：「（成化）張輔。縣丞。」《乾隆諸暨縣志・職官・（明）簿》：「張輔。潁川［州］人。」

④《正德潁州志・科貢・貢（本朝）》：「李淮。弘治四年貢。任南城正兵馬。」呂景蒙《嘉靖潁州志・人物表・（皇明）歲薦》：「（弘治己酉，1489）李淮。維揚南城兵馬司指揮。」《順治潁州志・選舉表・（明）歲貢》：「（弘治）李淮。兵馬指揮。」

⑤《正德潁州志・科貢・貢（本朝）》：「陳宣。弘治五年貢。」呂景蒙《嘉靖潁州志・人物表・（皇明）歲薦》：「（弘治庚戌，1490）陳宣。（字）敷政。」《順治潁州志・選舉表・（明）歲貢》：「（弘治）陳宣。」

⑥《正德潁州志・科貢・貢（本朝）》：「仵輔。弘治六年貢。」呂景蒙《嘉靖潁州志・人物表・（皇明）歲薦》：「（弘治壬子，1492）仵輔。（字）良佐。」《順治潁州志・選舉表・（明）歲貢》：「（弘治）仵輔。」

⑦《正德潁州志・科貢・貢（本朝）》：「花錦。弘治八年貢。任知縣。」呂景蒙《嘉靖潁州志・人物表・（皇明）歲薦》：「（弘治癸丑，1493）花錦。（字）文著。知縣。」《順治潁州志・選舉表・（明）歲貢》：「（弘治）花錦。知縣。」

⑧《正德潁州志・科貢・貢（本朝）》：「韓唐。弘治九年貢。任蒲圻縣知縣。」呂景蒙《嘉靖潁州志・人物表・（皇明）歲薦》：「（弘治甲寅，1494）韓唐。（字）文勝。蒲圻知縣。」《順治潁州志・選舉表・（明）歲貢》：「（弘治）韓唐。知縣。」《道光蒲圻縣志・職官・（明）知縣》：「韓唐。列《舊志》。潁州人。」

⑨《正德潁州志・科貢・貢（本朝）》：「李循。弘治九年貢。任清豐訓導。」呂景蒙《嘉靖潁州志・人物表・（皇明）歲薦》：「（弘治丙辰，1496）李循。清豐訓導。」《順治潁州志・選舉表・（明）歲貢》：「（弘治）李循。清豐知縣。」

⑩《正德潁州志・科貢・貢（本朝）》：「時英。弘治十年貢。任濰縣主簿。」呂景蒙《嘉靖潁州志・人物表・（皇明）歲薦》：「（弘治丙辰，1496）時英。（字）文綉。濰縣主簿。」《順治潁州志・選舉表・（明）歲貢》：「（弘治）時英。主簿。」《乾隆濰縣志・秩官表・（明）主簿》：「（宏［弘］治）時英。」

⑪《正德潁州志・科貢・貢（本朝）》：「郭昌。弘治十一年貢。」呂景蒙《嘉靖潁州志・人物表・（皇明）歲薦》：「（弘治戊午，1498）郭昌。（字）騰秀。戶部照磨，遷隴西知縣。」《順治潁州志・選舉表・（明）歲貢》：「（弘治）郭昌。隴西知縣。」

⑫《正德潁州志・科貢・貢（本朝）》：「郭應霖。弘治十三年貢。」呂景蒙《嘉靖潁州志・人物表・（皇明）歲薦》：「（弘治己未，1499）郭應霖。（字）商臣。」《順治潁州志・選舉表・（明）歲貢》：「（弘治）郭應霖。」

徐錦。字尚絅。十二年（1499）貢。主簿。①
吳寬。字大量。十四年（1501）貢。縣丞。②
麗虎。字世威。十六年（1503）貢。縣丞。③
李勉。字維善。十七年（504）貢。④
溫漢。十八年（1505）貢。見《人物》。
張桓［恒］。字繩武。正德二年（1507）貢。主簿。⑤
雲青。字天章。三年（1508）貢。定州訓導，遷陵縣教諭。⑥
邢銘。字克新。四年（1509）貢。⑦
經秀。字世英。五年（1510）貢。寧夏衛知事。⑧
史銓。字大衡。七年（1512）貢。南京金吾衛經歷。⑨
郭應宗。字維臣。八年（1513）貢。縣丞。⑩
張潮。字大宗。九年（1514）貢。⑪
高譽。字德彰。十一年（1516）貢。縣丞。⑫
豪綉。字彥章。十二年（1517）貢。⑬

①《正德潁州志·科貢·貢（本朝）》：「徐錦。弘治十三年貢。」呂景蒙《嘉靖潁州志·人物表·（皇明）歲薦》：「（弘治庚申，1500）徐錦。（字）尚絅。主簿。」《順治潁州志·選舉表·（明）歲貢》：「（弘治）徐錦。」

②《正德潁州志·科貢·貢（本朝）》：「吳寬。弘治十四年貢。」呂景蒙《嘉靖潁州志·人物表·（皇明）歲薦》：「（弘治辛酉，1501）吳寬。（字）大量。縣丞。」《順治潁州志·選舉表·（明）歲貢》：「（弘治）吳寬。縣丞。」

③《正德潁州志·科貢·貢（本朝）》：「麗虎。弘治十六年貢。」呂景蒙《嘉靖潁州志·人物表·（皇明）歲薦》：「（弘治壬戌，1502）麗虎。（字）世威。縣丞。」《順治潁州志·選舉表·（明）歲貢》：「（弘治）麗虎。縣丞。」

④《正德潁州志·科貢·貢（本朝）》：「李勉。弘治十七年貢。」呂景蒙《嘉靖潁州志·人物表·（皇明）歲薦》：「（弘治甲子，1504）李勉。（字）維善。」《順治潁州志·選舉表·（明）歲貢》：「（弘治）李勉。」

⑤《正德潁州志·科貢·貢（本朝）》：「張恒。正德二年貢。」呂景蒙《嘉靖潁州志·人物表·（皇明）歲薦》：「（正德丙寅，1506）張恒。（字）繩武。主簿。」《順治潁州志·選舉表·（明）歲貢》：「（正德）張恒。主簿。」

⑥《正德潁州志·科貢·貢（本朝）》：「雲青。正德三年己巳［戊辰］貢。任定州訓導。」呂景蒙《嘉靖潁州志·人物表·（皇明）歲薦》：「（正德戊辰，1508）雲青。（字）天章。定州訓導，遷陵縣教諭。」《順治潁州志·選舉表·（明）歲貢》：「（正德）雲青。教諭。」《道光定州志·職官·（明）訓導》：「雲青。潁州人。」

⑦《正德潁州志·科貢·貢（本朝）》：「邢銘。正德四年貢。」呂景蒙《嘉靖潁州志·人物表·（皇明）歲薦》：「（正德己巳，1509）邢銘。（字）克新。」《順治潁州志·選舉表·（明）歲貢》：「（正德）邢銘。」

⑧《正德潁州志·科貢·貢（本朝）》：「經秀。正德六年貢。」呂景蒙《嘉靖潁州志·人物表·（皇明）歲薦》：「（正德庚午，1510）經秀。（字）世英。寧夏衛知事。」《順治潁州志·選舉表·（明）歲貢》：「（正德）經秀。知事。」

⑨呂景蒙《嘉靖潁州志·人物表·（皇明）歲薦》：「（正德壬申，1512）史銓。（字）大衡。南京金吾衛經歷。」《順治潁州志·選舉表·（明）歲貢》：「（正德）史銓。經歷。」

⑩呂景蒙《嘉靖潁州志·人物表·（皇明）歲薦》：「（正德癸酉，1513）郭應宗。（字）維臣。縣丞。」《順治潁州志·選舉表·（明）歲貢》：「（正德）郭應宗。縣丞。」

⑪呂景蒙《嘉靖潁州志·人物表·（皇明）歲薦》：「（正德甲戌，1514）張潮。（字）大宗。」《順治潁州志·選舉表·（明）歲貢》：「（正德）張潮。」

⑫呂景蒙《嘉靖潁州志·人物表·（皇明）歲薦》：「（正德丙子，1516）高譽。（字）德彰。縣丞。」《順治潁州志·選舉表·（明）歲貢》：「（正德）高譽。縣丞。」

⑬呂景蒙《嘉靖潁州志·人物表·（皇明）歲薦》：「（正德丁丑，1517）豪綉。（字）彦章。」《順治潁州志·選舉表·（明）歲貢》：「（正德）豪綉。」

張昂。字志大。十三年（1518）貢。①
李焆。字明道。十四年（1519）貢。②
徐潤。字天霽。十五年（1520）貢。主簿。③
盧佐。字明相。十五年（1520）貢。知縣。④
邢嵩。十六年（1521）貢。見《人物》。
崔淵。字本深。十六年（1521）貢。⑤
程鳳。字來儀。嘉靖元年（1522）貢。華縣主簿。⑥
田富。字大有。三年（1524）貢。沂水主簿。深沉有德，學士多仰慕焉。⑦
韓思瑁。字君執。四年（1525）貢。棲霞訓導。⑧
張鸞。字騰霄。五年（1526）貢。兗州訓導。⑨
雲瑞。字一麟。七年（1528）貢。⑩
劉琮。字良貴。七年（1528）貢。⑪
劉［顧］恩。字天錫。八年（1529）貢。⑫
李應東。字一元。九年（1530）貢。⑬

①呂景蒙《嘉靖潁州志・人物表・（皇明）歲薦》：「（正德戊寅，1518）張昂。（字）志大。」《順治潁州志・選舉表・（明）歲貢》：「（正德）張昂。」

②呂景蒙《嘉靖潁州志・人物表・（皇明）歲薦》：「（正德己卯，1519）李煟。（字）明道。」《順治潁州志・選舉表・（明）歲貢》：「（正德）李煟。」

③呂景蒙《嘉靖潁州志・人物表・（皇明）歲薦》：「（正德庚辰，1520）徐潤。（字）天霽。主簿。」《順治潁州志・選舉表・（明）歲貢》：「（正德）徐潤。東海主簿。見《藝文》。」同書《藝文・詩部》錄其《矮屋題》一首。

④呂景蒙《嘉靖潁州志・人物表・（皇明）歲薦》：「（正德庚辰，1520）盧佐。（字）明相。知縣。」《順治潁州志・選舉表・（明）歲貢》：「（正德）盧佐。知縣。」

⑤呂景蒙《嘉靖潁州志・人物表・（皇明）歲薦》：「（正德辛巳，1521）崔淵。（字）本深。」《順治潁州志・選舉表・（明）歲貢》：「（正德）崔淵。」

⑥呂景蒙《嘉靖潁州志・人物表・（皇明）歲薦》：「（嘉靖壬午，1522）程鳳。（字）來儀。」《順治潁州志・選舉表・（明）歲貢》：「（嘉靖）程鳳。」

⑦呂景蒙《嘉靖潁州志・人物表・（皇明）歲薦》：「（嘉靖甲申，1524）田富。（字）大有。深沈有德。」《順治潁州志・選舉表・（明）歲貢》：「（嘉靖）田富。主簿。深沉有德，士多仰慕。」

⑧呂景蒙《嘉靖潁州志・人物表・（皇明）歲薦》：「（嘉靖乙酉，1525）韓思瑁。（字）君執。棲霞訓導。」《順治潁州志・選舉表・（明）歲貢》：「（嘉靖）韓思瑁。訓導。宦歸，夫婦策蹇載子女，古樸不有。類如此。」

⑨呂景蒙《嘉靖潁州志・人物表・（皇明）歲薦》：「（嘉靖丙戌，1526）張鸞。（字）騰霄。兗州訓導。」《順治潁州志・選舉表・（明）歲貢》：「（嘉靖）張鸞。訓導。」

⑩呂景蒙《嘉靖潁州志・人物表・（皇明）歲薦》：「（嘉靖戊子，1528）雲瑞。（字）一麟。」《順治潁州志・選舉表・（明）歲貢》：「（嘉靖）雲瑞。」

⑪呂景蒙《嘉靖潁州志・人物表・（皇明）歲薦》：「（嘉靖戊子，1528）劉琮。（字）良貴。」《順治潁州志・選舉表・（明）歲貢》：「（嘉靖）劉琮。」

⑫呂景蒙《嘉靖潁州志・人物表・（皇明）歲薦》：「（嘉靖己丑，1529）顧恩。（字）天錫。」《順治潁州志・選舉表・（明）歲貢》：「（嘉靖）顧恩。」

⑬呂景蒙《嘉靖潁州志・人物表・（皇明）歲薦》：「（嘉靖庚寅，1530）李應東。（字）一元。」《順治潁州志・選舉表・（明）歲貢》：「（嘉靖）李應東。」

李霓。字民望。十一年（1532）貢。①

張實。字若虛。十二年（1533）貢。遼東都司斷事。②

陳舜卿。字汝弼。十五年（1536）貢。③

王佐。字司治。十六年（1537）貢。④

李啟春。字明旹。十七年（1538）貢。⑤

蔣濟。字君錫。十八年（1539）貢。⑥

邢奇。字一之。十□年貢。⑦

楚臣。字嘉相。十□年貢。⑧

陳淵。字師顏。□□年貢。⑨

顧學詩。字言之。二十一年（1542）貢。任淄陽訓導。⑩

高岳。字惟嵩。二十二年（1543）貢。⑪

趙富。字善徵。二十三年（1544）貢。⑫

王經。字守之。二十五年（1546）貢。⑬

崔崑。字山甫。二十七年（1548）貢。⑭

潁上縣一百有三人：

郭沖。戶科給事中。⑮

---

①呂景蒙《嘉靖潁州志·人物表·（皇明）歲薦》：「（嘉靖壬辰，1532）李霓。（字）民望。」《順治潁州志·選舉表·（明）歲貢》：「（嘉靖）李霓。能詩賦。」

②呂景蒙《嘉靖潁州志·人物表·（皇明）歲薦》：「（嘉靖癸巳，1533）張實。（字）若虛。」《順治潁州志·選舉表·（明）歲貢》：「（嘉靖）張實。詳《人物》。」

③呂景蒙《嘉靖潁州志·人物表·（皇明）歲薦》：「（嘉靖丙申，1536）陳舜卿。（字）汝弼。」《順治潁州志·選舉表·（明）歲貢》：「（嘉靖）陳舜卿。」

④《順治潁州志·選舉表·（明）歲貢》：「（嘉靖）王佐。知縣。」《康熙潁州志·選舉·（明）貢士》：「王佐。維垣父。真定縣令。」

⑤《順治潁州志·選舉表·（明）歲貢》：「（嘉靖）李啟春。」

⑥《順治潁州志·選舉表·（明）歲貢》：「（嘉靖）蔣濟。」

⑦《順治潁州志·選舉表·（明）歲貢》：「（嘉靖）邢奇。教諭。」

⑧《順治潁州志·選舉表·（明）歲貢》：「（嘉靖）楚臣。通判。」

⑨《順治潁州志·選舉表·（明）歲貢》：「（嘉靖）陳淵。縣丞。」《康熙潁州志·選舉·（明）貢士》：「陳淵。寶鷄縣令。」

⑩《順治潁州志·選舉表·（明）歲貢》：「（嘉靖）顧學詩。訓導。」

⑪《順治潁州志·選舉表·（明）歲貢》：「（嘉靖）高岳。」

⑫《順治潁州志·選舉表·（明）歲貢》：「（嘉靖）趙富。訓導。」

⑬《順治潁州志·選舉表·（明）歲貢》：「（嘉靖）王經。訓導。」

⑭《順治潁州志·選舉表·（明）歲貢》：「（嘉靖）崔昆。博學。」

⑮呂景蒙《嘉靖潁州志·人物表·（潁上）歲薦》：「（洪武甲子，1384）郭沖。戶科給事中。」《順治潁上縣志·選舉·（明）歲貢》：「（洪武）郭沖。戶科給事中。」

封聲。鳳翔同知。①
楊璠。②
徐璧。③
許道安。④
李誾。澤州知州。⑤
沈銘。醴陵教諭。⑥
趙敏。陵水知縣。⑦
秋茂。見《人物》。
李謙。禮科給事中。俱洪武間貢。⑧
卞毅。鹽運使司同知。⑨
黄旺。户科給事中。⑩
高舉。濟河訓導。⑪
盛安。鳳翔通判。⑫
武忠。字秉恕。墨知縣。⑬

①呂景蒙《嘉靖潁州志・人物表・（潁上）歲薦》：「（洪武丙寅，1386）封聲。鳳翔同知。」《順治潁上縣志・選舉・（明）歲貢》：「（洪武）封聲。鳳翔府同知。」

②呂景蒙《嘉靖潁州志・人物表・（潁上）歲薦》：「（洪武戊辰，1388）楊璠。」《順治潁上縣志・選舉・（明）歲貢》：「（洪武）楊璠。」

③呂景蒙《嘉靖潁州志・人物表・（潁上）歲薦》：「（洪武庚午，1390）徐璧。」《順治潁上縣志・選舉・（明）歲貢》：「（洪武）徐璧。」

④呂景蒙《嘉靖潁州志・人物表・（潁上）歲薦》：「（洪武壬申，1392）許道安。」《順治潁上縣志・選舉・（明）歲貢》：「（洪武）許道安。」

⑤呂景蒙《嘉靖潁州志・人物表・（潁上）歲薦》：「（洪武甲戌，1394）李閶。澤州知州。」《順治潁上縣志・選舉・（明）歲貢》：「（洪武）李閶。澤州知州。」

⑥呂景蒙《嘉靖潁州志・人物表・（潁上）歲薦》：「（洪武丙子，1396）沈銘。醴陵教諭。」《順治潁上縣志・選舉・（明）歲貢》：「（洪武）沈銘。醴陵縣教諭。」

⑦呂景蒙《嘉靖潁州志・人物表・（潁上）歲薦》：「（洪武戊寅，1398）趙敏。陵水知縣。」《順治潁上縣志・選舉・（明）歲貢》：「（洪武）趙敏。萬安縣令。」

⑧呂景蒙《嘉靖潁州志・人物表・（潁上）歲薦》：「（洪武壬午，1402）李謙。禮科給事中。」《順治潁上縣志・選舉・（明）歲貢》：「（洪武）李謙。禮科給事中。」

⑨呂景蒙《嘉靖潁州志・人物表・（潁上）歲薦》：「（永樂甲申，1404）卞毅。鹽運同知。」《順治潁上縣志・選舉・（明）歲貢》：「（永樂）卞毅。山東鹽運司同知。」

⑩呂景蒙《嘉靖潁州志・人物表・（潁上）歲薦》：「（永樂丙戌，1406）黃旺。戶科給事中。」《順治潁上縣志・選舉・（明）歲貢》：「（永樂）黃旺。戶科給事中。」

⑪呂景蒙《嘉靖潁州志・人物表・（潁上）歲薦》：「（永樂戊子，1408）高舉。濟河訓導。」《順治潁上縣志・選舉・（明）歲貢》：「（永樂）高舉。濟河訓導。」

⑫呂景寅《嘉靖潁州志・人物表・（潁上）歲薦》：「（永樂庚寅，1410）盛安。鳳翔通判。」《順治潁上縣志・選舉・（明）歲貢》：「（永樂）盛安。鳳翔通判。」

⑬呂景蒙《嘉靖潁州志・人物表・（潁上）歲薦》：「（永樂壬辰，1412）武忠。即墨知縣。」《順治潁上縣志・選舉・（明）歲貢》：「（永樂）武忠。即墨縣令。」

王珉。字仲玉。滦州知州。①
朱涣。教谕。②
遲英。字仲華。按察司經歷。③
潘楷。字持範。刑部郎中。④
王會。益都主簿。⑤
王勉。⑥
封表。⑦
周芳。⑧
曹寧。⑨
鍾量。字克容。授御史，謫泰和知縣。⑩
荊政。定興縣丞。⑪
李秉。字克儉。授户科給事中，陞汝寧府知府。⑫
張曙。縣丞。⑬
曹慶。兵馬副指揮。⑭

①呂景蒙《嘉靖潁州志·人物表·（潁上）歲薦》：「（永樂甲午，1414）王珉。灤州知州。」《順治潁上縣志·選舉·（明）歲貢》：「（永樂）王珉。灤州知州。」《光緒灤州志·爵秩表·（明）同知》：「（永樂）王珉。監生。南直隸潁上人。十五年（1417）任。」

②呂景蒙《嘉靖潁州志·人物表·（潁上）歲薦》：「（永樂丙申，1416）朱渙。教諭。」《順治潁上縣志·選舉·（明）歲貢》：「（永樂）朱煥。教諭。」

③呂景蒙《嘉靖潁州志·人物表·（潁上）歲薦》：「（永樂戊戌，1418）遲英。按察司經歷。」《順治潁上縣志·選舉·（明）歲貢》：「（永樂）遲瑛。河南按察司經歷。」

④《成化中都志·人才傳·潁上縣（國朝）》：「潘楷。由監生，任行在刑部主事，陞戶部郎中。」呂景蒙《嘉靖潁州志·人物表·（潁上）歲薦》：「（永樂庚子，1420）潘楷。郎中。」《順治潁上縣志·選舉·（明）歲貢》：「（永樂）潘楷。刑部主事，戶部郎中。」

⑤呂景蒙《嘉靖潁州志·人物表·（潁上）歲薦》：「（永樂壬寅，1422）王會。益都主簿。」《順治潁上縣志·選舉·（明）歲貢》：「（永樂）王會。益都主簿。」

⑥呂景蒙《嘉靖潁州志·人物表·（潁上）歲薦》：「（宣德丙午，1426）王勉。」《順治潁上縣志·選舉·（明）歲貢》：「（永樂）王勉。」

⑦呂景蒙《嘉靖潁州志·人物表·（潁上）歲薦》：「（宣德戊申，1428）封表。」《順治潁上縣志·選舉·（明）歲貢》：「（永樂）封表。」

⑧呂景蒙《嘉靖潁州志·人物表·（潁上）歲薦》：「（宣德庚戌，1430）周芳。」《順治潁上縣志·選舉·（明）歲貢》：「（永樂）周芳。」

⑨呂景蒙《嘉靖潁州志·人物表·（潁上）歲薦》：「（宣德壬子，1432）曹寧。」《順治潁上縣志·選舉·（明）歲貢》：「（永樂）曹寧。」

⑩《成化中都志·人才傳·潁上縣（國朝）》：「鍾量。由監生，任江西道監察御史。」呂景蒙《嘉靖潁州志·人物表·（潁上）歲薦》：「（宣德甲寅，1434）鍾量。泰和知縣。」《順治潁上縣志·選舉·（明）歲貢》：「（永樂）鍾量。山東道御史。」《同治泰和縣志·職官·（明）令宰》：「鍾量。潁上人。御史改。宣德四年（1429）任。」

⑪呂景蒙《嘉靖潁州志·人物表·（潁上）歲薦》：「（正統丙辰，1436）荊政。縣丞。」《順治潁上縣志·選舉·（明）歲貢》：「（永樂）荊政。定興縣丞。」

⑫《成化中都志·人才傳·潁上縣（國朝）》：「李秉。由監生，任戶科給事中，陞汝寧府知府。」呂景蒙《嘉靖潁州志·人物表·（潁上）歲薦》：「（正統戊午，1438）李秉。汝寧知府。」《順治潁上縣志·選舉·（明）歲貢》：「（永樂）李秉。戶部給事中，陞汝寧知府。見《人物》。」《順治潁上縣志·人物·明》：「李秉。字克儉。由監生，授戶科給事中，陞汝寧知府。在諫垣直言敢諫，遷郡守。發政施仁，光明正大，有古人風。今祀鄉賢。」

⑬呂景蒙《嘉靖潁州志·人物表·（潁上）歲薦》：「（正統庚申，1440）張曙。縣丞。」《順治潁上縣志·選舉·（明）歲貢》：「（永樂）張曙。縣丞。」

⑭呂景蒙《嘉靖潁州志·人物表·（潁上）歲薦》：「（正統壬戌，1442）曹慶。兵馬副指揮。」《順治潁上縣志·選舉·（明）歲貢》：「（永樂）曹慶。南京西城兵馬。」

官政。鄒縣丞。俱永樂間貢。①

王傑。洪熙元年（1425）貢。樂陵縣丞。②

陳讓。閩縣主簿。③

陳瑁。④

高悦。鹿角巡檢。⑤

王政。豊城訓導。⑥

顧忠。⑦

章徵。順舉孫。齊東知縣。⑧

許安。舞陽訓導。俱宣德間任。⑨

楊順。麻城知縣。⑩

名顯。字孔彰。夔州府同知。⑪

陳智。達縣知縣。⑫

①呂景蒙《嘉靖潁州志・人物表・（潁上）歲薦》：「（正統甲子，1444）官政。鄢縣丞。」《順治潁上縣志・選舉・（明）歲貢》：「（永樂）官政。鄢縣丞，陞鄢縣令。」

②呂景蒙《嘉靖潁州志・人物表・（潁上）歲薦》：「（正統丙寅，1446）王傑。樂陵知縣。」《順治潁上縣志・選舉・（明）歲貢》：「（洪熙）王傑。樂陵縣令。」《康熙樂陵縣志・秩官・（明）知縣》：「王傑。南直潁上人。□□□任。有《傳》。」《康熙樂陵縣志・宦績・（明）知縣》：「王傑。南直潁上人。正統元年（1436）令樂陵。敦厚守己，平易近民。職滿當遷，邑人泣留曰：『吾父母他往，民等何怙何恃？』傑亦泣下不忍去，□□□家於樂。每朔望，邑民踵門叩見。年九十餘卒。」

③呂景蒙《嘉靖潁州志・人物表・（潁上）歲薦》：「（正統戊辰，1448）陳讓。閩縣主簿。」《順治潁上縣志・選舉・（明）歲貢》：「（宣德）陳讓。閩縣簿。」

④呂景蒙《嘉靖潁州志・人物表・（潁上）歲薦》：「（景泰庚午，1450）陳冒。」《順治潁上縣志・選舉・（明）歲貢》：「（宣德）陳瑁。」

⑤呂景蒙《嘉靖潁州志・人物表・（潁上）歲薦》：「（景泰壬申，1452）高悅。巡檢。」《順治潁上縣志・選舉・（明）歲貢》：「（宣德）高悅。巴陵巡檢。」

⑥呂景蒙《嘉靖潁州志・人物表・（潁上）歲薦》：「（景泰甲戌，1454）王政。訓導。」《順治潁上縣志・選舉・（明）歲貢》：「（宣德）王政。澧縣訓導。」

⑦呂景蒙《嘉靖潁州志・人物表・（潁上）歲薦》：「（景泰丙子，1456）顧忠。」《順治潁上縣志・選舉・（明）歲貢》：「（宣德）顧忠。未仕。」

⑧呂景蒙《嘉靖潁州志・人物表・（潁上）歲薦》：「（天順戊寅，1458）章徵。知縣。」《順治潁上縣志・選舉・（明）歲貢》：「（宣德）章徵。齊東縣令。」

⑨呂景蒙《嘉靖潁州志・人物表・（潁上）歲薦》：「（天順庚辰，1460）許安。訓導。」《順治潁上縣志・選舉・（明）歲貢》：「（宣德）許安。舞陽訓導。」

⑩呂景蒙《嘉靖潁州志・人物表・（潁上）歲薦》：「（天順壬午，1462）楊順。麻城知縣。」《順治潁上縣志・選舉・（明）歲貢》：「（正統）楊順。麻城縣令。」《民國麻城縣志前編・文秩官表・（明）知縣》：「（正統）楊順。」

⑪呂景蒙《嘉靖潁州志・人物表・（潁上）歲薦》：「（天順甲申，1464）名顯。府同知。」《順治潁上縣志・選舉・（明）歲貢》：「（正統）名顯。夔州府同知。」《正德夔州府志・職官題名・（皇明）同知》：「明顯。成化五年（1469）到任。後以考察去。」

⑫呂景蒙《嘉靖潁州志・人物表・（潁上）歲薦》：「（成化乙酉，1465）陳智。達縣知縣。」《順治潁上縣志・選舉・（明）歲貢》：「（正統）陳智。達縣令。」

柴清。景周之孫。太谷知縣。①

林茂。兗州巡檢。②

聶進。濟南知事。俱正統間任。③

徐鉉。冠帶終身。④

卜廷臣。謙之姪。⑤

盧雲。字從龍。嘉善知縣。⑥

李昱。字文明。芳之姪。樂亭縣丞。⑦

陳能。字惟賢。錢塘主簿。⑧

吴育。字春元。光祿署事，陞臨川縣丞。俱景泰間貢。⑨

李盛。字旹暢。鄠陵主簿。⑩

杜暹。字旹昇。通城知縣，以礼致仕。⑪

林鸞。字雲翔。英之姪。西平教諭。⑫

①呂景蒙《嘉靖潁州志・人物表・（潁上）歲薦》：「（成化丙戌，1466）柴清。太谷知縣。」《順治潁上縣志・選舉・（明）歲貢》：「（正統）柴清。太谷縣知縣。」

②呂景蒙《嘉靖潁州志・人物表・（潁上）歲薦》：「（成化丙戌，1466）林茂。巡檢。」《順治潁上縣志・選舉・（明）歲貢》：「（正統）林茂。兗州府巡檢。」

③呂景蒙《嘉靖潁州志・人物表・（潁上）歲薦》：「（成化丙戌，1466）聶進。濟南知事。」《順治潁上縣志・選舉・（明）歲貢》：「（正統）聶進。濟南府知事。」

④呂景蒙《嘉靖潁州志・人物表・（潁上）歲薦》：「（成化丙戌，1466）徐鉉。冠帶終身。」《順治潁上縣志・選舉・（明）歲貢》：「（景泰）徐鉉。遙授冠帶。」

⑤《順治潁上縣志・選舉・（明）歲貢》：「（景泰）卜廷臣。未仕。」

⑥呂景蒙《嘉靖潁州志・人物表・（潁上）歲薦》：「（成化丙戌，1466）盧雲。嘉善知縣。」《順治潁上縣志・選舉・（明）歲貢》：「（景泰）盧雲。加［嘉］善知縣，陞裕州知州。」《光緒嘉善縣志・職官・（明）知縣》：「（天順七年，1463）盧雲。字從龍。南直潁州人。歲貢。」

⑦呂景蒙《嘉靖潁州志・人物表・（潁上）歲薦》：「（成化丙戌，1466）李昱。樂亭縣丞。」《順治潁上縣志・選舉・（明）歲貢》：「（景泰）李昱。樂亭丞。」

⑧呂景蒙《嘉靖潁州志・人物表・（潁上）歲薦》：「（成化丙戌，1466）陳能。錢塘主簿。」《順治潁上縣志・選舉・（明）歲貢》：「（景泰）陳能。錢塘簿。」

⑨呂景蒙《嘉靖潁州志・人物表・（潁上）歲薦》：「（成化丙戌，1466）吳育。臨川縣丞。」《順治潁上縣志・選舉・（明）歲貢》：「（景泰）吳育。光祿寺監事。陞臨川丞。」

⑩呂景蒙《嘉靖潁州志・人物表・（潁上）歲薦》：「（成化丙戌，1466）李盛。鄢陵主簿。」《順治潁上縣志・選舉・（明）歲貢》：「（天順）李盛。鄢陵簿。」《嘉靖鄢陵志・官師・（大明）主簿》：「李勝。潁上人。」

⑪呂景蒙《嘉靖潁州志・人物表・（潁上）歲薦》：「（成化丙戌，1466）杜暹。通城知縣。」《順治潁上縣志・選舉・（明）歲貢》：「（天順）杜暹。通城知縣。」

⑫呂景蒙《嘉靖潁州志・人物表・（潁上）歲薦》：「（成化丙戌，1466）林鸞。西平教諭。」《順治潁上縣志・選舉・（明）歲貢》：「（天順）林欒［鸞］。西平教諭。」《民國西平縣志・職官・（明）教諭表》：「（成化十一年，1475）林鸞。」

趙瑛。字奇玉。徽府奉祀。俱天順間貢。已上應四十五歲貢例。①

江華。字文英。任沁州同知，改通州、涿州，陞定州知州，調霑益州。歷官五郡，守身一節。②

余恭讓。字思謙。③

高翔。字文舉。④

鄭璉。字宗器。信豐主簿。⑤

沈璿。字文璣。臨清判官。⑥

劉［謝］節。字景脩。錢塘縣丞。⑦

卜宣。字文著。謙之孫。以才學爲鄉所重。知南都縣，操履不茍，無愧家聲云。⑧

曾伯中。字大本。益都主簿。⑨

鍾玘。字朝用。量之孫。廣西府經歷。⑩

盛雲。見《人物》。

章經。字廷濟，號畫村居士。順舉曾孫。晉州訓導。已上俱成化間任。⑪

柴瓚。字廷珪。慶府審理。⑫

顧勤。字必成。忠之孫。⑬

①呂景蒙《嘉靖潁州志·人物表·（潁上）歲薦》：「（成化丙戌，1466）趙瑛。奉祀。以上應四十五歲貢例。」《順治潁上縣志·選舉·（明）歲貢》：「（天順）趙瑛。徽府奉祀。」

②呂景蒙《嘉靖潁州志·人物表·（潁上）歲薦》：「（成化戊子，1468）江華。沁州同知。」《順治潁上縣志·選舉·（明）歲貢》：「（成化）江華。累任知州。」

③呂景蒙《嘉靖潁州志·人物表·（潁上）歲薦》：「（成化丙戌，1466）余恭（讓）。」《順治潁上縣志·選舉·（明）歲貢》：「（成化）余恭讓。未仕。」

④呂景蒙《嘉靖潁州志·人物表·（潁上）歲薦》：「（成化丙戌，1466）高翔。」《順治潁上縣志·選舉·（明）歲貢》：「（成化）高翔。未仕。」

⑤呂景蒙《嘉靖潁州志·人物表·（潁上）歲薦》：「（成化庚寅，1470）鄭璉。主簿。」《順治潁上縣志·選舉·（明）歲貢》：「（成化）鄭璉。信豐簿。」《乾隆信豐縣志·官師·（明）主簿》：「鄭璉。（宏［弘］治中任）。」

⑥呂景蒙《嘉靖潁州志·人物表·（潁上）歲薦》：「（成化辛卯，1471）沈璿。判官。」《順治潁上縣志·選舉·（明）歲貢》：「（成化）沈濬［璿］。清州判。」

⑦呂景蒙《嘉靖潁州志·人物表·（潁上）歲薦》：「（成化壬辰，1472）謝節。錢塘縣丞。」《順治潁上縣志·選舉·（明）歲貢》：「（成化）謝節。錢塘丞。」

⑧呂景蒙《嘉靖潁州志·人物表·（潁上）歲薦》：「（成化甲午，1474）卜宣。知縣。」《順治潁上縣志·選舉·（明）歲貢》：「（成化）卜宣。南都知縣。謙之孫。」

⑨呂景蒙《嘉靖潁州志·人物表·（潁上）歲薦》：「（成化丙申，1476）曾伯中。主簿。」《順治潁上縣志·選舉·（明）歲貢》：「（成化）曾伯中。益都簿。」

⑩呂景蒙《嘉靖潁州志·人物表·（潁上）歲薦》：「（成化戊戌，1478）鍾玘。府經歷。」《順治潁上縣志·選舉·（明）歲貢》：「（成化）鍾玘。廣西府經歷。」

⑪呂景蒙《嘉靖潁州志·人物表·（潁上）歲薦》：「（成化壬寅，1482）章經。訓導。」《順治潁上縣志·選舉·（明）歲貢》：「（成化）章經。晉州訓導。順舉之孫。」

⑫呂景蒙《嘉靖潁州志·人物表·（潁上）歲薦》：「（成化癸卯，1483）柴瓚。審理。」《順治潁上縣志·選舉·（明）歲貢》：「（弘治）柴瓚。寧夏慶府審理。」

⑬呂景蒙《嘉靖潁州志·人物表·（潁上）歲薦》：「（成化甲辰，1484）顧勤。」《順治潁上縣志·選舉·（明）歲貢》：「（弘治）顧勤。未仕。」

林顥。字希彰。眉州判官。①

曹剛。字浩然。黄州檢校。②

嚴瓚。字廷璋。西華縣丞。③

楊悌。字士易。順之孫。新安訓導。④

遲仁。字元善。金州同知。⑤

林鵬。字雲沖。英之子。鄢陵主簿。⑥

費淵。字本深。謹之子。絳州判官。⑦

葉璁。字玉卿。慈谿［利］主簿。⑧

黄瓚。字彦器。廣之姪。惠州經歷。俱弘治間貢。⑨

錢富。字好禮。祚［胙］城知縣。居官有守有爲，疾甚告歸，抵家而卒，囊橐蕭然。⑩

潘英。字世華。楷之曾孫。江西都司斷事。⑪

盧珂。字朝聲。雲之孫。海寧縣丞。⑫

①呂景蒙《嘉靖潁州志・人物表・（潁上）歲薦》：「（成化丙午，1486）林顯。眉州判官。」《順治潁上縣志・選舉・（明）歲貢》：「（弘治）林顯。眉州判。」

②呂景蒙《嘉靖潁州志・人物表・（潁上）歲薦》：「（弘治戊申，1488）曹剛。檢校。」《順治潁上縣志・選舉・（明）歲貢》：「（弘治）曹剛。黃州府檢校。」

③呂景蒙《嘉靖潁州志・人物表・（潁上）歲薦》：「（弘治庚戌，1490）嚴瓚。西華縣丞。」《順治潁上縣志・選舉・（明）歲貢》：「（弘治）嚴瓚。西華丞。」

④呂景蒙《嘉靖潁州志・人物表・（潁上）歲薦》：「（弘治壬子，1492）楊悌。新安訓導。」《順治潁上縣志・選舉・（明）歲貢》：「（弘治）楊悌。新安訓導。」《民國新安縣志・職官・（明）訓導》：「楊悌。宏［弘］治間任。」

⑤呂景蒙《嘉靖潁州志・人物表・（潁上）歲薦》：「（弘治甲寅，1494）遲仁。金州同知。」《順治潁上縣志・選舉・（明）歲貢》：「（弘治）遲仁。南京錦衣衛經歷。陞金州同知。」

⑥呂景蒙《嘉靖潁州志・人物表・（潁上）歲薦》：「（弘治丙辰，1496）林鵬［鵬］。鄢陵主簿。」《順治潁上縣志・選舉・（明）歲貢》：「（弘治）林鵬。鄢陵簿。」《嘉靖鄢陵志・縣官・（大明）主簿》：「林鵬。潁上人。俱正德間任。」

⑦呂景蒙《嘉靖潁州志・人物表・（潁上）歲薦》：「（弘治庚申，1500）費淵。絳州判官。」《順治潁上縣志・選舉・（明）歲貢》：「（弘治）費淵。絳州判。」

⑧呂景蒙《嘉靖潁州志・人物表・（潁上）歲薦》：「（弘治戊午，1498）葉璁。慈利主簿。」《順治潁上縣志・選舉・（明）歲貢》：「（弘治）葉璁。平生有志操。任慈利簿九年，毫不苟取。」《萬曆慈利縣志・秩官・國朝主簿》：「（正德年）葉璁。潁上人。由監生。」

⑨呂景蒙《嘉靖潁州志・人物表・（潁上）歲薦》：「（弘治戊午，1498）黃瓚。府經歷。」《順治潁上縣志・選舉・（明）歲貢》：「（弘治）黃瓚。惠州府經歷。」

⑩呂景蒙《嘉靖潁州志・人物表・（潁上）歲薦》：「（弘治庚申，1500）錢富。胙城知縣。」《順治潁上縣志・選舉・（明）歲貢》：「（正德）錢富。胙城知縣。」

⑪呂景蒙《嘉靖潁州志・人物表・（潁上）歲薦》：「（弘治壬戌，1502）潘英。提舉。」《順治潁上縣志・選舉・（明）歲貢》：「（正德）潘英。四川提舉。」

⑫呂景蒙《嘉靖潁州志・人物表・（潁上）歲薦》：「（弘治甲子，1504）盧珂。知縣。」《順治潁上縣志・選舉・（明）歲貢》：「（正德）盧琦［珂］。河曲知縣。」《乾隆海寧縣志・職官・（明）縣丞》：「盧珂。潁上人。監生。嘉靖元年（1522）任。許相卿有《送盧君之河曲太尹序》。」

凌霄。字克沖。嘉興縣丞。①

卞武。字克韶。毅之曾孫。②

官唐。字堯臣。政之曾孫。③

沈紱。字朝儀。裕州訓導。④

葉洪。字思禹。真定經歷。性質樸茂，志行端確。雖年近耄耋，而友愛尤篤，鄉評重之。⑤

顧銳。字抑之。勤之姪。俱正德間貢。⑥

王舉。字希賢。相之從姪。⑦

李讓。字德容。⑧

韓楊。字景元。鷄澤知縣。⑨

黄鳳。字慶韶。⑩

丘文聰。字性夫。倦居主簿。⑪

盧金。字子南。⑫

李楝。字天植。⑬

①呂景蒙《嘉靖潁州志·人物表·（潁上）歲薦》：「（正德丙寅，1506）凌霄。嘉興縣丞。」《順治潁上縣志·選舉·（明）歲貢》：「（正德）凌霄。嘉興丞。」《光緒嘉興府志·官師·（明）縣丞》：「（正德年）凌霄。潁上歲貢。」

②呂景蒙《嘉靖潁州志·人物表·（潁上）歲薦》：「（正德戊辰，1508）卞武。」《順治潁上縣志·選舉·（明）歲貢》：「（正德）卞武。毅孫。」

③呂景蒙《嘉靖潁州志·人物表·（潁上）歲薦》：「（正德庚午，1510）官唐。府經歷。」《順治潁上縣志·選舉·（明）歲貢》：「（正德）官鏜。杭州府經歷。」

④呂景蒙《嘉靖潁州志·人物表·（潁上）歲薦》：「（正德壬申，1512）沈紱。教諭。」《順治潁上縣志·選舉·（明）歲貢》：「（正德）沈紱。西平縣教諭。」

⑤呂景蒙《嘉靖潁州志·人物表·（潁上）歲薦》：「（正德甲戌，1514）葉洪。衛經歷。」《順治潁上縣志·選舉·（明）歲貢》：「（正德）葉洪。真定衛經歷。」

⑥呂景蒙《嘉靖潁州志·人物表·（潁上）歲薦》：「（正德丙子，1516）顧銳。知縣。」《順治潁上縣志·選舉·（明）歲貢》：「（正德）顧銳。辰谿縣令。」

⑦呂景蒙《嘉靖潁州志·人物表·（潁上）歲薦》：「（正德戊寅，1518）王舉。（字）希賢。」《順治潁上縣志·選舉·（明）歲貢》：「（嘉靖）王舉。未仕。」

⑧呂景蒙《嘉靖潁州志·人物表·（潁上）歲薦》：「（正德庚辰，1520）李讓。（字）德容。」《順治潁上縣志·選舉·（明）歲貢》：「（嘉靖）李讓。未仕。」

⑨呂景蒙《嘉靖潁州志·人物表·（潁上）歲薦》：「（正德辛巳，1521）韓楊。（字）景元。」《順治潁上縣志·選舉·（明）歲貢》：「（嘉靖）韓楊。雞澤知縣。」《乾隆雞澤縣志·職官·（明）知縣》：「韓楊。潁上歲貢。嘉靖年任，重建南北城樓。」

⑩呂景蒙《嘉靖潁州志·人物表·（潁上）歲薦》：「（嘉靖壬午，1522）黃鳳。（字）應詔。」《順治潁上縣志·選舉·（明）歲貢》：「（嘉靖）黃鳳。未仕。」

⑪呂景蒙《嘉靖潁州志·人物表·（潁上）歲薦》：「（嘉靖甲申，1524）丘文璁。（字）性夫。」《順治潁上縣志·選舉·（明）歲貢》：「（嘉靖）丘文聰。僊居縣簿。」《光緒僊居志·職官·（明）主簿》：「（世宗嘉靖十年辛卯）邱聰。南昌監生。」應即其人。

⑫呂景蒙《嘉靖潁州志·人物表·（潁上）歲薦》：「（嘉靖丙戌，1526）盧金。（字）國賓。」《順治潁上縣志·選舉·（明）歲貢》：「（嘉靖）盧金。未仕。」

⑬呂景蒙《嘉靖潁州志·人物表·（潁上）歲薦》：「（嘉靖戊子，1528）李棟。（字）天培。」《順治潁上縣志·選舉·（明）歲貢》：「（嘉靖）李棟。未仕。」

卜應亨。字嘉會。井陘知縣，行取陛鈞州知州。①
鄭宗儒。字崇道。濟寧衛經歷。②
錢潮。字汝旹。嘉興府經歷。③
馬萬椿。字喬年。④
林一標。字士瞻。永平教諭。⑤
杜佐。字良輔。⑥
卜桐。字來鳳。⑦
潘巍。字汝瞻。⑧
丘隅。字汝止。⑨
林世經。字大木。⑩
奚冠。字子正。⑪
太和縣□□□□⑫人：
田子耕。給事中。⑬

①呂景蒙《嘉靖潁州志・人物表・（潁上）歲薦》：「（嘉靖庚寅，1530）卜應亨。（字）嘉會。」《順治潁上縣志・選舉・（明）歲貢》：「（嘉靖）卜應亨。井涇令。陞鈞州知州。」《雍正井陘縣志・官秩・（明）邑令》：「卜應亨。江南潁上人。貢生。嘉靖二十三年（1544）任。陞鈞州知州。」

②呂景蒙《嘉靖潁州志・人物表・（潁上）歲薦》：「（嘉靖壬辰，1532）鄭宗儒。（字）崇道。」《順治潁上縣志・選舉・（明）歲貢》：「（嘉靖）鄭宗儒。經歷。正直，敢言民間利病。」

③呂景蒙《嘉靖潁州志・人物表・（潁上）歲薦》：「（嘉靖甲午，1534）錢潮。（字）汝時。」《順治潁上縣志・選舉・（明）歲貢》：「（嘉靖）錢潮。嘉興經歷。」《光緒嘉興府志・官師・（明）經歷》：「（嘉靖年）錢潮。」

④呂景蒙《嘉靖潁州志・人物表・（潁上）歲薦》：「（嘉靖丙申，1536）馬萬椿。（字）喬年。」《順治潁上縣志・選舉・（明）歲貢》：「（嘉靖）馬萬春［椿］。郁林州判。」

⑤《順治潁上縣志・選舉・（明）歲貢》：「（嘉靖）林一標。永平教諭。」

⑥《順治潁上縣志・選舉・（明）歲貢》：「（嘉靖）杜佐。未仕。」

⑦《順治潁上縣志・選舉・（明）歲貢》：「（嘉靖）卜桐。未仕。」

⑧《順治潁上縣志・選舉・（明）歲貢》：「（嘉靖）潘巍。諸城丞。」《乾隆諸城縣志・職官表・（明）丞》：「（嘉靖）潘巍。河南潁上人。」

⑨《順治潁上縣志・選舉・（明）歲貢》：「（嘉靖）丘隅。禹州判。見《人物》。」《順治潁上縣志・人物・明》：「丘隅。器宏識遠，心端守介。以歲薦判曹州，管馬政，卻常例千金。改禹州四載，部兌分毫不染，奉檄決疑獄者三，有青天之頌。事見《名宦志》中。居鄉十餘載，四壁蕭然，杜門謝客，足不履公，人服其清介。」

⑩《順治潁上縣志・選舉・（明）歲貢》：「（嘉靖）林世經。」

⑪《順治潁上縣志・選舉・（明）歲貢》：「（嘉靖）奚冠。溫州府判。」

⑫四字原缺，據後所列人數統計，當爲「一百有六」四字。

⑬《成化中都志・科貢・鄉舉》：「（甲子科正統九年，1444）田子耕。太和人。」《成化中都志・人才傳・太和縣（國朝）》：「（洪武甲子，1384）田子耕。萬壽鄉人。由監生，任戶科給事中。」呂景蒙《嘉靖潁州志・人物表・（太和）歲薦》：「田子耕。給事中。」《萬曆太和縣志・人物・歲貢題名（皇明）》：「田子耕。字豐蘊。應洪武二十二年（1389）貢。任至給事中。先是，十六年（1383），初令天下儒學歲貢生員。太和之貢自耕始也。」

王佐。都司斷事。①

程儀。知縣。②

陳瑾。知事。③

吳道東。主事。④

王瑜。⑤

程泰。監察御史。⑥

李實。知縣。⑦

朱廉。衛經歷。⑧

李讓。知縣。俱洪武間貢。⑨

李有[育]。監察御史。⑩

孟健。都司斷事。⑪

王弼。同知。⑫

張倫。縣丞。⑬

軒廣。員外郎。⑭

①呂景蒙《嘉靖潁州志·人物表·（太和）歲薦》：「（洪武丙寅，1386）王佐。都司斷事。」《萬曆太和縣志·人物·歲貢題名（皇明）》：「王佐。字良輔。應洪武二十三年（1390）貢。任都司斷事。」

②呂景蒙《嘉靖潁州志·人物表·（太和）歲薦》：「（洪武戊辰，1388）程儀。知縣。」《萬曆太和縣志·人物·歲貢題名（皇明）》：「程儀。字□□。應洪武二十四年（1391）貢。任山東章丘縣知縣。」

③呂景蒙《嘉靖潁州志·人物表·（太和）歲薦》：「（洪武庚午，1390）陳瑾。知事。」《萬曆太和縣志·人物·歲貢題名（皇明）》：「陳瑾。字公玉。應洪武二十五年（1392）貢。任福建福州衛知事。」

④《成化中都志·科貢·鄉舉》：「（己卯科天順三年，1459）吳道東。太和人。」《成化中都志·人才傳·太和縣（國朝）》：「吳道東。在城人。由監生，任戶部四川主事。」呂景蒙《嘉靖潁州志·人物表·（太和）歲薦》：「（洪武壬申，1392）吳道東。主事。」《萬曆太和縣志·人物·歲貢題名（皇明）》：「吳道東。字文昇。玘之父。應洪武二十八年（1395）貢。仕至戶部主事。詳見《鄉賢》。」《萬曆太和縣志·人物·鄉賢（皇明）》：「吳道東。字文昇，在城圖人。自幼穎異不凡，比長，力學不倦，名冠鄉庠。督學校其文，皆首薦之。居家以孝友稱，士君子慕其才德者，僉曰：『吳公，臺輔器也。』應洪武二十六年（1393）歲貢，仕至戶部主事。會計國用，隨時區處，嘉譽陞聞於上，尋以疾卒。子玘任濟源簿，有政聲。孫倫任序班，漢廪膳生員，溥任汀州府照磨，侃應歲貢，皆爲鄉里所推。曾孫萱任武昌縣丞，復丞滋陽。邑人劉鵾贈詩云：『再承簡命佐花封，化被南服道又東。數載衣冠淪盛世，一時文物作高風。毛公本爲慈親屈，仁傑非因好爵從。忠孝兩全臣子節，好將功業繼夔龍。』蒞官兩邑，人懷其惠。後裔從書、從準、自陞，皆游鄉學。人咸謂吳公之慶未艾云。」

⑤呂景蒙《嘉靖潁州志·人物表·（太和）歲薦》：「（洪武甲戌，1394）王瑜。」《萬曆太和縣志·人物·歲貢題名（皇明）》：「王瑜。字□□。應洪武二十七年（1394）貢。」

⑥《成化中都志·科貢·鄉舉》：「（甲午科成化十年，1474）程泰。太和人。」《成化中都志·科貢·進士》：「（戊戌科成化十四年）程泰。太和人。」《成化中都志·人才傳·太和縣（國朝）》：「程泰。由監生，任監察御史。」呂景蒙《嘉靖潁州志·人物表·（太和）歲薦》：「（洪武丙子，1396）程泰。監察御史。」《萬曆太和縣志·人物·歲貢題名（皇明）》：「程泰。字致和。應洪武二十八年（1395）貢。仕至監察御史。」

⑦《成化中都志·科貢·鄉舉》：「（乙酉科永樂三年，1405）李實。太和人。」呂景蒙《嘉靖潁州志·人物表·（太和）歲薦》：「（洪武戊寅，1398）李實。知縣。」《萬曆太和縣志·人物·歲貢題名（皇明）》：「李實。字伯誠。應洪武二十九年（1396）貢。任武清縣知縣。再補新鄭。所至有惠政，民咸德之。」

⑧呂景蒙《嘉靖潁州志・人物表・（太和）歲薦》：「（洪武庚辰，1400）朱廉。衛經歷。」《萬曆太和縣志・人物・歲貢題名（皇明）》：「朱廉。字□□。應洪武三十年（1397）貢。任居庸衛經歷。」

⑨呂景蒙《嘉靖潁州志・人物表・（太和）歲薦》：「（洪武壬午，1402）李讓。知縣。」《萬曆太和縣志・人物・歲貢題名（皇明）》：「李讓。字子謙。應永樂二年（1404）貢。任福建侯官縣知縣。」

⑩《成化中都志・科貢・鄉舉》：「（丁酉科成化十三年，1477）李育。太和人。」《成化中都志・人才傳・太和縣（國朝）》：「李育。由監生，任監察御史。」呂景蒙《嘉靖潁州志・人物表・（太和）歲薦》：「（永樂甲申，1404）李有［育］。監察御史。」《萬曆太和縣志・人物・歲貢題名（皇明）》：「李育。字子英。應永樂三年（1405）貢。任江西豐城縣知縣。陞監察御史。」

⑪呂景蒙《嘉靖潁州志・人物表・（太和）歲薦》：「（永樂丙戌，1406）孟健。都司斷事。」《萬曆太和縣志・人物・歲貢題名（皇明）》：「孟健。字大亨。應永樂四年（1406）貢。任都司斷事。」

⑫呂景蒙《嘉靖潁州志・人物表・（太和）歲薦》：「（永樂戊子，1408）王弼。同知。」《萬曆太和縣志・人物・歲貢題名（皇明）》：「王弼。字良佐。應永樂五年（1407）貢。任道州同知。」

⑬呂景蒙《嘉靖潁州志・人物表・（太和）歲薦》：「（永樂庚寅，1410）張倫。縣丞。」《萬曆太和縣志・人物・歲貢題名（皇明）》：「張倫。字秉彜。應永樂六年（1408）貢。任博平縣丞。」

⑭《成化中都志・科貢・鄉舉》：「（癸卯科成化十九年，1483）軒廣。太和人。」《成化中都志・科貢・進士》：「（庚戌科弘治三年，1490）軒廣。太和人。」《成化中都志・人才傳・太和縣（國朝）》：「軒廣。大義鄉人。由監生，除府通判，陞戶部員外郎。」呂景蒙《嘉靖潁州志・人物表・（太和）歲薦》：「（永樂壬辰，1412）軒廣。員外郎。」《萬曆太和縣志・人物・歲貢題名（皇明）》：「軒廣。字大理。應永樂七年（1409）貢。仕至工部員外。」

于昌。衛經歷。①

麗純。縣丞。②

高融。知州。③

林寅。④

田春。光祿寺監事。⑤

李康。檢校。俱永樂間貢。⑥

---

①呂景蒙《嘉靖潁州志・人物表・（太和）歲薦》：「（永樂甲午，1414）于昌。衛經歷。」《萬曆太和縣志・人物・歲貢題名（皇明）》：「于昌。字宗盛。應永樂八年（1410）貢。任經歷。」

②呂景蒙《嘉靖潁州志・人物表・（太和）歲薦》：「（永樂丙申，1416）麗純。縣丞。」《萬曆太和縣志・人物・歲貢題名（皇明）》：「麗純。字惟一。應永樂九年（1411）貢。任黄岡縣丞。」

③《成化中都志・科貢・鄉舉》：「（丙午科成化二十二年，1486）高融，太和人。」呂景蒙《嘉靖潁州志・人物表・（太和）歲薦》：「（永樂戊戌，1418）高融。知州。」《萬曆太和縣志・人物・歲貢題名（皇明）》：「高融。字仲和。應霖之祖。應永樂十年（1412）貢。任山東泰安州知州。」

④呂景蒙《嘉靖潁州志・人物表・（太和）歲薦》：「（永樂庚子，1420）林寅。」《萬曆太和縣志・人物・歲貢題名（皇明）》：「林寅。字宗敬。應永樂十一年（1413）貢。任嘉興府經歷。」

⑤呂景蒙《嘉靖潁州志・人物表・（太和）歲薦》：「（永樂壬寅，1422）田春。光祿司［寺］監事。」《萬曆太和縣志・人物・歲貢題名（皇明）》：「田春。字景原。應永樂十二年（1414）貢。任光祿寺監事。」

⑥呂景蒙《嘉靖潁州志・人物表・（太和）歲薦》：「（永樂甲辰，1424）李康。檢校。」《萬曆太和縣志・人物・歲貢題名（皇明）》：「李康。字永寧。應永樂十三年（1415）貢。任山西太原府檢校。」

關好文。漢陽推官。①
孫文。武強縣丞。②
段凱。主簿。③
陳顯。④
王翼。主簿。俱宣德間貢。⑤
呂興。府經歷。⑥
郭銘。縣丞。⑦
貊安。內鄉知縣。⑧
趙莊。主簿。⑨
張志。應天推官。⑩

①《成化中都志・科貢・鄉舉》：「（壬子科弘治五年，1492）闗好文。太和人。」呂景蒙《嘉靖潁州志・人物表・（太和）歲薦》：「（宣德丙午，1426）闗好文。漢陽推官。」《萬曆太和縣志・人物・（皇明）歲貢題名》：「闗好文。字志學。洪之祖。應永樂十五年（1417）貢。任漢陽府推官，尋改調河澗府推官。政平訟理，有惠及民。詳見《鄉賢》。」《萬曆太和縣志・人物・鄉賢（皇明）》：「闗好文。字志學。志行純古，問學優裕。蚤歲蜚聲卓著，嘗以孝悌推於鄉。應永樂十五年貢，初任漢陽府推官。廉明確慎，政平訟理，有循良之度。及入覲，以賢能改推河澗府，門屏私謁，決獄無留滯者，政聲視前益駿，吏民懷之。孫洪經明行修，由歲貢，任直隸欒城縣知縣。善政庇民，有光前烈。後人游鄉庠者甚衆。」

②呂景蒙《嘉靖潁州志・人物表・（太和）歲薦》：「（宣德戊申，1428）孫文。武強縣丞。」《萬曆太和縣志・人物・歲貢題名（皇明）》：「孫文。字成章。應永樂十六年（1418）貢。任北直隸武強縣丞。」

③呂景蒙《嘉靖潁州志・人物表・（太和）歲薦》：「（宣德庚戌，1430）段凱。主簿。」《萬曆太和縣志・人物・歲貢題名（皇明）》：「段凱。字致和。應永樂十八年（1420）貢。任浙江嵊縣主簿。」

④呂景蒙《嘉靖潁州志・人物表・（太和）歲薦》：「（宣德壬子，1432）陳顯。」《萬曆太和縣志・人物・歲貢題名（皇明）》：「陳顯。字叔明。璟之父。應永樂十九年（1421）貢。」

⑤呂景蒙《嘉靖潁州志・人物表・（太和）歲薦》：「（宣德甲寅，1434）王翼。主簿。」《萬曆太和縣志・人物・歲貢題名（皇明）》：「王翼。字輔正。應永樂二十年（1422）貢。任至南康成安縣主簿。」

⑥呂景蒙《嘉靖潁州志・人物表・（太和）歲薦》：「（正統丙辰，1436）呂興。府經歷。」《萬曆太和縣志・人物・歲貢題名（皇明）》：「呂興。字原隆。應永樂二十一年（1423）貢。任河南彰德經歷。」

⑦呂景蒙《嘉靖潁州志・人物表・（太和）歲薦》：「（正統戊午，1438）郭銘。縣丞。」《萬曆太和縣志・人物・歲貢題名（皇明）》：「郭銘。字日銘。應宣德二年（1427）貢。任江西新喻縣丞。」

⑧呂景蒙《嘉靖潁州志・人物表・（太和）歲薦》：「（正統庚申，1440）貊安。內鄉縣知縣。」《萬曆太和縣志・人物・歲貢題名（皇明）》：「貊安。字治民。元平章高之孫。應宣德四年（1429）貢。任河南內鄉知縣。勤勞政事，庶務咸舉。開河渠水利，灌溉民田千餘頃。建洪濟、雲谿二橋，民多賴之。九載任滿，民詣闕保留，復任三載而卒。民立祠祀之。後陞汝州知州。」

⑨呂景蒙《嘉靖潁州志・人物表・（太和）歲薦》：「（正統壬戌，1442）趙莊。主簿。」《萬曆太和縣志・人物・歲貢題名（皇明）》：「趙莊。字子敬。應宣德六年（1431）貢。任廣東□□主簿。」

⑩《成化中都志・科貢・鄉舉》：「（戊午科弘治十一年，1498）張志。太和人。」呂景蒙《嘉靖潁州志・人物表・（太和）歲薦》：「（正統甲子，1444）張志。應天推官。」《萬曆太和縣志・人物・歲貢題名（皇明）》：「張志。字從直。應宣德八年（1433）貢。任南京應天府推官。舉人倫之父。是年，令天下生員年四十五以上考選，送國子監。時言者以士子在學校衰老，不得以時進用故也。以後間一行焉。」

孫翱。①

戈戩。代州學正。俱正統間貢。②

郭毅。黔陽知縣。③

吴玘。主簿。④

單麟。京衛經歷。⑤

范能。知縣。俱景泰間貢。⑥

陳璟。⑦

高增。⑧

李恭。⑨

韓鎔。大使。俱天順間貢。⑩

韓澄。照磨。⑪

張寧。引禮舍人。⑫

①呂景蒙《嘉靖潁州志·人物表·（太和）歲薦》：「（正統丙寅，1446）孫翱。」《萬曆太和縣志·人物·歲貢題名（皇明）》：「孫翱。字雲翔。應宣德年四十五以上貢例。」

②呂景蒙《嘉靖潁州志·人物表·（太和）歲薦》：「（正統戊辰，1448）戈戢。山西代州學正。」《萬曆太和縣志·人物·歲貢題名（皇明）》：「戈戢。字永清。應宣德十年（1435）貢。任山西代州學正。」

③呂景蒙《嘉靖潁州志·人物表·（太和）歲薦》：「（景泰庚午，1450）郭毅。黔陽縣知縣。」《萬曆太和縣志·人物·歲貢題名（皇明）》：「郭毅。字士弘。應正統二年（1437）貢。任黔陽縣知縣。」

④呂景蒙《嘉靖潁州志·人物表·（太和）歲薦》：「（景泰壬申，1452）吳玘。主簿。」《萬曆太和縣志·人物·歲貢題名（皇明）》：「吳玘。字廷玉。道東之子。應正統四年（1439）貢。任濟源主簿。」《光緒武昌縣志·官師·（明）訓導》：「吳玘，南直隸太和縣人。永樂二年（1404）任。」《乾隆濟源縣志·職官·（明）主簿》：「吳玘。天順四年（1460）任。」

⑤呂景蒙《嘉靖潁州志·人物表·（太和）歲薦》：「（景泰甲戌，1454）單麟。京衛經歷。」《萬曆太和縣志·人物·歲貢題名（皇明）》：「單麟。字景祥。應正統六年（1441）貢。任衛經歷。」

⑥呂景蒙《嘉靖潁州志·人物表·（太和）歲薦》：「（景泰丙子，1456）范能。知縣。」《萬曆太和縣志·人物·歲貢題名（皇明）》：「范能。字國用。舉人淵之子。應正統八年（1443）貢。任知縣。」

⑦呂景蒙《嘉靖潁州志·人物表·（太和）歲薦》：「（天順戊寅，1458）陳璟。」《萬曆太和縣志·人物·歲貢題名（皇明）》：「陳璟。字廷□。應正統□年貢。」

⑧呂景蒙《嘉靖潁州志·人物表·（太和）歲薦》：「（天順庚辰，1460）高增。」《萬曆太和縣志·人物·歲貢題名（皇明）》：「高增。字益善。應正統十二年（1447）貢。」

⑨呂景蒙《嘉靖潁州志·人物表·（太和）歲薦》：「（天順壬午，1462）李恭。」《萬曆太和縣志·人物·歲貢題名（皇明）》：「李恭。字致敬。應正統十四年（1449）貢。」

⑩呂景蒙《嘉靖潁州志·人物表·（太和）歲薦》：「（天順甲申，1464）韓鎔。大使。」《萬曆太和縣志·人物·歲貢題名（皇明）》：「韓鎔。字宗範。應景泰二年（1451）貢。任大使。」

⑪呂景蒙《嘉靖潁州志·人物表·（太和）歲薦》：「（成化乙酉，1465）韓澄。照磨。」《萬曆太和縣志·人物·歲貢題名（皇明）》：「韓澄。字以清。應景泰四年（1453）貢。任府照磨。」

⑫呂景蒙《嘉靖潁州志·人物表·（太和）歲薦》：「（成化丙戌，1466）張寧。引禮舍人。」《萬曆太和縣志·人物·歲貢題名（皇明）》：「張寧。字以康。應景泰六年（1455）貢。任引禮舍人。」

蘇深。主簿。①
王輔。縣丞。②
王還。知縣。③
吴倫。序班。④
郭信。縣丞。⑤
田登。訓導。⑥
王通。衛經歷。⑦
戚能。經歷。⑧
牛璘。序班。⑨
王健。縣丞。⑩
黄智。審理。⑪
張謨。⑫
吴侃。⑬

①呂景蒙《嘉靖潁州志・人物表・（太和）歲薦》：「（成化丙戌，1466）蘇深。主簿。」《萬曆太和縣志・人物・歲貢題名（皇明）》：「蘇琛。字文端。應天順元年（1457）貢。」

②呂景蒙《嘉靖潁州志・人物表・（太和）歲薦》：「（成化丙戌，1466）王輔。縣丞。」《萬曆太和縣志・人物・歲貢題名（皇明）》：「王輔。字廷弼。應天順三年（1459）貢。」

③呂景蒙《嘉靖潁州志・人物表・（太和）歲薦》：「（成化丙戌，1466）王還。知縣。」

④呂景蒙《嘉靖潁州志・人物表・（太和）歲薦》：「（成化丙戌，1466）吳倫。序班。」《萬曆太和縣志・人物・歲貢題名（皇明）》：「吳倫。字秉彝。玘之姪。應天順五年（1461）貢。任序班。」

⑤呂景蒙《嘉靖潁州志・人物表・（太和）歲薦》：「（成化丙戌，1466）郭信。縣丞。」《萬曆太和縣志・人物・歲貢題名（皇明）》：「郭信。字克誠。應天順六年（1462）貢。任縣丞。先是，五年（1461）十一月，令天下生員年四十以上，選送國子監。」

⑥呂景蒙《嘉靖潁州志・人物表・（太和）歲薦》：「（成化丙戌，1466）田登。訓導。」《萬曆太和縣志・人物・歲貢題名（皇明）》：「田登。字志高。應天順七年（1463）貢。任訓導。」

⑦呂景蒙《嘉靖潁州志・人物表・（太和）歲薦》：「（成化丙戌，1466）王通。衛經歷。」《萬曆太和縣志・人物・歲貢題名（皇明）》：「王通。字彥達。應天順七年（1463）貢。任北京忠义衛經歷。（覃）恩造徵仕郎。」

⑧呂景蒙《嘉靖潁州志・人物表・（太和）歲薦》：「（成化丙戌，1466）戚能。經歷。」《萬曆太和縣志・人物・歲貢題名（皇明）》：「戚能。字宗善。應天順七年（1463）貢。任衛經歷。」

⑨呂景蒙《嘉靖潁州志・人物表・（太和）歲薦》：「（成化丙戌，1466）牛璘。序班。」《萬曆太和縣志・人物・歲貢題名（皇明）》：「牛璘。字汝文。應天順七年（1463）貢。任鴻臚寺序班。」

⑩呂景蒙《嘉靖潁州志・人物表・（太和）歲薦》：「（成化丙戌，1466）王健。縣丞。」《萬曆太和縣志・人物・歲貢題名（皇明）》：「王健。字以亨。司寇質之季子。應天順七年（1463）（貢）。任寶豐縣丞。」

⑪呂景蒙《嘉靖潁州志・人物表・（太和）歲薦》：「（成化丙戌，1466）黃智。審理。」《萬曆太和縣志・人物・歲貢題名（皇明）》：「黃智。字斯明。應天順七年（1463）貢。任王府審理。已上應年四十例貢。」

⑫呂景蒙《嘉靖潁州志・人物表・（太和）歲薦》：「（成化丙戌，1466）張謨。」《萬曆太和縣志・人物・歲貢題名（皇明）》：「張謨。字廷訓。應成化元年（1465）貢。」

⑬呂景蒙《嘉靖潁州志・人物表・（太和）歲薦》：「（成化丙戌，1466）吳侃。」《萬曆太和縣志・人物・歲貢題名（皇明）》：「吳侃。字剛直。應成化二年（1466），以恩貢入國子監。」

范秀。都司斷事。①
周瓚。②
解文。③
劉騰。主簿。④
徐本。衛經歷。⑤
陳聰。同知。已上應四十五歲貢例。⑥
劉忠。檢校。⑦
朱和。府知事。⑧
李雄。推官。⑨
吳浦［溥］。照磨。⑩
高雲。府經歷。⑪
鄒裕。主簿。⑫

①呂景蒙《嘉靖潁州志・人物表・（太和）歲薦》：「（成化丙戌，1466）范秀。都司斷事。」《萬曆太和縣志・人物・歲貢題名（皇明）》：「范秀。字德蘊。應成化四年（1468）以恩貢入國子監。任都司斷事。」

②呂景蒙《嘉靖潁州志・人物表・（太和）歲薦》：「（成化丙戌，1466）周瓚。」《萬曆太和縣志・人物・歲貢題名（皇明）》：「周瓚。字□□。應成化五年（1469）貢。」

③呂景蒙《嘉靖潁州志・人物表・（太和）歲薦》：「（成化丙戌，1466）解文。」《萬曆太和縣志・人物・歲貢題名（皇明）》：「解文。字德華。應成化六年（1470）貢。」

④呂景蒙《嘉靖潁州志・人物表・（太和）歲薦》：「（成化丙戌，1466）劉騰。主簿。」《萬曆太和縣志・人物・歲貢題名（皇明）》：「劉騰。字子雲。應成化七年（1471）貢。任主簿。」

⑤呂景蒙《嘉靖潁州志・人物表・（太和）歲薦》：「（成化丙戌，1466）徐本。衛經歷。」《萬曆太和縣志・人物・歲貢題名（皇明）》：「徐本。字□□。應成化九年（1473）貢。任□州府經歷。」

⑥《成化中都志・科貢・鄉舉》：「（辛酉科弘治十四年，1501）陳聰。太和人。」呂景蒙《嘉靖潁州志・人物表・（太和）歲薦》：「（成化丙戌，1466）陳聰。同知。已上應四十五歲貢例。」《萬曆太和縣志・人物・歲貢題名（皇明）》：「陳聰。字宗魯。應成化十一年（1475）貢。任河南磁州同知。」

⑦呂景蒙《嘉靖潁州志・人物表・（太和）歲薦》：「（成化戊子，1468）劉忠。檢校。」《萬曆太和縣志・人物・歲貢題名（皇明）》：「劉忠。應成化十二年（1476）貢。傳見《鄉賢》。」《萬曆太和縣志・人物・鄉賢（皇明）》：「劉忠。字廷臣，號梅軒。太平圖人。起家歲薦，任福建邵武府檢校。有吏材，知府王公、夏公皆器重之。嘗委署懷寧等縣。所至清操自持，士民悅服。迨休致家居，訓二子成立。仲鵬河南杞學諭，季鵾江西崇仁丞，咸能守官箴。人皆多公之善教云。」《光緒邵武府志・職官・（明）檢校》：「劉忠。太和人。」

⑧呂景蒙《嘉靖潁州志・人物表・（太和）歲薦》：「（成化庚寅，1470）朱和。府知事。」《萬曆太和縣志・人物・歲貢題名（皇明）》：「朱和。字節之。錦之父。應成化十五年（1479）貢。任廣東潮州府知事。」《光緒潮州府志・職官表・（明）府知事》：「（宏［弘］治）朱和。鳳陽。」

⑨《成化中都志・科貢・鄉舉》：「（甲子科弘治十七年，1504）李雄。太和人。」呂景蒙《嘉靖潁州志・人物表・（太和）歲薦》：「（成化壬辰，1472）李雄。推官。」《萬曆太和縣志・人物・歲貢題名（皇明）》：「李雄。字世英。應成化十七年（1481）貢。任浙江金華府推官。」

⑩呂景蒙《嘉靖潁州志・人物表・（太和）歲薦》：「（成化甲午，1474）吳溥。照磨。」《萬曆太和縣志・人物・歲貢題名（皇明）》：「吳溥。字希和。應成化十九年（1483）貢。任府照磨。」

⑪呂景蒙《嘉靖潁州志・人物表・（太和）歲薦》：「（成化丙申，1476）高雲。府經歷。」《萬曆太和縣志・人物・歲貢題名（皇明）》：「高雲。字騰霄。應成化二十一年（1485）貢。任雲南石屏府經歷。」

⑫呂景蒙《嘉靖潁州志・人物表・（太和）歲薦》：「（成化戊戌，1478）鄒裕。主簿。」

李潤。縣丞。①
李桓。②
王增。③
周冕。訓導。俱成化間貢。④
貊振。主簿。⑤
陳洪。經歷。⑥
張鎮。⑦
徐淵。知縣。⑧
田璜。⑨
陶玘。⑩
吳萱。⑪
朱錦。⑫

①呂景蒙《嘉靖潁州志·人物表·（太和）歲薦》：「（成化庚子，1480）李潤。縣丞。」

②呂景蒙《嘉靖潁州志·人物表·（太和）歲薦》：「（成化壬寅，1482）李桓。」

③呂景蒙《嘉靖潁州志·人物表·（太和）歲薦》：「（成化甲辰，1484）王增。」《萬曆太和縣志·人物·歲貢題名（皇明）》：「王增。字益之。應成化二十三年（1487）貢。任北京衛經歷。」

④呂景蒙《嘉靖潁州志·人物表·（太和）歲薦》：「（成化丙午，1486）周冕。訓導。」《萬曆太和縣志·人物·歲貢題名（皇明）》：「周冕。字文中。應弘治二年（1489）貢。任訓導。」

⑤呂景蒙《嘉靖潁州志·人物表·（太和）歲薦》：「（弘治戊申，1488）貊振。主簿。」《萬曆太和縣志·人物·歲貢題名（皇明）》：「貊振。字文鐸。安之子。以恩貢入國子監，任順天府東安縣主簿。公勤才幹，心切於愛民，馬政之司，尤爲清理，當時居庸關有職慎才優之奬，百姓興『我民父母』之歌。甫三載，毅然致仕。人皆重之，以爲有祖之遺風云。」

⑥《成化中都志·科貢·鄉舉》：「（癸酉科正德八年，1513）陳洪。太和人。」呂景蒙《嘉靖潁州志·人物表·（太和）歲薦》：「（弘治庚戌，1490）陳洪。經歷。」《萬曆太和縣志·人物·歲貢題名（皇明）》：「陳洪。字文量。以恩貢入國學。任南京江陰衛經歷。考滿，進階徵仕郎。」

⑦呂景蒙《嘉靖潁州志·人物表·（太和）歲薦》：「（弘治壬子，1492）張鎮。」《萬曆太和縣志·人物·歲貢題名（皇明）》：「張鎮。字衛邦。璟之父，繼之祖。應弘治四年（1491）貢。有文學，一時學者多宗之。」

⑧《成化中都志·科貢·鄉舉》：「（癸酉科正德八年，1513）徐淵。太和人。」呂景蒙《嘉靖潁州志·人物表·（太和）歲薦》：「（弘治甲寅，1494）徐淵。知縣。」《萬曆太和縣志·人物·歲貢題名（皇明）》：「徐淵。字時之。應弘治六年（1493）貢。任山西太谷縣知縣。微時有夢云：『水擊石澗，箏聲響，三弄琴音。』抵任，果驗。仕僅三月，遂棄官歸。公爲人恭謹，孚於神明，年八十八終於家。鄉人稱之。」《民國太谷縣志·官師·（明）知縣》：「（正德六年）徐元。」疑即其人。

⑨呂景蒙《嘉靖潁州志·人物表·（太和）歲薦》：「（弘治丙辰，1496）田璜。」《萬曆太和縣志·人物·歲貢題名（皇明）》：「田璜。字廷瑞。應弘治八年（1495）貢。」

⑩呂景蒙《嘉靖潁州志·人物表·（太和）歲薦》：「（弘治戊午，1498）陶玘。」《萬曆太和縣志·人物·歲貢題名（皇明）》：「陶玘。字廷玉。應弘治十年（1497）貢。」

⑪呂景蒙《嘉靖潁州志·人物表·（太和）歲薦》：「（弘治戊午，1498）吳萱。」《萬曆太和縣志·人物·歲貢題名（皇明）》：「吳萱。字景茂。應弘治十二年（1499）貢。任湖廣武昌縣丞。起復補滋陽縣丞。」

⑫呂景蒙《嘉靖潁州志·人物表·（太和）歲薦》：「（弘治庚申，1500）朱錦。」《萬曆太和縣志·人物·歲貢題名（皇明）》：「朱錦。字文綉。和之子。應弘治十四年（1501）貢。」

張元應。①

高佐。②

單美。縣丞。俱弘治間貢。③

范琦。④

關洪。知縣。⑤

楊瑜。訓導。⑥

孫輅。⑦

譚恭。知縣。⑧

張本。縣丞。⑨

胡連。縣丞。⑩

王宥。俱正德間貢。⑪

朱鐸。判官。⑫

①呂景蒙《嘉靖潁州志・人物表・（太和）歲薦》：「（弘治庚申，1500）張元應。」《萬曆太和縣志・人物・歲貢題名（皇明）》：「張元應。字孟吉。應弘治十六年（1503）貢。」

②呂景蒙《嘉靖潁州志・人物表・（太和）歲薦》：「（弘治壬戌，1502）高佐。」《萬曆太和縣志・人物・歲貢題名（皇明）》：「高佐。字良弼。應弘治十八年（1505）貢。」

③呂景蒙《嘉靖潁州志・人物表・（太和）歲薦》：「（弘治甲子，1504）單美。縣丞。」《萬曆太和縣志・人物・歲貢題名（皇明）》：「單美。字文質。應正德元年（1506）貢。任江西德興縣丞。」《同治德興縣志・職官・（明）縣丞》：「單美。嘉靖元年（1522）任。」

④呂景蒙《嘉靖潁州志・人物表・（太和）歲薦》：「（正德丙寅，1506）范琦。」

⑤呂景蒙《嘉靖潁州志・人物表・（太和）歲薦》：「（正德戊辰，1508）關洪。知縣。」《萬曆太和縣志・人物・歲貢題名（皇明）》：「關洪。字德裕。好文之孫。應正德六年（1511）選貢。任北直隸欒城縣知縣。居二載，廉勤公謹，威惠並行，興學校，備賑積，招撫流移。禁戢盜賊，捉獲僞造印信之人，政聲赫然。」《同治欒城縣志・職官表・（明）知縣》：「（嘉靖）關洪。山西人。」

⑥呂景蒙《嘉靖潁州志・人物表・（太和）歲薦》：「（正德庚午，1510）楊瑜。訓導。」《萬曆太和縣志・人物・歲貢題名（皇明）》：「楊瑜。字□□。應正德二年（1507）貢。任河南虞城縣訓導。」《光緒虞城縣志・職官・（明）訓導》：「楊榆。南直太和人。」

⑦呂景蒙《嘉靖潁州志・人物表・（太和）歲薦》：「（正德壬申，1512）孫輅。」《萬曆太和縣志・人物・歲貢題名（皇明）》：「孫輅。字大用。舉人崇德之叔。應正德四年（1509）貢。」

⑧呂景蒙《嘉靖潁州志・人物表・（太和）歲薦》：「（正德甲戌，1514）譚恭。知縣。」《萬曆太和縣志・人物・歲貢題名（皇明）》：「譚恭。字克敬。應正德八年（1513）貢。任廣西北流縣知縣。」

⑨呂景蒙《嘉靖潁州志・人物表・（太和）歲薦》：「（正德丙子，1516）張本。縣丞。」《萬曆太和縣志・人物・歲貢題名（皇明）》：「張本。字原之。應正德十年（1515）貢。任山東德平縣丞。」

⑩呂景蒙《嘉靖潁州志・人物表・（太和）歲薦》：「（正德戊寅，1518）胡連。縣丞。」《萬曆太和縣志・人物・歲貢題名（皇明）》：「胡連。字美器。慎言之父。應正德十二年（1517）貢。任福建閩縣丞，有政聲，尋陞南京旗守衛經歷。三年考滿，敕進階徵仕郎。」

⑪呂景蒙《嘉靖潁州志・人物表・（太和）歲薦》：「（正德庚辰，1520）王宥。」《萬曆太和縣志・人物・歲貢題名（皇明）》：「王宥。字天錫。應正德十四年（1519）貢。任江西益府審理。」

⑫呂景蒙《嘉靖潁州志・人物表・（太和）歲薦》：「（嘉靖壬午，1522）朱鐸。州判。」《萬曆太和縣志・人物・歲貢題名（皇明）》：「朱鐸。字文振，號東崖。和之姪。應正德十六年（1521）貢。任山東武定州判官。起復爲廣安州判官。」

李溥。①

李松。②

郭樑。③

劉鵾。④

楊鳴鸞。⑤

王希甫。⑥

張繼。⑦

劉鵬。嘉靖十五年（1536）貢。⑧

張瑮。十七年（1538）貢。⑨

高卿。十九年（1540）貢。⑩

李懷仁。二十一年（1542）貢。⑪

高應霖。二十三年（1544）貢。⑫

①呂景蒙《嘉靖潁州志・人物表・（太和）歲薦》：「（嘉靖甲申，1524）李溥。」《萬曆太和縣志・人物・歲貢題名（皇明）》：「李溥。字文淵。行學慎厚。應嘉靖二年（1523）貢。任浙江富陽縣丞。廉明公謹，不事奔競。士大夫重之。」

②呂景蒙《嘉靖潁州志・人物表・（太和）歲薦》：「（嘉靖丙戌，1526）李松。」《萬曆太和縣志・人物・歲貢題名（皇明）》：「李松。字沖霄。應恩貢，任河南鄭州判官。」

③呂景蒙《嘉靖潁州志・人物表・（太和）歲薦》：「（嘉靖戊子，1528）郭樑。」《萬曆太和縣志・人物・歲貢題名（皇明）》：「郭樑。字大用。應嘉靖六年（1527）貢。任山東莒州判官。詳見《鄉賢》。」《萬曆太和縣志・人物・鄉賢（皇明）》：「郭樑。字大用，號愛栢。南原和人。賦性質直，好學不倦，以經明行修見稱。嘉靖六年歲貢。任莒州判官。剛直不阿，廉靖寡慾。時同僚貪墨者，輙面斥之，郡民逃移者多賴安輯。及致仕家居，執經從遊者雲集，一時文士多出其門。」

④呂景蒙《嘉靖潁州志・人物表・（太和）歲薦》：「（嘉靖庚寅，1530）劉鵾。」《萬曆太和縣志・人物・歲貢題名（皇明）》：「劉鵾。字萬高，號柳庵。忠之季子。應嘉靖十年（1531）選貢。任江西崇仁縣丞。先是，大學士張孚敬題奏：天下縣學歲貢生員不拘常格，嚴選文優者，准充貢，詔行之。和選貢自鵾始，仍令有司扁其門，後遂爲例云。」《康熙崇仁縣志・（明）縣丞》：「（肅皇帝）劉鵾。太和人。」

⑤呂景蒙《嘉靖潁州志・人物表・（太和）歲薦》：「（嘉靖壬辰，1532）楊鳴鸞。」《萬曆太和縣志・人物・歲貢題名（皇明）》：「楊鳴鸞。字子和，號直齋。波之父。應嘉靖十一年（1532）貢。任江西貴谿縣主簿。」《康熙貴谿縣志・職官・（明）主簿》：「（嘉靖）楊鳴鸞。太湖人。監生。」疑即其人。

⑥呂景蒙《嘉靖潁州志・人物表・（太和）歲薦》：「（嘉靖甲午，1534）王希甫。」《萬曆太和縣志・人物・歲貢題名（皇明）》：「王希甫。字惟賢，號鳳山。舉人章之孫。應嘉靖十三年（1534）選貢。」

⑦呂景蒙《嘉靖潁州志・人物表・（太和）歲薦》：「（嘉靖丙申，1536）張繼。」《萬曆太和縣志・人物・歲貢題名（皇明）》：「張繼。字孝卿，號善齋。鎮之孫。應嘉靖十五年（1536）選貢。任河南汝寧、西平縣丞。居官甫及一年，遽求休致，其亦急流勇退者也。選貢例自繼止。」

⑧《萬曆太和縣志・人物・歲貢題名（皇明）》：「劉鵬。字萬里，號南須。忠之仲子。應嘉靖十八年（1539）恩貢。任山東聊城縣訓導，陞河南杞縣教諭。」《乾隆杞縣志・職官・（明）教諭》：「劉鵬。嘉靖三十年（1551）任。」

⑨《萬曆太和縣志・人物・歲貢題名（皇明）》：「張瑮。字純甫，號倪山。鎮之次子。應嘉靖十九年（1540）貢。任江西贛縣訓導。誠確耿介，有古人風。」

⑩《萬曆太和縣志・人物・歲貢題名（皇明）》：「高卿。字國相，號西洋。應恩貢。任山東藤縣訓導。陞湖廣房山縣教諭。」

⑪《萬曆太和縣志・人物・歲貢題名（皇明）》：「李懷仁。字存善，號三谿。應嘉靖二十年（1541）貢。任河南息縣訓導。」

⑫《萬曆太和縣志・人物・歲貢題名（皇明）》：「高應霖。字希說，號柳濱。猷之孫。應嘉靖二十二年（1543）貢。任廣東肇慶府推官。論刑平允，僨寧有功，尋陞惠州府通判。」《道光肇慶府志・職官・（明）推官》：「（嘉靖朝）高應霖。太和貢生。」

張璣。二十五年（1546）貢。①

陶煥。二十七年（1548）貢。②

李宜春曰：科與貢，均正途也，遲與速、顯與晦異耳。嗟乎！使豪傑士啾啾然循資以需，孰若扳遺才，振淹滯，如近之所謂選哉？

辟舉

州五人：

安然。見《人物》。

李敏。見《人物》。

欒世英。見《人物》。

竇松。見《人物》。

李翰。洪武間以人才授福建布政司參政。③

潁上縣八人：

蔣學。正陽鄉人。洪武十五年（1382），以儒士應求賢詔，初授伴讀，官至廣西左參政。文章、政事並稱於旹。④

盛得興。淮潤鄉人。洪武十七年（1384），應孝廉舉，授廣安州知州。以孝友教民，民多化焉。⑤

章順舉。見《人物》。

盧彦昭。洪武十八年（1385），以隱德聘。授四川左參議，旹以耿介稱。⑥

---

①《萬曆太和縣志・人物・歲貢題名（皇明）》：「張璣。字天象，號半山。鎮之姪。應嘉靖二十四年（1545）貢。任浙江錢塘縣丞。」《萬曆錢塘縣志・紀官・（明）縣丞》：「張璣。太和人。」

②《萬曆太和縣志・人物・歲貢題名（皇明）》：「陶煥。字子文，號五川。玘之後。應嘉靖二十六年（1547）貢。任河南偃師縣丞。存心樂易，敷政寬平，嘗周貧生彭彩等衣巾，其亦能重學校者與？」《乾隆偃師縣志・職官表・（明）縣丞》：「陶煥。太和人。」

③《成化中都志・人才傳・潁州（國朝）》：「李翰。洪武十一年（1378）除福建布政司參政。」呂景蒙《嘉靖潁州志・人物表・（皇明）辟舉》：「（洪武辛未，1391）李翰。福建布政司參政。」《順治潁州志・選舉表・（明）徵辟》：「李翰。福建布政司參政。」

④《成化中都志・人才傳・潁上縣（國朝）》：「蔣學，任廣西布政司參政。」《順治潁上縣志・選舉・（明）徵辟》：「蔣學，洪武十五年（1382），廣西布政司左參議。」《雍正廣西通志・秩官・明（左參政）》：「蔣學，潁上人。永樂間任。」

⑤呂景蒙《嘉靖潁州志・人物表・（潁上）辟舉》：「（洪武戊申，1368）盛得興。知州。」《順治潁上縣志・選舉・（明）徵辟》：「盛得興。洪武十七年（1384），以孝廉任四川廣安州知州。」

⑥《成化中都志・人才傳・潁上縣（國朝）》：「盧彦昭。任四川布政司左參議。」《順治潁上縣志・選舉・（明）徵辟》：「盧彦昭。洪武初年。四川布政司左參議。」《雍正四川通志・職官・明（參政）》：「盧彦昭……以上洪武中任。」

柴景周。附廓人。洪武十八年（1385），以隱士聘。授衛輝同知。①

宋彥輝。正陽鄉人。洪武二十年（1387），以賢才辟。授工部主事。②

梅玉。附廓人。字子英。精於楷書。永樂六年（1408）辟，充太學生。官至工部郎中。③

梅榮。字世華。玉之孫。成化初，大學士劉公薦爲翰林院秀才，習譯字。官至光祿寺署丞。④

太和縣二人：

李宏。監察御史。⑤

常同倫。主事。俱洪武初辟。⑥

李宜春曰：辟舉，古里選意乎？自科目制，不聞有所謂孝廉、賢良矣。斯人才弗古，而世道日寥寥焉。悲夫！

應例

州七十一人⑦：

趙紀。承天府靖□吏目。⑧

---

①呂景蒙《嘉靖潁州志・人物表・（潁上）辟舉》：「（洪武戊申，1368）柴景周。同知。」《順治潁上縣志・選舉・（明）徵辟》：「柴景周。洪武十八年（1385）。任衛輝府同知。」

②《順治潁上縣志・選舉・（明）徵辟》：「宋彥輝。洪武二十年（1387），以人材授工部主事。正陽鄉人。」

③《成化中都志・人才傳・潁上縣（國朝）》：「梅玉。由監生，任工部主事。陞郎中。」呂景蒙《嘉靖潁州志・人物表・（潁上）辟舉》：「（洪武戊申，1368）梅玉。郎中。」《順治潁上縣志・選舉・（明）徵辟》：「梅玉。永樂中，以楷書任工部營繕司郎中。」

④《順治潁上縣志・選舉・（明）徵辟》：「梅榮。玉之孫。成化初，大學士劉吉薦爲翰林院秀才，習譯字。至光祿寺署正、珍饈署署丞。」

⑤《成化中都志・科貢・鄉舉》：「（戊子科永樂六年，1408）李宏。太和人。」呂景蒙《嘉靖潁州志・人物表・（太和）辟舉》：「（洪武戊申，1368）李宏，監察御史。」《萬曆太和縣志・人物・（皇明）辟舉》：「李宏。洪武二十年（1387），以孝廉薦授監察御史。」

⑥《成化中都志・科貢・鄉舉》：「（己酉科宣德四年，1429）常同倫。太和人。」呂景蒙《嘉靖潁州志・人物表・（太和）辟舉》：「（洪武戊申，1368）常同倫。主事。」《萬曆太和縣志・人物・（皇明）辟舉》：「常同倫。洪武二十一年（1388），以孝廉薦。任至主事。」

⑦據下所列，實爲七十六人。

⑧《正德潁州志・科貢・（本朝）制貢》僅存其姓。呂景蒙《嘉靖潁州志・人物表・（皇明）應例》：「趙紀。饒州吏目。」《順治潁州志・選舉表・（明）應例》：「（洪武）趙紀。」

周璇。縣丞。①
杜貫。主簿。②
王朝。劍州梓潼縣主簿。③
劉朝。見《人物》。
董旺。贛州府石城縣主簿。④
常清。高安主簿。⑤
王釗。德州判官。⑥
陳鐸。王府教授。⑦
史鏡。澤州同知。⑧
聶珊。富平知縣。⑨
徐欽。饒州府知事。⑩
周鐸。⑪

①《正德潁州志·科貢·（本朝）制貢》：「周璇。任縣丞。」呂景蒙《嘉靖潁州志·人物表·（皇明）應例》：「周璇。縣丞。」《順治潁州志·選舉表·（明）應例》：「（洪武）周璇。縣丞。」

②《正德潁州志·科貢·（本朝）制貢》：「杜貫。任主簿。」呂景蒙《嘉靖潁州志·人物表·（皇明）應例》：「杜貫。主簿。」《順治潁州志·選舉表·（明）應例》：「（洪武）杜貫。主簿。」

③《正德潁州志·科貢·（本朝）制貢》：「王朝。應成化二十一年（1485）制貢。任梓潼縣主簿。」呂景蒙《嘉靖潁州志·人物表·（皇明）應例》：「王朝。梓潼主簿。」

④《正德潁州志·科貢·（本朝）制貢》：「董旺。應成化二十一年（1485）制貢。任石城縣主簿。」呂景蒙《嘉靖潁州志·人物表·（皇明）應例》：「董旺。主簿。」《順治石城縣志·職官·明朝主簿》：「董旺。南直隸潁州人。弘治年任。」

⑤《正德潁州志·科貢·（本朝）制貢》：「常清。應成化二十一年（1485）制貢。任高安縣主簿。」呂景蒙《嘉靖潁州志·人物表·（皇明）應例》：「常清。高安主簿。」《順治潁州志·選舉表·（明）應例》：「常清。主簿。」《同治高安縣志·秩官·（明）主簿》：「常清。潁州人。宏［弘］治十四年（1501）任。」

⑥《正德潁州志·科貢·（本朝）制貢》：「王釗。應成化二十一年（1485）制貢。任德州判官。」呂景蒙《嘉靖潁州志·人物表·（皇明）應例》：「王釗。德州判官。」《順治潁州志·選舉表·（明）應例》：「王釗。州判。」

⑦《正德潁州志·科貢·（本朝）制貢》：「陳鐸。應成化二十一年（1485）制貢。任樂陵王府教授。」呂景蒙《嘉靖潁州志·人物表·（皇明）應例》：「陳鐸。王府教授。」《順治潁州志·選舉表·（明）應例》：「陳鐸。王府教授。」

⑧《正德潁州志·科貢·（本朝）制貢》：「史鏡。應成化二十一年（1485）制貢。任德州衛經歷，任山西澤州同知。」呂景蒙《嘉靖潁州志·人物表·（皇明）應例》：「史鏡。澤州同知。」《順治潁州志·選舉表·（明）應例》：「史鏡。州同。」

⑨《正德潁州志·科貢·（本朝）制貢》：「聶珊。應成化二十一年（1485）制貢。任清源縣丞，陞富平縣知縣。」呂景蒙《嘉靖潁州志·人物表·（皇明）應例》：「聶珊。富平知縣。」《順治潁州志·選舉表·（明）應例》：「聶珊。知縣。」《光緒富平縣志稿·職官表·（明）知縣》：「聶珊。汝陰（人）。」

⑩《正德潁州志·科貢·（本朝）制貢》：「徐欽。應成化二十一年（1485）制貢。任饒州府知事。」呂景蒙《嘉靖潁州志·人物表·（皇明）應例》：「徐欽。饒州知事。終不就。」《順治潁州志·選舉表·（明）應例》：「徐欽。知事。」

⑪《正德潁州志·科貢·（本朝）制貢》：「周鐸。應成化二十一年（1485）制貢。」《順治潁州志·選舉表·（明）應例》：「周鐸。」

趙鐸。西安主簿。①

鍾玉。字君廷。儀真知縣。②

董鎮。主簿。③

常瀛。主簿。④

張昇。府檢校。⑤

閻莊。⑥

平政。⑦

張澤。知縣。⑧

王景聰。主簿。⑨

李恕。縣丞。俱成化間例。⑩

張鑛。字國珍。主簿。⑪

李爝。字委之。衛經歷。⑫

李爟。字輝之。⑬

李烶。字樝之。⑭

①《正德潁州志・科貢・（本朝）制貢》：「趙鐸。應成化二十一年（1485）制貢。任湖廣武昌府照磨，陞衢州府西安縣主簿。」《順治潁州志・選舉表・（明）應例》：「趙鐸。主簿。」

②《正德潁州志・科貢・（本朝）制貢》：「鍾玉。應成化二十一年（1485）制貢。任廣平府肥鄉縣縣丞。丁内艱，改淮安府安東縣縣丞，陞揚州府儀真縣知縣。」《順治潁州志・選舉表・（明）應例》：「鍾玉。知縣。」《嘉慶揚州府志・秩官・（明）儀真縣知縣》：「鍾玉。潁州人。舉人。」

③《正德潁州志・科貢・（本朝）制貢》：「董鎮。應成化二十一年（1485）制貢。任新淦縣主簿。」《順治潁州志・選舉表・（明）應例》：「董鎮。主簿。」

④《正德潁州志・科貢・（本朝）制貢》：「常瀛。應成化二十一年（1485）制貢。」《順治潁州志・選舉表・（明）應例》：「常瀛。主簿。」

⑤《正德潁州志・科貢・（本朝）制貢》：「張昇。應成化二十一年（1485）制貢。任長沙府檢校。」《順治潁州志・選舉表・（明）應例》：「張昇。府檢校。」

⑥《正德潁州志・科貢・（本朝）制貢》：「閻莊。應成化二十一年（1485）制貢。」《順治潁州志・選舉表・（明）應例》：「閻莊。」

⑦《正德潁州志・科貢・（本朝）制貢》：「平政。應成化二十一年（1485）制貢。」《順治潁州志・選舉表・（明）應例》：「平政。」

⑧《正德潁州志・科貢・（本朝）制貢》：「張澤。應成化二十一年（1485）制貢。任嵊縣主簿，陞長興縣縣丞。」《順治潁州志・選舉表・（明）應例》：「張澤。知縣。」《同治長興縣志・職官表・（明）縣丞》：「張澤。南直潁州人。監生。正德八年（1513）任。陞商河縣知縣。」

⑨《正德潁州志・科貢・（本朝）制貢》：「王景聰。應成化二十一年（1485）制貢。任贛榆縣主簿。」《順治潁州志・選舉表・（明）應例》：「王景聰。主簿。」

⑩《正德潁州志・科貢・（本朝）制貢》：「李恕。應成化二十一年（1485）制貢。任宜興縣縣丞。」《順治潁州志・選舉表・（明）應例》：「李恕。縣丞。」《嘉慶宜興縣志・職官志・明宜興縣丞》：「（宏［弘］治時）李恕。潁州衛人。監生。十二年（1499）任。」

⑪《正德潁州志・科貢・（本朝）制貢》：「張鑛。應正德三年（1508）制貢。」呂景蒙《嘉靖潁州志・人物表・（皇明）應例》：「（正德丙寅，1506）張鑛。（字）國珍。主簿。」《順治潁州志・選舉表・（明）應例》：「張鑛。主簿。」

⑫《正德潁州志・科貢・（本朝）制貢》：「李熸。應正德三年（1508）制貢。」呂景蒙《嘉靖潁州志・人物表・（皇明）應例》：「（正德戊辰，1508）李熸。（字）委之。鳳陽右衛經歷。」《順治潁州志・選舉表・（明）應例》：「李熸。衛經歷。」

⑬《正德潁州志・科貢・（本朝）制貢》：「李瓘［爟］。應正德三年（1508）制貢。」呂景蒙《嘉靖潁州志・人物表・（皇明）應例》：「李爟。（字）輝之。」《順治潁州志・選舉表・（明）應例》：「李爟。」

⑭《正德潁州志・科貢・（本朝）制貢》：「李烶。應正德三年（1508）制貢。」呂景蒙《嘉靖潁州志・人物表・（皇明）應例》：「李烶。字楹之。」《順治潁州志・選舉表・（明）應例》：「李烶。」

周鉞。字秉之。府經歷。①

李琦。字體質。縣丞。②

鍾士元。字舜卿。池州檢校。③

王鑛。字國重。④

儲恩。見《人物》。

王椿。字壽卿。主簿。⑤

金黄。字一中。知縣。⑥

甘美。字以德。府檢校。⑦

金紫。字道夫。上林典署。歷陞河間府通判。⑧

胡霽。字景明。⑨

楊實。字誠之。⑩

周節。字景新。⑪

鍾士賢。字舜舉。杭州府檢校。⑫

①《正德潁州志·科貢·（本朝）制貢》：「周鉞。應正德三年（1508）制貢。」呂景蒙《嘉靖潁州志·人物表·（皇明）應例》：「周鉞。（字）秉之。長沙經歷。」《順治潁州志·選舉表·（明）應例》：「周鉞。經歷。」《乾隆長沙府志·職官·（明）經歷》僅存其名。

②《正德潁州志·科貢·（本朝）制貢》：「李琦。應正德三年（1508）制貢。」呂景蒙《嘉靖潁州志·人物表·（皇明）應例》：「李琦。（字）體質。縣丞。」《順治潁州志·選舉表·（明）應例》：「李琦。縣丞。」

③《正德潁州志·科貢·（本朝）制貢》：「鍾士元。應正德三年（1508）制貢。」呂景蒙《嘉靖潁州志·人物表·（皇明）應例》：「鍾士元。（字）舜卿。池州檢校。」《順治潁州志·選舉表·（明）應例》：「鍾士元。檢校。」

④《正德潁州志·科貢·（本朝）制貢》：「王鐄。應正德三年（1508）制貢。」呂景蒙《嘉靖潁州志·人物表·（皇明）應例》：「王鐄。（字）國重。」《順治潁州志·選舉表·（明）應例》：「王鐄。」

⑤《正德潁州志·科貢·（本朝）制貢》：「王椿。應正德三年（1508）制貢。」呂景蒙《嘉靖潁州志·人物表·（皇明）應例》：「王椿。（字）壽卿。豐縣主簿。」《順治潁州志·選舉表·（明）應例》：「王春［椿］。主簿。」

⑥《正德潁州志·科貢·（本朝）制貢》：「金黃。應正德三年（1508）制貢。」呂景蒙《嘉靖潁州志·人物表·（皇明）應例》：「金黃。（字）一中。知縣。」《順治潁州志·選舉表·（明）應例》：「金黃。知縣。」

⑦《正德潁州志·科貢·（本朝）制貢》：「甘美。應正德三年（1508）制貢。」呂景蒙《嘉靖潁州志·人物表·（皇明）應例》：「甘美。（字）以德。府檢校。」《順治潁州志·選舉表·（明）應例》：「甘美。檢校。」

⑧《正德潁州志·科貢·（本朝）制貢》：「金紫。應正德九年（1514）制貢。」呂景蒙《嘉靖潁州志·人物表·（皇明）應例》：「金紫。（字）道夫。上林典署。」《順治潁州志·選舉表·（明）應例》：「金紫。通判。」

⑨《正德潁州志·科貢·（本朝）制貢》：「胡濟。應正德九年（1514）制貢。」呂景蒙《嘉靖潁州志·人物表·（皇明）應例》：「胡霽。（字）景明。」《順治潁州志·選舉表·（明）應例》：「胡霽。」

⑩《正德潁州志·科貢·（本朝）制貢》：「楊實。應正德九年（1514）制貢。」呂景蒙《嘉靖潁州志·人物表·（皇明）應例》：「楊實。（字）誠之。」《順治潁州志·選舉表·（明）應例》：「楊實。」

⑪《正德潁州志·科貢·（本朝）制貢》：「周節。應正德十二年（1517）制貢。」呂景蒙《嘉靖潁州志·人物表·（皇明）應例》：「周節。（字）景新。」《順治潁州志·選舉表·（明）應例》：「周節。」

⑫《正德潁州志·科貢·（本朝）制貢》：「鍾士賢。應正德十二年（1517）制貢。」呂景蒙《嘉靖潁州志·人物表·（皇明）應例》：「鍾士賢。（字）舜舉。」《順治潁州志·選舉表·（明）應例》：「鍾士賢。檢校。」

閻仲［中］倫。字文敘。蕭山縣丞，爲親老致仕。①
李炳。字蔚之。②
李際東。字震卿。③
王冕。字宗周。俱正德間例。④
劉嘉相。字夢說。⑤
儲忠。字宗一。珊之子。⑥
周淳。字伯程。⑦
周芳。字維茂。⑧
張光國。字文徵。治之子。⑨
李濟美。字子材。⑩
李企。字進夫。⑪
李璋。字體粹。⑫
李芥。字維重。⑬
盧臣。字尚卿。⑭

劉梓。字伯孝。⑮

劉相。字懋德。⑯

---

①呂景蒙《嘉靖潁州志・人物表・（皇明）應例》：「閻中倫。（字）文敘。」《順治潁州志・選舉表・（明）應例》：「閻中倫。縣丞。」《康熙蕭山縣志・職官志・（明）縣丞》：「閻中倫。潁州人。（嘉靖）二十年（1541）任，由監生。」

②呂景蒙《嘉靖潁州志・人物表・（皇明）應例》：「李炳。（字）蔚之。」《順治潁州志・選舉表・（明）應例》：「李炳。」

③呂景蒙《嘉靖潁州志・人物表・（皇明）應例》：「李際東。（字）震卿。」《順治潁州志・選舉表・（明）應例》：「李際東。斷事。」

④呂景蒙《嘉靖潁州志・人物表・（皇明）應例》：「王冕。（字）宗周。」《順治潁州志・選舉表・（明）應例》：「王冕。」

⑤呂景蒙《嘉靖潁州志・人物表・（皇明）應例》：「劉嘉相。（字）夢說。」《順治潁州志・選舉表・（明）應例》：「劉嘉相。經歷。」

⑥呂景蒙《嘉靖潁州志・人物表・（皇明）應例》：「儲忠。（字）宗一。」《順治潁州志・選舉表・（明）應例》：「儲忠。主簿。」

⑦呂景蒙《嘉靖潁州志・人物表・（皇明）應例》：「周淳。（字）伯程。」《順治潁州志・選舉表・（明）應例》：「周淳。縣丞。」

⑧呂景蒙《嘉靖潁州志・人物表・（皇明）應例》：「周芳。（字）維茂。」《順治潁州志・選舉表・（明）應例》：「周芳。」

⑨呂景蒙《嘉靖潁州志・人物表・（皇明）應例》：「張光國。（字）文徵。」《順治潁州志・選舉表・（明）應例》：「張光國。」

⑩呂景蒙《嘉靖潁州志・人物表・（皇明）應例》：「李濟美。（字）子材。」《順治潁州志・選舉表・（明）應例》：「李濟美。」

⑪呂景蒙《嘉靖潁州志・人物表・（皇明）應例》：「李企。（字）進夫」《順治潁州志・選舉表・（明）應例》：「李企。主簿。」

⑫呂景蒙《嘉靖潁州志・人物表・（皇明）應例》：「李璋。（字）體粹。」《順治潁州志・選舉表・（明）應例》：「李璋。」

⑬呂景蒙《嘉靖潁州志・人物表・（皇明）應例》：「李芥。（字）維重。」《順治潁州志・選舉表・（明）應例》：「李芥。主簿。」

⑭呂景蒙《嘉靖潁州志・人物表・（皇明）應例》：「盧臣。（字）尚卿。」《順治潁州志・選舉表・（明）應例》：「盧臣。」

⑮呂景蒙《嘉靖潁州志・人物表・（皇明）應例》：「劉梓。（字）伯孝。」《順治潁州志・選舉表・（明）應例》：「劉梓。南京中城兵馬指揮。誠篤慎審，居官能制強橫，金陵至今有聲。」

⑯呂景蒙《嘉靖潁州志・人物表・（皇明）應例》：「劉相。（字）懋德。」《順治潁州志・選舉表・（明）應例》：「劉相。縣丞。」

楊於廷。字汝鄰。①
韓祿。字汝學。②
尚禮。字□□。③
王希賢。字□□。④
金鑛。字從野。⑤
朱相。字子忠。⑥
張五倫。字惟敘。⑦
胡汝愚。字敏學。⑧
王都。字□□。⑨
袁麟。字□□。⑩
袁麒。字□□。⑪
黎希顏。字□□。⑫
黎希孟。字□□。⑬
郇夏。字□□。⑭

王守謙。字體光。⑮

王守元。字□□。⑯

楊於言。字汝弼。⑰

---

①呂景蒙《嘉靖潁州志·人物表·（皇明）應例》：「楊於廷。（字）汝鄰。」《順治潁州志·選舉表·（明）應例》：「楊於庭。同知。」

②《順治潁州志·選舉表·（明）應例》：「韓祿。」

③《順治潁州志·選舉表·（明）應例》：「尚禮。」其字原缺，以下多人皆如此。

④《順治潁州志·選舉表·（明）應例》：「王希賢。」

⑤《順治潁州志·選舉表·（明）應例》：「金鑛。」

⑥《順治潁州志·選舉表·（明）應例》：「朱相。主簿。」

⑦《順治潁州志·選舉表·（明）應例》：「張五倫。主簿。」

⑧《順治潁州志·選舉表·（明）應例》：「胡汝愚。」

⑨《順治潁州志·選舉表·（明）應例》：「王都。」

⑩《順治潁州志·選舉表·（明）應例》：「袁麟。」

⑪《順治潁州志·選舉表·（明）應例》：「袁麒。」

⑫《順治潁州志·選舉表·（明）應例》：「黎希顔。」

⑬《順治潁州志·選舉表·（明）應例》：「黎希孟。」

⑭《順治潁州志·選舉表·（明）應例》：「郇夏。」

⑮《順治潁州志·選舉表·（明）應例》：「王守謙。」

⑯《順治潁州志·選舉表·（明）應例》：「王守元。」

⑰《順治潁州志·選舉表·（明）應例》：「楊於言。」

張松。字汝壽。

馮清。字□□。①

李邦俊。字□□。②

潁上縣五十五人：

章冕。字伯儀。順舉子。永樂十二年（1414）。授交趾永固知縣，陞交趾鹽運司提舉。③

朱瑄。永平知事。④

李瓚。字廷器。秉之子。瑞昌知縣。⑤

卜鏞。字景和。謙季子。博通經籍，尤長吟詠。授涉縣知縣。所著有《梅窩吟稿》，藏於家。⑥

卜釗。謙子。見《人物》。

蔡澄。字水清。博平主簿。⑦

鍾英。字廷俊。量之子。⑧

葛璘。字華玉。俱景泰四年（1453）例。⑨

李茂。沅州判官。⑩

李俊。武昌照磨。⑪

鄭仲英。⑫

奚傑。字文俊。臨清知縣，改新樂。耿介有爲，事強詞省。⑬

---

①《順治潁州志・選舉表・（明）應例》：「馮清。東明縣丞。」《民國東明縣志・設官篇・（明）縣丞》：「馮清。直隸潁州人。」

②《順治潁州志・選舉表・（明）應例》：「（正德）李邦俊。」

③呂景蒙《嘉靖潁州志・人物表・（潁上）應例》：「章冕。鹽運提舉。」《順治潁上縣志・選舉・制貢》：「章冕。交趾鹽運司提舉。」

④呂景蒙《嘉靖潁州志・人物表・（潁上）應例》：「朱瑄。府知事。」《順治潁上縣志・選舉・制貢》：「朱瑄。永平府知事。」

⑤呂景蒙《嘉靖潁州志・人物表・（潁上）應例》：「李瓚。知縣。」《順治潁上縣志・選舉・制貢》：「李瓚。遂昌令。」《光緒遂昌縣志・職官・（明）知縣》：「（成化）李瓚。鳳陽人。成化間舉人。廉能果斷，摘奸鋤強。訟不越宿而決，豪横懾伏，囹圄空虛。以疾卒，人皆稱之。」

⑥呂景蒙《嘉靖潁州志・人物表・（潁上）應例》：「卜鏞，知縣。」《順治潁上縣志・選舉・制貢》：「卜鏞，涉縣尹。」

⑦呂景蒙《嘉靖潁州志・人物表・（潁上）應例》：「蔡澄。博平主簿。」《順治潁上縣志・選舉・制貢》：「蔡澄。博平簿。」

⑧呂景蒙《嘉靖潁州志・人物表・（潁上）應例》：「鍾英。」《順治潁上縣志・選舉・制貢》：「鍾英。量子。」

⑨呂景蒙《嘉靖潁州志・人物表・（潁上）應例》：「葛璘。」《順治潁上縣志・選舉・制貢》：「葛璘。」

⑩呂景蒙《嘉靖潁州志・人物表・（潁上）應例》：「李茂。判官。」《順治潁上縣志・選舉・制貢》：「李茂。湖廣沅州判。」

⑪呂景蒙《嘉靖潁州志・人物表・（潁上）應例》：「李俊。府照磨。」《順治潁上縣志・選舉・制貢》：「李俊。武昌府照磨。」

⑫呂景蒙《嘉靖潁州志・人物表・（潁上）應例》：「鄭仲英。」《順治潁上縣志・選舉・制貢》：「鄭仲英。」

⑬呂景蒙《嘉靖潁州志・人物表・（潁上）應例》：「奚傑。知縣。」《順治潁上縣志・選舉・制貢》：「奚傑。德州判官，改新樂知縣。」《民國臨清縣志・秩官志・（明）知縣》：「（成化）奚傑。南直潁上人。」《民國新樂縣志・職官・（明）知縣》：「（弘治）奚傑。潁上人。二年（1489）任。」

葛振。字廷舉。引禮舍人。①

朱錦。字尚絅。霸州判官。②

盧景。字文師。雲之子。③

劉昉。字德明。臺州照磨。④

杜煥。字永顯。暹之子。授福建按察司照磨。旹琉球入貢，憲長夏景和委煥接之。琉球以金爲贄，煥正色曰：「汝爲納貢而來，予先受贄，是欺吾君也，不可。」遠人俯首敬服。歷陞延平府通判。⑤

聶雄。字鎮遠。進之孫。新昌縣丞。⑥

汪泰。字世亨。辰州照磨。⑦

姚溥。字本源。冠縣丞。⑧

杜煒。字秉耀。暹之姪。贛州照磨。⑨

沈繼。字克承。鴻臚寺序班。⑩

姚漢。字本高。龍游主簿。⑪

葛銳。字進之。振之姪。弋陽主簿。⑫

馬江。字本源。鴻臚寺序班。⑬

姚濂。字本周。漢之弟。山東高密縣丞。⑭

---

①呂景蒙《嘉靖潁州志·人物表·（潁上）應例》：「葛振。引禮舍人。」《順治潁上縣志·選舉·制貢》：「葛振。雍府引禮。」
②呂景蒙《嘉靖潁州志·人物表·（潁上）應例》：「朱錦。判官。」《順治潁上縣志·選舉·制貢》：「朱錦。霸州判。」
③呂景蒙《嘉靖潁州志·人物表·（潁上）應例》：「盧景。」《順治潁上縣志·選舉·制貢》：「盧景。」
④呂景蒙《嘉靖潁州志·人物表·（潁上）應例》：「劉芳［昉］。府照磨。」《順治潁上縣志·選舉·制貢》：「劉昉。臺州府照磨。」
⑤呂景蒙《嘉靖潁州志·人物表·（潁上）應例》：「杜煥。延平通判。」《順治潁上縣志·選舉·制貢》：「杜煥。福建按察司判檢校，官至通判。」《乾隆延平府志·職官·（明）通判》：「（正德）杜煥。潁上人。監生。十年（1515）任。」
⑥呂景蒙《嘉靖潁州志·人物表·（潁上）應例》：「聶雄。新昌縣丞。」《順治潁上縣志·選舉·制貢》：「聶雄。新昌丞。」《民國新昌縣志·職官表·（明）縣丞》：「聶雄。」
⑦呂景蒙《嘉靖潁州志·人物表·（潁上）應例》：「汪泰。辰州照磨。」《順治潁上縣志·選舉·制貢》：「汪泰。辰州府照磨。」
⑧呂景蒙《嘉靖潁州志·人物表·（潁上）應例》：「姚溥。冠縣丞。」《順治潁上縣志·選舉·制貢》：「姚溥。冠縣丞。」
⑨呂景蒙《嘉靖潁州志·人物表·（潁上）應例》：「杜煒。贛州照磨。」《順治潁上縣志·選舉·制貢》：「杜煒。贛州府照磨。」《同治贛州府志·府秩官表·（明）照磨》：「（宏［弘］治七年壬申，1494）杜煒。」
⑩呂景蒙《嘉靖潁州志·人物表·（潁上）應例》：「沈繼。序班。」《順治潁上縣志·選舉·制貢》：「沈繼。鴻臚寺序班。」
⑪呂景蒙《嘉靖潁州志·人物表·（潁上）應例》：「姚漢。龍游主簿。」《順治潁上縣志·選舉·制貢》：「姚漢。龍游簿。」
⑫呂景蒙《嘉靖潁州志·人物表·（潁上）應例》：「葛銳。弋陽主簿。」《順治潁上縣志·選舉·制貢》：「葛銳。弋陽簿。」《萬曆弋陽縣志·官師·（明）主簿》：「（成化）葛銳。」
⑬呂景蒙《嘉靖潁州志·人物表·（潁上）應例》：「馬江。序班。」《順治潁上縣志·選舉·制貢》：「馬江。鴻臚序班。」
⑭呂景蒙《嘉靖潁州志·人物表·（潁上）應例》：「姚濂。高密縣丞。」《順治潁上縣志·選舉·制貢》：「姚濂。高密丞。」《民國高密縣志·職官·（明）縣丞》：「姚濂。鳳陽監生。」

陶傑。字尚德。歷官壽張知縣。①
卜惟敬。字一之。鏞之子。洪州吏目。②
王宸。字共之。相之姪。臺州通判。③
任聚。字應奎。新昌縣主簿。④
高桂。字士期。翔之姪。萍鄉知縣。俱成化間例。⑤
任富。字應祿。聚之弟。原武縣丞。⑥
李經。字以序。⑦
鹿堂。字希陞。上元主簿。⑧
凌朝。字士瞻。陝西布政司副理問。⑨
凌巖。字仰止。霄之子。黄州檢校。⑩
馬臣。字懷忠。⑪
王密。字簡之。相之子。⑫
凌岐。字鳳止。霄仲子。武定判官。⑬
奚磐。字邦固。傑之孫。日照主簿。⑭

馬極。字懷立。臣之弟。萊蕪縣丞。⑮

①呂景蒙《嘉靖潁州志・人物表・（潁上）應例》：「陶傑。壽張知縣。」《順治潁上縣志・選舉・制貢》：「陶傑。唐縣丞，陞知縣。」《光緒壽張縣志・職官志・（明）縣令》：「陶傑。監生。潁上人。正德十年（1515）任。」

②呂景蒙《嘉靖潁州志・人物表・（潁上）應例》：「卜惟敬，横［洪］州吏目。」《順治潁上縣志・選舉・制貢》：「卜惟敬。洪州目。」

③呂景蒙《嘉靖潁州志・人物表・（潁上）應例》：「王宸。臺州通判。」《順治潁上縣志・選舉・制貢》：「王宸。北城兵馬司副指揮，陞臺州府通判。《嘉靖丙戌志》多出其手。」

④呂景蒙《嘉靖潁州志・人物表・（潁上）應例》：「任聚。新昌主簿。」《順治潁上縣志・選舉・制貢》：「任聚。新昌簿。」《同治新昌縣志・秩官・（明）主簿》：「任聚。潁州人。宏［弘］治十一年（1498）任添設。」

⑤呂景蒙《嘉靖潁州志・人物表・（潁上）應例》：「高桂。萍鄉知縣。」《順治潁上縣志・選舉・制貢》：「高桂。萍鄉知縣。」《同治萍鄉縣志・職官表・（明）知縣》：「（正德十二年，1517）高桂。南直潁上監生。」

⑥呂景蒙《嘉靖潁州志・人物表・（潁上）應例》：「任富。原武縣丞。」《順治潁上縣志・選舉・制貢》：「任富。河南原武丞。」

⑦呂景蒙《嘉靖潁州志・人物表・（潁上）應例》：「李經。」《順治潁上縣志・選舉・制貢》：「李經。」

⑧呂景蒙《嘉靖潁州志・人物表・（潁上）應例》：「鹿堂。上元主簿。」《順治潁上縣志・選舉・制貢》：「鹿堂。上元簿。」《道光上元縣志・歷官・（明）主簿》：「鹿堂。」

⑨呂景蒙《嘉靖潁州志・人物表・（潁上）應例》：「凌朝。陝西布政司副理問。」《順治潁上縣志・選舉・制貢》：「凌朝。陝西副理問。」

⑩呂景蒙《嘉靖潁州志・人物表・（潁上）應例》：「凌巖。」《順治潁上縣志・選舉・制貢》：「凌巖。黄州府檢校。」

⑪呂景蒙《嘉靖潁州志・人物表・（潁上）應例》：「馬臣。德州判官。」《順治潁上縣志・選舉・制貢》：「馬臣。德州判。」

⑫呂景蒙《嘉靖潁州志・人物表・（潁上）應例》：「王密。」《順治潁上縣志・選舉・制貢》：「王密。」

⑬呂景蒙《嘉靖潁州志・人物表・（潁上）應例》：「凌岐。（字）鳳止。」《順治潁上縣志・選舉・制貢》：「凌岐。武定州判。」

⑭呂景蒙《嘉靖潁州志・人物表・（潁上）應例》：「奚盤［磐］。（字）邦固。」《順治潁上縣志・選舉・制貢》：「奚盤［磐］。日照簿。」《光緒日照縣志・秩官・（明）主簿》：「奚盤［磐］。潁上人。以上嘉靖間任。」

⑮呂景蒙《嘉靖潁州志・人物表・（潁上）應例》：「馬極。（字）懷立。」《順治潁上縣志・選舉・制貢》：「馬極。萊蕪簿。」

名鎰。字應權。顯之孫。鷄山主簿。①
任緒。字有終。聚之姪。漳州衛經歷。②
陳彦方［芳］。字廷美。武城縣丞。③
林鳳梧。字國遇。顯之子。杭州知事。俱正德間例。④
李崇厚。字希純。經之子。⑤
鹿中魁。字元卿。⑥
鹿中粹。字純卿。⑦
張澤。字旹霖。⑧
王民牧。字汝恕。⑨
張祥。字應治。⑩
李崇質。字希文。⑪
任鸞。字汝翼。⑫
宋紀。字汝脩。⑬
宋縉。字汝弼。⑭

太和縣二十四人⑮：

王暐。縣丞。⑯

---

①呂景蒙《嘉靖潁州志・人物表・（潁上）應例》：「名鎰。（字）應權。」《順治潁上縣志・選舉・制貢》：「名鎰。主簿。」

②呂景蒙《嘉靖潁州志・人物表・（潁上）應例》：「任緒。（字）有中。」《順治潁上縣志・選舉・制貢》：「任緒。漳州衛經歷。」

③呂景蒙《嘉靖潁州志・人物表・（潁上）應例》：「陳彥芳。（字）廷美。」《順治潁上縣志・選舉・制貢》：「陳彥芳。縣丞。」

④呂景蒙《嘉靖潁州志・人物表・（潁上）應例》：「林鳳梧。（字）國遇。」《順治潁上縣志・選舉・制貢》：「林鳳梧。知事。」

⑤呂景蒙《嘉靖潁州志・人物表・（潁上）應例》：「李崇厚。（字）希淳。」《順治潁上縣志・選舉・制貢》：「李崇厚。鴻臚序班。」

⑥呂景蒙《嘉靖潁州志・人物表・（潁上）應例》：「鹿中魁。（字）子元。」《順治潁上縣志・選舉・制貢》：「鹿中魁。」

⑦呂景蒙《嘉靖潁州志・人物表・（潁上）應例》：「鹿中粹。（字）子文。」《順治潁上縣志・選舉・制貢》：「鹿中粹。」

⑧呂景蒙《嘉靖潁州志・人物表・（潁上）應例》：「張澤。（字）時霖。」《順治潁上縣志・選舉・制貢》：「張澤。」

⑨呂景蒙《嘉靖潁州志・人物表・（潁上）應例》：「王民牧。（字）汝恕。」《順治潁上縣志・選舉・制貢》：「王民牧。德州衛經歷。確之子。」

⑩《順治潁上縣志・選舉・制貢》：「張祥。邵武衛知事。」

⑪《順治潁上縣志・選舉・制貢》：「李崇質。」

⑫《順治潁上縣志・選舉・制貢》：「任鸞。合江簿。」

⑬《順治潁上縣志・選舉・制貢》：「宋紀。武陵簿。」

⑭《順治潁上縣志・選舉・制貢》：「宋縉。邢臺丞。」《光緒邢臺縣志・職官・（明）縣丞》：「（萬曆朝）宋瑨。南京潁上縣人。」

⑮據後所列，實爲二十一人。

⑯呂景蒙《嘉靖潁州志・人物表・（太和）應例》：「王暐。縣丞。」《萬曆太和縣志・人物・例貢題名》：「王暐。字□□。司寇質之孫。以增廣生輸粟入監。任縣丞。先是，成化二十年（1484）冬，以大學士萬安議，令天下生員納粟入監，時陝西、山西等處饑，預備賑濟故也。自後歷朝累累行之。」

陳注。序班。①
唐宗。衛經歷。②
陳泰。主簿。③
桑鼎。④
范鎰。字惟弘。任北京東城兵馬司兵馬，陞廣西太平府養利州知州。⑤
張元薦。俱正德間貢。⑥
劉一貴。⑦
沈蔡［葵］。⑧
葛輗。⑨
宋滋。字德儒。⑩
陳大縉。字廷儀。⑪
張孟元。⑫
王希甫。字惟賢。⑬
楊鳴鸞。字子和。⑭

①呂景蒙《嘉靖穎州志·人物表·（太和）應例》：「陳注。序班。」《萬曆太和縣志·人物·例貢題名》：「陳注。字本源。以附學生應例入監。任鴻臚寺序班。」

②呂景蒙《嘉靖穎州志·人物表·（太和）應例》：「唐宗。衛經歷。」《萬曆太和縣志·人物·例貢題名》：「唐琮。字□□。以附學生應例入監。任北京衛經歷。」

③呂景蒙《嘉靖穎州志·人物表·（太和）應例》：「陳泰。主簿。」《萬曆太和縣志·人物·例貢題名》：「陳泰。字時亨。以附學生應例入監。任浙江餘姚縣簿，有惠政，都御史吳敘獎其治姚三載，政成化行。」《光緒餘姚縣志·職官表·（明）主簿》：「（嘉靖）陳泰。二年（1523）任。」

④呂景蒙《嘉靖穎州志·人物表·（太和）應例》：「桑鼎。」《萬曆太和縣志·人物·例貢題名》：「桑鼎。字朝重。以附學生應例入監。任山東王府奉祠。」

⑤呂景蒙《嘉靖穎州志·人物表·（太和）應例》：「范鎰。兵馬。」《萬曆太和縣志·人物·例貢題名》：「范鎰。字惟衡，號平齋。湖之父。忠厚老成，篤志力學，由廩膳生應例入監。任北京東城副兵馬，踰中勅贈監修九廟大工，陞南城正兵馬。起復補宗城正兵馬，以捉獲有功，陞養利州知州，卒於官。素行端確，鄉里敬服。後人多遊鄉國學，孫梓以孝友稱。人以爲公之餘慶云。」

⑥呂景蒙《嘉靖穎州志·人物表·（太和）應例》：「張元薦。」《萬曆太和縣志·人物·例貢題名》：「張元薦。字孟直。以廩膳生應例入監。」

⑦呂景蒙《嘉靖穎州志·人物表·（太和）應例》：「劉一貴。」《萬曆太和縣志·人物·例貢題名》：「劉一貴。字道充，號東泉。汝炳、汝炤之父。以廩膳生應例入監。」

⑧呂景蒙《嘉靖穎州志·人物表·（太和）應例》：「沈葵。」《萬曆太和縣志·人物·例貢題名》：「沈葵。字子藎，號一川。以附學生應例入監。」

⑨呂景蒙《嘉靖穎州志·人物表·（太和）應例》：「葛輗。」《萬曆太和縣志·人物·例貢題名》：「葛輗。字希信，號澗西。以附學生應例入監。」

⑩呂景蒙《嘉靖穎州志·人物表·（太和）應例》：「宋滋。」《萬曆太和縣志·人物·例貢題名》：「宋滋。字德濡，號抑齋。以增廣生應例入監。」

⑪呂景蒙《嘉靖穎州志·人物表·（太和）應例》：「陳大縉。」《萬曆太和縣志·人物·例貢題名》：「陳大縉。字廷儀，號龍泉。以廩膳生應例入監，博學有雅量。有貨野凫於張賓者，而設計取其值，縉與之，不爲辨。太長吟詠，嘗送子文炳從師，有詩曰：『遠涉河西講《易經》，其中疑難要叮嚀。象從龍馬究顛末，卦向先天問始終。且讀且思忙着力，不爐不扇快加功。莫將心事垂鄉國，須宜拳拳仔細聽。』著作甚富，有集藏於家。後以母老不仕。」

⑫呂景蒙《嘉靖穎州志·人物表·（太和）應例》：「張孟元。」《萬曆太和縣志·人物·例貢題名》：「張孟元。字子仁，號靜石。以附學生應例入監。」

⑬見前「歲貢」類所註。

⑭見前「歲貢」類所註。

張繼。字孝卿。①

高應霖。字希說。②

陶煥。字子文。③

胡慎言。字信福。④

陳良臯。字濟儀。⑤

高立。字子卓。

李宜春曰：司馬相如擅文學，卜式樹績勳。固弗以入貲而貶其譽，玆章縫不乏焉。無有繩其迹哉！

雜科

州九十三人：

朱文浩。通判。⑥

姜韜。所大使。⑦

董良。庫大使。⑧

梁孟謙。⑨

李宗華。⑩

張鵬舉。⑪

王和。典史。⑫

---

①見前「歲貢」類所註。

②見前「歲貢」類所註。

③見前「歲貢」類所註。

④《萬曆太和縣志・人物・例貢題名》：「胡慎言。字信夫，號約菴。璡之子。以附學生應例入監，任浙江海鹽縣主簿，陞崇府奉祀。」《光緒海鹽縣志・職官表・（明）主簿》：「（隆慶）胡慎言。太和監生。《仇志》：『四年（1570）任。』」

⑤《萬曆太和縣志・人物・例貢題名》：「陳良皋。字際儀，號介菴。以附學生應例入監。任南陽府照磨。按院賞其才識，死於事，葬老成［城］。」

⑥呂景蒙《嘉靖潁州志・附人物表・（州）雜科》：「朱文浩。長沙府通判。」《順治潁州志・選舉表・雜科》：「朱之浩。通判。」

⑦呂景蒙《嘉靖潁州志・附人物表・（州）雜科》：「姜韜。鹽引所大使。」《順治潁州志・選舉表・雜科》：「姜韜。鹽引所大使。」

⑧呂景蒙《嘉靖潁州志・附人物表・（州）雜科》：「董良。南京甲庫庫大使。」《順治潁州志・選舉表・雜科》：「董良。」

⑨呂景蒙《嘉靖潁州志・附人物表・（州）雜科》：「梁孟謙。」《順治潁州志・選舉表・雜科》：「梁孟謙。」

⑩呂景蒙《嘉靖潁州志・附人物表・（州）雜科》：「李宗華。」《順治潁州志・選舉表・雜科》：「李宗華。」

⑪呂景蒙《嘉靖潁州志・附人物表・（州）雜科》：「張鵬舉。」《順治潁州志・選舉表・雜科》：「張鵬舉。」

⑫呂景蒙《嘉靖潁州志・附人物表・（州）雜科》：「王和。長寧典史。」《順治潁州志・選舉表・雜科》：「王和。典史。」

聞淩。局大使。①
高聰。典史。②
吳忠。巡檢。③
徐全。巡檢。④
李慶。巡檢。⑤
劉仲禮。巡檢。⑥
張益。倉大使。⑦
王聰。倉大使。⑧
楊福。局大使。⑨
冷琥。巡檢。⑩
田慶。所大使。⑪
李廣。倉副使。⑫
楊洪。巡檢。⑬
陶鎮。巡檢。⑭

張鑑。倉大使。⑮

劉鳳。所大使。⑯

李玘。巡檢。⑰

①呂景蒙《嘉靖潁州志·附人物表·（州）雜科》：「聞凌。永嘉税課局大使。」《順治潁州志·選舉表·雜科》：「聞凌。永嘉税課局大使。」

②呂景蒙《嘉靖潁州志·附人物表·（州）雜科》：「高聰。麻城典史。」《順治潁州志·選舉表·雜科》：「高聰。典史。」

③呂景蒙《嘉靖潁州志·附人物表·（州）雜科》：「吴忠。上虞巡檢。」《順治潁州志·選舉表·雜科》：「吴忠。巡檢。」

④呂景蒙《嘉靖潁州志·附人物表·（州）雜科》：「徐全。巡檢。」《順治潁州志·選舉表·雜科》：「徐全。巡檢。」

⑤呂景蒙《嘉靖潁州志·附人物表·（州）雜科》：「李慶。巡檢。」《順治潁州志·選舉表·雜科》：「李慶。巡檢。」

⑥呂景蒙《嘉靖潁州志·附人物表·（州）雜科》：「劉仲禮。朱皐巡檢。」《順治潁州志·選舉表·雜科》：「劉仲禮。巡檢。」

⑦呂景蒙《嘉靖潁州志·附人物表·（州）雜科》：「張益。辰州府倉大使。」《順治潁州志·選舉表·雜科》：「張益。倉大使。」

⑧呂景蒙《嘉靖潁州志·附人物表·（州）雜科》：「王聰。濟南府倉大使。」《順治潁州志·選舉表·雜科》：「王聰。倉大使。」

⑨呂景蒙《嘉靖潁州志·附人物表·（州）雜科》：「楊福。南京織染局大使。」《順治潁州志·選舉表·雜科》：「楊福。」

⑩呂景蒙《嘉靖潁州志·附人物表·（州）雜科》：「冷琥。南豐巡檢。」《順治潁州志·選舉表·雜科》：「冷琥。巡檢。」

⑪呂景蒙《嘉靖潁州志·附人物表·（州）雜科》：「田慶。廣東遞運所大使。」《順治潁州志·選舉表·雜科》：「田慶。廣東遞運所大使。」

⑫呂景蒙《嘉靖潁州志·附人物表·（州）雜科》：「李廣。新會倉副使。」《順治潁州志·選舉表·雜科》：「李廣。倉大使。」

⑬呂景蒙《嘉靖潁州志·附人物表·（州）雜科》：「楊洪。巡檢。」《順治潁州志·選舉表·雜科》：「楊洪。巡檢。」

⑭呂景蒙《嘉靖潁州志·附人物表·（州）雜科》：「陶鎮。巡檢。」《順治潁州志·選舉表·雜科》：「陶鎮。巡檢。」

⑮呂景蒙《嘉靖潁州志·附人物表·（州）雜科》：「張鑑。福建倉大使。」《順治潁州志·選舉表·雜科》：「張鑑。倉大使。」

⑯呂景蒙《嘉靖潁州志·附人物表·（州）雜科》：「劉鳳。趙州遞運所大使。」《順治潁州志·選舉表·雜科》：「劉鳳。所大使。」

⑰呂景蒙《嘉靖潁州志·附人物表·（州）雜科》：「李玘。巡檢。」《順治潁州志·選舉表·雜科》：「李玘。巡檢。」

郭清。主簿。①
李福成。巡檢。②
王泰。倉大使。③
解貞。典史。④
劉鑑。典史。⑤
韓秀。州同知。⑥
于文正。巡檢。⑦
李浩。巡檢。⑧
侯文通。工副。⑨
張廣。庫大使。⑩
郭騰。衛經歷。⑪
陶得。所大使。⑫
任山。潼川判官。⑬
閻舉。巡檢。⑭

田雄。巡檢。⑮

王鳳。典史。⑯

張孟晊。典史。⑰

---

①呂景蒙《嘉靖潁州志・附人物表・（州）雜科》：「郭清。靈石主簿。」《順治潁州志・選舉表・雜科》：「郭清。主簿。」

②呂景蒙《嘉靖潁州志・附人物表・（州）雜科》：「李福成。巡檢。」《順治潁州志・選舉表・雜科》：「李福成。巡檢。」

③呂景蒙《嘉靖潁州志・附人物表・（州）雜科》：「王泰。武崗倉大使。」《順治潁州志・選舉表・雜科》：「王泰。倉大使。」

④呂景蒙《嘉靖潁州志・附人物表・（州）雜科》：「解貞。□□典史。」《順治潁州志・選舉表・雜科》：「解真。典史。」

⑤呂景蒙《嘉靖潁州志・附人物表・（州）雜科》：「劉鑑。新城典史。」《順治潁州志・選舉表・雜科》：「劉鑑。典史。」

⑥呂景蒙《嘉靖潁州志・附人物表・（州）雜科》：「韓秀。泰州同知。」《順治潁州志・選舉表・雜科》：「韓秀。州同。」

⑦呂景蒙《嘉靖潁州志・附人物表・（州）雜科》：「于文正。巡檢。」《順治潁州志・選舉表・雜科》：「于文正。巡檢。」

⑧呂景蒙《嘉靖潁州志・附人物表・（州）雜科》：「李浩。柳州巡檢。」《順治潁州志・選舉表・雜科》：「李浩。巡檢。」

⑨呂景蒙《嘉靖潁州志・附人物表・（州）雜科》：「侯文通。工正所工副。」《順治潁州志・選舉表・雜科》：「侯文通。工副。」

⑩呂景蒙《嘉靖潁州志・附人物表・（州）雜科》：「張廣。山東廣靈庫大使。」《順治潁州志・選舉表・雜科》：「張廣。庫大使。」

⑪呂景蒙《嘉靖潁州志・附人物表・（州）雜科》：「郭騰。成山衛經歷。」《順治潁州志・選舉表・雜科》：「郭騰。衛經歷。」

⑫呂景蒙《嘉靖潁州志・附人物表・（州）雜科》：「陶得。廣東遞運所大使。」《順治潁州志・選舉表・雜科》：「陶德。所大使。」

⑬呂景蒙《嘉靖潁州志・附人物表・（州）雜科》：「任山。潼川州判。」《順治潁州志・選舉表・雜科》：「任山。判官。」

⑭呂景蒙《嘉靖潁州志・附人物表・（州）雜科》：「閻舉。安吉州巡檢。」《順治潁州志・選舉表・雜科》：「閻舉，巡檢。」

⑮呂景蒙《嘉靖潁州志・附人物表・（州）雜科》：「田雄。茶陵州巡檢。」《順治潁州志・選舉表・雜科》：「田雄。巡檢。」

⑯呂景蒙《嘉靖潁州志・附人物表・（州）雜科》：「王鳳。濟陽典史。」《順治潁州志・選舉表・雜科》：「王鳳。典史。」

⑰呂景蒙《嘉靖潁州志・附人物表・（州）雜科》：「張孟晊。桃源典史。」《順治潁州志・選舉表・雜科》：「張孟晊。典史。」

李晟。典史。①
蔣昂。典史。②
劉彪。巡檢。③
姚銓。典史。④
鄒安。巡檢。⑤
顧旺。局副使。⑥
陳興。倉大使。⑦
韋雲。倉大使。⑧
蘇璋。驛丞。⑨
楊輔。典史。⑩
董淮。典史。⑪
姚學。河泊。⑫
陳縉。倉大使。⑬
袁瓚。驛丞。⑭

張鼐。⑮

張虎山。⑯

盧志凌。⑰

---

①呂景蒙《嘉靖潁州志・附人物表・（州）雜科》：「李晟。太平典史。」《順治潁州志・選舉表・雜科》：「李晟。典史。」

②呂景蒙《嘉靖潁州志・附人物表・（州）雜科》：「蔣昂。清縣典史。」《順治潁州志・選舉表・雜科》：「蔣昂。典史。」

③呂景蒙《嘉靖潁州志・附人物表・（州）雜科》：「劉彪。巡檢。」《順治潁州志・選舉表・雜科》：「劉彪。巡檢。」

④呂景蒙《嘉靖潁州志・附人物表・（州）雜科》：「姚銓。萊陽典史。」《順治潁州志・選舉表・雜科》：「姚銓。典史。」《民國萊陽縣志・職官・（明）典史》：「（嘉靖）姚銓。七年（1528）任。出《城隍廟記》。」

⑤呂景蒙《嘉靖潁州志・附人物表・（州）雜科》：「鄒安。荊州巡檢。」《順治潁州志・選舉表・雜科》：「鄒安。巡檢。」

⑥呂景蒙《嘉靖潁州志・附人物表・（州）雜科》：「顧旺。江西織染局副。」《順治潁州志・選舉表・雜科》：「顧旺。局副。」

⑦呂景蒙《嘉靖潁州志・附人物表・（州）雜科》：「陳興。餘姚倉大使。」《順治潁州志・選舉表・雜科》：「陳興。倉大使。」

⑧呂景蒙《嘉靖潁州志・附人物表・（州）雜科》：「韋雲。鄧州倉大使。」《順治潁州志・選舉表・雜科》：「韋雲。倉大使。」

⑨呂景蒙《嘉靖潁州志・附人物表・（州）雜科》：「蘇璋。石首驛丞。」《順治潁州志・選舉表・雜科》：「蘇璋。驛丞。」

⑩呂景蒙《嘉靖潁州志・附人物表・（州）雜科》：「楊輔。鉅野典史。」《順治潁州志・選舉表・雜科》：「楊輔。典史。」

⑪呂景蒙《嘉靖潁州志・附人物表・（州）雜科》：「董淮。江山典史。」《順治潁州志・選舉表・雜科》：「董淮。典史。」

⑫呂景蒙《嘉靖潁州志・附人物表・（州）雜科》：「姚學。漢陽河泊。」《順治潁州志・選舉表・雜科》：「姚學。河泊。」

⑬呂景蒙《嘉靖潁州志・附人物表・（州）雜科》：「陳縉。大同倉大使。」《順治潁州志・選舉表・雜科》：「陳晉。倉大使。」

⑭呂景蒙《嘉靖潁州志・附人物表・（州）雜科》：「袁瓚，首陽驛丞。」《順治潁州志・選舉表・雜科》：「袁瓚，驛丞。」

⑮呂景蒙《嘉靖潁州志・附人物表・（州）雜科》：「張鼐。」《順治潁州志・選舉表・雜科》：「張鼐。」

⑯呂景蒙《嘉靖潁州志・附人物表・（州）雜科》：「張虎山。」《順治潁州志・選舉表・雜科》：「張虎山。」

⑰呂景蒙《嘉靖潁州志・附人物表・（州）雜科》：「盧志凌。」《順治潁州志・選舉表・雜科》：「盧志凌。」

張寶。①

李文舉。②

于鳳。典史。

張澤。所大使。③

肩固。典史。④

崔璣。⑤

許鎮。⑥

齊堂。⑦

楊葵。⑧

邢表。⑨

黎鳳。⑩

霍勢。⑪

張溥。⑫

孫潮。⑬

李奎。⑭

旹穩。⑮

孫輔。⑯

---

①呂景蒙《嘉靖潁州志·附人物表·（州）雜科》：「張寶。」《順治潁州志·選舉表·雜科》：「張寶。」

②呂景蒙《嘉靖潁州志·附人物表·（州）雜科》：「李文舉。」《順治潁州志·選舉表·雜科》：「李文舉。」

③呂景蒙《嘉靖潁州志·附人物表·（州）雜科》：「張澤。」《順治潁州志·選舉表·雜科》：「張澤。所大使。」

④呂景蒙《嘉靖潁州志·附人物表·（州）雜科》：「肩固。」《順治潁州志·選舉表·雜科》：「肩固。典史。」

⑤呂景蒙《嘉靖潁州志·附人物表·（州）雜科》：「崔璣。」《順治潁州志·選舉表·雜科》：「崔璣。」

⑥呂景蒙《嘉靖潁州志·附人物表·（州）雜科》：「許鎮。」《順治潁州志·選舉表·雜科》：「許鎮。」

⑦呂景蒙《嘉靖潁州志·附人物表·（州）雜科》：「齊堂。」《順治潁州志·選舉表·雜科》：「齊堂。」

⑧呂景蒙《嘉靖潁州志·附人物表·（州）雜科》：「楊葵。」《順治潁州志·選舉表·雜科》：「楊葵。」

⑨呂景蒙《嘉靖潁州志·附人物表·（州）雜科》：「邢表。」《順治潁州志·選舉表·雜科》：「邢表。」

⑩呂景蒙《嘉靖潁州志·附人物表·（州）雜科》：「黎鳳。」《順治潁州志·選舉表·雜科》：「黎鳳。」

⑪呂景蒙《嘉靖潁州志·附人物表·（州）雜科》：「霍勢。」《順治潁州志·選舉表·雜科》：「霍勢。」

⑫呂景蒙《嘉靖潁州志·附人物表·（州）雜科》：「張溥。俱省祭。」《順治潁州志·選舉表·雜科》：「張溥。」

⑬《順治潁州志·選舉表·雜科》：「孫朝。」

⑭《順治潁州志·選舉表·雜科》：「李奎。」

⑮《順治潁州志·選舉表·雜科》：「時穩。」

⑯《順治潁州志·選舉表·雜科》：「孫輔。」

曹實。①
王豐。②
呂珍。③
呰週。④
高葵。⑤
何英。⑥
吳真。⑦
劉相。⑧
馬世希。⑨
郭鵬。⑩
閻鋭。⑪
周祿。⑫
張祿。⑬
楊綜。⑭

詹福慶。⑮

李栢。⑯

李季。⑰

①《順治潁州志·選舉表·雜科》：「曹實。」

②《順治潁州志·選舉表·雜科》：「王豐。」

③《順治潁州志·選舉表·雜科》：「呂珍。」

④《順治潁州志·選舉表·雜科》：「時週。」

⑤《順治潁州志·選舉表·雜科》：「高葵。」

⑥《順治潁州志·選舉表·雜科》：「何英。」

⑦《順治潁州志·選舉表·雜科》：「吳真。」

⑧《順治潁州志·選舉表·雜科》：「劉相。」

⑨《順治潁州志·選舉表·雜科》：「馬世希。」

⑩《順治潁州志·選舉表·雜科》：「郭鵬。」

⑪《順治潁州志·選舉表·雜科》：「閻鋭。」

⑫《順治潁州志·選舉表·雜科》：「周祿。」

⑬《順治潁州志·選舉表·雜科》：「張祿。」

⑭《順治潁州志·選舉表·雜科》：「楊宗。」

⑮《順治潁州志·選舉表·雜科》：「詹福慶。」

⑯《順治潁州志·選舉表·雜科》：「李栢。」

⑰《順治潁州志·選舉表·雜科》：「李秀。」

田恩。①

潁上縣一百一十六人：

韓旭。兵馬司吏目。②

錢信。主簿。③

瓢雄。典史。④

張芳。主簿。⑤

馬馴。驛丞。⑥

王憲。倉大使。⑦

錢璟。大使。⑧

陳輔。典史。⑨

李榮。大使。⑩

張玉。大使。⑪

蔡春。驛丞。⑫

邊綱[剛]。巡檢。⑬

名璽。典史。⑭

王進。大使。⑮

---

①《順治潁州志・選舉表・雜科》：「田恩。」

②呂景蒙《嘉靖潁州志・附人物表・（潁上）雜科》：「韓旭。兵馬司吏目。」《順治潁上縣志・選舉・雜科》：「韓旭。吏目。」

③呂景蒙《嘉靖潁州志・附人物表・（潁上）雜科》：「錢信。奉化主簿。」《順治潁上縣志・選舉・雜科》：「錢信。主簿。」《光緒奉化縣志・職官表・（明）主簿》：「（成化）錢信。有傳。五年（1469）任。」《光緒奉化縣志・名宦・明》：「錢信。潁上人。成化間主簿。元旦，與令翟暄詣郡，是夜奸人埋火於兵、刑二房，文卷焚盡。按察使提問，信獨引罪，由是翟免，人咸義之。（《康熙志》。）」

④呂景蒙《嘉靖潁州志・附人物表・（潁上）雜科》：「瓢雄。長陽典史。」《順治潁上縣志・選舉・雜科》：「瓢雄。典史。」

⑤呂景蒙《嘉靖潁州志・附人物表・（潁上）雜科》：「張芳。廣寧主簿。」《順治潁上縣志・選舉・雜科》：「張芳。主簿。」

⑥呂景蒙《嘉靖潁州志・附人物表・（潁上）雜科》：「馬訓。石門驛丞。」《順治潁上縣志・選舉・雜科》：「馬訓。驛丞。」

⑦呂景蒙《嘉靖潁州志・附人物表・（潁上）雜科》：「王憲。通州倉大使。」《順治潁上縣志・選舉・雜科》：「王憲。大使。」

⑧呂景蒙《嘉靖潁州志・附人物表・（潁上）雜科》：「錢環。大使。」《順治潁上縣志・選舉・雜科》：「錢環。大使。」

⑨呂景蒙《嘉靖潁州志・附人物表・（潁上）雜科》：「陳輔。郿縣典史。」《順治潁上縣志・選舉・雜科》：「陳輔。典史。」

⑩呂景蒙《嘉靖潁州志・附人物表・（潁上）雜科》：「李榮。茶馬司大使。」《順治潁上縣志・選舉・雜科》：「李榮。大使。」

⑪呂景蒙《嘉靖潁州志・附人物表・（潁上）雜科》：「張玉。河泊大使。」《順治潁上縣志・選舉・雜科》：「張玉。大使。」

⑫呂景蒙《嘉靖潁州志・附人物表・（潁上）雜科》：「蔡春。高川驛丞。」《順治潁上縣志・選舉・雜科》：「蔡春。驛丞。」

⑬呂景蒙《嘉靖潁州志・附人物表・（潁上）雜科》：「邊剛。黃崗巡檢。」《順治潁上縣志・選舉・雜科》：「邊剛。巡檢。」

⑭呂景蒙《嘉靖潁州志・附人物表・（潁上）雜科》：「名璽。永安典史。」《順治潁上縣志・選舉・雜科》：「名璽。典史。」

⑮呂景蒙《嘉靖潁州志・附人物表・（潁上）雜科》：「王進。黑鹽井大使。」《順治潁上縣志・選舉・雜科》：「王進。大使。」

李紳。典史。①
梁子雲。巡檢。②
任玉。衛知事。③
鮑鳳。倉大使。④
陳漢。倉大使。⑤
張整。倉大使。⑥
韓忠。巡檢。⑦
趙漢。典史。⑧
周文。大使。⑨
曹寬。巡檢。⑩
蔡富。大使。
曹洪。典史。⑪
趙文。巡檢。⑫
鍾稷。司獄。⑬

李秉福。大使。⑭

楊賢。副使。⑮

李禎。典史。⑯

---

①呂景蒙《嘉靖潁州志·附人物表·（潁上）雜科》：「李紳。善化典史。」《順治潁上縣志·選舉·雜科》：「李紳。典史。」

②《順治潁上縣志·選舉·雜科》：「梁子雲。巡檢。」

③《順治潁上縣志·選舉·雜科》：「任玉。荊州衛知事。」

④呂景蒙《嘉靖潁州志·附人物表·（潁上）雜科》：「鮑鳳。薊州倉大使。」《順治潁上縣志·選舉·雜科》：「鮑鳳。大使。」

⑤呂景蒙《嘉靖潁州志·附人物表·（潁上）雜科》：「陳漢。余姚倉大使。」《順治潁上縣志·選舉·雜科》：「楊〔陳〕漢。大使。」

⑥呂景蒙《嘉靖潁州志·附人物表·（潁上）雜科》：「張整。糯米倉大使。」《順治潁上縣志·選舉·雜科》：「張整。大使。」

⑦呂景蒙《嘉靖潁州志·附人物表·（潁上）雜科》：「韓忠。巡檢。」《順治潁上縣志·選舉·雜科》：「韓忠。巡檢。」

⑧呂景蒙《嘉靖潁州志·附人物表·（潁上）雜科》：「趙漢。典史。」《順治潁上縣志·選舉·雜科》：「趙漢。典史。」

⑨《順治潁上縣志·選舉·雜科》：「周文。大使。」

⑩《順治潁上縣志·選舉·雜科》：「曹寬。榮之姪。任蘆谿巡檢。」

⑪《順治潁上縣志·選舉·雜科》：「曹洪。則之姪。任江夏巡檢。」

⑫《順治潁上縣志·選舉·雜科》：「趙文。巡檢。」

⑬《順治潁上縣志·選舉·雜科》：「鍾稷。司獄。」

⑭《順治潁上縣志·選舉·雜科》：「李秉福。大使。」

⑮《順治潁上縣志·選舉·雜科》：「楊賢。副使。」

⑯《順治潁上縣志·選舉·雜科》：「李楨。典史。」

張玉。大使。①

張釗。典史。②

郭鎮。巡檢。③

祁鳳。巡檢。④

黄本隆。閘官。⑤

鄒文秀。閘官。

葛鸞。驛丞。⑥

曹鑑。大使。⑦

趙昂。巡檢。⑧

封翱。大使。⑨

曹經。大使。

萬賢。知事。⑩

謝廣。巡檢。⑪

林一棟。典史。⑫

林世昌。大使。⑬

沈居安。副使。⑭

沈鳴陽。大使。⑮

馬儒。典史。⑯

①《順治潁上縣志·選舉·雜科》：「張玉。大使。」
②《順治潁上縣志·選舉·雜科》：「張釗。典史。」
③《順治潁上縣志·選舉·雜科》：「郭鎮。巡檢。」
④呂景蒙《嘉靖潁州志·附人物表·（潁上）雜科》：「祁鳳。方家堰巡檢。」《順治潁上縣志·選舉·雜科》：「祁鳳。方家堰巡檢，陞饒州大使。」
⑤呂景蒙《嘉靖潁州志·附人物表·（潁上）雜科》：「黄本隆。濟寧閘官。」《順治潁上縣志·選舉·雜科》：「黄本隆。閘官。」
⑥呂景蒙《嘉靖潁州志·附人物表·（潁上）雜科》：「葛鸞。驛丞。」《順治潁上縣志·選舉·雜科》：「葛鸞。驛丞。」
⑦呂景蒙《嘉靖潁州志·附人物表·（潁上）雜科》：「曹鑑。□□大使。」《順治潁上縣志·選舉·雜科》：「曹鑒。大使。」
⑧呂景蒙《嘉靖潁州志·附人物表·（潁上）雜科》：「趙昂。心鹿巡檢。」《順治潁上縣志·選舉·雜科》：「趙昂。巡檢。」
⑨呂景蒙《嘉靖潁州志·附人物表·（潁上）雜科》：「封翺。大使。」《順治潁上縣志·選舉·雜科》：「封翺。大使。」
⑩呂景蒙《嘉靖潁州志·附人物表·（潁上）雜科》：「萬賢。」《順治潁上縣志·選舉·雜科》：「萬賢，知事。」
⑪《順治潁上縣志·選舉·雜科》：「謝廣。巡檢。」
⑫《順治潁上縣志·選舉·雜科》：「林一棟。典史。」
⑬《順治潁上縣志·選舉·雜科》：「林世昌。司庫。」
⑭《順治潁上縣志·選舉·雜科》：「沈居安。大使。」
⑮《順治潁上縣志·選舉·雜科》：「沈鳴陽。巡檢。」
⑯《順治潁上縣志·選舉·雜科》：「馬儒。典史。」

李廷美。典史。①
李淳。典史。②
林鴻。驛丞。
盧昌。巡檢。
林一蘭。驛丞。
林一梅。驛丞。
門謨。
李麒。
郁倫。
許潮。
門相。
名舉。③
遲議。④
劉鉞。⑤

名鏊。⑥
吳雲。⑦
王堂。⑧
王卿。⑨
陳洪。⑩
李仁。⑪

---

①呂景蒙《嘉靖潁州志・附人物表・（潁上）雜科》：「李廷美。」《順治潁上縣志・選舉・雜科》：「李廷美。」
②《順治潁上縣志・選舉・雜科》：「李純。典史。」
③呂景蒙《嘉靖潁州志・附人物表・（潁上）雜科》：「名舉。」《順治潁上縣志・選舉・雜科》：「名舉。」
④呂景蒙《嘉靖潁州志・附人物表・（潁上）雜科》：「遲議。」《順治潁上縣志・選舉・雜科》：「遲議，龍江關正提舉。」
⑤呂景蒙《嘉靖潁州志・附人物表・（潁上）雜科》：「劉鉞。」《順治潁上縣志・選舉・雜科》：「劉鉞。」
⑥呂景蒙《嘉靖潁州志・附人物表・（潁上）雜科》：「名鏊。」《順治潁上縣志・選舉・雜科》：「名鏊。」
⑦呂景蒙《嘉靖潁州志・附人物表・（潁上）雜科》：「吳雲。」《順治潁上縣志・選舉・雜科》：「吳雲。」
⑧呂景蒙《嘉靖潁州志・附人物表・（潁上）雜科》：「王堂。」《順治潁上縣志・選舉・雜科》：「王堂。」
⑨呂景蒙《嘉靖潁州志・附人物表・（潁上）雜科》：「王卿。」順治潁上縣志・選舉・雜科》：「王卿。」
⑩呂景蒙《嘉靖潁州志・附人物表・（潁上）雜科》：「陳洪。」《順治潁上縣志・選舉・雜科》：「陳洪。」
⑪呂景蒙《嘉靖潁州志・附人物表・（潁上）雜科》：「李仁。」《順治潁上縣志・選舉・雜科》：「李仁。」

卜惟勤。①
李賢。②
陳金。③
靳鉞。④
魏諒。⑤
馬銳。⑥
許大興。⑦
劉聰。⑧
錢銳。⑨
奚堂。⑩
劉恩。⑪
范釗。⑫
李廷美。⑬
周緒。⑭

趙剛。⑮

王欽。

周洪。

李平。⑯

①呂景蒙《嘉靖潁州志・附人物表・（潁上）雜科》：「卜惟勤。」《順治潁上縣志・選舉・雜科》：「卜惟勤。」

②呂景蒙《嘉靖潁州志・附人物表・（潁上）雜科》：「李賢。」《順治潁上縣志・選舉・雜科》：「李賢。」

③呂景蒙《嘉靖潁州志・附人物表・（潁上）雜科》：「陳金。」《順治潁上縣志・選舉・雜科》：「陳金。」

④呂景蒙《嘉靖潁州志・附人物表・（潁上）雜科》：「靳鉞。」《順治潁上縣志・選舉・雜科》：「靳鉞。驛丞。」

⑤呂景蒙《嘉靖潁州志・附人物表・（潁上）雜科》：「魏諒。」《順治潁上縣志・選舉・雜科》：「魏諒。」

⑥呂景蒙《嘉靖潁州志・附人物表・（潁上）雜科》：「馬鋭。」《順治潁上縣志・選舉・雜科》：「馬鋭。」

⑦呂景蒙《嘉靖潁州志・附人物表・（潁上）雜科》：「許大興。」《順治潁上縣志・選舉・雜科》：「許大興。」

⑧呂景蒙《嘉靖潁州志・附人物表・（潁上）雜科》：「劉聰。」《順治潁上縣志・選舉・雜科》：「劉聰。」

⑨呂景蒙《嘉靖潁州志・附人物表・（潁上）雜科》：「錢鋭。」《順治潁上縣志・選舉・雜科》：「錢鋭。」

⑩呂景蒙《嘉靖潁州志・附人物表・（潁上）雜科》：「奚堂。」《順治潁上縣志・選舉・雜科》：「奚鏜。」

⑪《順治潁上縣志・選舉・雜科》：「劉恩。巡檢。」

⑫呂景蒙《嘉靖潁州志・附人物表・（潁上）雜科》：「范釗。」《順治潁上縣志・選舉・雜科》：「范釗。」

⑬此條有誤。李廷美已見前，此重出。

⑭呂景蒙《嘉靖潁州志・附人物表・（潁上）雜科》：「周緒。」《順治潁上縣志・選舉・雜科》：「周緒。」

⑮呂景蒙《嘉靖潁州志・附人物表・（潁上）雜科》：「趙剛。」《順治潁上縣志・選舉・雜科》：「趙剛。巡檢。」

⑯《順治潁上縣志・選舉・雜科》：「李平。驛丞。」

史仲昇。①
彭森。②
姚春。③
周易。④
韓宸。⑤
魏經。⑥
鄭得山。⑦
張佑。⑧
高詔。⑨
李選。⑩
李憲。⑪
張恩。⑫
馬得志。⑬
王孟珠。⑭

卜應璽。

趙國聘。⑮

遲應奎。⑯

---

①呂景蒙《嘉靖潁州志·附人物表·（潁上）雜科》：「史仲昇。」《順治潁上縣志·選舉·雜科》：「史仲昇。」
②《順治潁上縣志·選舉·雜科》：「彭森。大使。」
③《順治潁上縣志·選舉·雜科》：「姚春。」
④《順治潁上縣志·選舉·雜科》：「周易。」
⑤《順治潁上縣志·選舉·雜科》：「韓宸。大使。」
⑥《順治潁上縣志·選舉·雜科》：「魏經。巡檢。」
⑦呂景蒙《嘉靖潁州志·附人物表·（潁上）雜科》：「鄭得山。」《順治潁上縣志·選舉·雜科》：「鄭得山。」
⑧《順治潁上縣志·選舉·雜科》：「章佑。大使。」
⑨《順治潁上縣志·選舉·雜科》：「高詔。驛丞。」
⑩《順治潁上縣志·選舉·雜科》：「李選。典史。」
⑪《順治潁上縣志·選舉·雜科》：「李憲。大使。」
⑫《順治潁上縣志·選舉·雜科》：「張恩。大使。」
⑬《順治潁上縣志·選舉·雜科》：「馬得志。巡檢。」
⑭《順治潁上縣志·選舉·雜科》：「王夢珠。」
⑮《順治潁上縣志·選舉·雜科》：「趙國家。知事。」疑爲一人。
⑯《順治潁上縣志·選舉·雜科》：「遲應奎。典史。」

曹宜。①
許朝儀。②
田子富。
康得富。③
李良器。④
費淳。⑤
沈居岢。⑥
劉彥志。⑦
陳大詔。⑧
李梅。
顧邦。⑨
許大儒。⑩
王世美。⑪
楊繼富。⑫

李棋。⑬

黄棟。⑭

太和縣三十四人：

于河。典史。⑮

①《順治潁上縣志・選舉・雜科》：「曹宜。洪之子。未仕。」
②《順治潁上縣志・選舉・雜科》：「許朝儀。大使。」
③《順治潁上縣志・選舉・雜科》：「康得富。」
④《順治潁上縣志・選舉・雜科》：「李良器。」
⑤《順治潁上縣志・選舉・雜科》：「費淳。驛丞。」
⑥《順治潁上縣志・選舉・雜科》：「沈居時。」
⑦《順治潁上縣志・選舉・雜科》：「劉彥志。」
⑧《順治潁上縣志・選舉・雜科》：「陳大紹。」
⑨《順治潁上縣志・選舉・雜科》：「顧邦。典史。」
⑩《順治潁上縣志・選舉・雜科》：「許大儒。大使。」
⑪《順治潁上縣志・選舉・雜科》：「王世美。場官。」
⑫《順治潁上縣志・選舉・雜科》：「楊繼富。巡檢。」
⑬《順治潁上縣志・選舉・雜科》：「李其。」
⑭《順治潁上縣志・選舉・雜科》：「黄棟。」
⑮《萬曆太和縣志・人物・吏材》：「于河。字宗海。由增廣生充吏，任興濟典史。」

張珏。典史。①
張珊。南章縣七里頭巡檢。②
劉鈇。典史。③
于鎮。浦城縣盆亭巡檢。④
孫政。沁水縣典史。⑤
皮清。趙城縣典史。⑥
楊舉。巡檢。⑦
王宗。倉副使。⑧
王禮。倉副使。⑨
□□。□□縣倉官。
高佐。⑩
張志學。⑪
劉鎮。⑫
張德。⑬

韓琥。⑭

康騋。⑮

李彤。⑯

---

①《萬曆太和縣志·人物·吏材》：「張珏。任典史。」

②《萬曆太和縣志·人物·吏材》：「張珊，任巡檢。」

③《萬曆太和縣志·人物·吏材》：「劉鈇，字國用。」

④《萬曆太和縣志·人物·吏材》：「于鎮。字國寧，號梅軒。初任濟南廣儲倉大使，繼陞福建、江西巡檢，歷遷四任。練達勤勞，疊受士人所重，宦游一十八年致仕，林下二十餘年，優游詩書，壽将九十而終。生員應□，其嫡孫也。」

⑤《萬曆太和縣志·人物·吏材》：「孫政。字澤民。任沁水縣典史。」

⑥《萬曆太和縣志·人物·吏材》：「皮清。字原潔，號前谿。順化圖人。任平陽府趙城縣典史。」

⑦《萬曆太和縣志·人物·吏材》：「楊舉。字朝用。任巡檢。」

⑧《萬曆太和縣志·人物·吏材》：「王宗。任倉副使。」

⑨《萬曆太和縣志·人物·吏材》：「王禮。字敬之。任倉官。」

⑩《萬曆太和縣志·人物·吏材》：「高佐。字廷弼。」

⑪《萬曆太和縣志·人物·吏材》：「張志學。監生庭相之父。」

⑫《萬曆太和縣志·人物·吏材》：「劉鎮。字廷衛。」

⑬《萬曆太和縣志·人物·吏材》：「張德。」

⑭《萬曆太和縣志·人物·吏材》：「韓琥。字景玉。」

⑮《萬曆太和縣志·人物·吏材》：「康騋。字國用。任河泊所。」

⑯《萬曆太和縣志·人物·吏材》：「李彤。」

張宥。①
朱章。②
任松。③
郭經。④
范僎。⑤
胡環。⑥
于金。⑦
高輔。⑧
貊瑞。⑨
楊笙。⑩
劉臣。⑪
李大經。⑫
許宗源。⑬
高仲才。⑭

吳岑。⑮

李子學。⑯

李宜春曰：夫賢，弗以類而局才，必乘旹而奮是。故匡旹以濡迹可也，容可以自局哉！

---

①《萬曆太和縣志·人物·吏材》：「張宥。字大恩。任靖州府吏目。」
②《萬曆太和縣志·人物·吏材》：「朱章。字文英。」
③《萬曆太和縣志·人物·吏材》：「任松。」
④《萬曆太和縣志·人物·吏材》：「郭經。」
⑤《萬曆太和縣志·人物·吏材》：「范僎。字惟順。生員子禮之父。任順昌倉大使，陞延平府稅課大使。」
⑥《萬曆太和縣志·人物·吏材》：「胡環。字美鈞。任廣東鹽課司大使。」
⑦《萬曆太和縣志·人物·吏材》：「于金。字國賓。」
⑧《萬曆太和縣志·人物·吏材》：「高輔。字國器。任湖州府倉官。」
⑨《萬曆太和縣志·人物·吏材》：「貊瑞。字國祥。任福建漳州府知事。」
⑩《萬曆太和縣志·人物·吏材》：「楊伸。字國直。由廩生改吏材，任廣東倉大使，有能，尋陞巡檢。」
⑪《萬曆太和縣志·人物·吏材》：「劉臣。」
⑫《萬曆太和縣志·人物·吏材》：「李大經。字時用，號居峯。御史李宏裔也。省親不仕，人高其有恬退之節。」
⑬《萬曆太和縣志·人物·吏材》：「許宗源。」
⑭《萬曆太和縣志·人物·吏材》：「高仲才。」
⑮《萬曆太和縣志·人物·吏材》：「吳岑。字世高，號小山。主事道東後也。貧而能守，恬退不仕，吟有詩詞甚富，人稱其吏而儒焉。」
⑯《萬曆太和縣志·人物·吏材》：「李子學。字廷訓。」

貤封

州八人①：

郭斌。以子昇貴，累贈工部郎中。②

李敬。以子通貴，贈知縣。③

史雄。以子鏡貴，贈衛經歷。④

郭正。以子昌貴，贈户部照磨。⑤

胡璉。以子洲貴，贈順天府推官。⑥

李炳。以子增貴，封户部主事。⑦

金堂。以子紫貴，贈上林苑監典署。⑧

張治。以子光祖貴，封監察御史。⑨

金滿。堂之兄，以子黄貴，封獲鹿知縣。⑩

潁上縣八人：

潘子信。以子楷貴，贈工部主事。⑪

---

①據後所列，實爲九人。

②呂景蒙《嘉靖潁州志·附人物表·（州）馳封》：「郭斌。以子昇貴，累贈工部郎中。」《順治潁州志·選舉表·（明）貤封》：「郭斌。以子昇贈工部郎中。」

③呂景蒙《嘉靖潁州志·附人物表·（州）馳封》：「李敬。以子通貴，贈知縣。」《順治潁州志·選舉表·（明）貤封》：「李敬。以子通贈知縣。」

④呂景蒙《嘉靖潁州志·附人物表·（州）馳封》：「史雄。以子鏡貴，贈衛經歷。」《順治潁州志·選舉表·（明）貤封》：「史雄。以子鏡贈經歷。」

⑤呂景蒙《嘉靖潁州志·附人物表·（州）馳封》：「郭正。以子昌貴，贈戶部照磨。」《順治潁州志·選舉表·（明）貤封》：「郭正。以子昌贈戶部照磨。」

⑥呂景蒙《嘉靖潁州志·附人物表·（州）馳封》：「胡璉。以子洲貴，贈順天府推官。」《順治潁州志·選舉表·（明）貤封》：「胡璉。以子洲贈順天府推官。」

⑦呂景蒙《嘉靖潁州志·附人物表·（州）馳封》：「李炳。以子增貴，封戶部主事。」《順治潁州志·選舉表·（明）貤封》：「李炳。以子增贈戶部主事。」

⑧呂景蒙《嘉靖潁州志·附人物表·（州）馳封》：「金堂。以子紫貴，贈上林苑典署。」《順治潁州志·選舉表·（明）貤封》：「金堂。以子紫贈上林苑典署。」

⑨《順治潁州志·選舉表·（明）貤封》：「張治。以子光祖封監察御史。」

⑩《順治潁州志·選舉表·（明）貤封》：「金滿。以子黄封獲鹿縣知縣。」

⑪呂景蒙《嘉靖潁州志·附人物表·（潁上）馳封》：「潘子信。以子楷貴，贈工部主事。」《順治潁上縣志·選舉·貤封》：「潘子信。以子楷贈工部主事。」

卜銘。以子謙貴，贈工科給事中。①
李友。以子秉貴，贈户科給事中。②
江浩。以子華貴，贈涿州同知。③
王仲程。以子相貴，贈順天府推官。④
梅春。以子榮貴，贈光祿寺署丞。⑤
王森。以子宸貴，贈兵馬副指揮。⑥
遲誠。以子仁貴，贈錦衣衛經歷。⑦

太和縣三人：
王彦中。以子質貴，贈行在湖廣道監察御史。⑧
紀若思。以子鏞貴，贈翰林院檢討。⑨
胡通。以子璉貴，贈南京旗手衛經歷。⑩

李宜春曰：典，其侈榮乎！昭子道，勵臣節也。是故典弗膺則弗子，職弗共則弗臣。教忠與孝，其不虛哉！

---

①呂景蒙《嘉靖潁州志·附人物表·（潁上）馳封》：「卜銘。以子謙貴，贈工科給事中。」《順治潁上縣志·選舉·貤封》：「卜銘。以子謙贈工科給事中。」

②呂景蒙《嘉靖潁州志·附人物表·（潁上）馳封》：「李友。以子秉貴，贈戶科給事中。」《順治潁上縣志·選舉·貤封》：「李友。以子秉贈徵侍郎，戶科給事中。」

③呂景蒙《嘉靖潁州志·附人物表·（潁上）馳封》：「江浩。以子華貴，贈涿州同知。」《順治潁上縣志·選舉·貤封》：「江浩。以子華贈同知。」

④呂景蒙《嘉靖潁州志·附人物表·（潁上）馳封》：「王仲程。以子相貴，贈順天府推官。」《順治潁上縣志·選舉·貤封》：「王仲程。以子相贈推官。」

⑤呂景蒙《嘉靖潁州志·附人物表·（潁上）馳封》：「梅春。以子榮貴，贈光祿寺署丞。」《順治潁上縣志·選舉·貤封》：「梅春。以子榮贈光祿署丞。」

⑥呂景蒙《嘉靖潁州志·附人物表·（潁上）馳封》：「王森。以子宸貴，贈兵馬副指揮。」《順治潁上縣志·選舉·貤封》：「王森。以子宸贈文林郎，兵馬指揮司副指揮。」

⑦呂景蒙《嘉靖潁州志·附人物表·（潁上）馳封》：「遲誠。以子仁貴，贈錦衣衛經歷。」《順治潁上縣志·選舉·貤封》：「遲誠。以子仁贈錦衣衛經歷。」

⑧《萬曆太和縣志·人物·貤封》：「王彥中。天保人。以孫質貴，贈湖廣道監察御史。妻趙氏贈安人。」

⑨《萬曆太和縣志·人物·貤封》：「紀若思。大義人。以子鏞貴，贈翰林院檢討。妻張氏贈孺人。」

⑩《萬曆太和縣志·人物·貤封》：「胡暹。天保人。以子璉貴，贈南京旗手衛經歷。妻任氏贈孺人。」

人物

夫名乎鄉，則謂鄉之賢，而山川炳其靈秀；名於人，則謂人之望，而社稷隸其榮懷。作《人物》，述往以章來，闡幽以維化，而《貞節》附焉。

名臣十一人

春秋

管仲。字夷吾，潁上人。少與鮑叔游，鮑叔知其賢。因貧，嘗欺鮑叔，鮑叔終善遇之，不以爲言。已而鮑叔事齊公子小白，管仲事公子糾。及小白立爲桓公，公子糾死，管仲囚焉。鮑叔遂進管仲。管仲既用，任政於齊，齊桓公以霸，九合諸侯，一匡天下，管仲之謀也。管仲曰：「吾始困旹，嘗與鮑叔賈，分財利多自與，鮑叔不以我爲貪，知我貧也。吾嘗爲鮑叔謀事而更窮困，鮑叔不以我爲愚，知旹有利有不利也。吾嘗三仕三見逐於君，鮑叔不以我爲不肖，知我不遭旹也。吾嘗三戰三北，鮑叔不以我爲怯，知我有老母也。公子糾敗，召忽死之，吾幽囚受辱，鮑叔不以我爲無恥，知我不羞小節而恥功名不顯於天下也。生我者父母，知我者鮑子也。」鮑叔既進管仲，以身下之。子孫世祿於齊，有封邑者十餘世，常爲名大夫。天下不多管仲之賢而多鮑叔能知人也。管仲既任政相齊，以區區之齊在海濱，通貨積財，富國強兵，與俗同好惡。故其稱曰：「倉廩實而知禮節，衣食足而知榮辱，上服度則六親固。四維不張，國迺滅亡。下令如流水之原，令順民心。」故論卑而易行。俗之所欲，因而予之；俗之所否，因而去之。其爲政也，善因禍而爲福，轉敗而爲功。貴輕重，慎權衡。桓公實怒少姬，南襲蔡，管仲因而伐楚，責包茅不入貢於周室。桓公實北征山戎，而管仲因而令燕脩召公之政。於柯之會，桓公欲背曹沫之約，管仲因而信之，諸侯由是歸齊。故曰：「知與之爲取，政之寶也。」管仲富擬於公室，有三歸、反坫，齊人不以爲侈。管仲卒，齊國遵其政，常強諸侯。①

①管仲（約前723—前645），名夷吾，潁上人。春秋時人，爲齊相，協助齊桓公成就霸業。著《管子》八十六篇。事見《史記·管晏列傳》。此處幾乎照錄原文。《成化中都志·人才傳·潁上縣（春秋）》：「管仲。名夷吾，潁上人。少與鮑叔牙游，叔牙知其賢，薦於齊桓公，以爲相。孔子曰：『管仲相桓公，霸諸侯，一匡天下，民到於今受其賜。微管仲，吾其被髮左衽矣。』蓋許其有仁者之功。仲嘗曰：『吾與鮑叔賈，分財利自多，鮑叔不以我爲貪，知我貧也。吾嘗爲鮑叔謀事而更窮困，叔不以我爲愚，知時有利不利也。吾嘗三仕三逐，叔不以我爲不肖，知我不逢時也。吾嘗三戰三走，叔不以我爲怯，知我有老母也。公子糾敗，吾幽囚受辱，叔不以我爲恥，知我不修小節而恥功名不顯也。生我者母，知我者鮑子也。』著《管子》八十六篇。《新志》云：『河南潁陽人。』誤也。」《南畿志·鳳陽府·人物》：「管仲。潁上人。鮑叔牙薦於齊桓公，管仲既相齊，攘夷狄，尊周室，由是桓公稱霸，諸侯畏服。有《管子》六十八篇。」《正德潁州志·人物·春秋》：「管仲。字夷吳。與鮑叔牙爲友，薦於齊桓公，攘夷尊周，九合諸侯，一匡天下。孔子曰：『微管仲，吾其披髮左袵矣。』今水基東，土人猶呼管子鄉。」呂景蒙《嘉靖潁州志·

人物表·仕（潁上）》：「（春秋）管仲。傳見《鄉賢》。」呂景蒙《嘉靖潁州志·鄉賢·春秋》：「管仲。名夷吾，潁上人。少與鮑叔牙游，叔牙知其賢，薦於齊桓公，以爲相，有匡天下之功。仲嘗曰：『吾與鮑叔賈，分財利多自，鮑叔不以我爲貪，知我貧也。吾嘗爲鮑叔謀事而更窮困，鮑叔不以我爲愚，知時有利不利也。吾嘗三仕三逐，鮑叔不以我爲不肖，知我不逢時也。吾嘗三戰三走，鮑叔不以我爲怯，知我有老母也。公子糾敗，吾幽囚受辱，鮑叔不以我爲恥，知我不修小節而恥功名不顯也。生我者父母，知我者鮑子也。』著《管子》八十六篇。」《順治潁上縣志·人物·周》：「管仲。名夷吾。生春秋時，相齊桓公，尊周攘夷，孔子稱其功。子孫食禄於齊，有封邑者十餘世，嘗爲名大夫。著書八十六篇。事詳史遷傳。屠公隆有《管鮑記》，見《藝文》。今祀鄉賢祠。」

戰國

甘茂。下蔡人。事史舉先生，學百家之説。因張儀、樗里子求見秦惠王。王使將，而佐魏章畧定漢中地。惠王卒，武王以茂爲左丞相，謂茂曰：「寡人欲容車通三川，以窺周室，而寡人死不朽矣。」茂曰：「請之魏，約以伐韓，而令向壽輔行。」茂至，謂向壽曰：「子歸，言之於王曰：『魏聽臣矣，然願王勿伐。』事成，盡以爲子功。」向壽歸，以告王，王迎茂於息壤。茂至，王問其故。對曰：「宜陽，大縣也。名曰縣，其實郡也。今王倍數險，行千里攻之，難。昔曾參處費，魯人有與參同姓名者殺人，人告其母曰『曾參殺人』者三，母投杼下機，踰墻而走。今臣之賢不若曾參，王之信臣不若曾參之母信曾參也，疑臣非特三人，臣恐大王之投杼也。始張儀西並巴蜀，北開西河，南取上庸，天下不以多張子而以賢先王。魏文侯令樂羊將而攻中山，三年拔之。樂羊反而論功，文侯示之謗書一篋。樂羊拜曰：『此非臣功，主君之力也。』今臣，羈旅之臣也。樗里子、公孫奭挾韓而議之，王必聽之，是王欺魏王而臣受公仲侈之怨也。」王曰：「寡人不聽也，請與子盟。」卒使茂將兵伐宜陽。五月不拔，樗里子、公孫奭果爭之。武王召茂，欲罷兵。茂曰：「息壤在彼。」因大起兵，擊之，斬首六萬，遂拔宜陽。韓襄王使公仲侈入謝，與秦平。武王竟至周而卒，其弟立，爲昭王。王母，楚女也。楚以兵圍韓雍氏，韓使公仲侈告急於秦。秦太后楚人，不肯救。公仲因茂，茂爲韓言於秦昭王曰：「公仲方有得於秦救，故敢扞楚也。今雍氏圍，秦師不下殽，公仲且仰首而不朝，公叔且以國南合於楚。楚、韓爲一，魏氏不敢不聽，然則伐秦之形成矣。不識坐而待伐孰與伐人之利？」秦王曰：「善。」廼下師於殽以救韓。楚兵去。秦使向壽平宜陽，而使茂伐魏。茂因向壽、公孫奭事，竟言秦昭王，以武遂復歸之韓。向壽、公孫奭爭之，不能得。由此怨，讒茂。茂惧，奔齊。蘇伐［代］謂齊湣王曰：「夫甘茂，賢人也。今秦賜之上卿，以相印迎之。甘茂得［德］王之賜，好爲王臣，故辭而不往。今王何以禮之？」齊王曰：「善。」即位之上卿而處之。秦復甘茂家，以市於齊。齊使甘茂於楚。而甘茂竟不得復入秦，卒於魏。①

甘羅。甘茂孫也。茂既死後，甘羅年十二，事秦相文信侯呂不韋。秦始皇使剛成（君）蔡澤於燕，三年而燕王喜使太子丹入質於秦。秦使張唐往相燕，與燕共伐趙以廣河間之地。張唐謂文信侯曰：「臣嘗謂［爲］秦昭王伐趙，趙怨臣曰：『得唐者與百里之地。』今之燕必經趙，臣不可以行。」文信侯不快，未有以強也。甘羅曰：「君侯何爲不快之甚也？」文信侯曰：「吾令剛

①事見《史記・樗里子甘茂列傳》。《南畿志・鳳陽府・人物》：「甘茂。下蔡人。學百家之説，爲秦武王左丞相。王使茂約魏伐韓，茂恐王聽讒，先進説於王，王與盟於息壤，卒拔韓宜陽。後復事齊爲上卿。」《正德潁州志・人物・列國》：「甘茂。仕秦，爲左相。秦嘗使之約魏以伐韓宜陽。茂恐王聽讒見疑，王遂與之盟於息壤。卒拔宜陽。今甘城驛，相傳以爲茂故宅云。」呂景蒙《嘉靖潁州志・人物表・仕（潁上）》：「（列國）甘茂。爲秦左相。詳本傳。」《順治潁上縣志・人物・戰國》：「甘茂。爲秦左丞相。王使之約魏以伐韓，卒授宜陽。後被讒奔齊，位上卿，卒於魏。事詳司馬遷傳，見《藝文》。今祀鄉賢。」

成君蔡澤事燕三年，燕太子丹已入質矣，吾自請張卿相燕而不肯行。」甘羅曰：「臣請行之。」文信侯叱曰：「去！我身自請之而不肯，汝焉能行之？」甘羅曰：「夫項槖生七歲而爲孔子師。今臣生十二歲於茲矣，君其試臣，何遽叱乎？」於是甘羅見張卿曰：「卿之功孰與武安君？」卿曰：「臣之功不如也。」甘羅曰：「應侯之用於秦也，孰與文信侯專？」張卿曰：「應侯不如文信侯專。」甘羅曰：「卿明知其不如文信侯專與？」曰：「知之。」甘羅曰：「應侯欲攻趙，武安君難之，去咸陽七里而立死於杜郵。今文信侯自請卿相燕而不肯行，臣不知卿所死處矣。」張唐曰：「請因孺子行。」令裝治行。行有日，甘羅謂文信侯曰：「借臣車五乘，請爲張唐先報趙。」文信侯迺入言於始皇曰：「昔甘茂之孫甘羅，年少耳，然名家之子孫，諸侯皆聞之。今者張唐欲稱疾不肯行，甘羅説而行之。今願先報趙，請許遣之。」始皇召見，使甘羅於趙。趙襄王郊迎甘羅。甘羅説趙王曰：「王聞燕太子丹入質秦歟？」曰：「聞之。」曰：「聞張唐相燕歟？」曰：「聞之。」「燕太子丹入秦者，燕不欺秦也。張唐相燕者，秦不欺燕也。燕、秦不相欺者，伐趙，危矣。燕、秦不相欺無異故，欲攻趙而廣河間。王不如齎臣五城以廣河間，請歸燕太子，與強趙攻弱燕。」趙王立自割五城以廣河間。秦歸燕太子。趙攻燕，得上谷三十城，令秦有十一。甘羅還報秦，迺封甘羅以爲上卿，復以始甘茂田宅賜之。按：下蔡，隋潁州屬邑。《舊志》載甘羅又在潁上，至今猶有甘羅鄉云。①

東漢

陳蕃。字仲舉，平輿人。年十五，嘗閒處一室，而庭宇蕪穢。父友同郡薛勤來候之，謂蕃曰：「孺子何不灑掃以待賓客？」蕃曰：「大丈夫處世，當掃除天下，安事一室乎！」勤知其有清世志，甚奇之。初仕郡，舉孝廉，除郎中。遭母憂，棄官行喪。

服闋，太尉李固表薦，徵拜議郎，再遷爲樂安太守。旹李膺爲青州刺史，名有威政，屬城聞風，皆自引去，蕃獨以清績留。大將軍梁冀威震天下，旹遣書詣蕃，有所請託，不得通，使者詐求謁。蕃怒，笞殺之。坐左轉脩武令，稍遷尚書。旹零陵、桂陽山賊爲害，公卿議遣討之，又詔下州郡，一切皆得舉孝廉、茂才。蕃上疏駁之，忤左右，故出爲豫章太守。性方峻，不接賓客，士民亦畏其高。徵爲尚書令，送者不出郭門。遷大鴻臚。會白馬令李雲抗疏諫，桓帝怒，當伏重誅。蕃上書救雲，坐免歸田里。復徵拜議郎，數日遷光祿勳。旹封賞踰制，內寵猥盛，蕃上疏極諫。帝頗納其言，爲出宮女五百餘人，但賜儁爵關內侯，萬世南鄉侯。自蕃爲光祿勳，與五官中郎將黄琬共典選舉，不偏權富，而爲勢家郎所譖訴，坐免歸。頃之，徵爲尚書僕射、太中大夫，代楊秉爲太尉。李膺等以黨事下獄考實，蕃因上疏極諫曰：「臣聞賢明之君，委心輔佐；亡國之主，諱聞直辭。故湯武雖聖，而興於伊、呂；桀、紂迷惑，亡在失人。由此言之，君爲元首，臣爲股肱，同體相須，共成美惡者也。伏見前司隸校尉李膺、太僕杜密、太尉掾范滂等，正身無玷，死心社稷。以忠忤旨，橫加考案，或禁錮閉隔，或死徙非所。杜塞天下之口，聾盲一世之人，與

---

①事見《史記·樗里子甘茂列傳》附傳。《成化中都志·人才傳·潁上縣（戰國）》：「甘羅。《舊志》云：『潁上人。』今甘城驛是其舊址也。秦左相甘茂之孫。年十二，事文信侯呂不韋，爲庶子。秦欲使張唐相燕，唐不肯行。羅曰：『夫項橐七歲爲孔子師，今臣生十二歲於茲矣，若其試臣可乎？』於是見張唐，說而行之，迺使羅於趙。王郊迎，割五城以廣河間。羅還報，始皇以爲上卿，復以始甘茂田宅賜之。太史公曰：『甘羅年少，出一奇計，聲稱後世，雖非篤行君子，亦戰國一策士也。』按《史記》：『甘茂，下蔡人。』而《舊志》載羅於潁上，今本縣有甘城驛，又有甘羅鄉，豈茂本潁上人？因事史舉，而僑居下蔡歟？」《正德潁州志·人物·列國》：「甘羅。茂之孫。年十二，事秦相呂不韋。秦欲使張唐相燕，唐不肯行。羅說而行之，迺使羅於趙。趙王郊迎，割五城以廣河間。羅還報秦，封羅爲上卿。復以茂田宅賜之。」呂景蒙《嘉靖潁州志·人物表·仕（潁上）》：「（秦）甘羅。茂之孫。年十二事文信侯，始皇以爲上卿。詳本傳。」《順治潁上縣志·人物·秦》：「甘羅。茂之孫。年十二歲，爲秦上卿。事詳司馬遷傳。遺址丘隴，至今存焉，故潁號甘城。今祀鄉賢。」

秦焚書坑儒，何以爲異？昔武王克殷，表閭封墓，今陛下臨政，先誅忠賢。遇善何薄？待惡何優？夫讒人似實，巧言如簧，使聽之者惑，視之者昏。夫吉凶之效，存乎識善；成敗之機，在於察言。人君者，攝天地之政，秉四海之維，舉動不可以違聖法，進退不可以離道規。謬言出口，則亂及八方，何況髡無罪於獄，殺無辜於市乎！昔禹巡狩蒼梧，見市殺人，下車而哭之曰：『萬方有罪，在予一人！』故其興也勃焉。又青、徐炎旱，五穀損傷，民物流遷，茹菽不足。而宮女積於房掖，國用盡於羅紈，外戚私門，貪財受賂，所謂『祿去公室，政在大夫』。昔春秋之末，周德衰微，數十年間無復災眚者，天所棄也。天之於漢，悢悢無已。故殷勤示变，以悟陛下。除妖去孽，寔在脩德。臣位列台司，憂深責［責深］重，不敢尸祿惜生，坐觀成敗。如蒙採錄，使身首分裂，異門而出，所不恨也。」帝諱其言切，託以蕃辟召非其人，遂策免之。永康元年（167），帝崩。竇太后臨朝，以蕃爲太傅，錄尚書事。與大將竇武，同心盡力，徵用名賢，共參政事。天下之士，莫不延頸想望太平。而帝乳母趙嬈，與中常侍曹節、王甫等共交搆，諂事太后。蕃常疾之，上疏曰：「臣聞言不直而行不正，則爲欺乎天而負乎人。危言極意，則群凶側目，禍不旋踵。鈞此二者，臣寧得禍，不敢欺天也。今京華囂囂，道路諠譁，言侯覽、曹節、公乘昕、王甫、鄭颯等與趙夫人諸女尚書並亂天下。附從者陞進，忤逆者中傷。方今一朝群臣，如河中木耳，汎汎東西，耽祿畏害。陛下前始攝位，順天行誅，蘇康、管霸並伏其辜。是旹天地清明，人鬼歡喜，奈何數月復縱左右？元惡大姦，莫此之甚。今不急誅，必生变亂，傾危社稷，其禍難量。願出臣章宣示左右，並令天下諸姦知臣疾之。」太后不納，朝廷聞者莫不震恐。蕃陰與竇武謀誅之，事泄，曹節等矯詔誅蕃等，旹年七十餘。①

①陳蕃（？—168），字仲舉，平輿（今屬河南）人。東漢時仕至太傅。與大將竇武徵用名賢，共參政事。後因謀誅嬖倖遇害。事見《後漢書・陳王列傳》。《成化中都志・人才傳・潁州（漢）》：「陳蕃。字仲舉，平輿人也。年十五，嘗閒處一室，而庭宇蕪穢。父友同郡薛勤謂之曰：『孺子何不灑掃以待賓客？』蕃曰：『大丈夫處世，當掃除天下，安事一室乎！』勤知其有清世之志，甚奇之。郡舉孝廉，除郎中。遭母憂，去官。太尉李固表薦議郎，遷樂安太守。有清績，累遷尚書僕射。延熹八年（165），爲太尉李膺等以黨事下獄，蕃上疏極諫，桓帝諱其言切，托以辟召非人，策免之。永康元年（167），帝崩，竇太后臨朝，以蕃爲太傅，錄尚書事。與大將竇武同心盡力，徵用名賢，共參政事。天下之士，莫不延頸想望太平。後與武謀誅嬖倖，事洩遇害。愚謂：遇不世出之主，而後可與成不世之功。建寧之際，上昏下嬖，加以竇武優游不斷，非撥亂之才。蕃不審時量力，横挑豺虎，以巽非常之功，卒之駢首就戮。悲夫！蓋蕃志大而識闇，其及也宜哉。《易》曰：『智小而謀大，鮮不及矣。』」呂景蒙《嘉靖潁州志・人物表・仕（東漢）》：「（桓帝延熹）陳蕃。平輿人。傳見《鄉賢》。」呂景蒙《嘉靖潁州志・鄉賢・漢》：「陳蕃。字仲舉，平輿人也。年十五，嘗閒處一室，而庭宇蕪穢。父友同郡薛勤謂之曰：『孺子何不灑掃以待賓客？』蕃曰：『大丈夫處世，當掃除天下，安事一室乎！』勤知有清世之志，甚奇之。郡舉孝廉，除郎中。遭母憂，去官。太尉李固表薦議郎，遷樂安太守。有清績，累遷尚書僕射。延熹八年，爲太尉李膺等以黨事下獄，蕃上疏極諫，桓帝諱其言切，托以辟召非人，策免之。永康元年，帝崩，竇太后臨朝，以蕃爲太傅，錄尚書事。與大將竇武同心盡力，徵用名賢，共參政事。天下之士，莫不延頸想望太平。後與竇武謀誅嬖倖，事泄遇害。」《順治潁州志・名賢傳・漢》：「陳蕃。字仲舉，平輿人。太尉李固表薦，徵拜議郎，遷樂安太守。時李膺爲青州刺史，有威名，屬城望風皆自引去。蕃獨以清勣留。大將軍梁冀威震天下，时遣書詣蕃請託，使者詐求謁。蕃笞殺之，坐左轉修武令，遷鴻臚。會白馬令李雲抗疏諫，桓帝怒，當伏誅。蕃上書救雲，坐免歸田里。數日，遷光祿勳。時封賞踰制，內寵猥盛，蕃上疏極諫。帝頗納其言，爲出宮女五百餘人，晋太尉。李膺等以黨下獄，蕃上疏極諫，情辭懇切，帝不聽，流涕而起。竇太后臨朝，以蕃爲太傅，蕃與后父大將竇武，同獎王室，徵天下名賢李膺、杜密等共參政事。帝乳母趙嬈，與中常侍曹節、王甫等共交構，諂事太后。蕃常疾之，上疏言侯覽、曹節、公乘昕、王甫、鄭颯等與趙夫人諸女尚書並亂天下，太后不納。蕃陰與竇武謀誅宦官。會五日月食，蕃說武曰：『可因此黜罷宦官以塞。』武先已白誅中常侍管霸及蘇康等，復數白誅曹節等，太后猶豫未忍。武以所親黄門山冰代黄門令，魏虎使冰奏素狡猾尤無狀者長樂尚書鄭颯，送北寺獄雜考，辭連節、甫，因內奏收節、甫等，長樂五官史朱瑀盜發其奏，因大呼曰：『陳蕃、竇武奏白太后廢帝，爲大逆。』曹節聞之驚起，白帝，召尚書，脅使作召版，拜王甫爲黄門令，持節收捕。蕃聞難作，將官屬諸生八十餘人入承明門，呼曰：『黄門反逆。』王甫與蕃相迕，遂收［執］蕃，送北寺獄，遇害，年七十餘。」

宋

王臻。字及之，汝陰人。始就學，能文辭。曾致堯知壽州，有詩［旹］名，臻以文數十篇往見，致堯歎曰：「汝、潁［潁、汝］固多奇士。」舉進士，累遷監察御史。中使就營景靈宮、太極觀，臻佐助工費有勞，遷殿中侍御史，擢淮南轉運副使。旹發運司建議濬淮南漕渠，廢諸堰，臻言：「揚州召伯堰，實謝安爲之，人思其功，以比召伯，不可廢也。濬渠亦無所益。」召爲三司度支判官，而發運司卒濬渠以通漕，臻坐前異議，降監察御史，知睦州。道復官，徙福州。閩人欲報讎，或先食野葛，而後趨讎家求鬬，即死其處，以誣讎人。臻辨察鬬格［格鬬］狀，被誣者往往釋去，俗爲少变。又民間數以火訛相驚，悉捕首惡杖之，流海上，民廼定。累遷尚書工部郎中。姦人僞爲皇城司刺事卒，嚇良民以取賕，臻購得其主名，黥竄三十餘人，都下肅然。以右諫議大夫權御史中丞，建言：「三司、開封府諸曹參軍及赤縣丞尉，率用貴游子弟，驕惰不習事。請易以孤寒登第、更仕宦書考無過者爲之。」又言：「在京百司吏人入官，請如《長定格》，歸司三年。」皆可其奏。未幾，卒。臻剛嚴善決事，所至有風蹟。①

明

安然。潁州人。洪武初爲起居註。歷任浙江、河南参政，陞山東布政使。洪武十一年（1378）陞御史大夫，官至四輔。每論事，嘗賜坐，多所裨益。以疾終，遣官諭祭，賜塋。②

李敏。潁州人。洪武五年（1372）除工部尚書，七年（1374）除江西等處行中書省参知政事，九年（1376）復除工部尚書。

①事見《宋史·王臻傳》。《成化中都志·人才傳·潁州（宋）》：「王臻。汝陰人。舉進士，爲大理評事，知舒城縣。累遷龍圖閣待制，權知開封府。以右諫議大夫權御史中丞，多所建明。臻剛嚴，善決事。子仲言，克紹家學，有《揮麈錄》《玉照志》行於世。」《正德潁州志·人物·宋》：「王臻。汝陰人。始就學，能文辭。中進士，爲大理評事，知舒城縣。累遷龍圖閣待制，權知開封府。以右諫議大夫權御史中丞，多所建明。臻剛嚴，善決事，所至有風迹。」呂景蒙《嘉靖潁州志·鄉賢·宋》：「王臻。字及之，潁州汝陰人。始就學，能文辭。曾致堯知壽州，有詩［時］名，臻以文數十篇往見，致堯覽之歎曰：『潁、汝固多奇士。』舉進士，累遷監察御史。中使就營景靈宮、太極觀，臻佐助工費有勞，遷殿中侍御史，擢淮南轉運副使。時發運司建議濬淮南漕渠，廢諸堰，臻言：『揚州召伯堰，實謝安爲之，人思其功，以比邵伯，不可廢也。濬渠亦無所益。』召爲三司度支判官，而發運司卒濬渠以通漕，臻坐前異議，降監察御史，知睦州。道復官，徙福州。閩［閩］人欲報讎，或先食野葛，而後趨讎家求鬪，即死其處，以誣讎人。臻辨察鬪格［格鬪］狀，被誣者往往釋去，俗爲少变。又民間數以火訛相驚，悉捕首惡杖之，流海上，民廼定。累遷尚書工部郎中。姦人僞爲皇城司刺事卒，嚇良民以取賕，臻購得其主名，黥竄三十餘人，都下肅然。以右諫議大夫權御史中丞，建言：『三司、開封府諸曹參軍及赤縣丞尉，率用貴游子弟，驕惰不習事。請易以孤寒登第、更仕宦書考無過者爲之。』又言：『在京百司吏人入官，請如長社，歸司三年。』皆可其奏。未幾，卒。臻性剛嚴善決事，所至有風蹟。」《順治潁州志·名賢傳·宋》：「王臻。字及之，汝陰人。臻以文數十篇往見曾致堯，歎曰：『潁、汝固多奇士。』舉進士，累遷監察御史，擢淮南轉運副使。時建議濬淮南漕渠，廢諸堰，臻言：『揚州召伯堰，實謝安爲之，人思其功，以比召伯，不可廢也。濬渠亦無所益。』徙福州。閩人多先食野葛，而後趨仇家求鬪，即死其處，以誣仇人。臻辨察鬪格［格鬪］狀，被誣者往往釋去。民間數以火訛相驚，悉捕首惡杖之，流海上，民廼定。累遷尚書工部郎中。姦人僞爲皇城司刺史［事卒］，嚇良民以取賕，臻察得其主名，黥竄三十餘人，都下肅然。以右諫議大夫權御史中丞。臻性剛嚴善決事，所至有風蹟。子明清，字仲言，修德不慕榮進，作範鄉人，克紹前業。有《揮麈錄》《玉照志》行於世。」按，王明清非王臻子，廼南宋史學家王銍之子。詳見後《隱逸傳》所註。

②《成化中都志·人才傳·潁州（國朝）》：「安然，洪武初爲起居註。歷任浙江、河南參政，陞山東布政使。洪武十一年（1378），陞御史大夫，官至四輔。每論事，嘗賜坐，多所裨益。以疾終，遣官諭祭安葬。」《正德潁州志·人物·本朝》：「安然，洪武初爲起居註。歷任浙江、河南布政司參政，尋陞山東布政使。未幾，詔爲御史大夫，官至四輔。每論事，賜坐，多所裨益。」呂景蒙《嘉靖潁州志·人物表·辟舉（皇明）》：「（洪武戊申）安然，傳見《鄉賢》。」《嘉靖潁州志·鄉賢·皇明》：「安然。洪武初爲起居註。歷任浙江、河南參政，陞山東布政使。洪武十一年，陞御史大夫，官至四輔。每論事，嘗賜坐，多所裨益。以疾終，遣官諭祭，賜塋。」《順治潁州志·名賢傳·明》：「安然。洪武初，由辟舉起爲起居註。歷任浙江、河南參政，陞山東布政使。洪武十一年陞御史大夫，官至四輔。每論事，嘗賜坐，多所裨益。以疾終，遣官諭祭，賜塋。」《明史》有傳。

欽賜浙江田莊，以疾卒於官，諭祭歸塋。①

張泌。潁州人。洪武中，由太學生授兵科給事中。和易謹厚，勤於職事。陞都給事中，再陞光祿寺卿。爲光祿二十餘年，於御膳必躬視精潔，其祭享宴會必豐潔。馭下以寬，處事以公，衆咸服之。及卒，特賜祭塋。泌容貌豐偉，識大體。後吏部每奏除光祿官，必思得人如泌。②

王質。太和縣保鄉人。永樂中，由鄉舉授南陽縣訓導，以才學卓異拜監察御史。清謹老成，薦陞四川參政，愈勵前志，出巡不食肉，人呼爲青菜王。歷遷山東右布政使，未幾，召爲户部右侍郎，尋陞刑部尚書，復轉户部。卒，賜塋祭。③

卜謙。字宗讓。其先桐鄉人，國初遷潁上附廓。少家貧，事親以孝聞，舉永樂辛卯（1411）鄉薦。游太學，適太宗文皇帝敎國子監選才識老成者侍春宮講讀，尋授工科給事中。十五年（1417），扈從皇太孫南京監國，朝夕近侍，獻替可否，常以古人自期。十九年（1421），值内外艱，扶柩歸窆桐鄉祖塋，以從先志，廬於其側。宣宗御極，思念舊臣，差行人李宣取回京，賜正五品織金衣二襲，仍給事牙牌，直文華殿，日承顧問。嘗陳十事：一曰崇師儒以育人才，二曰嚴威武以備邊境，三曰選賢能以資任用，四曰簡將帥以養鋭氣，五曰廣儲蓄以濟匱乏，六曰禁末技以廣農桑，七曰重風憲以防壅蔽，八曰汰僧道以崇正學，九曰厚俸祿以養廉恥，十曰旌功臣以勸武臣。上特嘉納。宣德十年（1435），陞陝西僉事，提督屯田水利。正統八年（1443），陞山東副使，整理河道，有功糧運，上疏眚事，忤近倖，謫陝西布政司左參議。民喜復至，迎者塞途。因足疾，自陳而歸。④

①《成化中都志·人才傳·潁州（國朝）》：「李敏。洪武五年，除工部尚書。七年，除江西等處行中書省參知政事。九年，復除工部尚書，欽賜浙江田莊。以疾卒於官，遣官諭祭歸塋。」《正德潁州志·人物·本朝》：「李敏。洪武初爲工部尚書，尋陞浙江行省參知政事。復轉工部尚書，賜

以浙江田土。卒，遣官祭葬。」呂景蒙《嘉靖潁州志·人物表·辟舉（皇明）》：「（洪武壬子）李敏。傳見《鄉賢》。」《嘉靖潁州志·鄉賢·皇明》：「李敏。洪武五年，除工部尚書。七年，除江西等處行中書省參知政事。九年，復除工部尚書。欽賜浙江田莊，以疾卒於官，諭祭歸葬。見《藝文》。」《順治潁州志·名賢傳·明》：「李敏。洪武五年，由辟舉除工部尚書。又改除江西等處行中書省參知政事。九年，復除工部尚書，欽賜浙江田莊。以疾卒，諭祭賜葬。」

②《成化中都志·人才傳·潁州（國朝）》：「張泌。由監生，洪武二十六年（1393）任兵科都給事中。陞光祿寺卿。永樂六年（1408），卒於官，賜祭。泌容貌豐偉，識達大體。後吏部每奏除光祿官，必思得人如泌。」《南畿志·鳳陽府·人物》：「張泌，潁州人。洪武中，由太學生授給事中，陞光祿寺卿。御膳必躬視精潔，祭享宴會必豐。泌容貌豐偉，識達大體。後吏部每奏除光祿官，必思得人如泌。」《正德潁州志·人物·本朝》：「張泌，洪武中，由太學生授兵科給事中。和易謹厚，勤於職事。陞都給事中，再陞光祿寺卿。爲光祿二十餘年，於御膳必躬視精潔。其祭享宴會必豐潔，馭下以寬，處事以公。衆咸服之。及卒，特賜祭葬。泌容貌豐偉，識達大體。後吏部每奏除光祿官，必思得人如泌。」呂景蒙《嘉靖潁州志·人物表·歲薦（皇明）》：「（洪武辛未）張泌。傳見《鄉賢》。」呂景蒙《嘉靖潁州志·鄉賢·皇明》：「張泌。由國子生，洪武二十六年任兵科都給事中。遷光祿寺卿。永樂六年，卒於官，賜祭。泌容貌豐偉，識達大體。後吏部每奏除光祿卿，必思得人如泌。」《順治潁州志·名賢傳·明》：「張泌。字淑清。洪武中，由歲貢授兵科給事中。和易謹厚，勤於職事。陞都給事中，再陞光祿寺卿。爲光祿二十餘年，於御膳必躬視精潔，其祭享宴會必豐潔。馭下以寬，處事以公，衆咸服之。受成祖寵遇尤渥，嘗戲書字置袖中，曰：『殺盡朝臣，不殺張鬍子。』其恩寵如此。及卒，特賜祭葬。泌容貌豐偉，識大體。後吏部每奏除光祿官，必思得人如泌。今其家藏有御題畫像並角端圖。按，襄陽李文都公跋公畫像云：『清江彭銘以畫名，上命繪張光祿泌像，開面方具，上亟命取視之，賞其肖似，首肯者至再，廼知彭公畫手精妙，而公亦不世之知遇矣。』」

③《成化中都志·科貢·鄉舉》：「（癸巳科永樂十一年，1413）王質。太和人。」《成化中都志·人才傳·太和縣（國朝）》：「王質。添保鄉人。由舉人，任南陽縣訓導，選授監察御史，陞四川布政司右參政，轉山東布政使，陞戶部右侍郎，尋陞刑部尚書，復改戶部侍郎。卒賜祭葬。維正統九年（1444），歲次甲子，十月丙午朔二十七日壬申，皇帝遣行人方瀣賜祭戶部右侍郎王質曰：『卿以儒術發身，敬慎廉勤，才猷偉著。由耳目之官，出掌方面，嘉譽陞聞。進佐地官，益修厥職，方隆委任。遽聞訃音，眷惟賢能良用悼念，特命有司營葬用表始終之意，卿其有知服茲諭祭。』」《南畿志·鳳陽府·鄉舉科》：「（永樂甲午，1414）王質。太和人。戶部尚書。」《南畿志·鳳陽府·人物》：「王質。太和人。永樂中，授南陽訓導。以才學卓異，拜監察御史。清謹老成，陞四川參政。出巡不食肉，人呼爲青菜王。累遷刑部尚書，轉戶部。卒。」呂景蒙《嘉靖潁州志·人物表·鄉貢（太和）》：「（永樂甲午）王質，傳見《鄉賢》。」呂景蒙《嘉靖潁州志·鄉賢·太和（皇明）》：「王質。本縣人。永樂中，由鄉舉授南陽縣訓導，以才學卓異拜監察御史。清謹老成，薦陞四川參政，愈勵前志，出巡不食肉，人呼爲青菜王。歷遷山東右布政使，未

幾，召爲戶部右侍郎，尋陞刑部尚書，復轉戶部，卒。」《萬曆太和縣志・人物・皇明（鄉貢題名）》：「王質。字夢瑾。永樂甲午科中式。任至刑部尚书。详见《士行》。」《萬曆太和縣志・人物・乡贤（皇明）》：「王質。字夢瑾，天保圖人。領永樂鄉薦，初分教南陽。歷雲南道、湖廣道監察御史，前後凡所彈劾，務存大體。嘗上疏陳十事，切裨大政，悉見採納。（畧見《皇明通紀》。）時松門聚盜，奉命往察之，還奏只罪其魁，餘悉宥之，境賴以寧。宣德十年（1435），陞四川参政，適土番爭地相讐殺，積歲不解，朝廷慮爲邊患，屢遣重臣撫之，不能平。公至，單車入其境，招酋長而開諭之，衆皆感泣，各歸侵地，約婚姻，永誓不亂。正統二年（1437），陞山東布政使。時濟南群虎傷人，公至，齋沐告神三日，捕虎十七，餘遂引去，不爲患。獄有淹繫重囚七人，有三人極稱冤，久莫能決，公立辨之，人稱神明。正統六年（1441），陞戶部侍郎，尋轉刑部尚書，與督察院、大理寺同理刑名，擬議當罪，不事慘刻，衆咸服其長厚。公自爲師長，爲朝廷耳目，出居外藩，入居內輔，勞勩四朝，凡三十年，無纖毫過舉。惟欲人不失所，自奉無異布衣時，每食蔬食，始終不厭，時號爲青菜王，縉紳以爲美談。華蓋殿大學士李賢爲公作《青菜王傳》。先是，以御史丁憂家居，按院聞其清苦，命有司厚致絹帛爲吊禮，公曰：『是吾鄉民膏脂也。』固不受。始終一節，卒之日，囊無長物。平生負正氣，和不阿，剛不刻，是非可否，灼然有見，未嘗以辭色臨人。自少凝重寡言笑，及長，學日博洽，敻出時輩。事母極孝，不忍離側，歷任必扶輿俱，晨昏侍養，務得歡心。翰林院學士苗衷謂其清儉之德，充碩之學，忠以事君，孝以事親，爲士林之表表者。卒年五十三。詳見《名臣言行錄》。」《明史・英宗前纪》：「（正统九年）閏月戊寅，復開福建浙江銀場，命戶部侍郎王質往經理。」

④《成化中都志・科貢・鄉舉》：「（辛卯科永樂九年）卜謙。穎上人。」《成化中都志・人才傳・穎上縣（國朝）》：「卜謙。由舉人，任工科給事中，陞陝西按察司僉事，遷山東按察司副使。」《南畿志・鳳陽府・鄉舉科》：「（永樂辛卯）卜謙。穎上人。参議。」《南畿志・鳳陽府・人物》：「卜謙。穎上人。領永樂辛卯鄉薦，授工科給事中。嘗從皇太孫南京監國，忠於輔導。值內外艱，廬墓側六載。宣德間仍以給事中直文華殿，嘗陳十事，見嘉納。陞陝西僉事。正統中陞山東副使。疏時事，忤近倖，謫陝西參議。民聞謙復至，相顧而喜迎者塞途。以足疾致仕。」呂景蒙《嘉靖穎州志・人物表・鄉貢（穎上）》：「（永樂辛卯）卜謙。傳見《鄉賢》。」呂景蒙《嘉靖穎州志・鄉賢・穎上（皇明）》：「卜謙。字宗讓，附廓人。以《詩經》舉永樂辛卯貢士，游太學，適太宗文皇帝勅國子監選才識老成、語言利便者侍從春宮講讀，尋授工科給事中。永樂十五年，扈從皇太孫南京監國，朝夕近侍，獻可替否，常以古人自期待。十九年，值內外艱，宣宗御極，思念舊臣，差行人李宣取回京，賜正五品織金衣二襲，仍給事牙牌，直文華殿，日承顧問。嘗陳十事：一曰崇師儒以育人才，二曰嚴威武以備邊境，三曰選賢能以資任用，四曰簡將帥以養銳氣，五曰廣儲蓄以濟匱乏，六曰禁末技以廣農桑，七曰重風憲以防壅蔽，八曰汰僧道以崇正學，九曰厚俸祿以養廉恥，十曰旌功臣以勸武臣。上特嘉納。宣德十年，陞陝西僉事，提督屯田水利。正統八年，陞山東副使，整理河道，有功糧運。封章疏時事，見忤近倖，謫陝西布政司左參議。民聞公復至，相顧而喜，迎者塞途。因足疾，自陳命下，即日起行。」《順治穎上縣志・人物・明》：「卜謙。字伯讓，桐鄉人。宋駙馬

後。領鄉薦，游太學。太宗文皇帝敕國子監選才識老成、語言利便者，以侍春宮講讀，尋授工科給事中。永樂十五年，扈從皇太孫南京監國，公朝夕侍近，獻可替否，常以魏徵自期。待十九年，值内外艱，宣宗御極，思念舊臣，差行人李宣取回京，賜正五品織金衣二襲，仍給事中牙牌，直文華殿，日承顧問。嘗陳十事，上特嘉納。宣德十年，陞陝西僉事，尋陞山東副使。見忤近倖，謫陝西參議。民聞公復至，皆喜。因足疾自陳，有《别城隍》詩「一官到此幾經春，不愧蒼天不負民。神道有靈應鑒我，去時還是到時貧」之句。少時以孝聞，扶父母柩，結廬桐鄉祖塋。御史楊永作文以哀之。有《百孝經》歌於世。今祀鄉賢。」

郭昇。字騰霄，潁州人。天順庚辰（1460）進士，授工部都水主事。涖山東河道，督造運粮淺船七百餘艘，改脩南坂等閘，疏濬觀音嘴等河。幹濟公勤，爲帥臺推重，屬管徐州。洪水勢極險，外洪大石百餘，人呼爲翻船石。每歲官民船遭損命者百數，且兩岸捧路低隘，遇漲即瀰漫，退則土去石出，不可步履。自永樂通漕以來，漲後輒鋪草萬束，運土平石，糜費日多，水至則功隳矣。昇鋭意經理，廼上脩河疏，報可。於是募工鑿去翻船諸石，鋪平裏、洪覇下數灣，東西洪岸並林路，各用方石疊砌，扣以鐵錠，灌以石灰，爲功甚巨，兩堤各植柳濬井，以蔭濟行人。三載，將受代，軍民咸具奏保留，轉本司員外郎，仍涖洪事。又陳《便益河道疏》曰：「臣聞不暫勞者，無以永逸其民；不一費者，無以永享其利。蓋因其所欲而勞之，其勞也不怨；除其所害而利之，其利也斯溥。但人之常情，泥於所聞者，以非所聞爲異談；安於故習者，以非所見者爲異事，故凡事多樂因循而憚改作也。臣以逸其民而享其利者言之。且真、揚直抵淮安一帶，河道三百餘里，有十六垻之阻隔，有四湖之險惡，江南百萬錢粮，萬國進貢方物，與往來官民船隻，無不經由是路。到垻之昔，縱有大潮，未免盡空卸載，弓船車放；過湖之日，陡遇風起，浪勢如山，多致覆溺，此不利於往來者也。十六垻人夫之役，三百里堤岸之費，月用其勞，不勾一日之壞；萬費錢粮，而無一歲之利，此勞費於地方者也。自成化八年（1472），天道乾旱，河水消乏，淮安置垻，積水行船，南不通江，北不通淮，三百里之渠若□□①。然臣嘗留心丈量，儀真、瓜州各垻，河底與下潮江面相高不過四尺，淮安河底與淮河水面相高亦不過四尺。若多起人夫，暫費錢粮，通行挑深八尺，上下通於江淮，於儀真、瓜州各置閘二座，置垻三座。夏間潮大，閘内放船；冬天水涸，仍行車垻。一則往來船隻免於盤阻涉險，省費無算。二則高郵、邵伯等湖瀦水洩去，而膏腴之田可出萬頃。」又將有益河渠可行數事者並上：一曰置閘通船，二曰開河便民，三曰開挑夾河以避風浪，四曰措辦樁木以甦民困，五曰專官職以管河道。欽陞本司郎中，專管沛縣直抵儀真、瓜州等處河道。又陳言利病八事：「一曰革蠹弊以清驛遞，二曰禁勾捕以絕奸弊，三曰審旹宜以完廢弛，四曰改馬造船以便應付，五曰明賞罰以示勸懲，六曰許自首以圖新，七曰設坊保以禁盜，八曰添應捕以防盜。」歷河道十四餘年，隨在改造脩築，具有成績，咸稱便焉。尋陞陝西參議，以疾卒於家，贈朝列大夫。然經濟之才，宏博之識，夷積年不測之險，爲永世無窮之利，侵以天年，其勳業當與周文襄爭烈矣。所著有《奏議》，藏於家。②

李宜春曰：余過徐州洪，諸長年爭誦郭公功，廼□□□祀。讀商彭大學士《公記》卒，歎曰：美哉功也，明德遠矣！覩河洛，有不興思者乎？

①此處原有二字，後被塗黑，無法辨識。

②《成化中都志·科貢·鄉舉》：「（丙子科景泰七年，1456）郭昇。潁州人。」《成化中都志·科貢·進士》：「（庚辰科天順四年）郭昇，潁州人。」《成化中都志·人才傳·潁州（國朝）》：「郭昇。由進士，任工部主事，轉郎中，陞陝西布政司參議，卒。」《南畿志·鳳陽府·進士

科》：「（景泰庚辰）郭昇。潁州人。參政。」呂景蒙《嘉靖潁州志·人物表·鄉貢（皇明）》：「（景泰丙子）郭昇。（字）騰霄。」呂景蒙《嘉靖潁州志·鄉賢·皇明》：「郭昇。字騰霄。舉進士，任工部都水司主事。成化丁亥（1467），奉命莅徐州洪治水。昇究心廼事，募工匠鑿去翻船石以百數，東西堤岸俱用方石疊砌，固以鐵錠，灌以秫灰，使平廣堅厚，爲牽輓之路。附堤掘井以濟輓夫，樹柳六百餘株，爲廕休之所。至今漕運便之。擢郎中，仍莅洪事，尋陞陝西參議。未至，以疾卒於家，贈朝列大夫。洪上有郭公祠，有《碑記》二。」《順治潁州志·名賢傳·明》：「郭昇。字騰霄，以字行。幼潁［穎］異，寓目輒成誦。弱冠舉天順庚辰進士。國初甲第，自昇始。英敏特達，雅負奇節，有經世畧。初任冬官，督運清泉，濬鑿興利，大著能聲。改鎮徐州洪。洪從古險阸，大石百餘，人呼翻船石。每歲溺舡百數，且兩岸捧路隘，遇漲則沒，退則土去石出，不可步履。自通漕以來，漲則鋪草萬束，韋土平石，糜費甚多，水至功隳矣。昇相其要害，鑿石以殺水勢，怪石夷，怒濤平，石板甃岸，砌以鐵釘，灌以石灰，爲功甚巨，植柳濬井，以蔭濟行人，挽舟者更便。值考課，軍民數千詣闕懇留，擢郎中，仍莅洪事。維楊河善淤，運舟膠淺，跬步如棘。當事才昇，復授之往治。昇疏淤滯，置儀真白塔河閘，河溢則洩於江，江漲則引於河，瀦蓄有法，陞陝西參議。未任，以疾卒於家，贈朝列大夫。洪上有郭公祠，並碑記。昇文武兼長，尤善騎射，慷慨負志，常自吟曰：『幾把雕翎箭，一張烏號弓。倘得邊城寄，燕然看勒功。』惜其不竟抱云。□索稗說，百家方技，靡不精解，多藏異書，蓋博雅瑰奇，不可方隅者也。」《明史·河渠·運河上》：「成化四年（1468），管河主簿郭昇以大石築兩堤，錮以鐵錠，鑿外洪敗船惡石三百，而平築裏洪堤岸，又甃石岸東西四百餘丈。十六年（1480），增甃呂梁洪石堤、石壩二百餘丈，以資牽輓。及是建閘，行者益便之。」

循吏六人

漢

何比干。字少卿，汝陰人。學《尚書》於晁錯，經明行脩，兼通法律。爲汝陰縣獄吏決曹掾，平活數千人。武帝岀爲廷尉正，皆張湯持法深，而比干務存仁恕，所濟活者以千數。後遷丹陽都尉，獄無冤囚，淮汝號曰何公。①

三國

呂範。字子衡，細陽人。少爲縣吏，從孫策征討，跋涉辛苦，危難不避，遷都督。嘗從策棊，從容謂策曰：「今將軍事業日大，士衆日盛，範聞紀綱猶有不整者，願暫領都督部分之。」策曰：「子衡，卿既有大衆，立功於外，豈宜復屈小職，知軍中細碎事乎！」範曰：「不然。今捨本土而託將軍，非爲妻子也。欲濟世務，猶同舟涉海，一事不牢，俱受其敗。此亦範計，非但將軍也。」策笑，無以答。範出，便釋褠，著袴褶，執鞭，詣閤下啟事，自稱領都督，策以授傳，委以衆事。由是軍中肅穆，威禁大行。權征江夏，與周瑜拒曹操，拜裨將軍，領彭澤太守。權討關羽，守建業，還拜建威將軍，封宛陵侯。遷前將軍，假節，改封南昌侯。軍還，拜揚州牧。性好威儀，然勤事奉法，故權悦其忠，不怪其侈。②

---

①事見《後漢書·何敞傳》及註引《何氏家傳》。《成化中都志·人才傳·潁州（漢）》：「何比干。字少卿，汝陰人。學《尚書》於晁錯，經明行修，兼通法律。爲汝陰縣獄吏決曹掾，平活數千人。武帝時爲廷尉正，時張湯持法深，而比干務仁恕，所濟活者以千數。後爲丹陽都尉，獄無冤囚，淮汝號曰何公。《何氏家傳》云：征和三年（前90），忽有老嫗至門，謂比干曰：『君先出自后稷，佐堯至晉，有陰德，及公之身，又鞠獄平恕。今天賜策，以廣公之子孫。』因出懷中符策，凡九百九十枚，以授比干。曰：『子孫佩印符者，當如此筭。』嫗忽不見。比干九子，本始元年（前73），自汝徙家平陵，累世榮盛，皆符嫗言。出《東漢書·何敞傳》註，若幾於怪誕，然史所載，姑錄之。」《成化中都志·名宦·潁州（漢）》：「何比干。汝陰縣決曹掾，平活數千人，時號何公。詳見《人才類》。」《正德潁州志·名宦·漢》：「何比干。汝陰縣決曹掾，平活數千人，號何公。」呂景蒙《嘉靖潁州志·人物表·仕（漢）》：「（武帝征和）何比干。傳見《鄉賢》。」呂景蒙《嘉靖潁州志·鄉賢·漢》：「何比干。字少卿，汝陰人。學《尚書》於晁錯，經明行修，兼通法律。爲汝陰縣獄吏決曹掾，平活數千人。武帝時爲廷尉正，時張湯持法深，而比

干務存仁恕，所濟活者以千數。後遷丹陽都尉，獄無冤囚，淮汝號曰何公。按《何氏家傳》云：征和三年，忽有老嫗至門，謂比干曰：『君先出自后稷，佐堯至晉，有陰德，及公之身，又鞠獄平恕。今天賜策，以廣公之子孫。』因出懷中符策，凡九百九十枚，以授比干。曰：『子孫佩印符者，當如此筭。』嫗忽不見。比干九子，本始元年，自汝徙居平陵，累世榮盛，皆符嫗言。」《順治潁州志·名賢傳·漢》：「何比干。字少卿，汝陰人。少學《尚書》於晁錯，經明行修，通法律。爲汝陰縣獄吏決曹掾，平活數千人。武帝時爲廷尉正，時張湯持法深，而比干務存仁恕，所濟活者不可數。後遷丹陽都尉，無冤囚，淮汝號曰何公。忽有老嫗至門，謂比干曰：『君先出自后稷，佐堯至晉，有陰德，及公之身，又鞠獄平恕。今天賜策，以廣公之子孫。』因出懷中符策，凡九百九十枚，以授比干。曰：『子孫佩印符者，當如此筭。』嫗忽不見。比干九子，累世榮盛，皆符嫗言。」

②事見《三國志·吳志·呂範傳》及註引《江表傳》。《成化中都志·人才傳·潁州（三國）》：「呂範。字子衡，細陽人。少爲縣吏，從孫策攻討有功，拜征虜中郎將。孫權攻關羽，命範守建業，曹休、張遼南侵，範督舟師拒之，軍還，拜揚州牧，終大司馬。」《南畿志·鳳陽府·人物》：「呂範。汝南細陽人。從孫策東渡，領宛陵令，討破丹陽賊，還都督。孫權征江夏，範與張紹留守，及征關羽，命範守建業，尋拜建威將軍，封宛陵侯。領丹陽太守，遷前將軍，改封南呂侯，拜揚州牧。初策使範典財計，權私有所求，範必關白。權以範忠誠，故厚見信任。子據爲安軍中郎將，數有功，累遷驃騎將軍。」呂景蒙《嘉靖潁州志·人物表·仕（吳）》：「呂範。細陽人。傳見《鄉賢》。」呂景蒙《嘉靖潁州志·鄉賢·三國》：「呂範。字子衡，細陽人。少爲縣吏，從孫策征討，跋涉辛苦，危難不避，策亦親戚待之。每與陞堂，宴飲於太妃前。從策攻破廬江還，東渡到橫江、當利，破張英於麋，下小丹陽、湖熟，領湖熟相。討破丹陽賊，還都督。嘗與策棊，從容謂策曰：『今將軍事業日大，士衆日盛，範在遠聞紀綱猶有不整者，願暫領都督，佐將軍部分之。』策曰：『子衡，卿既士大夫，加手下已有大衆，立功於外，豈宜復屈小職，知軍中細碎事乎！』範曰：『不然。今捨本土而託將軍，非爲妻子也。欲濟世務，猶同舟涉海，一事不牢，俱受其敗。此亦範計，非但將軍也。』策笑，無以答。範出，便釋褠，著袴褶，執鞭，詣閤下啟事，自稱領都督，策迺授傳，委以衆事。由是軍中肅穆，威禁大行。從攻祖郎、太史慈。拜征虜中郎將，征江夏，還，平鄱陽。策薨，奔喪。權復征江夏，與張昭留守。與周瑜拒曹操赤壁，拜裨將軍，領彭澤太守。權討關羽，守建業，還拜建威將軍，封宛陵侯。督徐盛、全琮、孫韶等，以舟師拒曹休、張遼、臧霸於洞口。遷前將軍，假節，改封南昌侯。軍還，拜揚州牧。性好威儀，州民如陸遜、全琮及貴公子，皆修敬虔肅，不敢輕脫。其居處服飾，於時奢靡，然勤事奉法，故權悅其忠，不怪其侈。」《萬曆太和縣志·人物·鄉賢（三國）》：「呂範。字子衡，細陽人也。少爲縣吏，從孫策征討，跋涉辛苦，危難不避，策亦以親戚待之，每與陞堂，宴飲於太后前。從策攻破廬江，遂東渡到橫江、當利，破張英於麋，下小丹陽、湖熟，領湖熟相，討破丹陽賊，還都督。嘗與策棊，從容謂策曰：『今將軍事業日大，士衆日盛，範在遠聞紀綱猶不整者，願暫領都督，佐將軍部分之。』策曰：『子衡，卿既士大夫，加手下已有大衆，立功於外，豈宜復屈

小職，知軍中細碎事乎！」範曰：『不然。今捨本土而託將軍者，非爲妻子也。欲濟世務，猶同舟涉海，一事不牢，俱受其敗。此亦範計，非但將軍也。』策笑，無以答。範出，便釋褠，著袴褶，執鞭，詣閤下啟事，自稱領都督，策迺授傳，委以衆事。由是軍中肅穆，威禁大行。從攻祖郎、太史慈，拜征虜中郎將，征江夏，還平鄱陽。策薨，奔喪。權復征江夏，與張昭留守，與周瑜拒曹操赤壁，拜備裨將軍，領彭澤太守。權攻關羽，令範守建業，權還，拜建威將軍，封宛陵侯。曹休、張遼、臧霸南侵，範督徐盛、全琮、孫韶等以舟師拒於洞口，遷前將軍，改封南昌侯。軍還，拜揚州牧。性好威儀，州民如陸遜、全琮及貴介公子，皆修敬虔肅，不敢輕脫。其居處服飾，於時奢靡，然勤事奉法，故權悅其忠，不怪其侈。累官至大司馬。」《順治潁州志・名賢傳・三國》：「呂範。字子衡，細陽人。少爲縣吏，從孫策征討，跋涉辛苦，危難不避，策亦親戚待之。每與陞堂，宴飲於太妃前。從策攻破廬江還，東渡到橫江、當利，破張英於麋，下小丹陽、湖塾［孰］，領湖塾［孰］相。討破丹陽賊，還都督。賞［嘗］與策棊，從容謂策曰：『今將軍事業日大，人衆日盛，範在遠聞紀綱猶有不整者，願暫領都督，佐將軍部分之。』策曰：『子衡，卿既士大夫，加手下已有大衆，立功於外，豈宜復屈小職，知軍中細碎事乎！』範曰：『不然。今捨本土而託將軍者，非爲妻子也。欲濟世務，猶同舟涉海，一事不牢，俱受其敗。此亦範計，非但將軍也。』策笑，無以答。範出，即具袴褶，執鞭，詣閤下啟事，自稱領都督，策迺授之，中外肅然，人不敢犯，所向有功，遂霸江東。領彭澤太守，遷平南將軍，屯柴桑。權都武昌，拜範建威將軍，領丹陽太守，治建業。終大司馬。」

宋

張綸。字公信，汝陰人。太宗甞擢荊湖提點刑獄，歷知辰、渭州，遷江淮發運副使。甞鹽課大虧，迺奏除通、泰、楚三州鹽戶宿負，官助其器用，鹽入優與之直，由是歲增課數十萬石。復置鹽場於杭、秀、海三州，歲入課又百五十萬石。居二歲，增上供米八十萬。疏五渠，導太湖入於海，復租米六十萬。開長蘆西河以避覆舟之患，又築漕河隄二百里於高郵北，旁錮鉅石爲十礎，以泄橫流。泰州有捍海堰，延袤百五十里，久廢不治，歲患海濤冒民田。綸方議（脩）復，論者難之，以爲濤患息而畜潦之患興矣。綸曰：「濤之患十九，而潦之患十一，獲多而忘［亡］少，豈不可邪？」表三請，願身自臨役。僉權知泰州，卒成堰，復逋戶二千六百，州民利之，爲立生祠。居淮南六年，屢遷，徙知潁州，卒。綸有材畧，所至興利除害，有循良之政。爲人恕，喜施予，在江、淮，見漕卒凍餒道死者衆，歎曰：「此有司之過也，非所以體上仁也。」推俸錢市絮襦千數，衣其不能自存者。①

---

①事見《宋史·張綸傳》。《成化中都志·人才傳·潁州（宋）》：「張綸。汝陰人。太宗時擢荊湖提點刑獄。歷知辰、渭州，遷江淮發運副使。權知泰州，復逋戶二千六百，民爲立生祠。後又知瀛、滄、潁州。綸有才畧，所至興利除害，有循良之政。」《正德潁州志·人物·宋》：「張綸。汝陰人。太宗時擢荊胡提點刑獄。歷知辰、渭二州，遷江淮發運副使。權知泰州，復逋戶六千二百，民爲立生祠。後又知府瀛、滄、潁州。綸有才畧，所至興利除害，有循良之政。」呂景蒙《嘉靖潁州志·人物表·仕（宋）》：「（真宗咸平）張綸。汝陰人。傳見《鄉賢》。」呂景蒙《嘉靖潁州志·鄉賢·三國》：「張綸。字公信，潁州汝陰人。少倜儻任氣。舉進士不第，補三班奉職，遷右班殿直。從雷有終討王均於蜀，有降寇數百據險叛，使綸擊，綸馳報曰：『此窮寇，急之則生患，不如諭以向背。』有終用其說，賊果棄兵來降。遷益、彰、簡等州督巡檢使，所部卒縱酒掠居民，綸斬首惡數人，衆廼定。徙荊州提點刑獄，遷東頭供奉官、提點開封府界縣鎮公事。奉使靈夏還，會辰州谿峒彭氏蠻內寇，以知辰州。綸至，築蓬山驛路，賊不得通，廼遁去。徙知渭州。改內殿崇班、知鎮戎軍。奉使契丹，安撫使曹瑋表留之，不可。蠻復入寇，爲辰州、澧、鼎等州緣邊五谿十峒巡檢安撫使，諭蠻酋禍福，購還所掠民，遣官與盟，刻石於境上。久之，除江淮制置發運副使。時鹽課大虧，力奏除通、泰、楚三州鹽戶宿負，官助其器用，鹽入優與之直，由是歲增課數十萬石。復置鹽場於杭、秀、海三州，歲入課又百五十萬。居二歲，增上供米八十萬。疏五渠，導太湖入於海，復租米六十萬。開長蘆西河以避覆舟之患，又築漕河隄二百里於高郵北，旁錮鉅石爲十礎，以泄横流。泰州有捍海堰，延袤百五十里，久廢不治，歲患海濤冒民田。綸方議修復，論者難之，以爲濤患息而畜潦之患興矣。綸曰：『濤之患十九，而潦之患十一，獲多而忘［亡］少，豈不可邪？』表三請，願身自臨役。僉兼權知泰州，卒成堰，復逋戶二千六百，州民利之，爲立生祠。居淮南六年，屢遷。徙知潁州，卒。綸有材畧，所至興利除害。爲人恕，喜施予，在江、淮，見漕卒凍餒道死者衆，歎曰：『此有司之過，非所以體上仁也。』推俸錢市絮襦千數，衣其不能自存者。」《順治潁州志·名賢傳·宋》：「張綸。字公信，潁州汝陰人。少倜儻任氣。從雷有終討王均於蜀，有降寇數百據險叛，使綸擊，綸馳報曰：『此窮寇，急之則生患，不如諭以向背。』有終用其說，賊果來降。所部卒縱酒掠居民，綸斬首惡數人，衆廼定。遷江淮發運副使，奏除通、泰、楚三州鹽戶宿負，官助其器用，鹽入優與之直，由是歲增課數十萬石。復置鹽場於杭、秀、海三州，歲

入課又百五十萬。居二歲，增上供米八十萬。疏五渠，導太湖入於海，復租米六十萬。開長蘆西河以避覆舟之患，又築漕河隄二百里於高郵比[北]，旁錮鉅石以泄横流。泰州有捍海堰，廷[延]袤百五十里，久廢不治，歲患海濤。表三請，願身自臨役。僉權知泰州，卒成堰，復逋戶二千六百，州民利之，爲立生祠。綸有材畧，所至興利除害，有循良政。爲人恕，喜施予，在江、淮，見漕卒凍餒道死者衆，歎曰：『此有司之過也。』推俸錢市絮襦千數，衣其不能自存者。」

明

欒世英。潁州人。洪武初入仕，歷任不怠，官至四川布政使。①

章順舉。字元凱，甘羅鄉人。隱居陽臺村，容貌魁偉，博學多聞，與鄉人言，議論英發。洪武十八年（1385），有司以人才薦，詔許入朝。上奇之曰：「授爾方面，何如？」對曰：「臣總得大綱，轄得有司。」上悦，授以河南右布政使，尋陞廣西左布政使。歷官勤慎，所至有惠政焉。②

卜釗。字景威，謙之子。以太學生初授臨朐知縣，勞心撫字，民咸德之。九年，民不忍別，立德政遺愛碑，以識去思。陞保安州知州，調隆慶州，擢常德知府。歷官無汙行，人咸重之。③

李宜春曰：余讀《卜氏傳》，廼知卜之盛也與哉！釗起應例，爲名郡守；其弟鏞爲名縣令。雖卓卓然自立，其所得家庭，豈誣也邪？

①《成化中都志·人才傳·潁州（國朝）》：「欒世英。洪武十一年（1378）任四川布政使。」《正德潁州志·人物·本朝》：「欒世英。洪武初入任。歷任不怠，官至四川布政使。」呂景蒙《嘉靖潁州志·人物表·辟舉（皇明）》：「（洪武戊午，1378）欒世英，是年以歷任不追，遷四川布政使。」《順治潁州志·名賢傳·明》：「欒世英。洪武由辟举入仕。歷任不怠，官至四川布政使。」《明史·選舉志三》：「是年（洪武六年，1373）遂罷科舉，別令有司察舉賢才，以德行爲本，而文藝次之。其目，曰聰明正直，曰賢良方正，曰孝弟力田，曰儒士，曰孝廉，曰秀才，曰人才，曰耆民。皆禮送京師，不次擢用……賢良欒世英、徐景昇、李延中，儒士張璲、王廉爲布政使。」

②《大明一統志·中都·人物（本朝）》：「章順舉。潁上人。以隱士召用，歷官勤慎，累陞河南布政使，尋調廣西有惠政。」《成化中都志·人才傳·潁上縣（國朝）》：「章順舉。由隱士舉，任河南布政司右布政使，調廣西右布政使。」《南畿志·鳳陽府·人物》：「章順。一名順舉，潁上人。國初以隱士召用，歷河南廣西布政使，勤慎，有惠政。」呂景蒙《嘉靖潁州志·人物表·辟舉（潁上）》：「（洪武戊申）章順舉。傳見《鄉賢》。」呂景蒙《嘉靖潁州志·鄉賢·潁上（皇明）》：「章順舉。字元凱，甘羅鄉人，隱居陽臺村。容貌魁偉，博學多聞，與鄉人言，議論英發。洪武十八年，有司以人才薦，詔許入朝。上奇之，曰：『授爾方面，何如？』對曰：『臣總得大綱，轄得有司。』上悅，授以河南右布政使，尋陞廣西左布政使。所至有惠政焉。」《順治潁上縣志·人物·明》：「章順舉。字元凱，甘羅鄉人，隱居陽臺村。容貌魁偉，更博學多聞。洪武十八年，有司以人材薦於上，詔見，大奇之，曰：『授爾方面，何如？』對曰：『臣總得大綱，轄得有司。』上悅，授以河南右布政使。有奇績，尋陞廣西左布政使。吏畏其威，民懷其惠，廼稱之曰：『獠夷服之，而有東北之望；明君信之，而無西南之憂。』爲世名臣。《一統志》亦云有惠政。今祀鄉賢。」

③呂景蒙《嘉靖潁州志·人物表·應例（潁上）》：「卜釗。常德知府。」《順治潁上縣志·人物·明》：「卜釗。字景威，謙之子。以太學生初授臨朐知縣，勞心撫字，民咸德之。九年，民不忍別，立德政遺愛碑。陞保安知州，擢常德知府。天資英敏，器宇凝重，博學強記，旁通百家，人所難及。歷官三任，無汙行，人咸重之。」《光緒臨朐縣志·秩官表·（明）知縣》：「（成化）卜釗。二年（1466）任。有《傳》。」《光緒臨朐縣志·宦績·明》：「知縣卜釗。字景威，直隸潁上人。進士。成化中任。政以節儉平易爲本，尤善體察民隱。秩滿當去，民籲留弗獲，爲立石以記德政。（《舊志》。）」《嘉靖常德府志·官守志·（國朝）郡守》：「卜釗。潁上人。監生，成化間任。」

氣節八人

東漢

郭憲。字子横，郪人也。少師事東海王仲子。昔王莽爲大司馬，召仲子，仲子欲往。憲曰：「禮有來學，無往教之義。今君賤道畏貴，竊所不取。」仲子曰：「王公至重，不敢違之。」憲曰：「今正臨講業，且當訖事。」仲子從之，日晏廼往。莽問：「君來何遲？」仲子具以憲言對，莽陰奇之。及莽簒位，拜憲郎中，賜以衣服。憲受衣焚之，逃於東海之濱。光武即位，求天下有道之人，廼徵憲，拜博士。再遷，爲光祿勳。從駕南郊。憲在位，忽面向東北，含酒三潠。執法奏爲不敬。詔問其故。憲對曰：「齊國失火，故以此厭之。」後齊果上火災，與郊同日。八年，車駕西征隗囂，憲諫曰：「天下初定，車駕未可以動。」憲廼當車拔佩刀以斷車靷。帝不從，遂上隴。其後潁川兵起，廼回駕而還。帝歎曰：「恨不用郭子横之言。」昔匈奴數犯塞，帝患之，廼召百僚廷議。憲以爲天下疲弊，不宜動衆。諫争不合，廼伏地稱眩瞀，不復言。帝令兩郎扶下殿，憲亦不拜。帝曰：「常聞『關東觥觥郭子横』，竟不虚也。」憲遂以病辭退，卒於家。①

范滂。字孟博，細陽人也。少厲清節，爲州里所服，舉孝廉、光祿四行。昔冀州飢荒，盜起，以滂爲清詔使，案察之。登車攬轡，慨然有澄清天下之志。及至州境，守令臧汙者，望風解印綬去。其所舉奏，莫不厭塞衆議。遷光祿勳主事。滂執公儀詣光祿陳蕃，蕃不止之，滂棄官去。郭林宗聞而讓蕃曰：「若范孟博者，豈宜以公禮格之？今成其去就之名，得無自取不優之議也？」蕃廼謝焉。復爲太尉黄瓊所辟。後詔三府掾屬舉謠言，滂奏刺史、二千石權豪之黨二十餘人。尚書責滂所劾猥多，疑有私故。滂曰：「臣聞農夫去草，嘉穀必茂；忠臣除姦，王道以清。若臣言有貳，甘受顯戮。」吏不能詰。滂覩旹方艱，知意不行，因投劾去。太守宗資聞其名，請署功曹，委任政事。後以鉤黨坐繫獄。獄吏謂：「入獄皆祭皋陶。」滂曰：「皋陶賢者，古之直臣。知滂無罪，將理之於帝；如其有罪，祭之何益！」獄吏將加掠考，滂以同囚多嬰病，廼請先就格，遂與同郡袁忠爭受楚毒。桓帝使中常侍王甫以次辨詰，滂等皆三木囊頭，暴於階下。滂獨對曰：「臣聞仲尼之言：『見善如不及，見惡如探湯。』故［欲］

---

①事見《後漢書·郭憲傳》。《成化中都志·人才傳·潁州（漢）》：「郭憲。字子横，汝南宋人。宋，漢新鄭縣也。東漢爲宋國，故城去潁州八里。憲少師事東海王仲子。王莽爲大司馬，召仲子，欲往。憲曰：『禮有來學，無往教之義。今君賤道畏貴，竊所不取。』及莽簒位，拜憲郎中，賜以衣服。憲受衣焚之，逃於東海之濱。光武即位，求天下有道之人，廼拜憲博士。遷光祿勳。屢直諫，帝曰：『嘗聞曰「關東觥觥郭子横」，竟不虛也。』」《南畿志·鳳陽府·人物》：「郭憲。汝南宋人。少師事東海王仲子。王莽爲大司馬，召仲子，欲往，憲曰：『君賤道畏貴，竊所不取。』及莽簒位，拜憲郎中，賜以衣服，憲焚之而逃。光武即位，求天下有道之人，廼拜憲博士，遷光祿勳。屢直諫，帝曰：『嘗聞「關東觥觥郭子横」，竟不虛也。』」吕景蒙《嘉靖潁州志·人物表·仕（東漢）》：「（光武建武）郭憲。傳見《鄉賢》。」吕景蒙《嘉靖潁州志·鄉賢·漢》：「郭憲，字子横，汝南宋人也。少師事東海王仲子。王莽爲大司馬，召仲子，欲往。憲曰：『禮有來學，無往教之義。今君賤道畏貴，竊所不取。』及莽簒位，拜憲郎中，賜以衣服。憲受衣焚之，逃於東海之濱。光武即位，求天下有道之人，廼徵憲拜博士。遷光祿勳。屢直諫，不稱意，帝曰：『嘗聞曰「關東觥觥郭子横」，竟不虛也。』憲遂以疾辭，卒於家。」《順治潁州志·名賢傳·漢》：「郭憲。字子横，鄭人也。王莽拜憲郎中，賜以衣服。憲受焚之，逃於東海。光武即位，徵憲，拜博士，遷光祿勳。從駕南郊，忽向東北，含酒三潠。執法奏爲不敬，憲對曰：『齊國失火，厭之。』後齊果上火災，與郊同日。車駕西征隗囂，憲諫曰：『天下初定，車駕不可動。』憲拔佩刀斷車靷。帝不從。後潁川兵起，廼歎曰：『恨不用郭子横之言。』時匈奴數犯塞，帝患之，召百僚廷議。憲以爲天下疲弊，不宜動衆。諫爭不合，廼伏地稱眩瞀，不復言。帝令兩郎扶下殿，憲亦不拜。帝曰：『常聞「關東觥觥郭子横」，竟不虛也。』」

使善善同其清，惡惡同其汙，謂王政之所願聞，不悟更以爲黨。」甫曰：「卿更相拔舉，迭爲脣齒，有不合者，見則排斥，其意如何？」滂迺慷慨仰天曰：「古之循善，自求多福；今之循善，身陷大戮。身死之日，願埋滂於首陽山側，上不負皇天，下不愧夷、齊。」甫愍然爲之改容。後事釋，南歸。始發京師，汝南、南陽士大夫迎之者數千兩。同囚鄉人殷陶、黃穆，亦免俱歸，並衛侍於滂，應對賓客。滂顧謂陶等曰：「今子相隨，是重吾禍也。」遂遁還鄉里。初，滂等繫獄，尚書霍諝理之。及得免，到京師，往候諝而不爲謝。或有讓滂者，對曰：「昔叔向嬰罪，祁奚救之，未聞羊舌有謝恩之辭，祁老有自伐之色。」竟無所言。建寧二年（169），遂大誅黨人，詔下急捕滂等。督郵吳導至縣，抱詔書，閉傳舍，伏牀而泣。滂聞之，曰：「必爲我也。」自詣獄。縣令郭揖大驚，出解印綬，引與俱亡。曰：「天下大矣，子何爲在此？」滂曰：「滂死則禍塞，何敢以累君，又令老母流離乎！」跪與母訣。復顧其子曰：「吾欲使汝爲惡，則惡不可爲；使汝爲善，則我不爲惡。」行路聞之，莫不流涕。皆年三十三。①

①事見《後漢書·范滂傳》。《成化中都志·人才傳·潁州（漢）》：「范滂。字孟博。謝承《書》曰：『汝南細陽人。』少厲清節，爲州里所服，舉孝廉、光祿四行。時冀州飢荒，盜起，以滂爲清詔使。登車攬轡，慨然有澄清天下之志。及州境，守令臧汙者，望風解印綬去。還光祿勳主事。滂執公儀詣光祿勳陳蕃，蕃不止之，滂棄官去。復爲太尉黃瓊所辟。後詔三府掾屬舉謠言，滂奏刺史、二千石二十餘人。尚書責滂所劾猥多，疑有私故。滂曰：『臣聞農夫去草，嘉穀必茂；忠臣除姦，王道以清。臣言有貳，甘受顯戮。』吏不能詰。滂覩時方艱，知意不行，因投劾去。太守宗資聞其名，請署功曹，委任政事。後以鉤黨坐繫獄。獄吏謂：『入獄皆祭皋陶。』滂曰：『皋陶，古之直臣。知滂無罪，將理之於帝；如其有罪，祭之何益！』桓帝使中常侍王甫以次辨詰，滂對曰：『仲尼之言：「見善如不及，見惡如探湯。」故〔欲〕使善善同其清，惡惡同其汙，謂王政之所願聞，不悟更以爲黨。』甫爲之改容。後事得釋，南歸。建寧二年，大誅黨人，詔下急捕滂等。督郵吳導至縣，抱詔書，閉傳舍，伏牀而泣。滂聞之曰：『必爲我也。』即自詣獄。母曰：『汝今得與李杜齊名，死亦何恨？既有令名，復求壽考，可兼得乎？』滂跪

受教。顧謂其子曰：『吾欲使汝爲惡，則惡不可爲；使汝爲善，則我不爲惡。』行路聞之，莫不流涕。時年三十三。范曄《書》曰：『汝南征羌人。』未詳孰是。」《正德潁州志·人物·漢》：「范滂。細陽人。少厲清節，舉孝廉，光祿四行。時冀州飢荒盜起，滂爲清詔使，登車攬轡，慨然有澄清天下之志。及至州境，守令望風觧印綬去。後以鈎黨坐繫，得釋，復見收。母曰：『汝今得與李杜齊名，死亦何恨？』滂跪受教，再拜而辭。聞者流涕。」呂景蒙《嘉靖潁州志·人物表·仕（東漢）》：「（靈帝建寧）范滂。細陽人。傳見《鄉賢》。」呂景蒙《嘉靖潁州志·鄉賢·漢》：「范滂。字孟博，汝南細陽人也。少厲清節，爲州里所服，舉孝廉、光祿四行。時冀州飢荒，盜起，以滂爲清詔使。登車攬轡，慨然有澄清天下之志。及州境，守令臧汙者，望風解印綬去。遷光祿勳主事。滂執公儀詣光祿勳陳蕃，蕃不止之，滂棄官去。復爲太尉黄瓊所辟。後詔三府掾屬舉謠言，滂奏刺史、二千石二十餘人。尚書責滂所劾猥多，疑有私故。滂曰：『臣聞農夫去草，嘉穀必茂；忠臣除姦，王道以清。臣言有貳，甘受顯戮。』吏不能詰。滂覩時方艱，知意不行，因投劾去。太守宗資聞其名，請署功曹，委任政事。後以鈎黨坐繫獄。獄吏謂：『入獄皆祭皋陶。』滂曰：『陶，古之名臣。知滂無罪，將理之於帝；如其有罪，祭之何益！』桓帝使中常侍王甫以次辨詰，滂對曰：『仲尼之言：「見善如不及，見惡如探湯。」故［欲］使善善同其清，惡惡同其汙，謂王政之所願聞，不悟更以爲黨。』甫爲之改容。後事得釋，南歸。建寧二年，誅黨人，詔下急捕滂等。督郵吳導至縣，抱詔書，閉傳舍，伏牀而泣。滂聞之，曰：『必爲我也。』自詣獄。母曰：『汝今得與李杜齊名，死亦何恨？既有令名，復求壽考，可兼得乎？』滂跪受教。顧謂其子曰：『吾欲使汝爲惡，則惡不可爲；使汝爲善，則我不爲惡。』行路聞之，莫不流涕。時年三十三。」《萬曆太和縣志·人物·鄉賢（漢）》：「范滂。字孟博，細陽斤溝人。少勵清節，爲州里所推服，舉孝廉、光祿四行。時冀州飢荒，盜起，以滂爲清詔使，登車攬轡，慨然有澄清天下之志。及州境，守令臟汙者望風解印綬去。遷光祿勳主事。滂執公儀詣光祿勳陳蕃，蕃不止之，滂棄官去。復爲太尉黄瓊所辟。後詔三府掾屬舉謠言，滂奏刺史、二千石二十餘人。尚書責滂所劾猥多，疑有私故。滂曰：『臣聞農夫去草，嘉穀必茂；忠臣除姦，王道以清。臣若有貳，甘受顯戮。』吏不能詰辯。覩時方艱，知意不行，因投劾去。太守宗資聞其名，請署公曹，委任政事。後以鈎黨坐繫獄，獄吏爲［謂］入獄皆祭皋陶。滂曰：『陶，古之名臣。知滂無罪，將理之於帝；如其有罪，祭之何益！』桓帝使中常侍王甫以次辯詰，滂對曰：『仲尼之言：「見善如不及，見惡如探湯。」故［欲］使善善同其清，惡惡同其汙，謂王政之所願聞，不悟更以爲黨。』甫爲之改容。後事得釋，南歸。建寧二年，大誅黨人，詔下急捕滂等。督郵吳導至縣，抱詔書至傳舍，伏牀而泣。滂聞之，曰：『必爲我也。』即自詣獄。母曰：『汝今得與李杜齊名，死亦何恨？既有令名，復求壽考，可兼得乎？』滂跪受教。顧謂其子曰：『吾欲使汝爲惡，則惡不可爲；使汝爲善，則我不爲惡。』行路聞之，莫不流涕。時年三十三。」《順治潁州志·名賢傳·漢》：「范滂。字孟博，細陽人。少厲清節，舉孝廉，爲清詔使。登車攬轡，慨然有澄清天下之志。州境守令贓汙者，望風解印綬去。遷光祿勳主事。後以鈎黨坐繫獄，吏謂祭皋陶，滂曰：『陶，古之名臣。知滂無罪，將理之於帝；如其有罪，祭之何益！』中常侍王甫辨詰滂等，皆三木囊頭，暴於階下，滂對曰：『臣聞仲尼之言：「見善如不及，見惡如探湯。」太守宗資聞其名，請署功曹，委任政事。後以鉤黨坐繫獄。獄吏謂：『入獄皆祭皋陶。』滂曰：『皋陶，古之直臣。知滂無罪，將理之於帝；如其有罪，祭之何益！』桓帝使中常侍王甫以次辨詰，滂對曰：『仲尼之言：「見善如不及，見惡如探湯。」故〔欲〕使善善同其清，惡惡同其汙，謂王政之所願聞，不悟更以爲黨。』甫曰：『卿更相拔舉，迭爲脣齒，有不合者見則排斥，其意如何？』滂迺慷慨仰天曰：『古之修善，自求多福；今之修善，身陷大戮。身死之日，願埋滂於首陽山側，上不負皇天，下不愧夷、齊。』甫爲之改容。初，滂等繫獄，尚書霍諝理之，及得免，往候，謁而不爲謝。逮黨人詔下，急捕滂等。督郵吳導至縣，抱詔書，閉傳舍，伏牀而泣。滂聞之，曰：『必爲我也。』即自詣獄。母曰：『汝今得與李杜齊名，死亦何恨？既有令名，復求壽考，可兼得乎？』滂跪受教。顧謂其子曰：『吾欲使汝爲惡，則惡不可爲；使汝爲善，則我不爲惡。』行路聞之，莫不流涕。時年三十三。」

三國

許劭。字子將，平輿人。少峻名節，好人倫，多所賞識。與從兄靖俱有重名，好共覈論鄉黨人物，每月輒更其品題，故汝南俗有月旦評焉。曹操微旹，嘗卑辭厚禮，求爲己目。劭鄙其人，不對，操迺爲隙脅劭，劭不得已，曰：「君清平之姦賊，亂世之奸雄。」操喜而去。初爲郡功曹，府中聞許子將爲吏，莫不改操飾行。司空楊彪辟，舉方正、敦樸，徵，皆不就。或勸之仕，曰：「方今小人道長，王室將亂，吾欲避地淮海，以全老幼。」迺南到廣陵。徐州刺史陶謙禮之甚厚。劭告其徒曰：「陶恭祖外慕虛名，內非真正。待吾雖厚，其勢必薄。不如去之。」遂復投揚州刺史劉繇於曲阿。後謙果捕諸寓士。及孫策平吳，劭與繇南奔豫章卒。兄虔亦知名，汝南稱平輿淵有二龍焉。①

許靖。字文休，平輿人。少與從弟劭俱知名，並有人倫臧否之稱，而私情不協。劭爲郡功曹，排擯靖不得齒敘，以馬磨自給。潁川劉翊爲汝南太守，廼舉靖計吏，察孝廉，除尚書郎。董卓秉政，補御史中丞，共謀議，進退天下之士。後避難於吴，轉徙入蜀。袁徽與荀彧書曰：「許文休英才偉士，自流宕以來，與群士相隨，先人後己，與九族中外同其飢寒。其綱紀同類，仁恕

---

①事見《後漢書·許劭傳》。《成化中都志·人才傳·潁州（漢）》：「許劭。字子將，平輿人。少峻名節，好人倫，多所賞識。與從兄靖俱有重名，好共覈論鄉黨人物，每月輒更其品題，故汝南俗有月旦評焉。曹操微時嘗卑詞厚禮爲求己目。劭鄙其人，不肯對，操伺隙脅之，不得已，曰：『君清平之姦賊，亂世之英雄也。』操大悦而去。初爲郡功曹，府中聞子將爲吏，莫不改操飾行。後司空楊彪辟，舉方正、敦樸，徵，皆不就。或勸之仕，對曰：『方今小人道長，王室將亂，吾欲避地淮海，以全老幼。』廼南到廣陵。刺史陶謙禮之甚厚。劭告其徒曰：『陶恭祖外慕聲名，内非真正。待吾雖厚，其勢必薄。』遂去之。後謙果捕諸寓士。劭竟卒於豫章。兄虔亦知名，汝南人稱平輿淵有二龍焉。噫！許子將之不就征辟，與料陶謙，可謂見幾而作，不俟終日者矣。與陳仲舉之自取滅亡異哉！蓋亦各行其志也。」呂景蒙《嘉靖潁州志·人物表·仕（東漢）》：「（獻帝初平）許劭。平輿人。傳見《鄉賢》。」呂景蒙《嘉靖潁州志·鄉賢·漢》：「許劭。字子將，平輿人。少峻名節，好人倫，多所賞識。與從兄靖俱有重名，好共覈論鄉黨人物，每月輒更其品題，故汝南俗有月旦評焉。曹操嘗造求爲己目。劭鄙其爲人，不對，操脅之，不得已，曰：『君治世之能臣，亂世之奸雄也。』操喜而去。初爲郡功曹，府中聞許子將爲吏，莫不改操飾行。司空楊彪辟，舉方正、敦樸，徵，皆不就。或勸之仕，曰：『方今小人道長，王室將亂，吾欲避地淮海，以全老幼。』廼南到廣陵。刺史陶謙禮之甚厚。劭告其徒曰：『陶恭祖外慕虚名，内非真正。待吾雖厚，其勢必薄。』遂去之。後謙果捕諸寓士。劭竟卒於豫章。兄虔亦知名，汝南稱平輿淵有二龍焉。」《順治潁州志·名賢傳·漢》：「許劭。字子將，平輿人。少峻名節，好人倫，多所賞識。與從兄靖俱有重名，好共覈論鄉黨人物，每月輒更其品題，故汝南俗有月旦評焉。曹操嘗造求爲己目，劭鄙其爲人，不對，操脅之，不得已，曰：『君治世之能臣，亂世之奸雄也。』操喜而去。初爲郡功曹，府中聞許子將爲吏，莫不改操飾行。司空楊彪辟，舉方正、敦樸，徵，皆不就。或勸之仕，曰：『方今小人道長，王室將亂，吾欲避地淮海，以全老幼。』廼南到廣陵。刺史陶謙禮之甚厚。劭告其徒曰：『陶恭祖外慕虚名，内非真正。待吾雖厚，其勢必薄。』遂去之。後謙果收遇士。劭竟卒於豫章。兄虔亦知名，汝南稱平輿淵有二龍焉。」

惻隱，皆有效事。」漢先主克蜀，以爲太傅。靖雖年踰七十，愛樂人物，誘納後進，清談不倦。丞相諸葛亮嘗爲之拜。①

元

王珪。潁州人。元統中以承直郎擢監察御史，有風紀聲。②

明

竇松。潁州人。洪武初任監察御史，雅尚節操，水［冰］蘗著聲。③

李芳。字彥芳，潁上附廓人。永樂乙未（1415）進士，改翰林庶吉士，轉刑科給事中。陳前代理亂，朝政得失，育賢取士，選將練兵，足國裕民數事，上嘉納之。再疏旹事，忤權倖，謫海鹽丞。剛直不能事人，棄官家居。宣宗嘗顧群臣問曰：「李芳何在？」故京師爲之語曰：「永樂紀綱，宣德李芳。」所著有《潁上八景詩》。④

《文地春風》：

宣尼道德與天同，過化春神妙聖躬。從古此村遺化雨，至今何地不春風？行來楚尾長淮北，曾寓甘城古潁東。村落依稀今又古，年年三月杏花紅。

①事見《三國志・許靖傳》。《成化中都志・人才傳・潁州（三國）》：「許靖。字文休。察孝廉，除尚書郎。董卓秉政，補御史中丞。後避難於吳，轉徙入蜀。袁崧與荀彧書曰：『許文休英才偉士，自流宕以來，與群士相隨，每有緩急，常先人後己，與九族中外同其飢寒。其綱紀同類，仁恕惻隱，皆有效事。』漢先主克蜀，以靖爲太傅。靖雖年踰七十，愛樂人物，誘納後進，清談不倦。丞相諸葛亮嘗爲之拜。」呂景蒙《嘉靖潁州志・人物表・仕（蜀）》：「（昭烈章武）許靖。傳見《鄉賢》。」呂景蒙《嘉靖潁州志・鄉賢・三國》：「許靖。字文休。察孝廉，除尚書郎。董卓秉政，補御史中丞。後避難於吳，轉徙入蜀。袁徽與荀彧書曰：『許文休英才偉士，自流宕以來，與群士相隨，先人後己，與九族中外同其飢寒。其綱紀同類，仁恕惻隱，皆有效事。』漢先主克蜀，以爲太傅。靖雖年踰七十，愛樂人物，誘納後進，清談不倦。丞相諸葛亮嘗爲之拜。」《順治潁州志・名賢傳・漢》：「許靖。字文休，平輿人。少與從弟劭俱知名，並有人倫臧否之稱，而私情不協。劭爲郡功曹，排擯靖不得齒敘，以馬磨自給。董卓秉政，補御史中丞。後避難於吳，轉徙入蜀。袁徽與荀彧書曰：『許文休英才偉士，自流宕以來，與群士相隨，先人後己，與九族中外同其飢寒。其紀綱同類，仁恕惻隱，皆有效。』昭烈克蜀，以爲太傅。」

②《成化中都志・人才傳・潁州（元）》：「王珪。元統中擢南臺御史，克振風紀。」《正德潁州志・人物・元》：「王珪。元統中以承直郎擢南臺監察御史，有風紀聲。」呂景蒙《嘉靖潁州志・人物表・仕（元）》：「（順帝元統）王珪。見《傳》。」然該書後實無其傳。《順治潁州志・名賢傳・元》：「王珪。元統中以承直郎擢監察御史，有風紀聲。」

③《成化中都志・人才傳・潁州（國朝）》：「竇松。任浙江道監察御史。」《正德潁州志・人物・本朝》：「竇松。洪武中任監察御史。所至有冰蘖聲。」呂景蒙《嘉靖潁州志・人物表・辟舉（皇明）》：「（洪武庚午，1390）竇松。監察御史。有名於時。」《順治潁州志・名賢傳・明》：「竇松。洪武初由辟舉任監察御史。雅尚節操，所至有冰蘖聲。」

④《成化中都志・科貢・進士》：「（乙未科永樂十三年）李芳。潁上人。」《成化中都志・人才傳・潁上縣（國朝）》：「李芳。由進士，翰林庶吉士，授刑科給事中。」《南畿志・鳳陽府・進士科》：「（永樂乙未）李芳。潁上人。給事中，謫縣丞。」《南畿志・鳳陽府・人物》：「李芳。潁上人。登進士，選翰林庶吉士，轉刑科給事中。立朝凜然，執法不撓，嘗陳前代理亂、朝政得失、育賢取上、選將練兵、足國裕民數事，上嘉納。又疏時事，忤權倖，遂爲所扼，謫海鹽丞。棄官家居四十餘年，卒。」呂景蒙《嘉靖潁州志・人物表・鄉貢（潁上）》：「（永樂辛卯）李芳。」呂景蒙《嘉靖潁州志・人物表・甲科（潁上）》：「（永樂乙未）李芳。傳見《鄉賢》。」呂景蒙《嘉靖潁州志・鄉賢・（潁上）皇明》：「李芳。字彥芳，附廓人。幼穎悟，修然清臞。登進士，改翰林庶吉士，轉刑科給事中。立朝凜然，執法不撓。嘗陳前代理亂，朝政得失，育賢取士，選將練兵，足國裕民數事，上嘉納。疏時事，忤權倖，遂爲所扼，謫海鹽丞。剛直不能事人，棄官家居，四十餘而卒。宣宗嘗顧群臣問曰：『李芳何在？』故京師爲之語曰：『永樂紀綱，宣德李芳。』」《順治潁上縣志・人物・明》：「李芳。字彥芳。少年穎悟，修然清臞。登進士，授翰林庶吉士，轉刑科給事中。執法不撓。常疏時事，忤權倖，謫海鹽丞。棄官家居，詩酒自娛。宣宗嘗顧群臣問曰：『李芳何在？』京師爲之語曰：『永樂紀綱，宣德李芳。』亦可謂名重朝廷矣。今祀鄉賢。」《光緒海鹽縣志・職官表・（明）縣丞》：「（宣德）李芳。潁上進士。」

《甘羅故址》：

當年獨負妙齡姿，佐呂爲卿十二旹。一代衣冠今已矣，千年事業尚流遺。高名耿耿傳炎史，故址萋萋盡楚茨。日暮登臨眺望處，寒烟宿霧鎖荒基。

《白廟曉烟》：

勝蹟由來不記春，巍巍祠建古沙濱。曉烟繚遶籠霧宇，曙色連延接杳旻。祚國屢將甘澤沛，富民頻覩瑞禾臻。蒼生久賴爲霖濟，簫皷年年展賽神。

《映林晚照》：

西下殘暉半有無，平林映帶錦幕糊。餘光閃閃歸鴉健，暝色霏霏去鶴孤。牧笛臨風聞隔隴，樵歌載月過平蕪。分明一段天然景，携酒黄昏看畫圖。

《賽澗流泉》：

賽澗幽深一水開，花繁竹密隩連隈。溶溶淡淡天光透，渺渺茫茫地脉來。浮出桃花籠淡月，漱穿石齒隱輕雷。何旹解綬歸來日，卜地谿頭起釣臺。

《江口晴波》：

江天日麗斂浮雲，江水風恬颺翠紋。茶竈筆牀操一葉，月汀煙渚許平分。身心便欲成嘉遯，踪蹟須妨恐浪聞。醉後扣舷歌一曲，相親相近只鷗群。①

《蓮池夜月》：

西望蓮池十里寬，良宵載酒放船看。相邀太乙乘蓮葉，須讓嫦娥出廣寒。水鏡光澄先走兔，珮環聲細始驂鸞。仰瞻牛斗徘徊處，興正濃旹夜未闌。②

《同丘古木》：

宰木蕭蕭夕照中，路人遙指說龍宮。入雲只許藤蘿寄，溜雨寧甘苔蘚封。覆地層陰籠野曠，參天黛色倚晴

---

①此詩，《順治潁上縣志·古今詩集》載爲潁令陳大化所作。

②此詩，《順治潁上縣志·古今詩集》載爲潁令劉朝孚所作。其中，末句「夜」字，《順治潁上縣志·古今詩集》作「酒」。

空。昔人化去無消息，夜夜長號萬古風。①

儲珊。字朝珍，潁州城南人。弘治己未（1499）進士，授清江知縣。丁外艱，服闋，改新鄉。以治行徵入，試河南道巡按東路，及清查遼陽錢穀，爲名御史。代按山東，振肅風紀。會劉瑾竊柄，縉紳側目，珊秉正嫉邪，爲瑾所陷，左遷爲山西岢嵐州判。瑾誅，起爲南京兵部車駕司主事，尋陞浙江僉事。旹群醜王浩八等弄兵桃源，勢甚猖獗，陶巡撫奏珊才望勇畧，專勅提兵操之。戰數十合，已有捷報，但負氣英邁，與當道論議弗協，即解綬東歸。後紀功黎給事上珊功，武廟嘉之，賜綵幣銀牌，獎於家。然才高用左，美負妬興，君子於是傷旹事焉。悲哉！②

忠義六人

春秋

伍員。字子胥，潁乾谿人。父奢、子［兄］尚，俱仕楚爲大夫，諫楚平王荒淫，俱被殺。子胥亡入吳，因公子光求見吳王。後（公）子光刺王僚自立，爲吳王闔閭，召子胥，與謀國事。九年，吳興師伐楚，楚昭王奔郢。子胥迺伐平王塚，出屍鞭之，以復父之仇。復歸相吳。太子夫差立，以伯嚭爲太宰。後伐越，越請和，委國爲臣。子胥强諫欲伐齊，又諫，伯嚭讒而毀之。夫差迺使使賜子胥屬鏤之劍，曰：「子以此死。」子胥仰天歎曰：「嗟乎！讒臣嚭爲亂矣，王迺反誅我。我令若父霸。自若未立時，諸公子爭立，我以死爭之於先王，幾不得立。若既得立，欲分吳國予我，我顧不敢望也。然今若聽諛臣言以殺長者。」迺告其舍人曰：「必樹吾墓上以梓，令可以爲器；而抉吾眼縣吾［吳］東門之上，以觀越寇之入滅吳也。」迺自剄死。夫差聞之大怒，迺取

---

①詩中第一句「宰」字，第二句「路」「説」二字，第三句「只」「藤蘿」三字，《順治潁上縣志·古今詩集》分別作「古」「昔」「望」「已」「煙霞」。

②《成化中都志·科貢·鄉舉》：「（己酉科弘治二年，1489）儲珊。潁州人。」《成化中都志·科貢·進士》：「（己未科弘治十二年）儲珊。潁州人。」《南畿志·鳳陽府·進士科》：「（弘治己未）儲珊。潁州人。僉事。」《正德潁州志·人物·本朝》：「儲珊。字朝珍。自少力學不怠。弘治中登進士，初授江西清江令。甫逾歲，政通人和。未幾，丁外艱。服闋，改新鄉令。廉明公恕，有古循良風，且能鋤衆強以安寡弱。興學校，勸農桑，招流移，廣儲蓄，凡一切廢墜，殫力修舉。三載之間，境内晏然。故當道屢加禮奬，交章薦揚。及報政，考治功第一。擢監察御史，巡按山東，有冰蘗聲。」《正德潁州志·科貢·科（本朝）》：「儲珊。中弘治己酉應天府鄉試，登弘治己未倫文敘榜進士。初授知縣，擢監察御史。改南京兵部主事，尋陞浙江按察司僉事。」呂景蒙《嘉靖潁州志·人物表·鄉貢（皇明）》：「（弘治己酉）儲珊。朝珍。應天鄉試。」《順治潁州志·名賢傳·明》：「儲珊。字朝珍，號潁濱。自幼以豪傑自許，薄章句，留心經濟。弘治己酉舉於鄉，己未進士，授清江知縣。丁外艱。服闋，改新鄉知縣。授御史，巡按山東，抗疏奏劉瑾不法狀，謫岢嵐州判。瑾誅，起南京兵部車駕司主事，擢浙江僉事。劇賊王浩八等亂桃源，勢甚猖（獗），提兵出奇，累戰克捷。偶與當道左，即拂衣歸。黎給事叙公功，武廟嘉之，賜綵幣銀牌。家居閉户讀書，爲文雄渾，詩大有唐風。所著有《奏疏》八卷、《心遠堂詩草》四卷、《雜記》七卷、《鉤玄集》十卷。今皆散逸不可考云。」《雍正河南通志·職官·衛輝府屬知縣（新鄉縣）》：「儲珊。江南潁州人，弘治十八年（1505）任。」《乾隆山東通志·職官志·明（巡按監察御史）》：「儲珊。南直潁州人。」《雍正浙江通志·職官·明（提刑按察司僉事）》：「儲珊，潁州人。」《乾隆新鄉縣志·秩官·（明）知縣》：「（宏［弘］治）儲珊。有傳。」《乾隆新鄉縣志·人物·（明）循吏》：「儲珊。字朝珍，南直潁川人。弘治己未進士，初任清江，再起蒞茲邑。詢民瘼，理庶務，迎刃以解，有能聲。他邑矜疑之獄，咸委決焉。值歲大旱，民心洶洶，珊沐浴虔禱，旋大雨，民賴以安。學校、城郭廢墜者，次第修舉，其他惠政不一。秩滿，擢監察御史。」

子胥屍，盛以鴟夷革，浮之江中。吴人憐之，爲立祠於江上，因命曰胥山。①

沈諸梁。字子高，仕楚，爲葉縣尹。哀公十六年（前479），楚人白公勝作亂，殺令尹子西，攻惠王。子高討之。或曰：「君胡不胄？矢若傷君，是絕民望也。」廼胄而進。又曰：「君胡胄？國人見君面，是得父也。」廼免胄而進。惠王復國，封葉公。②

唐

段珂。汧陽人，秀實孫。僖宗旹居潁州，黄巢圍潁，刺史欲以城降。珂募少年拒戰，衆裹糧請從，賊遂潰。拜州司馬。③

元

李冕。潁州人，工部尚書守忠子。至正辛卯（1351），州人劉福通作亂，以紅巾爲號，流劫鄉市。冕率衆拒之，不支被執，奮罵而死。子秉昭，從弟黼，在江州俱以捍賊死。④

①事見《史記·伍子胥傳》。《正德潁州志·人物·春秋》：「伍員。字子胥，潁州乾谿人。其父奢、兄尚俱仕楚，爲大夫。諫楚平王荒淫，遂俱被殺。先是，奢令員逃生，員如命奔吳。初不以爲才，員隱身修行。盍閭聞而賢之，遂相吳。魯定公四年（前506）以吳師入楚，楚敗奔義陽。員伐平王塚，出屍鞭之，以復父之讎。復歸相吳，被讒賜死。宋張詠有《吊伍員》詩：『生能酧楚怨，死可報吳恩。直氣海濤在，片心江月存。』其故家今名伍名溝云。」呂景蒙《嘉靖潁州志·人物表·仕（春秋）》：「伍員，字子胥，潁乾谿人。父奢、兄尚俱仕楚，諫楚平王被害。員奔吳，隱身修行。吳王以爲相。」《順治潁州志·名賢傳·春秋》：「伍員。字子胥，潁乾谿人。其先伍舉，諫章華臺者，楚之名大夫也。父奢、兄尚。平王太子曰建，使伍奢爲太傅，費無忌爲少傅，無忌無寵於太子。平王使無忌爲太子娶婦於秦，勸王自取之，去太子而事平王，說王大城城父，以實太子。王聽之，從而譖之曰：『建與奢將以方城之外叛。』王遂執奢，而使奮揚殺建，建亡奔宋。無忌言於平王曰：『奢二子皆賢，可以父質，召而誅之。不然，且爲楚患。』王使召尚與員，員不來；尚至楚，並殺奢與尚。員亡走吳，因公子光以求見吳王撩，言伐楚之利。時公子光欲殺王而自立，阻之。員亦知光有內志，未可說以外事，廼進專諸於光，退而與太子建之子勝耕於野以俟。光廼令專諸刺殺王僚而自立，是爲闔閭。闔閭以員爲吳行人，員遂破楚軍於豫章，後悉興師，與唐、蔡伐楚，敗囊瓦於栢舉。五戰，及郢，楚昭王奔隨，吳遂入郢，員廼掘楚平王墓，出其屍，鞭之三百。後五年伐越，越王迎擊，敗吳於姑蘇，傷闔盧［閭］指。闔盧［閭］死，子夫差立。二年而報越，敗之夫椒，越王以其餘兵五千人棲於會稽，使大夫種厚弊［幣］遺吳太宰嚭以請和，求委國爲臣妾。夫差將許之，員諫弗聽。夫差將爲魯伐齊，勾踐率其眾而朝王及列士，皆有賂。吳人皆喜，員獨懼曰：『是豢吳也夫。』諫不聽，員屬其子於齊鮑氏。吳太宰嚭因讒之曰：『員恨其計不用，常鞅鞅怨望。此起禍不難，願王早圖之。』王使賜之屬鏤之劍，員仰天歎曰：『樹吾墓檟，檟可材也。吳其亡乎！』廼自剄死。吳王聞之大怒，廼取員屍，（盛）以鴟夷革，浮之江中。吳人憐之，爲立祠江上，命曰胥山。」

②事見《左傳·哀公十六年》：「楚太子建之遇讒也，自城父奔宋。又辟華氏之亂於鄭，鄭人甚善之。又適晉，與晉人謀襲鄭，廼求復焉。鄭人復之如初。晉人使諜於子木，請行而期焉。子木暴虐於其私邑，邑人訴之。鄭人省之，得晉諜焉。遂殺子木。其子曰勝，在吳。子西欲召之，葉公曰：『吾聞勝也，詐而亂，無廼害乎？』（杜预註：葉公子高，沈諸梁也。）……吳人伐慎，白公敗之。請以戰備獻，許之。遂作亂。秋七月，殺子西、子期於朝，而劫惠王……葉公在蔡，方城之外皆曰：『可以入矣。』子高曰：『吾聞之：以險徼幸者，其求無饜，偏重必離。』聞其殺齊管修也，而後入……葉公亦至，及北門，或遇之，曰：『君胡不胄？國人望君如望慈父母焉。盜賊之矢若傷君，是絶民望也。若之何不胄？』廼胄而進。又遇一人曰：『君胡胄？國人望君如望歲焉，日日以幾。若見君面，是得艾也。民知不死，其亦夫有奮心，猶將旌君以徇於國，而又掩面以絶民望，不亦甚乎？』廼免胄而進……沈諸梁兼二事。國寧，廼使寧爲令尹，使寬爲司馬，而老於葉。」《正德潁州志·人物·春秋》：

「沈諸梁。字子羔。仕楚，爲葉縣尹。按《左傳・哀公十三年》：『楚人白公勝作亂。殺令尹子，西攻惠王。子羔討之。』或曰：『君胡不胄？矢若傷君，是絕民望也。』乃胄而進。又曰：『君胡胄？國人見君面，是得文也。』乃免胄而進。平惠王，復國，封葉公。性喜畫龍，嘗游孔門。」呂景蒙《嘉靖潁州志・人物表・仕（春秋）》：「沈諸梁，字子羔。仕楚，葉縣尹。詳《左傳》。」《順治潁州志・名賢傳・春秋》：「沈諸梁。字子高，稱葉公。初，太子建見殺於鄭，其子勝在吳。令尹子西欲召之，葉公曰：『吾聞勝也，詐而亂，無乃害乎？』子西曰：『吾聞勝也，信而勇，不爲不利。舍諸邊竟，使衛藩焉。』葉公曰：『周仁之謂信，率義之謂勇。吾聞勝也，好復言而求死士，殆有私乎？復言非信也，期死非勇也。子必悔之。』弗從，召之。惠王十年，吳人伐慎，白公敗之，請以戰備，遂作亂。秋七月，殺子西、子期於朝，而劫惠王，子西以袂掩面而死，曰：『吾慚葉公也。』葉公在蔡，方城之外皆曰：『可以入矣。』子高曰：『吾聞之：以險徼幸者，其求無饜，偏重必離。』聞其殺齊管修也，而後入。至北門，或遇之，曰：『君胡不胄？國人望君如望慈父母焉。盜賊之矢若傷君，是絕民望也。』乃胄而進，又遇一人，曰：『君胡胄？國人望君如望歲焉，若見君面，民知不死，其亦有奮心，猶將旌君以徇於國，而又掩面以絕民望，不亦甚乎？』乃免胄而進。遇箴尹固帥其屬將與白公子高，曰：『微二子者，楚不國矣。棄德從賊，其可保乎？』乃從葉公，使與國人以攻白公，白公奔山而縊。」

③事見《新唐書・段秀實傳》附傳：「珂僖宗時居潁州，黃巢圍潁，刺史欲以城降。珂募少年拒戰，衆裹糧請從，賊遂潰。拜州司馬。」《成化中都志・名宦・潁州（唐）》：「段珂。汧陽人。秀實孫。僖宗時居潁州，黃巢圍潁，刺史欲以城降。珂募少年拒戰，衆裹糧請從，賊遂潰。拜州司馬。」《南畿志・鳳陽府・宦蹟》：「段珂。汧陽人。秀實孫也。寓居潁州。黃巢圍潁，刺史欲以城降。珂募少年拒戰，衆裹糧請從，賊遂潰。拜州司馬。」呂景蒙《嘉靖潁州志・職官表・司馬（唐）》：「（僖宗廣明）段珂。傳見《僑寓》。」呂景蒙《嘉靖潁州志・僑寓・唐》：「段珂。汧陽人。秀實孫。僖宗時居潁州，黃巢圍潁，刺史欲以城降。珂募少年拒戰，衆裹糧請從，賊遂潰。拜州司馬。」《順治潁州志・僑寓傳・唐》：「段珂。汧陽人。秀實孫。僖宗時居潁州，黃巢圍潁，刺史欲以城降。珂募少年拒戰，衆裹糧請從，賊遂潰。拜州司馬。後家十［於］潁。」

④《元史・李黼傳》：「黼兄冕，居潁，亦死於賊。」《正德潁州志・人物・元》：「李冕。守忠子。修身飭行。至正辛卯（1351）潁人劉福通作亂，以紅巾爲號。流劫鄉市，燒潁水縣。冕率衆拒之，不支被執，奮罵就死。子秉昭從叔黼，江州亦以捍賊死。忠節萃於一門云。」呂景蒙《嘉靖潁州志・人物表・隱（元）》：「（泰定帝泰定）李冕。守中子。黼兄。傳見《死事》。」呂景蒙《嘉靖潁州志・死事・元》：「李冕。守中子。修身飭行。至正辛卯，潁人劉福通作亂，以紅巾爲號。流劫鄉市，燒潁郡縣。冕率衆拒之，不支被執，奮罵就死。子秉昭從叔黼，江州亦以捍賊死。忠萃於一門云。」《順治潁州志・名賢傳・元》：「李冕。潁州人。工部尚書守忠子。至正辛卯，潁人劉福通作亂，以紅巾爲號，流劫鄉市，冕率衆拒之，不支被執，奮罵就死。」

李黼。字子威，潁人也。冕弟。初補國子生。泰定四年（1327），廷試第一，授翰林脩撰。歷官監察御史、禮部侍郎。江南寇競起，黼出守江州。至正十一年（1351）夏五月初，賊既陷武昌，舳艫蔽江而下。①九江當其前，寔江西襟喉之地。黼治城壕，脩器械，募丁壯，分守要害，且上攻守之策於行省，請兵取江北，以扼賊衝。不報。黼歎曰：「吾不知死所矣。」廼獨椎牛享[饗]士，激忠義以作士氣。數日之間，紀綱麤立。十二年（1352）正月己未，賊壽輝遣其將丁普等渡江，威順王走，右丞孛羅帖木兒方軍於江，聞之亦遁。黼雖孤立，辭氣愈厲。旹黄梅縣主簿也孫帖木兒願出擊賊，黼大喜，向天瀝酒與之誓。言始脫口，賊游兵已至境，急檄諸鄉落聚木石於險處，遏賊歸路。倉卒無號，廼墨士卒面，統之出戰，黼身先士卒，大呼陷陣。也孫帖木兒繼進，賊大敗，逐北六十里。鄉丁依險阻，乘高下木石，横屍蔽路，殺獲二萬餘。黼還，謂左右曰：「賊不利於陸，必由水道以舟薄我，苟失備禦，吾屬無噍類矣。」廼以長木數千，冒鐵椎於杪，暗植沿岸水中，逆刺賊舟，謂之七星椿。會西南風急，賊舟數千，果揚帆順流皷譟而至，舟遇椿不得動。黼帥將士奮擊，發火翎箭射之，焚溺者無算，餘舟散走。行省上黼功，詔以爲行省參政，行江州、南康等路軍民都總管，便宜行事。已而賊勢更熾，西自荊湖，東際淮甸，守臣往往棄城遁。黼守孤城，提孱旅，斬馘扶傷，無日不戰，中外援絕。二月甲申，賊將薄城，分省平章政事禿堅不花自北門遁。黼引兵登陴，布戰具，賊已至甘棠湖，焚西門，廼張弩箭射之。賊趍趄未敢進，轉攻東門。賊已入，與之巷戰，知力不敵，揮劍叱賊曰：「殺我！毋殺百姓！」賊自巷背來刺，黼墮馬，黼與從子秉昭俱罵賊而死。郡民聞黼死，哭聲震天，相率具棺，瘞於東門外。黼死踰月，參政之命始下，年

---

①據《元史·李黼傳》，此事發生在至正十二年（1352）正月。「至正十一年夏五月」廼「盜起河南」時，非攻擊江州之時也。詳見下文。

五十五。事聞，贈黼攄忠秉義效節功臣、資德大夫，淮南、江北等處行中書省左丞相、護國［軍］，追封隴西郡公，謚忠文。詔立廟江州，賜額曰崇烈。官其子秉方集賢待制。①

李秉昭。冕季子也，從黼江州，以罵賊不屈死。②

李宜春曰：熊熊乎李之烈乎！夫卞壺以父子著，而兄弟、叔姪則未聞；顔真卿、陳文龍以兄弟、叔姪顯，而父子則無傳，何幸僅遘見之李乎！噫嘻！孰謂光嶽之氣，其不在天地間哉！

經術八人

漢

張酺。字孟侯，細陽人，趙王敖後也。少從祖父充受《尚書》，能傳其業。又事太常桓榮，勤力不怠。顯宗爲四姓小侯開學於南宫，置五經師。酺以《尚書》教授，數以論難當意，除爲郎，賜車馬衣服，令入授皇太子。酺爲人質直，守經義，每侍講，率有匡正之辭。累遷至司徒，以嚴見憚。曾孫濟，字元江，好儒學，光和中官至司空。卒贈車騎將軍、關内侯。封子根爲蔡陽鄉侯。濟弟喜，初平中爲司空。③

①李黼（1298—1352），字子威。泰定四年經魁，仕至江州路總管。守城而死。贈行中書左丞相、護軍隴西郡公，謚忠文。事見《元史·李黼傳》。《成化中都志·人才傳·潁州（元）》：「李黼。字子威。父守中，仕元，爲工部尚書。黼以泰定四年廷試魁多士，授翰林修撰。歷官皆朝職。江南寇競起，黼出守江州，治城隍，修器械，募丁壯分守要害，且上攻守之策於江西行省，請兵屯江北，以扼賊衝，不報。黼歎曰：『吾不知死所矣。』賊既陷武昌，舳艫蔽江而下，江西大震。右丞孛羅帖木兒在江上，聞風霄遁。黼孤立，賊猝至，黼自出戰，身先士卒，大呼陷陣。黄梅縣主簿也孫帖木兒繼之，賊大敗，逐北六十里，殺獲二萬餘。黼曰：『賊不利於陸，必由水攻。』廼設七星樁於沿岸水中。賊舟因風鼓譟而進，舟遇樁不得動，廼率將士奮擊，射以火箭，賊多焚溺死，又敗走。行省上黼功，詔以爲行省參政、江州、南康等路軍民都總管，便宜行事。既而賊大至，諸路守臣皆棄城遁，黼守孤城，以無援而城陷，與之巷戰，知力不敵，揮劍叱賊曰：『殺我！毋殺百姓！』賊自巷背來，刺黼墮馬，與從子秉昭俱駡賊而死。黼死踰月，參政總管之命始下。事聞，詔贈攄忠秉義效節功臣、淮南江北等處行中書省左丞相、護軍，追封隴西郡公，謚忠文。立廟江州，賜額曰崇烈。官其子秉方集賢待制。黼兄冕居潁，亦死於賊。秉昭，冕之子也。丁鶴年詩云：『叔姪並歸忠義傳，江山不盡古今情。』」《正德潁州志·人物·元》：「李黼。守忠子。冕弟，字子成。泰定中以明經狀元及第，授翰林修譔。累官宣文閣監書博士，兼經筵官。數與勸講，每以聖賢心法爲言。至正壬午（1342），江南寇起，出守江州路總管。與賊徐壽輝結衆陷江州，黼率民巷戰。叱曰：『殺我，無殺百姓！』與從子秉昭皆駡賊而死。事聞，詔贈攄忠秉義効節功臣、行中書左丞相、護軍隴西郡公，謚忠文，立廟江州，賜額崇列。官其子秉方爲集賢待制。」呂景蒙《嘉靖潁州志·人物表·仕（元）》：「（泰定帝泰定）李黼。守中子。傳見《死事》。」呂景蒙《嘉靖潁州志·死事·元》：「李黼。字子威，潁人也。元工部尚書守中之子。初補國學生。泰定四年丁卯，以明經廷試魁多士，授翰林修撰。歷官監察御史、禮部侍郎。已而廷議内外官通調，授黼江州路總管。至正十一年夏五月，盜起河南，北據徐、蔡，南陷蘄、黄，焚掠數千里，造船北岸，鋭意南攻。九江居下流，實江東、西襟喉之地，黼治城壕，修器械，募丁壯，分守要害，且上攻守之策於江西行省，請兵屯江北，以扼賊衝，庶幾大江之險，賊不得共之，不報。黼歎曰：『吾不知死所矣。』廼獨椎牛享［饗］士，激忠義以作士氣，數日之間，紀綱矗立。十二年正月己未，賊壽輝遣其將丁普郎等渡江，陷武昌，威順王及省臣相繼遁去，舳艫蔽江而下，江西大震。賊乘勝破瑞昌，右丞孛羅帖木兒方軍於江，聞之，遁。黼雖孤立，辭氣愈奮厲。時黄梅縣主簿也孫帖木兒，願出擊賊，黼大喜，向天瀝酒與之誓。言始脱口，賊游兵已至境，急檄諸鄉落聚木石於險處，遏賊歸路。倉卒無號，廼墨士卒面，統之出戰，黼身先士卒，大呼陷陣，也孫帖木兒繼進，賊大敗，逐北六十里。鄉丁依險阻，乘高下木石，横屍蔽路，殺獲二萬餘。黼還，謂左右曰：『賊不利於陸，必由水道以舟薄我，苟失備禦，吾屬無噍類矣。』廼以長木數千，冒鐵椎於杪，暗植沿岸水中，逆刺賊舟，謂之七星樁。會西南風急，賊舟數千，果揚帆順流鼓譟而至，舟遇樁不得動，進退無

措。鬴帥將士奮擊，發火翎箭射之，焚溺死者無算，餘舟散走。行省上鬴功，請拜江西行省参政、行江州、南康等路軍民都總管，便宜行事。已而賊勢更熾，西自荊湖，東至淮甸，守臣往往棄城遁，鬴守孤城，提孱旅，斬馘扶傷，無日不戰，中外援絕。二月甲申，賊將薄城，分省平章政事禿堅不花自北門遁，鬴引兵登陴，布戰具，賊已至甘棠湖，焚西門，廼張弩箭射之，賊趦趄未敢進，轉攻東門。賊已入，與之巷戰，知力不敵，揮劍叱賊曰：『殺我！毋殺百姓！』賊自巷背來，刺鬴墮馬，鬴與從子秉昭俱罵賊而死。郡民聞鬴死，哭聲震天，相率具棺，葬於東門外。鬴死踰月，參政之命始下，年五十五。鬴兄冕居潁，亦死於賊。秉昭，冕季子也。事聞，贈鬴攄忠秉義效節功臣、資德大夫、淮南江北等處行中書省左丞、上護軍，追封隴西郡公，謚忠文。詔立廟江州，賜額曰崇烈。官其子秉方集賢待制。」《順治潁州志·名賢傳·元》：「李鬴。字子威。冕弟。廷試第一，授翰林修撰。累官至禮部侍郎。鬴出守江州，賊陷武昌，舳艫蔽江而下。鬴治城壕，修器械，募丁壯，分守要害，上攻守之策於行省，請兵屯江北，以扼賊衝。不報。鬴歎曰：『吾不知死所矣。』廼獨椎牛享［饗］士，激忠義以作士氣。賊徐壽輝將丁普郎渡江，右丞孛羅帖木兒方軍於江，聞之亦遁。鬴雖孤立，辭氣愈厲。時黃梅縣主簿也孫帖木兒願出擊賊，鬴大喜，向天瀝酒與之誓。賊游兵已至境，急檄諸鄉落聚木石於險處，遏賊歸路。倉卒無號，廼墨士卒面，統之出戰。鬴身先陷陣，也孫帖木兒繼進，賊太［大］敗，逐北六十里。鄉丁依險阻，乘高下木石，橫屍蔽路，殺獲二萬餘。鬴還，謂左右曰：『賊不利於陸，必由水道以舟薄我。』廼以長木數千，冒鐵錐於杪，暗植沿岸水中，逆刺賊舟，謂之七里樁。會西南風急，賊舟數千，果揚帆順流鼓譟而至，舟遇樁不得動。鬴帥將士奮擊，發火翎箭射之，焚溺者無筭，餘舟散走。行省上鬴功，詔以爲都總管，便宜行事。已而賊勢更熾，西自荊湖，東至淮甸，守臣往往棄城遁。鬴守孤城，提孱旅，斬馘扶傷，無日不戰，中外援絕。二月甲申，賊將薄城，分省平章政事禿堅不花自北門遁。鬴引兵登陴，布戰具，賊至甘棠湖，焚西門，廼張弩箭射之。賊趦趄未敢進，轉攻東門。賊已入，與之巷戰，知力不敵，揮劍叱賊曰：『殺我！毋殺百姓！』賊自巷背來刺，鬴墮馬，鬴與從子秉昭俱罵賊而死。郡民聞鬴死，哭聲震天，相率具棺，葬於東門外。贈鬴攄忠秉義效節功臣、資德大夫，淮南、江北等處行中書省左丞相、護國［軍］，追封隴西郡公，謚文忠［忠文］。詔立廟江州，賜額曰崇烈。官其子秉方集賢待制。」

②見前「李冕」「李鬴」二條之註。

③事見《後漢書·張酺傳》。《成化中都志·人才傳·潁州（漢）》：「張酺。字孟侯，細陽人。細陽，漢縣，在州北四十里。顯宗開四姓小侯學，酺以《尚書》教授。論難當上意，除爲郎，令入授皇太子經侍講。率有勁正之詞。累官至司徒。曾孫濟，字元江，好儒學，光和中爲司空。濟弟喜，初平中爲司空。」《正德潁州志·人物·漢》：「張鬴［酺］。細陽人，自少立學不怠。顯宗開四姓小侯學，鬴［酺］以《尚書》教授。論難當上意，除爲郎令，入授皇太子經侍講，率有勁正之詞。累官至司徒。」呂景蒙《嘉靖潁州志·人物表·仕（東漢）》：「（明帝永平）張鬴［酺］。細陽人。傳見《鄉賢》。」呂景蒙《嘉靖潁州志·鄉賢·漢》：「張酺。字孟侯，汝南細陽人。趙王張敖之後也。少從祖父充受《尚書》，

能傳其業，勤力不怠。顯宗開學四姓小侯學，酺以《尚書》教授，數以論難當意，除爲郎，賜車馬衣服，令入授皇太子侍講。率有匡正之辭。累官至司徒。曾孫濟，字元江，好儒學，光和中至司空。病卒，贈車騎將軍、關内侯。封子根爲蔡陽鄉侯。濟弟喜，初平中爲司空。」《萬曆太和縣志·人物·鄉賢（漢）》：「張酺。字孟侯，細陽斤溝人。趙王張敖之後也。少從祖父充受《尚書》，能傳其業，勤力不怠。顯宗開四姓小侯學，酺以《尚書》教授，數以論難當意，除爲郎，賜車馬衣服，令入授皇太子侍講，率有匡正之辭。累官至司徒。曾孫濟，字元江，好儒學，光和中官至司空。卒贈車騎將軍、關内侯，封子根爲蔡陽侯。濟弟喜，初平中爲司空。」

戴憑。字次中[仲]，平輿人也。習《京氏易》。年十六，郡舉明經，徵試博士，拜郎中。旹詔公卿大會，群臣皆就席，憑獨立。光武問其意。對曰：「博士說經皆不如臣，而坐居臣上，是以不得就席。」帝即召上殿，令與諸儒難說，憑多所解釋。帝善之，拜爲侍中，數進見問得失。帝謂憑曰：「侍中當匡補國政，勿有隱情。」憑對曰：「陛下嚴。」帝曰：「朕何用嚴？」憑曰：「伏見前太尉西曹掾蔣遵，清亮忠孝，學通古今，陛下納膚受之訴，遂致禁錮，世以是爲嚴。」帝怒曰：「汝南子復欲[欲復]黨乎？」憑出，自繫廷尉，有詔敕出。後復引見，憑謝曰：「臣無蹇諤之節，而有狂瞽之言，不能以屍伏諫，偷生苟活，誠慚聖朝。」帝即敕尚書解遵禁錮，拜憑虎賁中郎將，以侍中兼領之。正旦朝賀，百僚畢會，帝令群臣能說經者更相難詰，義有不通，輒奪其席以益通者，憑遂重坐五十餘席。故京師爲之語曰：「解經不窮戴侍中。」在職十八年，卒於官，詔賜東園梓器，錢二十萬。①

①事見《後漢書·戴憑傳》。《成化中都志·人才傳·潁州（漢）》：「戴憑。字次仲，汝南平輿人。平輿，漢縣，古沈國，唐改沈丘，故城在州西鄉。憑習《京氏易》，年十六舉明經，徵試博士，拜郎中。遷侍中，兼領虎賁中郎將。正旦朝賀，百僚畢集，帝令群臣能說經者更相難詰，義有

不通，輒奪其席以益通者，憑遂重坐五十餘席。故京師語曰：『解經不窮戴侍中。』卒於官，詔賜東園梓器，錢二十萬。」呂景蒙《嘉靖潁州志·人物表·仕（東漢）》：「（明帝永平）戴憑。平輿人。傳見《鄉賢》。」呂景蒙《嘉靖潁州志·鄉賢·漢》：「戴憑。字次仲，汝南平輿人也。習《京氏易》。年十六，郡舉明經，徵試博士，拜郎中。遷侍中，兼領虎賁中郎將。正旦朝賀，百僚畢會，帝令群臣能說經者更相難詰，義有不通，輒奪其席以益通者，憑遂重坐五十餘席。故京師爲之語曰：『解經不窮戴侍中。』卒於官，詔賜東園梓器，錢二十萬。」《順治潁州志·名賢傳·漢》：「戴憑。字次中［仲］，平輿人也。習《京氏易》。年十六，郡舉明經，徵試博士，拜郎中。時詔公卿大會，群臣皆就席，憑獨立。光武問其意。對曰：『博士說經皆不如臣，而坐居臣上，是以不就。』帝即召上殿，令與諸儒難說，憑多所解釋。帝善之，拜爲侍中，數進見問得失。帝謂憑曰：『侍中當匡補國政，勿有隱情。』憑對曰：『陛下嚴。』帝曰：『朕何用嚴？』憑曰：『臣見前太尉西曹掾蔣遵，清亮忠孝，學通古今，陛下納膚受之訴，遂致禁錮，世以是爲嚴。』帝怒曰：『汝南子復欲［欲復］黨乎？』憑出，自繫廷尉，有詔勑出。引見，憑謝曰：『臣無謇諤之節，而有狂瞽之言，不能以屍伏諫，偷生苟活，誠慚聖朝。』帝即勑尚書解遵禁錮，拜憑虎賁中郎將，以侍中兼領之。正旦朝賀，百僚畢集，帝令群臣能說經者更相難詰，義有不通，輒奪其席以益通者，憑遂重坐五十餘重［席］。京師語曰：『解經不窮戴侍中。』卒，詔賜東園梓器，錢二十萬。」

宋

尹拙。汝陰人。性純謹，博通經史。顯德初，拜檢校右散騎常侍、國子祭酒、通判太常禮院事，與張昭同脩唐應順、清泰及周祖《實錄》，又與昭及田敏同詳定《經典釋文》。周世宗北征，命翰林學士作《祭白馬文》，學士不知所出，訪於拙。拙歷舉郡國祠白馬者以十數，當皆服其該博。宋初改檢校工部尚書、太子詹事、判太府寺，遷秘書監、判太理寺。乾德六年（968）致仕，開寶四年（971）卒，年八十一。子季通，仕至國子博士。①

舒元。沈丘人。少倜儻好學，通《左氏》《穀梁》二傳。辯捷強記，治郡日，或奏其不親獄訟，事多冤滯。太祖面詰問之，凡所詰，元必具誦款占，指述曲直，太祖甚嘉歎之。子知白官至作坊使，知雄補殿直，知崇安撫［備］副使。知白子明［昭］遠，因對自陳，任大理寺丞，賜進士第，官至太常博士。②

---

①尹拙（891—971），後周時官至國子祭酒。宋初改工部尚書、太子詹事，判太府寺。事見《宋史·尹拙傳》。《成化中都志·人才傳·潁州（宋）》：「尹拙。汝陰人。性純謹，博通經史。仕周舉三史，官至國子祭酒，判太常禮院。宋初改工部尚書、太子詹事，判太府寺。卒年八十一。子季通，有文學，以蔭補國子博士。」《正德潁州志·人物·宋》：「尹拙。汝陰人。性淳謹，博通經史。舉三史，官至國子祭酒，通判太常禮院。宋初改工部尚書、太子詹事，判太府寺。卒年八十一。五代士習，不重節義者。」呂景蒙《嘉靖潁州志·人物表·仕（宋）》：「（太宗乾德）尹拙。汝陰人。傳見《鄉賢》。」呂景蒙《嘉靖潁州志·鄉賢·宋》：「尹拙。潁州汝陰人。性純謹，博通經史。顯德初，拜檢校右散騎常侍、國子祭酒、通判太常禮院事，與張昭同修唐應順、清泰及周祖《實錄》，又與昭及田敏同詳定《經典釋文》。周世宗北征，命翰林學士作《祭白馬文》，學士不知所出，訪於拙。拙歷舉郡國祠白馬者以十數，當時服其該博。會丁憂，免。宋初改檢校工部尚書、太子詹事、判太府寺，遷秘書監、判大理寺。乾德六年以本官致仕，開寶四年卒，年八十一。子季通，仕至國子博士。」《順治潁州志·名賢傳·宋》：「尹拙。潁州汝陰人。性純謹，博通經史。顯德初，拜檢校右散騎常侍、國子祭酒、通判太常禮院事，與張昭同修《實錄》，又與昭及田敏同詳定《經典釋文》。周世宗北征，命翰林學士作《祭白馬文》，學士不知所出，訪於拙。拙歷舉郡國祠白馬者以十數，時服其博。子季通，有文學，以蔭仕至國子博士。」

②事見《宋史·舒元傳》。呂景蒙《嘉靖潁州志·人物表·仕（宋）》：「（太宗乾德）舒元。沈丘人。傳見《鄉賢》。」呂景蒙《嘉靖潁州志·鄉賢·宋》：「舒元。潁州沈丘人。少倜儻好學，通《左氏》《穀梁》二傳。辯捷強記，治郡日，或奏其不親獄訟，事多冤滯。太祖面詰問之，凡所詰，元必具誦款占，指述曲直，太祖甚嘉歎之。子知白官至作坊使，知雄補殿直，知崇安撫［備］副使。知白子明［昭］遠，因對自陳，任大理寺丞，賜進士第，至太常博士。」《順治潁州志·名賢傳·宋》：「舒元。潁州沈丘人。少倜儻好學，通《左氏》《穀梁》等傳。辯捷強記，治郡日，或奏其不親獄訟，事多冤滯。太祖面詰問之，凡所詰，元具述曲直，太祖甚加［嘉］歎之。子知白至作坊使，知雄補殿直，知崇安撫副使。知白子明遠，因對自陳，任大理寺丞，賜進士第，至太常博士。」

傅瑾。字公寶，汝陰人。任蔡州助教。力學強記，尤邃字韻。奉先克孝，與鄰喜（施）。嘗教李端願尚名節、養器業爲先。卒，有《字林補遺》十二卷，《音韻管見》三卷，《聞見錄》十卷。①

明

紀鏞。太和縣人。舉成化丁未（1487）進士，以學行推授翰林檢討，遷衡府長史。旹衡王未之國，多所輔益，以疾卒於京。②

盛能。字惟賢，潁上縣人。家貧，力學通五經，尤精於《易》。登進士，授户部雲南副主事，陞黎平知府。卒於官，貧不能歸，遂家焉。③

張沖。字宗遠，潁州人。守亨姪也。以《易經》領成化癸卯（1483）河南鄉薦第二，授濟河訓導。以憂，再補洪洞。橫經指授，模範莊嚴。校文湖廣，號稱得士。會涇府右長史缺，以沖經明行脩充焉。嘗條勤學親賢，王雅重之。尋轉左，加四品服。屢引年乞休。王特爲請，進嘉議大夫以歸。④

邢嵩。字維嶽，潁州人。爲庠名士，尤邃經學。後以貢，遊太學，祭酒湛甘泉公器之，授以知行合一之學。潁後進多師範焉。授黃州府通判，以忤當道，改柳州，歸。所著有《佐黃錄》。⑤

①呂景蒙《嘉靖潁州志·人物表·仕（宋）》：「（徽宗政和）傅瑾。汝陰人。傳見《鄉賢》。」呂景蒙《嘉靖潁州志·鄉賢·宋》：「傅瑾。字公實，汝陰人。任蔡州助教。力學強記，尤邃字韻。奉先克孝，與鄰喜施。嘗教李端願尚名節、養器業爲先。卒，有《字林補遺》十二卷、《音韻管見》三卷、《聞見錄》十卷藏家。有端願《墓序銘》。」《順治潁州志·名賢傳·宋》：「傅瑾。字公實，汝陰人。任蔡州助教。力學強記，尤邃字韻。奉親孝，喜施。有《字林補遺》十二卷、《音韻管見》三卷、《聞見錄》十卷，藏於家。李端願有《墓序銘》。」

②《成化中都志·科貢·鄉舉》：「（庚子科成化十六年）紀鏞。太和人。」《成化中都志·科貢·進士》：「（丁未科成化二十三年）紀鏞。太和人。」《成化中都志·人才傳·太和縣（國朝）》：「紀鏞。由進士，任翰林檢討。」呂景蒙《嘉靖潁州志·人物表·鄉貢（太和）》：「（成化庚子）紀鏞。」呂景蒙《嘉靖潁州志·人物表·甲科（太和）》：「（成化丁未）紀鏞。傳見《鄉賢》。」呂景蒙《嘉靖潁州志·鄉賢·太和（宋）》：「紀鏞。本縣人。舉成化丁未（1487）進士，以學行推授翰林檢討，遷衡府長史。時衡王未之國，多所輔益，以疾卒於京。」《萬曆太和縣志·人物·進士題名（皇明）》：「紀鏞。登成化丁未科費宏榜進士。詳見《士行》。」《萬曆太和縣志·人物·鄉賢（皇明）》：「紀鏞。字大器，號竹谿，大義圖人。敦行孝悌，精邃經術，善古文，尤長詩賦。領成化庚子鄉薦，時年方冠，益篤於學。丁未登進士第，選入翰林吉士。時縉紳諸公每見其文，皆自以爲不及，率推讓之，公恂恂謙抑，自視欿然。尋以學行推授檢討，凡制作文章，多出其筆，燁然明重於時。公豐儀俊偉，詞氣優容，且通達於國體，廷薦爲衡王傅。未幾，卒於京師，一時士夫咸惜其德未盡施而才未盡用也。著作甚富，兩經劉六、王堂之變，燔毀無遺。嘗贈別有詩云：『目斷南鴻望好音，忽驚車馬見來人。三千里外風霜苦，百萬人中骨肉親。對酒高歌宵似晝，聯牀清話臘如春。不堪送別心如割，立馬都門淚滿巾。』至今人見之，每恨不得讀其全集也。」

③《成化中都志·科貢·進士》：「（乙未科永樂十三年，1415）盛能。潁上人。」《成化中都志·人才傳·潁上縣（國朝）》：「盛能。由進士，任戶部福建司主事。」《南畿志·鳳陽府·進士科》：「（永樂乙未）盛能。潁上人。知府。」呂景蒙《嘉靖潁州志·人物表·鄉貢（潁上）》：「（永樂甲午）盛能。」呂景蒙《嘉靖潁州志·人物表·甲科（潁上）》：「（永樂乙未）盛能。黎平知府。」《順治潁上縣志·選舉·進士（明）》：「（永樂乙未科二人）盛能。登陳循榜。任戶部主事，陞黎平知府。」

④《成化中都志·科貢·鄉舉》：「（癸卯科成化十九年）張沖。潁州人。」《正德潁州志·科貢·科（本朝）》：「張沖。成化十九年癸卯中河南布政司鄉試，甲辰（1424）乙榜，授訓導，仕至長史。」《順治潁州志·選舉表·明（舉人）》：「張沖。河南中式。詳《人物》。」《順治潁州志·名賢傳·明》：「張沖。字宗逵，守亨姪。成化癸卯鄉試，授齊河訓導。再補洪洞。橫經指授，模範莊嚴。校文湖廣，號稱得士。終涇府左長史，進嘉議大夫。」

⑤呂景蒙《嘉靖潁州志·人物表·歲薦（皇明）》：「（正德辛巳，1521）邢嵩。（字）維嶽。有學行，一時學者多出其門。任黃州通判。」《順治潁州志·選舉表·明（歲貢）》：「邢嵩。詳《人物》。」《順治潁州志·名賢傳·明）》：「邢嵩。字維嶽。博雅，尤邃經學。以貢入太學，祭酒湛甘泉公器之，潁後進多從學焉。授黃州府通判。所著《佐黃集》。」

文苑六人

北朝

董紹。字興遠，銅陽人。少好學，有文義。起家四門博士，遷中書舍人。爲魏宣武所賞，除洛州刺史，頗得人情。後遷御史中丞。①

宋

李穀。字惟珍，汝陰人。發憤從學，所覽如宿習。年二十七舉進士，連辟華、泰二州從事。晉大福中，擢監察御史。累遷開府儀同三司，進封趙國公。太祖即位，遣使賜器幣。建隆元年（960）卒，太祖聞之震悼。穀爲人厚重剛毅，深沉有城府，言多詣理，辭氣明暢，人主爲之竦聽。好汲引寒士，多至顯位。然更事異姓，不能以名節生死，倫義廢矣！子吉至補闕，拱至太子中允。②

王回。字深父，其先自固始徙候官。父平言，試御史，卒葬汝陰，遂家焉。敦行孝友，質直平恕，造次必稽古人，而不爲小廉曲謹以求名譽。嘗舉進士中第，爲衛真簿，有所不合，稱病自免。作《告友》曰：

古之言天下達道，曰君臣也，父子也，夫婦也，兄弟也，朋友之交也。五者各以其義行而人倫立，五者義廢則人倫亦從而亡矣。然而父子兄弟之親，天性之自然者也；夫婦之合，以人情而然者也；君臣之從，以衆從［心］而然者也。是雖欲自廢，而理勢持之，何能斬也？惟朋友者，舉天下之人莫不可同，亦舉天下之人莫不可異，同異在我，安所卒歸乎？是其漸廢之所由也。君之於臣也，父之於子也，夫之於婦也，兄之於弟

①事見《魏書·董紹傳》。《成化中都志·人才傳·潁州（北朝）》：「董紹。字興遠，鮦陽人。少好學，有文義。起家四門博士，遷中書舍人。爲魏宣武所賞，除洛州刺史，頗得人情。孝武西遷，除御史中丞。」呂景蒙《嘉靖潁州志·人物表·仕（北朝）》：「董紹。鮦陽人。傳見《鄉賢》。」呂景蒙《嘉靖潁州志·鄉賢·北朝》：「董紹。字興遠，鮦陽人。少好學，有文義。起家四門博士，遷中書舍人。爲魏宣武所賞，除洛州刺史，頗得人情。後遷御史中丞。」《順治潁州志·名賢傳·北朝》：「董紹。字興遠，鮦陽人。少好學，有文義。爲魏宣武所賞，除洛州刺史，頗得人情。後遷御史中丞。」

②事見《宋史·李穀傳》。《成化中都志·人才傳·潁州（五代）》：「李穀。汝陰人。重厚剛毅，言多造理。舉進士，從事華、秦二州。晉天福中擢監察御史。累官開府儀同三司，進封趙國公。宋建隆初卒，贈侍中。」《正德潁州志·人物·宋》：「李穀。汝陰人。厚重剛毅，言多諳理。舉進士，從事華、秦二州。晉天福中擢監察御史。累官開府儀同三司，進封趙國公。宋建隆中卒，贈侍中。歷事五姓。」呂景蒙《嘉靖潁州志·人物表·仕（後晉）》：「（天福）李穀。汝陰人。少任俠，爲鄉人所困。發憤從學，所覽如宿業進士，歷晉、漢、周，終開府儀同三司。《宋史》論其更事異姓，不能以名節生死，且以籌策自名，廼不能料藝祖有容之量。受李筠饋遺，以憂死，何其繆耶？」《順治潁州志·名賢傳·周》：「李穀。字惟珍，汝陰人。少勇力善射，以任俠爲事，爲鄉人所困，發憤從學，所覽如宿習。舉進士，從事華、泰二州。晉天福中，擢監察御史，歷仕漢周。初判開封，京畿多盜，中牟尤甚，穀誘邑人發其巢穴，悉擒賊党，行者無患。未幾，拜中書侍郎。河決齊鄆，發十數州丁壯塞之，命穀領護，刻期就功。平淮南，皆穀策令。翰林學士陶穀爲贊賜之，加開府儀同三司，封趙國公。宋太祖即位，遣使賜器幣。建隆中卒，贈侍中。子吉至（補闕，拱）至太子中允。（即前李穀，歷晉、漢、周、宋。）」

也，過且惡，必亂敗其國家，國家敗而皆受其難，被其名，而終身不可辭也。故其爲上者不敢不誨，爲下者不敢不諫。世治道行，則人能循義而自得；世亂道微，則人猶顧義而自全。間有不若，則亦無害於衆焉耳。此所謂理勢持之，雖百代可知也。親非天性也，合非人情也，從非衆心也，群而同，别而異，有善不足與榮，有惡不足與辱。大道之行，公於義者至焉，下斯而言，其能及者鮮矣。是以聖人崇之，以列於君臣、父子、夫婦而壹爲達道也。聖人既沒，而其義益廢，於今則亡矣。夫人有四肢，所以成身；一體不備，則謂之廢疾。而人倫缺焉，何以爲世？嗚呼！處今之旹而望古之道，難矣。

退居潁州，久之不肯仕，朝廷用薦者，以爲忠武軍節度推官、知陳州南頓縣事，命下而卒。回在潁州，與處士常秩友善。熙寧中，秩上其文集，補回子汾爲郊社齊［齋］郎。①歐陽脩《祭文》：

歎吾深甫！孝悌行於鄉黨，信義施於友朋。貧與賤不爲之耻，富與貴不爲之榮。雖得於內者無待於外物，而不可掩者蓋由其至誠。故方身窮於陋巷，而名已重於朝廷。若夫利害不動其心，富貴不更其守。處於衆而不隨，臨於得而不苟。惟吾知子於初，世徒信子於久。念昔居潁，我壯而子方少年；今我老矣，來歸而送子於泉。古人所居，必有是邦之友，況如子者，豈止一邦之賢？舉觴永訣，夫復何言！②

王向。字子直，回弟。爲文長於序事，戲作《公議先生傳》，其文具在《宋史》。弟冋，字容季，性純篤，亦善序事。皆蚤

①王回（1023—1065），字深父，平輿人。舉進士，補亳州衛真縣主簿。與歐陽修、王安石友善。事見《宋史·王回傳》。《成化中都志·人才傳·潁州（宋）》：「王回。字深父。按王荊公所撰《墓志》，其先固始人，遷侯官，父宦潁州，卒葬汝陰，遂家焉。舉進士，補亳州衛真縣主簿，歲餘自免歸。用薦爲節度推官，知陳州南頓縣事，書下而卒。深父經學粹深，造次必孔孟，以文學受知歐陽公，與王荊公尤相友善。及卒，二公爲文祭之。《潁州志》云：『平輿人，歐陽公薦授匠作監主簿。』皆非也。當以《志文》爲正。」《南畿志·鳳陽府·流寓》：「王回。本侯官人，父宦潁州，卒葬汝陰，遂家焉。舉進士，補衛真主簿。歲餘自免歸，用薦爲節度使推官，知南頓縣，命下而卒。回敦行孝友，質直平恕，造次必稽古人所爲，以文學受知歐陽公。與王荊公尤相友善。」《正德潁州志·人物·宋》：「王回。字深甫，平輿人。有行誼，以文學見知歐陽公，薦授將作監主簿，歐公嘗有書簡講論世譜、史傳，盛稱深甫爲先輩，其爲人可想也。及卒，歐公有祭文，褒頌亦至矣。」呂景蒙《嘉靖潁州志·人物表·仕（宋）》：「（神宗熙寧）王回。潁州人。傳見《鄉賢》。」呂景蒙《嘉靖潁州志·鄉賢·宋》：「王回。字深父，福建侯官人。父平言，試御史。（出《宋史》本傳。）其先本河南王氏，自光州之固始遷侯官。父某宦潁州，卒葬汝陰，遂家焉。今爲潁州人。（王荊公撰《墓志》云。）回敦行孝友，質直平恕，造次必稽古人。嘗舉進士中第，爲衛真簿，有所不合，稱病自免。作《告友》曰：『古之言天下達道，曰君臣也，父子也，夫婦也，兄弟也，朋友之交也。五者各以其義行而人倫立，五者義廢則人倫亦從而亡矣。聖人既沒，而其義益廢，於今則亡矣。夫人有四肢，所以成身；一體不備，則謂之廢疾。而人倫缺焉，何以爲世？嗚呼！處今之時而望古之道，難矣。』（出《宋史》本傳。）吾友深父，書足以致其言，言足以遂其志。志欲以聖人之道爲己任，蓋非至於命弗止也。故不爲小廉曲謹以投衆人耳目，而取舍、進退、去就，必度於仁義。世皆稱其學问文章行治，然真知其人者不多，而多見謂迂闊，不足趣時合變。是廼所以爲深父也。有勸之仕者，輒以養母辭於是朝廷。用薦者以爲忠武軍節度推官，知陳州南頓縣事，命下，而深父死矣。（出王荊公撰《墓志》。）回在潁州與處士常秩友善，熙寧中，秩上其文集。補回子汾爲郊社齋郎。弟向。」《順治潁州志·名賢傳·宋》：「王回。字深父，其先自固始徙候官。父平言，試御史，宦潁州，卒葬汝陰，遂家焉。敦行孝友，質直平恕，造次必稽古人，不爲小廉曲謹以投衆人耳目，而取捨進退必度於仁義。嘗舉進士中第，爲衛真簿，有所不合，稱病自免。作《告友》，文詞旨嚴正，以學行見知歐陽公，薦授將作監主簿。歐公嘗有書簡講論世譜、史傳，盛稱深父爲先輩。後退居潁，有勸之仕者，輒以養母辭。以爲忠武軍節度推官、知陳州南頓縣事，命下而深父死矣。回與處士常秩友善。熙寧中，秩上其文集，補回子汾爲郊社齋郎。」詳見袁貝貝《王回考》（《溫州大學學報社會科學版》2012 年第 6 期）。

②此文，《歐陽修全集》作《祭王深甫文（治平二年）》。

卒。仕止於縣主簿。①

明

費謹。字慎之，潁上縣人。博通今古，由鄉貢授阜城訓導，陞東阿教諭。敦風化以淑後進，植德行以仰前脩，當道皆禮重之。致仕歸，結忘年社，會惟以詩酒娱日。所著有詩稿，藏於家。②

黄廣。字文博，潁上人。鋭心經史，擅譽藝林。甘貧苦，守如鐵石，不爲勢利所動。舉進士，試户部政，慨然有匡世志，而才足以稱之。劇疾在告，端坐而逝。士論惜焉。③

廉介四人

元

章克讓。潁上人。元統間登進士，任繁昌令。明敏果斷，見事風生，繁民德之。謝事歸，教授鄉里子弟，垂老不倦。四壁蕭然，不以爲意。平生清介，可以激厲後人。④

明

韓璽。潁州人。永樂中，由貢士授工科給事中，選侍皇太孫春宮講讀，日承顧問。遷山東按察司僉事，轉副使。宣廟御極，

---

①事見《宋史·王回傳》附傳。呂景蒙《嘉靖潁州志·人物表·仕（宋）》：「（神宗熙寧）王向。回弟。傳見《鄉賢》。」呂景蒙《嘉靖潁州志·鄉賢·宋》：「向。字子直。爲文長於序事，戲作《公議先生傳》，其徒任意請去公議爲公默。仕止某縣主簿。」《順治潁州志·名賢傳·宋》：「王向。字子直。回弟。爲文長於序事，戲作《公議先生傳》，其徒任意請云［去］公議爲公默。仕止縣主簿。弟同，字容季，性純篤，亦善序事。皆早卒。」

②《成化中都志·科貢·鄉舉》：「（丙子科景泰七年，1456）費謹。潁上人。」《南畿志·鳳陽府·進士科》：「（景泰癸酉，1453）費謹，潁上人。教諭。」呂景蒙《嘉靖潁州志·人物表·鄉貢（潁上）》：「（景泰丙子）費經，東阿教諭。」《順治潁上縣志·人物·明》：「費謹。字慎之。博通今古，由鄉貢授阜城訓，陞東阿諭。敦風化以淑後進，植德行以仰前修，當道皆禮重之。致仕，作忘年社以會鄉人。詩有『少長忘年結好盟，厭厭夜飲樂昇平』。諸詩稿家藏。」《道光東阿縣志·官師·（明）教諭》：「費謹。直隸潁州人。正德年任。」

③《成化中都志·科貢·進士》：「（甲辰科成化二十年，1484）黄廣。潁上人。」呂景蒙《嘉靖潁州志·人物表·鄉貢（潁上）》：「（成化辛卯，1471）黄廣。」《南畿志·鳳陽府·進士科》：「（成化甲辰）黄廣。潁上人。」《順治潁上縣志·人物·明》：「黄廣。字文博。登進士。鋭志經史，甘貧苦如鐵石，一切勢利，不以動心。有匡世志，而才亦足以稱之。惜乎疾劇，在告而歸。嘗語子曰：『爲人不可不正大光明。噫！吾逝矣，爾其勉之。』端坐而終。今祀鄉賢。」

④呂景蒙《嘉靖潁州志·人物表·仕（潁上）》：「（元）張［章］克讓。傳見《鄉賢》。」呂景蒙《嘉靖潁州志·鄉賢·潁上（元）》：「章克讓，家甘羅鄉。元統間登進士，任繁昌令。明敏果斷，見事風生，繁民德之。謝事歸，教授鄉里子弟，垂老不倦。四壁蕭然，不以爲意。平生清介，可以激厲後人云。」《順治潁上縣志·人物·元》：「章克讓。元統間登進士，任繁昌令。明敏果斷，見事風生，繁民德之。謝事歸里，教授鄉子弟，垂老不倦。四壁蕭然，不以爲意。生平清操可風。」

思念舊人，召還，侍文華殿。忤權貴，出爲廣東左參政。致仕而歸，室如懸罄。安貧樂道，咸稱爲古君子云。①

秋茂。字可材，潁上人。由太學生授望江教諭，以才能陞江西僉事。奏績入朝，人品脩長，昂然出衆。太宗文皇帝見而異之，曰：「是何職官？」對曰：「臣江西按察僉事，職司風紀。」特旨改湖廣僉事，采取營建大木。所至有成績，吏民目之曰秋打鬼。②

丁佐。字宗輔，潁州人。剛方自持，取與不苟。遇人過即面斥之，雖豪貴不避。弘治間應貢，授濟寧州同知。尤甘清若，爲其子受汙，歸，處之恬如也。會家至懸罄，不屈節稱灾，至爲州衛取重，亦未嘗致私舊焉。③

治行六人

東漢

許楊。字偉君，平輿人。王莽輔政，召爲郎，稍遷酒泉都尉。及莽篡位，楊迺變姓名，爲巫醫，逃匿他界。莽敗，還鄉里。汝南太守鄧晨欲脩復鴻卻陂，聞楊曉水脈，署爲都水掾。楊因高下形勢，起塘四百餘里。百姓得其便，累歲大稔。及卒，晨爲起廟祀之。④

①明王直《抑菴文後集·贈副使周君序》：「正統六年（1441）秋八月，行在吏部言：山東按察副使韓璽以滿去，當有代其任者。」《大明一統志·人物》引《南畿志》：「韓璽。潁州人。永樂中，由大學生授給事中。選春宮講讀，陞山東按察副使。宣德初召還，侍文華殿，備顧問。以忤權貴，遷廣東參政。考滿致仕，室如懸罄。」《成化中都志·科貢·鄉舉》：「（辛卯科永樂九年，1411）韓璽。潁州人。」《成化中都志·人才傳·潁州（國朝）》：「韓璽。由舉人，任工科給事中侍從。」《南畿志·鳳陽府·鄉舉科》：「（永樂辛卯）韓璽。潁州人。參政。」《南畿志·鳳陽府·人物》：「韓璽。潁州人。永樂中，由太學生授給事中。選春宮講讀，陞山東按察副使。宣德初召還，侍文華殿備顧問。以忤權貴，遷廣東參政。滿考致仕，室如懸罄。」呂景蒙《嘉靖潁州志·人物表·鄉貢（皇明）》：「（永樂辛卯）韓璽。傳見《鄉賢》。」呂景蒙《嘉靖潁州志·鄉賢·皇明》：「韓璽。舉貢士。任工科給事中，侍從宣宗讀書，日承顧問。遷山東按察司僉事，轉副使。再轉廣東布政司左參政。璽自近侍至藩臬，始終以廉謹自持，政聲大著。」《順治潁州志·名賢傳·明》：「韓璽。永樂中，由鄉貢授工科給事中。選侍皇長孫春宮講讀，日承顧問，遷山東按察司僉事，轉副使。宣廟御極，思念舊人，召還，侍文華殿。忤權貴，出爲廣東左參政。致仕歸，室如懸罄，泊如也。」《乾隆山東通志·職官志·提刑按察司》：「韓璽。南直潁州人。監生。」《雍正廣東通志·職官志·明（右參政）》：「韓璽。江南穎［潁］上人。進士。正統八年（1443）任。」

②《成化中都志·人才傳·潁上縣（國朝）》：「秋茂。由監生，任江西按察司僉事。」呂景蒙《嘉靖潁州志·人物表·歲薦（潁上）》：「（洪武庚辰）秋茂。按察司僉事。」《順治潁上縣志·人物·明》：「秋茂。字可才。由太學授望江縣教諭，以才能陞江西僉事。奏績入朝，人品修長，昂然出塵。太宗文皇帝見而異之，曰：『是何職官？』對曰：『臣江西僉事，職司風紀。』特旨改湖廣僉事，至有成績，民稱秋打鬼。」《雍正山西通志·職官·明》：「秋茂。監生。洪武時任僉事。直隸潁上人。」《雍正河南通志·職官·各府推官（汝寧府）》：「秋茂。江南潁上人。永樂元年（1403）任。」

③《正德潁州志·科貢·貢（本朝）》：「丁佐。弘治二年（1489）貢。任濟寧州同知。」呂景蒙《嘉靖潁州志·人物表·歲薦（皇明）》：「（弘治戊申，1488）丁佐。（字）宗輔。濟寧同知。」《順治潁州志·名賢傳·明》：「丁佐。字宗輔。剛方自持，取與不苟。遇人過輒面斥之，雖豪貴不避。以貢授濟寧州同知。甘清苦，室如懸罄，不屈節，未嘗向公府一私囑咐。」

④事見《後漢書·許楊傳》。《成化中都志·人才傳·潁州（漢）》：「許楊。字偉君，平輿人。王莽輔政，召爲郎，稍遷酒泉都尉。及莽篡位，楊廼變姓名爲巫醫，逃匿他界。莽敗，還鄉里，汝南太守鄧晨欲修復鴻郤陂，聞楊曉水脈，署爲督水掾。楊因高下形勢，起塘四百餘里，百姓得其便，累歲大稔。及卒，晨爲起廟圖像，百姓思其功績，皆祭祀之。」呂景蒙《嘉靖潁州志·人物表·仕（東漢）》：「（光武建武）許楊。平輿人。詳本傳。」該書後實無其傳。《順治潁州志·名賢傳·漢》：「許楊。字偉君，平輿人。少好術數，王莽輔政，召爲郎，遷酒泉都尉。莽篡，廼變姓名爲巫醫，逃匿它界。莽敗，方還鄉里。汝南舊有鴻郤陂，成帝時丞相翟方進奏毀之，建武中太守鄧晨欲修復，聞楊曉水脈，召與議之。楊曰：『昔成帝用方進之言，夢天帝怒曰：「何故敗我濯龍淵？」是後民失利。謠曰：「敗我陂者翟子威，飴我大豆亨我芋魁。反乎覆，陂當復。」今將有徵於此。』晨署楊爲都水掾，楊因高下形勢起塘四百餘里，數年廼立。百姓得便之，累歲大稔。初，豪右大姓緣陂役，欲規避，楊一無所聽，遂共譖楊受賂，晨遂收楊下獄，而械輒自解。獄吏懼，白晨，晨驚曰：『果濫矣。』即夜出楊，遣歸。時天大陰晦，道中若有火光照之。後病卒。晨起廟圖像，百姓思其功，皆祝之。」

明

林英。字茂華，潁上人。永樂間，由鄉貢授大同縣主簿，陞鹿邑知縣。負有才名，爲政豈弟慈祥，民以父母戴之。①

盛雲。字惟高，潁上人。正統間，由監生任日照縣主簿。日照，海濱邑，多磽土，教民種麥，多獲其利。民立祠祀焉。②

劉朝。潁州人。成化間，由監生任新安縣丞，遷德慶州判官。有惠政，信及傜獠。嘗分守道，在塗爲傜獠所困，朝急馳入，曉以禍福，賊衆遂散。以母老致仕。比歸，陞興寧知縣，不就。③

張守亨。字嘉會，潁州人。由貢士授臨邑知縣，持正秉剛。廉猾奸劉淳數十人，即置以法。以憂歸。會忤當塗，調興州衛經歷，尋遷陝西華亭知縣。嘗虜寇陷城，倡義先士卒，斬首二十餘級，爲守帥攘其功，遂致其仕歸。家居不事事，惟詩酒自娛，慷慨談謔，故人無弗愛且敬焉。子治，蹦知縣；孫光祖，御史。餘慶所彼，斯其然哉？④

溫漢。字宗堯，潁州人。由歲貢任保定都司斷事，清操自勵，著有政聲。居鄉尤操履不苟，嘗論韙焉。⑤

①《成化中都志・科貢・鄉舉》：「（辛卯科永樂九年，1411）林英。潁上人。」《南畿志・鳳陽府・鄉舉科》：「（永樂辛卯）林英。潁上人。知縣。」呂景蒙《嘉靖潁州志・人物表・鄉貢（潁上）》：「（永樂辛卯）林英。知縣。」《順治潁上縣志・人物・明》：「林英。字茂華。由鄉貢授大同縣簿，陞鹿邑縣令。有才名，及爲政，豈弟慈祥，鹿民咸以父母戴之。」《雍正河南通志・職官・開封府屬知州知縣（鹿邑縣）》：「林英。江南潁上人。舉人。正統年任。」

②呂景蒙《嘉靖潁州志・人物表・歲薦（潁上）》：「（成化丙戌，1466）盛雲。嘉善知縣。」《順治潁上縣志・人物・明》：「盛雲。字惟高。由監生任日照縣簿。性行樸實，事母最孝，厲官九載，不減儒素。日照濱海多產，民不知耕種，教以樹藝，多獲利。此特惠政之一，類此者書不能悉。海民立祠祀之，今祀鄉賢。」

③《正德潁州志・科貢・制貢（本朝）》：「劉朝。應成化二十一年（1485）制貢，任德慶州判官，陞興寧縣知縣。」呂景蒙《嘉靖潁州志・人物表・應例（皇明）》：「劉朝。」《順治潁州志・名賢傳・明》：「劉朝。以郡學生補國子生，授新安縣丞。政寬平，人勸之嚴，曰：『民，吾子也。淫刑虐子，寧可無官。』陞廣東德慶州判。時有藩司行部，獠率衆圍之，禍且不測，馳入獠中，諭以禍福，獠即解散，曰：『劉公不誆我也。』尋擢湖廣興寧知縣，以母老告歸，十八年，蕭然圖書而已。」《光緒德慶州志・職官表・判官（明）》：「（宏［弘］治朝）劉朝。」

④《成化中都志・科貢・鄉舉》：「（癸卯科成化十九年，1483）張守亨。潁州人。」《成化中都志・科貢・進士》：「（丁未科成化二十三年，1487）張守亨。潁州人。」《正德潁州志・科貢・科（本朝）》：「張守亨。成化癸卯（1483）中河南鄉試，任知縣。」《江南通志・選舉志・進士（明）》：「（成化丁未科費宏榜）張守亨。潁州人。」《欽定大清一統志・平凉府・名宦（明）》：「張守亨。潁州衛人。正德間知華亭縣。其縣依山險，多盜，守亨設計擒其魁，盜遂息。每春秋時巡行郊野，勸民耕作。月朔召耆民，訪問閭閻利病，次第興除。嘗大旱，步禱，應時即雨，歲以大稔。」《順治潁州志・名賢傳・明》：「張守亨。字嘉會。由舉人授臨邑知縣，持正秉剛。廉猾姧劉淳數十人，即置以法。以憂歸。會忤當塗旨，調興州衛經歷，尋遷陝西華亭知縣。時虜寇陷城，倡義先士卒，斬首二十餘級，爲首帥攘其功，致仕歸。家居不事產業，詩酒自娛。祀鄉賢。」《乾隆甘肅通志・名宦・平凉府（明）》：「張守亨。潁州衛人。正德間知華亭縣，剛方簡易，決獄如流。縣依山險，多盜，守亨設計擒其渠魁，盜遂息。每春秋政暇，循行郊野，勸民耕作，有不給者補助之。月朔禮請耆民，訪求閭閻利病，即次第興除。嘗大旱，步禱，甘雨如注，歲大稔。」

⑤《正德潁州志・科貢・貢（本朝）》：「溫漢。弘治十八年（1505）貢。」呂景蒙《嘉靖潁州志・人物表・歲薦（皇明）》：「溫漢。（字）宗堯。保定都司斷事。平生以清苦自勵，潁人稱其始終如一云。」《順治潁州志・名賢傳・明》：「溫漢。字宗堯。由貢任保定都司斷事，清廉，有政聲。居鄉操履不苟。」

將署六人

唐

王敬蕘。汝陰人。唐末，王僊芝等攻劫汝、潁間，刺史不能拒，敬蕘代之，拜刺史。沉勇有力，善用鐵鎗，重二［三］十斤。潁旁諸州民，皆依敬蕘避賊。梁太祖表爲沿淮指揮使。梁兵攻吳，敗歸，過潁，大雪，士卒飢凍，敬蕘沿淮積薪作粥哺［餔］之，多賴全活，太祖表敬蕘武寧軍節度使。天祐三年（906），爲左衛上將軍。梁初致仕，卒於家。①

五代

楊師厚。潁州人。梁봕累立戰功，爲天雄節度使。太祖與晉戰河北，廼爲招討使，悉領勁兵。朱友珪欲圖之，召計事。其吏勸勿行，師厚曰：「吾不負梁，今雖往，無如我何。」廼朝京師。②

①事見《舊五代史・王敬蕘傳》和《新五代史・王敬蕘傳》。《成化中都志・人才傳・潁州（唐）》：「王敬蕘。汝陰人。唐末王僊芝等攻劫汝潁間，刺史不能拒，敬蕘遂代之，即拜刺史。沉勇有力，善用鐵槍，重二［三］十斤，潁、亳諸州民皆依敬蕘避賊。梁太祖表爲沿淮指揮使。梁兵攻吳，敗歸過潁，大雪，士卒飢凍。敬蕘沿淮積薪作粥餔之，多賴全活。太祖表敬蕘武寧軍節度使。天祐三年爲左衛上將軍，梁初致仕，卒於家。」呂景蒙《嘉靖潁州志・人物表・仕（唐）》：「（後晉天福）王敬蕘。汝陰人。見《職官表》。」呂景蒙《嘉靖潁州志・職官表・刺史（唐）》：「（昭宗乾寧）王敬蕘。本州人。時朱全忠專潁，敬蕘屬役。出《楊行密傳》及《五代》本傳。」《順治潁州志・宦业傳・唐》：「王敬蕘。汝陰人。唐末，王僊芝等攻劫汝、潁，刺史不能拒，敬蕘遂代之，即拜刺史。沉勇有力，善用鐵鎗，重三十斤。潁州與淮西爲鄰，境數爲秦宗權所攻，力戰拒之。潁旁諸州民，皆依敬蕘避賊。梁朱溫攻淮南，道過潁州，敬蕘供饋梁兵甚厚，溫大喜，表爲沿淮指揮使。梁兵攻吳，敗歸，過潁，大雪，士卒飢凍，敬蕘沿淮積薪作粥哺［餔］之，多賴全活。溫表敬蕘武寧軍節度使。」

②事見《舊五代史・楊師厚傳》《新五代史・楊師厚傳》。《大明一統志・中都・人物（五代）》：「楊師厚。潁州斤溝人。梁時累立戰功，爲天雄節度使。太祖與晉戰河北，迺爲招討使，悉領勁兵。朱友珪欲圖之，召計事，其吏勸勿行，師厚曰：『吾不負梁，今雖往，無如我何？』迺朝京師。」《成化中都志・人才傳・太和縣（五代）》：「楊師厚。潁斤溝人。今爲斤溝店，屬太和。朱全忠表爲曹州刺史，又爲齊州刺史。全忠使攻青州，屯於臨朐，平盧節度使王師範出兵攻臨朐，師厚伏兵奮擊，大破之，殺萬餘人，獲師範弟師克。明日，萊州兵五千救青州，師厚邀擊之，殺獲殆盡，遂徙寨，抵其城下，師範遂請降於師厚。累功爲天雄節度使。朱友珪欲圖之，召計事。其下勸勿行，師厚曰：『吾不負梁，今雖往，無如我何？』」《正德潁州志・人物・五代》：「楊師厚。金溝人。梁時累立戰功，爲天雄節度使。太祖與晉戰河北，迺爲招討使，悉領勁兵。朱友珪欲圖之，召計事。其吏勸勿行，師厚曰：『吾不負梁，今雖往，無如我何？』迺朝於京師。」呂景蒙《嘉靖潁州志・人物表・仕（唐）》：「（後梁開平）楊師厚。潁州斤溝人。詳《一統志》。」《順治潁州志・名賢傳・梁》：「楊師厚。潁州斤溝人。梁時累立戰功，爲天雄節度使。太祖與晉戰河北，迺爲招討使，悉領勁兵。朱友珪欲圖之，召計事，其吏勸勿行，師厚曰：『吾不負梁，今雖往，無如我何？』迺朝京師。」《萬曆太和縣志・人物・五代後梁》：「楊師厚。斤溝人。朱全忠表爲曹州刺史，又爲齊州刺史。全忠使攻青州，屯於臨朐，平盧節度使王師範出兵攻臨朐，師厚伏兵奮擊，大破之，殺萬餘人，獲師範弟師克。明日，萊州兵五千救青州，師厚邀擊之，殺獲殆盡，遂徙寨，抵其城下，師範遂請降。累功爲天雄節度使。朱友珪欲圖之，召計事。其下勸勿行，師厚曰：『吾不負梁，今雖往，無如我何？』（後人建廟於斤溝以崇祀之。歷朝累封爲西齊王。唐文館進士陳稷撰文：夫神而不測，沒而彌光，儼廟貌之作程，冠古今之致享，其惟西齊王乎！粵王策名世，參調於滏陽令，而正直有英氣，豁達有術，不勞而治，滏陽民咸受其賜，然其忠烈之操，簡易之風，垂不朽而播無窮者也。去世逾遠，遺靈且存，作福作威，以示於黎庶，迺上禋霄化，足顯聰明。千齡膺聖之尊，賞功褒德；五運承桃之主，春和秋嘗。率土惟靈，靡不欽奉。時有邑居人士嚮慕尤眾，於是斤溝繪塑尊像，儼如在之威容，鄉閭請禱者雲臻，遠近崇仰者輻輳，四時之祀，足無闕焉。惟西齊王流風餘烈，暉映前後，功之被物深矣。一圻之俗，允賴孚祐，水旱之禱，疾癘之祈，幽顯報應，靡不協民之願也。信所請樹教於當年，顯靈於曠代，助無爲之盛化，恢不言之休功，馭祀之興，率繇茲矣。當鎮劉昭貴以金石未勒，來者何知，輒以文記見託，既不獲謝，固得直書，敢揚徽懿，播於永久。時皇祐元年。）」

宋

丁罕。潁州人。應募補衛士，屢遷都指揮使。從劉廷翰戰徐河，以奪橋功補［遷］本軍都虞候。淳化三年（992），出爲澤路［州］團練使、知覇州。會河溢，壞城壘，罕以私錢募築，民咸德之。五年（994），以容州觀察使領靈環路行營都部署，與李繼遷戰，斬首俘獲以數萬計。至道中，率兵從大將李繼隆出青岡峽，賊聞先遁，追十日程，不見而還。三年（997），拜密州觀察使、知威虜軍，徙貝州。咸平二年（999），卒。子守德，能世其家。①

田欽祚。潁州人。爲將練習兵旅，頗著勤勞，但性剛戾，負氣屢凌主帥郭進，至自縊死。又所受月俸芻粟，多販鬻規利，爲部下所訴。故《宋史》謂「彊戾而乏温克，以速於戾」。②

元

察罕帖木兒。沈丘人。至正壬辰（1352），劉福通等兵起汝潁，江淮諸郡皆殘破之。帖木兒與李思齊奮義起兵，遂破之。事聞，詔以爲汝寧府達魯花赤。丁酉（1357），劉福通遣李武、崔德破商州，攻武關，直驅長安，三輔震恐。行臺治書侍御史王思誠以書求援，帖木兒遂提輕兵五千，與思齊倍道往援，殺獲無筭。朝廷論功，以爲陝西行省左丞。比劉福通破汴梁，以韓林兒居之，帖木兒廼大發秦晉，諸路並進，斬關而入，劉福通以其主走安豐。捷聞，詔以爲河南平章兼同知，行樞密西臺中丞。既定河南，廼謀舉以復山東，遣其子擴廓帖木兒直搗東平。以田豐久據山東，廼作書招之，豐及思誠皆降，遂復東平、濟寧。旹敵兵皆聚濟南，廼分奇兵間道出敵，復南畧泰安，進逼濟南，攻圍三月，廼下。獨益孤城不下，移兵圍之，大治攻具。田豐以帖木兒推誠待之，廼與思誠陰謀，誘帖木兒至其營，刺殺之，叛入城。先是，白氣如索，起危宿，貫大微垣。太史奏山東當大水，帝曰：「不然，山東當失一良將。」即馳詔戒帖木兒勿輕舉，未至而已及難。詔贈河南行省左丞相，封潁川王，謚忠襄。命其子擴廓帖木兒爲平章政事，兼知山東、河南，行樞密院事，代總其兵。③

①事見《宋史·丁罕傳》。《成化中都志·人才傳·潁州（宋）》：「丁罕。潁州平輿人。以應募補衛士，屢遷指揮使。淳化中爲澤州團練使、知霸州。河決，以私錢募築，民咸德之。後拜密州觀察使，徙貝州。」《正德潁州志·人物·宋》：「丁罕。平輿人。應募補衛士，累遷指揮使。淳化中爲澤州團練使。知霸州，河決，以私錢募築，人咸德之。後拜密州觀察使，徙具州。」呂景蒙《嘉靖潁州志·人物表·仕（宋）》：「（太宗淳化）丁罕。潁州人。傳見《名將》。」呂景蒙《嘉靖潁州志·名將·宋》：「丁罕。潁州人。應募補衛士，屢遷都指揮使。從劉廷翰戰徐河，以奪橋功補［遷］本軍都虞候。淳化三年，出爲澤潞［州］團練使、知霸州。會河溢，壞城壘，罕以私錢募築，民咸德之。五年，以容州觀察使領靈環路行營都部署，與李繼遷戰，斬首俘獲以數萬計。至道中，率兵從大將李繼隆出青岡峽，賊聞先遁，追十日程，不見而返。三年，拜密州觀察使、知威虜軍，徙貝州。咸平二年，卒。子守德，能世其家。」《順治潁州志·名賢傳·宋》：「丁罕。潁州人。從劉廷翰戰徐河，以奪橋功補［遷］本軍都虞候。淳化三年，出爲澤潞［州］團練使、知霸州。會河溢，壞城壘，罕以私錢募築，民咸德之。與李繼遷戰，斬首俘獲以數萬計。從大將李繼隆出青岡峽，賊聞先遁，追十日程，不見而還。」

②事見《宋史·田欽祚傳》。呂景蒙《嘉靖潁州志·人物表·仕（宋）》：「（太祖乾德）田欽祚。潁州人。爲將練習戎旅，頗著勤勞，但性剛戾，負氣屢凌主帥郭進，至自縊死。又所受月俸芻粟，多販鬻規移，爲部下所訴。故《宋史》謂『彊戾而乏溫克，以速於戾』。」

③事見《元史·順帝本紀》。《成化中都志·人才傳·潁州（元）》：「察罕帖木兒。沈丘人。元末起義兵，殺賊有功，授汝寧府達魯花赤。」《正德潁州志·人物·元》：「察罕帖木兒。潁州沈丘人。本夷狄，家中華至，襲染風土。元末亂，壬辰冬起義兵，殺賊有功，詔授中順大夫、汝寧路達魯花赤。雖夷虜不足以繫中土人物，然其區區守義，未可以世類而遽外之。」呂景蒙《嘉靖潁州志·人物表·仕（元）》：「（順帝至正）察罕帖木兒。傳見《名將》。」呂景蒙《嘉靖潁州志·名將·元》：「察罕帖木兒。沈丘人。時至正壬辰，劉福通等兵起汝潁，江淮諸郡皆殘破。朝廷徵兵致討，卒無成功。帖木兒與羅山李思齊同奮義起兵，邑中子弟從者數百人破賊。事聞，詔以察罕帖木兒爲汝寧府達魯花赤，李思齊知府事。」

丁酉，劉福通既以韓林兒稱宋帝，遣其將李武、崔德破商州，攻武關，直驅長安，分掠同、華諸州。三輔震恐，行臺治書侍御史王思誠以書求援，時察罕帖木兒新復陝州，得書大喜，遂提輕兵五千，與思齊倍道往援，遇賊轉戰，殺獲無筭，餘黨皆潰散。朝廷論功，以察罕帖木兒爲陝西行省左丞，李思齊爲四川左丞。比劉福通破汴梁，以韓林兒居之。察罕帖木兒廼大發秦晉，諸路並進，期會汴城下首，奪其外城，環城而壘累，誘賊出戰，輒以計敗之。賊懼不敢復出。察罕帖木兒諜知城中計窮食盡，廼督諸將分門而攻，至夜，將士皷勇登城，斬關而入，劉福通以其主走安豐。捷聞，詔以察罕帖木兒爲河南平章兼同知，行樞密院西臺中丞。察罕帖木兒既定河南，廼以兵分鎮關、陝、荊、襄、河、洛，而屯兵大行營壘，旌旗相望數千里，日訓練士卒，務農積穀，謀大舉，以復山東，諜知山東群盜自相攻殺，而田豐亦降於賊，廼大會諸將，期分兵五道，水陸並進，而自率鐵騎渡孟津，踰覃懷，而東復冠州、東昌，遣其子擴廓帖木兒直擣東平。以田豐據山東久，軍民服之，廼爲書招之，豐及王思誠皆降，遂復東平、濟寧。時敵兵皆聚濟南，察罕帖木兒廼分奇兵，間道出敵，復南畧泰安，逼益都，北狥濟陽、章丘，中循瀕海郡邑，自將大軍進逼濟南，攻圍三月，廼下之。初山東俱平，獨益孤城不下，察罕移兵圍之，大治攻具。田豐以察罕推誠待之，廼復與王思誠陰謀，誘察罕至豐營，刺殺察罕，叛入城。先是，有白氣如索，起危宿，貫大微垣。太史奏山東當大水，帝曰：『不然，山東當失一良將。』即馳詔戒察罕勿輕舉，未至而已及難。詔贈河南行省左丞相，封潁川王，謚忠襄。命其子擴廓帖木兒爲平章政事，兼知山東、河南行樞密院事，代總其兵。」《順治潁州志·名賢傳·元》：「察罕帖木兒。沈丘人。至正壬辰，劉福通等兵起汝潁，江淮諸郡皆殘破。帖木兒與李思齊奮義起兵，遂破之，詔以爲汝寧府達魯花赤。丁酉，劉遣李武、崔德破商州，攻武關，直驅長安，三輔震恐。行臺治書侍御史王思誠以書求援，帖木兒遂提輕兵五千，與思齊倍道往援，殺獲無筭。朝廷論功，以爲陝西行省左丞。比劉福通破汴梁，以韓林兒居之，帖木兒廼大發秦晉，諸路並進，斬關而入，劉福通以其主走安豐。捷聞，詔以爲河南平章兼同知，行樞密西臺中丞。既定河南，廼謀舉以復山東，遣其子擴廓帖木兒直擣東平。以田豐久據山東，廼作書招之，豐及思誠皆降，遂復東平、濟寧。時敵兵皆聚濟南，廼分奇兵間道出敵，復南畧泰安，進逼濟南，攻圍三月，廼下。獨益都孤城不下，移兵圍之，大治攻具。田豐以帖木兒推誠待之，廼與思誠陰謀，誘帖木兒至其營，刺殺之，叛入城。先是，白氣如索，起危宿，貫大微垣。太史奏山東當大水，帝曰：『不然，山東當失一良將。』即馳詔戒帖木兒勿輕舉，未至而已及難。詔贈河南行省左丞相，封潁川王，謚忠襄。命其子擴廓帖木兒爲平章政事，兼知山東、河南，行樞密院事，代總其兵。」

擴廓帖木兒。察罕甥也，養以爲子。憤父遇害，誓必復讎。賊守益孤城愈固，廼穴地通道以入，拔其城，執賊首陳蹂頭等二百餘獻闕下。取田豐、王思誠心以祭其父，餘黨皆就誅。遂遣兵取莒州，山東悉平。①

孝義五人

宋

張可象。潁州人，七世同居。咸平中，詔加旌表，仍蠲其課調。②

①事見《元史·順帝本紀》。呂景蒙《嘉靖潁州志·人物表·仕（元）》：「（順帝至正）擴廓帖木兒。罕子。傳見《名將》。」呂景蒙《嘉靖潁州志·名將·元》：「擴廓帖木兒。察罕帖木兒之甥也，養以爲子。既領兵討賊，誓必復讎。而賊城守益固，廼穴地通道以入，拔其城，執賊首陳蹂頭等二百餘人獻闕下，而取田豐、王思誠之心以祭其父。餘黨皆就誅。遂遣兵取莒州，山東悉平。」《順治潁州志·名賢傳·元》：「擴廓帖木兒。察罕甥也，養以爲子。憤父遇害，誓必復讎。賊守孤城愈固，廼穴地通道以入，拔其城，執賊首陳蹂頭等二百餘獻闕下，取田豐、王思誠心以祭其父，餘黨皆就誅。遂遣兵取莒州，山東悉平。」

②《宋史·裘承詢傳》：「潁州張可象、衛州張珪、滄州崔諒，七世同居。」呂景蒙《嘉靖潁州志·人物表·隱（宋）》：「（真宗大中祥符）張可象。潁州人。傳見《孝義》。」呂景蒙《嘉靖潁州志·孝義·宋》：「張可象。潁州人，七世同居。咸平中，詔加旌表，仍蠲其課調。（事見《宋史·裘承詢傳》。）」《順治潁州志·孝義傳·宋》：「張可象。七世同居。宋咸平中，詔加旌表，仍蠲其課調。」

元

張紹祖。字子讓，潁州人。讀書力學，以孝聞，特授河南路儒學教授。至正十五年（1355），奉父避兵山間，賊至，執其父將殺之，紹祖泣曰：「吾父耆德善人，請殺我以代。且若等非父母所生乎，何忍害人之父！」賊怒，以戈擊之，戈應手挫鈍，因相謂曰：「此真孝子也。」廼釋之。①

明

王翊。潁上人。爲弟子員。甞祖母徐壽九十終，父元良哀毀過禮，相繼淪歿。翊徬徨若無所措，結廬墓側，負土成墳，朝夕哭奠，事之如生。林栢鬱秀，池出並頭蓮，人以爲孝感焉。弘治五年（1492），知縣曹琦上其事，詔旌其門。②

丁冠。字志元，潁州人。事父母，晨昏定省，率以爲常。迨卒，遇甞物必祭，汪汪然涕從而下。會兄奪月廩，跪謝曰：「某固欲奉兄也。」卒無間言。正德間應貢，授鷄澤知縣。慈祥雅淡，甫滿考即歸，民立碑誦之。其居鄉垂老，動有矩度，不溷溷於俗，不役役於貧，瀟然靖節風焉。③

儲恩。字君錫，潁州人。僉事珊子。爲太學生，事父母以孝聞。一日往田所，忽母丁宜人暴卒，聞訃即匍匐歸，抱母屍慟哭，恨不及面訣，頭觸地死。甞年三十三。④

①事見《元史·張紹祖傳》。《成化中都志·人才傳·潁州（元）》：「張紹祖。潁州人。讀書力行，以孝聞，特授河南路儒學教授。至正中，奉父避兵山間，賊至，將殺其父，紹祖泣曰：『吾父耆德善人，請殺我以代父。且汝等非父母所生乎，何忍害人之父！』賊怒，以戈擊之，戈應手挫鈍，因相謂曰：『此真孝子也，不可害。』廼釋之。」《南畿志·鳳陽府·人物》：「張紹組。潁州人。讀書力學，以孝行聞，授河南路教授。至正中，奉父避兵山間，賊至，將殺其父，紹祖泣曰：『吾父善人，請即殺我。』賊以戈擊之，戈隨挫。因相謂曰：『此真孝子也。』釋之。」《正德潁州志·人物·元》：「張紹組。本州人。讀書力學，以孝行聞。特授河南路學教授。至正中奉父避兵山間，賊至，將殺其父。紹祖泣曰：『吾父耆德善人，請殺我以代父。且若等非父母所生乎？何忍殺人父？』賊怒，以戈擊之。戈應手挫鈍，因相謂曰：『此真孝子，不可害。』廼釋之。」呂景蒙《嘉靖潁州志·人物表·仕（元）》：「（順帝至正）張紹組。潁州人。傳見《孝義》。」呂景蒙《嘉靖潁州志·孝義·元》：「張紹祖。字子讓，潁州人。讀書力學，以孝行聞於朝，特授河南路儒學教授。至正十五年，奉父避兵山間，賊至，執其父將殺之，紹祖泣曰：『吾父耆德善人，不當害，請殺我以代父死。且若等非父母所生乎，何忍害人父也？』賊怒，以戈擊之，戈應手挫鈍，因感而相謂曰：『此真孝子，不可害。』廼釋之。」《順治潁州志·孝義傳·元》：「張紹祖。潁州人。讀書力學，以孝行聞，特授河南路學教授。至正中奉父避兵山間，賊至，將殺其父，紹祖泣曰：『吾父耆德善人，請殺我以代父。且若輩獨非父母所生乎，何可害人父？』賊怒，以戈擊之，戈應手挫鈍，因相謂曰：『此真孝子，不可害。』廼釋之。」

②《成化中都志·科貢·鄉舉》：「（壬子科弘治五年，1492）王翊。潁上人。」呂景蒙《嘉靖潁州志·人物表·鄉貢（潁上）》：「（弘治壬子）王翊。奉新知縣。傳見《孝義》。」呂景蒙《嘉靖潁州志·孝義·皇明》：「王翊。天性孝友，好古樂善，爲邑庠弟子員。時成化二十年（1484），祖母徐壽九十而終，父元良哀毁過禮，相繼淪歿。翊徬徨若無所措，哭曰：『孤不才，缺於人事，以招天變。』喪具如禮，結廬墓側，負土成墳，朝夕匍匐哭奠，事之如生。植栢千株，森然鬱秀。栽蓮盈池，屢生並頭。知縣曹琦以聞，弘治五年，旌表其門。」《順治潁上縣志·人物·明》：「王翊。字用甫。領鄉薦，以孝聞。祖母徐氏壽九十而終，父元良哀毁過禮，相繼淪沒。翊徬徨無措，自咎以招天變，結廬墓側，負土成墳，事之如生。植栢千株，森然鬱秀。栽蓮盈池，屢開並頭。知縣曹琦以聞。弘治五年，旌表其門。知奉新縣，有兄弟爭產，累詞不息，以古人重天倫、敦友愛者諭之，遂感悟釋訟。嘗訓二子曰：『吾自常祿外，毫髪弗取。汝其體之。』人以長者稱。」《同治潁上縣志·人物·明》：「王翊。字用輔。通判相再從子。宏［弘］治壬子舉人。祖母徐壽九十卒，父元良以哀毁相繼死。翊廬墓三年，遶墳栢千株，皆親植。宏［弘］治五年，知縣曹琦以聞，旌其門。後知奉新縣。民有兄弟爭產，累訟不息者，翊反覆諭之，廼感泣交讓，期年教化一新。」

③《正德潁州志·科貢·貢（本朝）》：「丁冠。弘治十一年（1498）貢。」呂景蒙《嘉靖潁州志·人物表·皇明（歲薦）》：「（弘治丁巳，1497）

丁冠。（字）志元。鷄澤知縣，爲人恬淡，居官有陶靖節風味，鄉里多稱慕焉。」《順治潁州志・孝義傳・明》：「丁冠。字志元，潁州人。事父母，晨昏定省，率以爲常。逌卒，遇時物必祭，汪然淚下。領月廩，兄攫之，跪曰：『願奉兄也。』卒無間言。以貢，授鷄澤知縣。慈祥沖淡，甫滿考即歸，民立碑誦之。居鄉垂老，動有矩度，不溷於俗，不役於貧，瀟然靖節風焉。子溱、渙，俱孝友朴質。渙試無資，溱索妻鬻婢銀，妻有難色，輒掌之，竟以銀付渙，歡笑而別，終不言其故。渙三歲失父，竭力事母，起居必告，不敢一毫拂母意。爲諸生，數奇，夢父語曰：『兒當在道理上做功夫，勿念功名也。』覺而焚香，痛哭砥行。所著有《慕萱集》，藏於家。」《乾隆鷄澤縣志・職官・（明）知縣》：「丁冠。潁州歲貢。正德八年（1513）任。爲政得民，去任，民思之不置，立碑。」

④《正德潁州志・科貢・制貢（本朝）》：「儲恩。應正德三年（1508）制貢。」呂景蒙《嘉靖潁州志・人物表・應例（皇明）》：「儲恩。（字）君錫。」《順治潁州志・孝義傳・明》：「儲恩。字君錫。僉事珊子。爲太學生，事父母以孝聞。一日往田所，忽聞母丁宜人暴卒，即匍匐歸，抱母屍慟哭，恨不及面訣，頭觸地死，時年三十三。隆慶庚午，孫佶登第。天之報孝義，非偶然矣。」

隱逸五人

戰國

沈郢。沈丘人。周文王第十一子聃季食邑於沈，後爲楚所滅。子孫以國爲氏，郢其裔也。有高行。秦徵爲相，不就。作沈亭於潁濱，釣遊終身焉。①

漢

廖扶。字文起，平輿人也。習《韓詩》《歐陽尚書》，教授常數百人。父爲北地太守，以法喪身。扶感而歎曰：「老子有言：『名與身孰親？』吾豈爲名乎！」遂絕志世外，專精經典，州郡辟召皆不應。就問災異，亦無所對。扶逆知歲荒，廼聚穀數千斛，悉用給宗族親戚，及斂葬死亡不能自收者。常居先人冢側，未曾入城市。太守謁煥，先爲諸生，從扶學，後臨郡，未到，先遣吏脩門人之禮，又欲擢扶子弟，固不肯，當旹人因號爲北郭先生。年八十，終於家。二子，孟舉、偉舉，並知名。②

袁宏。父安，漢司徒官也。末季，諸袁跋扈，宏避汝陰居焉。苦身脩飭，以講學爲業，暇日坐釣潁濱。朝廷累徵不至，旹人賢之，名其處曰釣魚臺。③

---

①《元和姓纂·沈》：「周文王第十一子聃，食采於沈，因氏焉。今汝南平陽沈亭，即沈子國也。秦，沈郢。」《成化中都志·人才傳·潁州（戰國）》：「沈郢。沈丘人。故城在州西鄉，周文王第十一子聃季封於沈，後爲楚所滅，子孫以國爲氏，郢其裔也。有高行，秦徵爲相，不就，作沈亭於潁濱，釣游終身。」《南畿志·鳳陽府·人物》：「沈郢。沈丘人。有高行，秦徵爲相，不就。作沈亭於潁濱，游釣終身。」《正德潁州志·人物·秦》：「沈郢。周文王第十一子聃季食采於沈，因氏。其後國滅，郢其裔也。有高行，秦徵爲丞相，不就。作沈亭於潁濱，以遊釣終其身。」呂景蒙《嘉靖潁州志·人物表·隱（列國）》：「沈郢。沈丘人。傳見《遺逸》。」呂景蒙《嘉靖潁州志·遺逸·戰國》：「沈郢。沈丘人。（故城在州西鄉。）周文王第十一子聃季，食邑於沈，後爲楚所滅。子孫以國爲氏，郢其裔也。有高行。秦徵爲相，不就。作沈亭於潁濱，釣遊終身。」《順治潁州志·隱逸傳·戰國》：「沈郢。沈丘人。周文王第十一子聃季，食邑於沈，後爲楚所滅。子孫以國爲氏，郢其裔也。有高行。秦徵爲相，不就。作沈亭於潁濱，釣遊終身。」

②事見《後漢書·廖扶傳》。《成化中都志·人才傳·潁州（三國）》：「廖扶。字文起，平輿人。習《韓詩》《歐陽尚書》，教授常數百人。嘗曰：

『老子有言：「名與身孰親？」吾豈爲名乎！』遂絕志世外。專精經典，尤明天文風角推步之術。州郡公府辟召皆不應。就問災異，亦無所對。逆知歲荒，積穀以給姻族，及斂葬疫死不能自收者。常居先人冢側，不入城府。人號北郭先生。年八十，終於家。二子，孟舉、偉舉，並知名。」呂景蒙《嘉靖潁州志·人物表·隱（東漢）》：「（安帝永初）廖扶。平輿人。傳見《遺逸》。」呂景蒙《嘉靖潁州志·遺逸·漢》：「廖扶。字文起，汝南平輿人也。習《韓詩》《歐陽尚書》，教授常數百人。父爲北地太守，以法喪身。扶感而歎曰：『老了有言：「名與身孰親？」吾豈爲名乎！』遂絕志世外。專精經典，州郡公府辟召皆不應。就問災異，亦無所對。扶逆知歲荒，廼聚穀數千斛，悉用給宗族親戚，及斂葬死亡不能自收者。常居先人冢側，未曾入城市。太守謁煥，先爲諸生，從扶學，後臨郡，未到，先遣吏修門人之禮，又欲擢扶子弟，固不肯，當時人因號爲北郭先生。年八十，終於家。二子，孟舉、偉舉，並知名。」《順治潁州志·隱逸傳·漢》：「廖扶。字文起，汝南平輿人也。習《韓詩》《歐陽尚書》，教授常數百人。父爲北地太守，以法喪身。扶感而歎曰：『老子有言：「名與身孰親？」吾豈爲名乎！』遂絕志世外，專精經典，州郡公府辟召皆不應。就問災異，亦無所對。扶逆知歲荒，廼聚穀數千斛，悉用給宗族親戚，及斂葬死亡不能自收者。常居先人冢側，未曾入城市。太守謁煥，先爲諸生，從扶學，後臨郡，未到，先遣吏修門人之禮，又欲擢扶子弟，固不肯，當時人因號爲北郭先生。年八十，終於家。二子，孟舉、偉舉，並知名。」

③《正德潁州志·臺館》：「釣魚臺。在州東七十里，潁水北岸。漢末，袁宏以家世名宦，崇守節義，見紹、述諸袁跋扈，廼避地汝陰。講學之暇，游釣河濱。後人賢之，因名其處。」《正德潁州志·流寓·本朝》：「袁宏。父安，仕至司徒。漢末，諸袁漸跋扈。宏避居汝陰，苦身修飭，以講學爲業。暇日坐釣潁濱，朝廷累召不起。」呂景蒙《嘉靖潁州志·人物表·隱（東漢）》：「（靈帝建寧）袁宏。避居汝陰，講學，坐釣潁濱。傳見《遺逸》。」呂景蒙《嘉靖潁州志·遺逸·漢》：「袁宏。父安，漢司徒官也。末季，諸袁跋扈，宏避汝陰居焉。苦身修飭，以講學爲業，暇日坐釣潁濱。朝廷累徵不至，時人賢之，名其處曰釣魚臺。（釣魚臺在州東七十里。）」《順治潁州志·隱逸傳·漢》：「袁宏。父安，漢司徒官也。末季，諸袁跋扈，宏避汝陰居焉。苦身修飭，以講學爲業，暇日坐釣潁濱。朝廷累徵不至，時人賢之，名其處曰釣魚臺。」

宋

王仲言。銍子。汝陰人。積學脩德，不慕榮進，作範鄉人，克紹先業。所著有《揮麈錄》《玉照志》，行於世。①

常秩。字夷甫，汝陰人。舉進士不中，隱居里巷，以經術著稱。嘉祐中，賜束帛，爲潁州教授，除國子直講，又以爲大理評事。治平中，授忠武軍節度推官、知長葛縣，皆不起。神宗即位，三使往聘，辭。熙寧三年（1070），詔郡「以禮敦遣，毋聽秩辭」。明年（1071），始詣闕。帝曰：「先朝累命，何爲不起？」對曰：「先帝亮臣之愚，故得安閭巷。今陛下嚴詔趣迫，是以不敢不來。」帝悦，徐問之：「今何道免民於凍餒？」對曰：「法制不立，庶民食侯食，服侯服，此今日大患也。」辭歸，不許。累官寶文閣待制兼侍讀。初，秩既隱居不仕，世以爲必退者也。後安石爲相更法，天下以爲不便。秩見所下令，獨以爲是，一召遂

---

①王仲言，即王明清（1127—？），字仲言，潁州汝陰人。王銍次子，王廉清之弟。南宋重要史學家。《正德潁州志·人物·宋》：「王仲言。泰子。積學修德，不慕榮進。作範鄉人，克紹先業。有《揮麈録》《玉照志》行於時。」呂景蒙《嘉靖潁州志·人物表·隱（宋）》：「（神宗熙寧）王仲言。臻子。傳見《遺逸》。」呂景蒙《嘉靖潁州志·遺逸·宋》：「王仲言。汝陰人。王臻子也。積學修德，不慕榮進，作範鄉人，克紹先業。有《揮麈錄》《玉照志》行於世。」《順治潁州志·名賢傳·宋》：「王仲言，一名明清。臻之子。積學修德，不慕榮進，作範鄉人，克詔[紹]先業。有《揮麈錄》《投轄錄》及《玉照堂新志》行於世。與陸務觀同時，其所著述，留心當世之務及文獻風雅之語，甚有雅事名言，並自序家世。其祖起曹郎中，字樂道，歷官中外有聲。又紀其父當高宗南幸，知虜亂未已，策其入犯之路，爲守備作書千言，上之浙西帥，時其父爲幕僚也。侃侃石畫，後一一如其言。明清父子，皆留心經濟者。」關於王明清之父的說法均誤。詳見張明華、房厚信《王銍王明清家族研究》（黃山書社，2014）。

起。在朝廷任諫諍侍從，低首抑氣，無所建明，爲旹譏笑云。①

李宜春曰：余讀《人物》，廼知潁之《志》闕如也。諸所論載，維摭世史，至國初且疎逸焉，竊爲之恨恨。因並所近聞者，彙其事，而列之以傳。嗟乎！論人以三代，何可全邪？故孔夫子歸功管仲，史子胥不少貶焉，況自漢以來者乎？是故蕃之勳，何之恕，滂之節，李之忠，憑之博，回之學，韓璽之廉，可象之義，顧不偉歟？然喪節如秩，絕倫如穀如拙，又何盭也？其他咸彬彬然、楚楚然，亦足垂簡編，昭不朽矣。潁其不爲文獻地哉！

貞節一十七人

漢

范母。滂之母也，龍舒侯相范顯妻。建寧中大誅黨人，詔下，急捕滂，滂即自詣獄。母就與之訣，滂白母曰：「仲博孝敬，足以供養。滂從龍舒君歸黃泉，存亡各得其所。惟大人割不可忍之恩，勿增感戚。」母曰：「汝今得與李杜齊名，死亦何恨？既有令名，復求壽考，可兼得乎？」滂跪受教，再拜而辭。聞者莫不流涕。②

①常秩（1019—1076），字夷甫。以經術著稱，爲歐陽修所重。王安石爲相，薦於朝廷，累官寶文閣待制兼侍讀。事見《宋史·常秩傳》。《成化中都志·人才傳·潁州（宋）》：「常秩。字夷甫，汝陰人。歐陽文忠公門人。以經術著稱，士論歸重。初隱居，熙寧初詔郡以禮敦遣，詣闕。神宗問曰：『先朝累命，何爲不起？』對曰：『先帝亮臣之愚，故得安間巷。陛下嚴詔趣迫，故不敢不來。』求去，不許。累官寶文閣待制，兼侍讀。文忠《書懷詩》云：『況有西鄰隱居子，輕蓑短笠伴春鋤。』謂夷甫也。《涑水燕談》云：『潁上常夷甫以行義薦朝廷，官之，不起。歐陽公晚年治第於潁，思歸未得，嘗有詩曰：「笑殺汝陰常處士，十年騎馬聽朝鷄。」公致政，而處士以待制起朝請。人改之曰：「卻笑汝陰常處士，幾年騎馬聽朝鷄。」』」《正德潁州志·人物·宋》：「常秩。汝陰人。以經術著稱，士論歸重。呂正獻守潁，猶深知遇。後申公居相位，薦秩於朝，詔郡以禮敦遣，始詣闕。神宗問曰：『先朝累命，何爲不起？』對曰：『先帝亮臣之愚，故得安間巷。今陛下嚴詔趣迫，故不敢不來。』數求去，不許。累官寶文閣待制，兼侍讀，稍变其節。申公謂：『知人實難！』以語程子，且畧悔。程子曰：『然不可以是而懈好賢之心。』」呂景蒙《嘉靖潁州志·人物表·仕（宋）》：「（神宗熙寧）常秩。汝陰人。傳見《鄉賢》。」呂景蒙《嘉靖潁州志·鄉賢·宋》：「常秩。字夷甫，汝陰人。舉進士不中，隱居里巷，以經術著稱。嘉祐治平中，屢薦不起。神宗即位，三使往聘，辭。熙寧三年，詔郡『以禮敦遣，毋聽秩辭』。明年，詣闕。帝曰：『先朝累命，何爲不起？』對曰：『先帝亮臣之愚，故得安間巷。今陛下嚴詔趣迫，是以不敢不來。非有所抉擇去就也。』帝悅，徐問之：『今何道免民於凍餒？』對曰：『法制不立，庶民食侯食，服侯服，此今日大患也。』辭歸，不許。累官寶文閣待制兼讀命。秩平居爲學，求自得。王回，里中名士也。每見秩，與語，輒歆然自以爲不及。歐陽修、胡宿、呂公著、王陶、沈遘、王安石皆稱薦之，翕然名重一時。初，秩既隱居不仕，世以爲必退者也。後安石爲相更法，天下以爲不便。秩在間閻見所下令，獨以爲是，一召遂起。在朝廷任諫諍侍從，低首抑氣，無所建明，爲時譏笑云。」《順治潁州志·名賢傳·宋》：「常秩。字夷甫，汝陰人。舉進士不中，隱居，以經術著稱，屢薦不起。神宗三聘，辭。熙寧三年，詔郡以禮敦遣，毋聽辭。明年詣闕，帝曰：『先朝累命，何爲不起？』對曰：『先帝亮臣之愚，故得安間巷。今陛下嚴詔趣迫，是以不敢不來。』帝悅，徐問之：『今何道免民於凍餒？』對曰：『法制不立，庶民食侯食，服侯服，此今日大患也。』後安石爲相變法，天下以爲不便。秩見所下令，獨以爲是，一召遂起。任諫諍侍從，低首抑氣，無所建明，爲時譏笑云。」詳見袁貝貝《「汝陰處士」常秩考》（《阜陽師範學院學報社會科學版》2012 年第 3 期）。

②事見《後漢書·范滂傳》。《南畿志·鳳陽府·烈女》：「范母。細陽人滂之母也。建寧中大誅黨人，急捕滂，滂白母曰：『仲博孝敬，足以供養。滂從龍舒君歸黄泉，惟大人割不忍之恩，勿增感戚。』母曰：『汝今得與李杜齊名，死亦何恨？既有令名，復求壽考，可兼得乎？』滂跪受教，再拜而辭。聞者無不流涕。」《正德潁州志·烈女》：「范滂母。細陽人。漢建寧中大誅黨人，詔下急捕滂，（滂）白母曰：『仲博學敬，

足以供養。滂從龍舒君歸黃泉，存亡各得其所。惟大人割不忍之恩，勿增感戚。』母曰：『汝今得與李杜齊名，死亦何恨？既有令名，復求壽考，可兼得乎？』滂跪受教，再拜而辭。聞者無不流涕。」呂景蒙《嘉靖潁州志·貞烈·漢》：「范滂母。細陽人。漢建寧中大誅黨人，詔下，急捕滂，（滂）白母曰：『仲博孝敬，足以供養。滂從龍舒君歸黃泉，存亡各得其所。惟大人割不可忍之恩，勿增感戚。』母曰：『汝今得與李杜齊名，死亦何恨？既有令名，復求壽考，可兼得乎？』滂跪受教，再拜而辭。聞者無不流涕。」《萬曆太和縣志·人物·節烈》：「范母。細陽人。范滂之母也。建寧二年（169），大誅黨人，詔下，急捕滂。滂白母曰：『仲博孝敬，足以供養。今從龍舒君歸黃泉，存亡各得其所。惟大人割不可忍之恩，勿增感戚。』母曰：『汝今得與李杜齊名，死亦何恨？既有令名，復求壽考，可兼得乎？』滂跪受教。聞者無不流涕。」《順治潁州志·貞烈傳·漢》：「范滂母。細陽人。漢建寧中大誅黨人，詔下，滂白母曰：『仲博孝敬，足以供養。滂從龍舒君歸黃泉，存亡各得所。惟夫［大］人割不忍之恩，勿增感戚。』母曰：『汝今得與李杜齊名，死亦何恨？既有令名，復求壽考，可兼得乎？』滂跪受教，再拜而辭。聞者無不流涕。」

宋

盧兒。歐陽文忠公妾也。公死，盧兒哭之慟，淚血以死，廼殉公塋焉。①

明

李氏。潁州呰銓妻。年二十四而銓亡，四月始生男用，躬紡織以資撫育。及用長，取婦李氏，生孫鯨，而用與婦又相繼以夭，復育遺孫。零丁孤苦，蓋有不堪其貧者矣。嘉靖己丑（1529）巡按秦公，甲午（1534）巡按張公，俱以幣獎焉。七十二而終。②

韓氏。潁州周雨妻。歸雨二年而雨卒，旹年十九。父母憐而欲嫁之，即剪髮，誓不更適。居常語及嫁，輒赧然慚曰：「一婦二夫，何醜如之？」五十九而終。③

張氏。潁州魏隆妻，年十七歸隆。四閱月，流賊劉七自湖湘歷潁境，聚屠邑，居民咸走匿。張被執，擁致上馬，脅以刃者數四。張奮口劇罵，至以手披賊求死，曰：「寧願殺我，豈從汝去！」賊怒，爭攢刺截割而去。④

楊氏。潁川衛舍人王嘉會妻。嘉會卒旹，年甫二十。號哭至嘔血，曰：「吾何生爲？」即將殉焉。家人衛之嚴，得不死。

---

①《正德潁州志・烈女》：「盧兒。歐陽公妾。口中素有芙蕖自然香，公厚之。公薨，美而艾，無出，哭泣流血死。迺殉公塋。」《順治潁州志・貞烈傳・宋》：「盧兒。歐陽文忠公妾也。公卒，盧兒哭之慟，淚血以死。迺殉塋焉。」

②呂景蒙《嘉靖潁州志・貞烈・皇明》：「時銓妻李氏。李年二十四而銓亡，已四月遺孕，生男時用，躬紡績以資撫育。及用長，爲聚［娶］，亦李氏，生孫時鯨，而時用夫婦相繼夭歿。李復撫育遺孫，遭家貧乏，更歷變故，艱難百端，而李氏處之恬如，惟盡吾勞瘁而已。嘉靖八年（1529）巡按秦御史，十二年（1533）巡按張御史，俱行州以禮奬勵焉。十三年（1534），享年七十有二而終。」《順治潁州志・貞烈傳・明》：「李氏。時銓妻。年二十四歲而銓亡，遺孕生男時用，躬紡織以資撫育。及用長，爲娶妻李，生孫鯨，而時用夫婦繼夭歿。李復撫育孤孫，遭家貧乏，更歷變故，艱難百端，而李氏處之恬如。」

③呂景蒙《嘉靖潁州志・貞烈・皇明》：「民人周雨妻韓氏。歸雨二年而雨卒，時韓年十九。父母憐而欲嫁之，韓即剪髮，誓不更嫁。居常語及嫁者，赧然爲慚曰：『一婦二夫，行之醜也。』閉戸自守，寂不出聲。蓋其恬靜貞一，得於天性如此。歷年五十九而終。」《順治潁州志・貞烈傳・明》：「韓氏。民人周雨妻。雨卒時年十九，父母憐而欲嫁之，韓即剪髮，誓不更嫁。居常語及嫁者，赧然爲慚曰：『一婦二夫，女之醜也。』年五十九而終。」

④呂景蒙《嘉靖潁州志・貞烈・皇明》：「張恭女。張氏年十七，正德六年（1511）適民人魏隆。甫四月，而流賊劉七自湖湘歷潁，民各奔竄。張以竄被虜，攜令上馬，刃逼數四。張氏不從，奮口劇罵，至以手披賊，賊怒舉刃，張曰：『寧汝殺我，豈從汝賊！』由是，賊衆攢刺截割而死。時潁人難中傳聞，交相歎惜焉。」《順治潁州志・貞烈傳・明》：「張氏。張恭女。年十七適民人魏隆。甫正德七年，流賊劉七自湘歷潁，百姓奔竄。張被虜，攜令上馬，刃逼數四。張氏不從，奮口劇罵，至以手披賊，賊怒，舉刃攢刺而死。」

復七日，乘衛者稍怠，遂經其頸死焉。①

王二婦楊氏。潁州王伯萬男王乾、王坤妻也，俱楊姓。嘉靖丁未（1547），流寇攻伯萬家，舉家走匿高樓上，寇用麥綢張接，以火劫之，曰：「下則生，不下則死。」衆皆跳下，獨二婦恐其汙也，罵聲不絕，甘受焚而死，俱年十七。②

徐氏。潁州庠士劉鑑妻也。年二十適鑑，二十七而鑑卒。誓不再醮，稱未亡人者五十餘年，幽居布素，曰：「吾無愧吾夫也。」嘉靖丁未（1547）夏卒。③

劉氏。諱寶，潁上梅春妻也。年二十三，春卒，生子滎甫三歲，富尚襁褓，晝夜號哭，曰：「同遊地下足矣。」父母強慰諭曰：「爾舅姑早逝，止遺汝夫。汝若又死，如二孤何？」廼誓志存孤，以紡織爲業，撫滎舉翰林秀才，累官至光祿寺署正。貤封爲孺人。富亦克家。弘治三年（1490），有司上其事，旌其門曰貞節，八十一而卒。④

卜氏。潁上名馴妻，知縣卜鏞之女也。十六適馴，四年而馴卒，躑躅求死者數四。舅姑交慰解之，即毀容劬身。抱一子甫晬，勢家謀奪其志，輒叱去之。及子娶婦，又卒。雖衣食不充，而冰霜之操，不改顏色。旹人難之。七十三而終。⑤

許氏。潁上庠士嚴祿妻。正德七年（1512）五月，爲流賊所執，義不受辱，遂投死水［水死］。旹年二十五。⑥

王氏。潁上韓欽妻。夫死，誓不他適，事姑以孝聞。正德七年（1512），流賊適至，姑令避之，泣曰：「避矣，如姑何？」

①《順治潁州志・貞烈傳・明》：「楊氏。王加［嘉］會妻。生而沉靜寡言笑，加［嘉］會病革，謂氏曰：『汝當何如？』氏跽泣曰：『死耳！』加［嘉］會揮淚没。自是，飲食不入口，語姑曰：『婦已許死者矣，安忍負之？婦極知棄姑爲罪，幸恃有嫂嬸在，何需此未亡人也？』家人日夜守之，竟乘倦自縊死。」

②《順治潁州志・貞烈傳・明》：「二楊氏。王乾妻楊氏，弟坤妻亦楊氏。嘉靖丁未，賊至乾家，舉家走匿高樓上，賊用麥綑張接，以火劫之，曰：『下則生，不下則死。』二婦恐汙不下，甘受焚死。」

③《康熙潁州志・列女・明》：「徐氏。潁州文學劉鑑妻。年二十適鑑，二十七而鑑亡。誓不再適，幽居布素者五十餘年。」

④吕景蒙《嘉靖潁州志・貞烈・潁上（皇明）》：「劉氏。諱賓，附廓一圖人。梅春妻。年二十三，夫卒，生二子，長榮甫三歲，次富尚襁褓。晝夜號哭，曰：『得同遊地下足矣。』父母哀其痛苦，慰以良言曰：『爾舅姑早逝，止遺汝夫。今若此，汝執此義，則二孤何所托邪？但存殘喘，則節孝可全。』諭之再四，遂誓死不貳志。雖官族，家甚瀟索，以紡績爲業，撫二子成立。榮舉翰林秀才，累官至光禄寺署正。以子貴，封劉爲孺人。富亦克家。嗚呼！孀居之婦，得榮養五十年，壽八十一而終。天道福善之報，信不爽矣！有司以聞，弘治三年，旌其門曰貞節。」《順治潁上縣志・節孝・貞烈》：「劉氏。梅春妻。年二十三生二子，長榮甫三歲，次富尚襁褓。夫卒，日夜號泣，曰：『得同遊地下足矣。』父母慰曰：『爾舅姑逝矣，爾夫又逝矣。今若此，二孤何托？但存殘喘，則節孝全矣。』諭之再四，卒誓死不貳志，以紡績守二子成立。榮舉翰林秀才，累官至光禄寺署正。以子貴，授封孺人，壽八十一而卒。有司以聞，詔旌其門，扁曰『節重當今』。有坊，廢。」

⑤吕景蒙《嘉靖潁州志・貞烈・潁上（皇明）》：「卜氏。邑人卜鏞女也。幼而秀慧莊重，年十六妻附廓人名馴。方四年，而馴卒，躑躅欲求死者數四，公姑交相慰而解之。是後毀容劬身，以節自誓。子尚懷抱，家業凋零，勢家欲奪志，婦正言叱之，卒不敢犯。及子蚤卒，婦煢煢孤立，衣食多不給，而志節益勵。貧苦五十餘年，年七十三而終，葬具皆不如禮，聞之未有不痛惜者。」《順治潁上縣志・節孝・貞烈》：「卜氏。鏞女也。幼秀慧而莊重，年十六適名馴。夫卒，毀容劬身，以節自誓。子尚懷抱，家業凋零，勢家欲奪志，婦正言叱之，卒不能奪。及子蚤卒，煢煢孤立，衣食多不給，而志節益堅。年七十三而終。」

⑥《南畿志・鳳陽府・烈女》：「嚴禄妻許氏。潁上人。正德壬申（1512）爲賊所執，義不受辱，投水死。時年二十五。」吕景蒙《嘉靖潁州志・貞烈・潁上（皇明）》：「許氏。附廓一圖人許鑒女，生員嚴禄妻。正德七年五月，爲流賊所執，義不受辱，遂投水死。年二十五。」《順治潁上縣志・節孝・貞烈》：「許氏，鑒女也，生員嚴禄妻。正德七年，因流寇所執，義不受辱，瞯寇防稍懈，遂投水而死。」

遂不忍去。賊果執之，脅之行里許，投崖下，賊刺殺之。皆年二十七。①

吳女。潁上縣吳濟女。正德七年（1512），流賊屠其家，獨遺此女。執之，女不肯行，哭且罵曰：「吾父母皆被汝害，留我何爲？」渡河投水死，皆年十三。②

胡女。太和庠士胡璉女也。正德壬申（1512），流賊陷太和，賊卒犯之，不受辱死。賊廼殺其卒，祭女以去。③

陳氏。太和王昭妻。正德七年（1512），流賊陷太和，陳被虜奮罵，投於河死。賊斷其屍。④

李玉蓮。太和李欽女。年十六，亦在虜中，罵不絕口。賊好言誘之，詞色愈厲，卒死於賊。有司上其事，與陳氏俱得旌表，勒石旌善亭。⑤

李宜春曰：余記《貞烈》矣，復採徐氏節，及二縣，得死賊六，夫亡而不嫁二。將以坊世教也，獨表然哉！

①《南畿志·鳳陽府·烈女》：「韓欽妻王氏。潁上人。夫死，誓不他適，事姑孝。正德間，流寇適至，姑使之避，王曰：『姑在，我何忍？』未幾被執，強之行里餘，投崖下水中，厲聲罵賊，賊刺殺之。時年二十七。」呂景蒙《嘉靖潁州志·貞烈·潁上（皇明）》：「王氏。邑人韓欽妻。夫死，誓不他適，事姑以孝聞。正德七年，流賊適至，姑使之避，廼泣曰：『姑在上，我何忍偷生邪？』遂不離左右。未幾，爲賊脅之，罵曰：『我何人，肯汝從邪？』強之行里餘，投崖下水中，罵聲愈勵。賊知不可屈，遂刺殺之。死年二十有七。」《順治潁上縣志·節孝·貞烈》：「王氏。韓欽妻。夫死，誓不他適，事姑孝。正德七年，寇至，姑使之避，泣曰：『姑在上，我何忍偷生？』不離左右。未幾，爲寇脅之，罵曰：『我何人，肯汝從耶？』強之行里餘，投水而死。」

②《南畿志·鳳陽府·烈女》：「吳幼女。潁上甘羅鄉人，吳濟女。年十三，賊屠其家，獨遺此女，執之，不肯行，哭且罵曰：『吾父母皆被汝害，留我何爲？』強之渡河，至中流躍水中而死。」呂景蒙《嘉靖潁州志·貞烈·潁上（皇明）》：「吳濟女。甘羅四圖人。年十三。七年，流賊屠其家，獨遺此女。執之，不肯行，哭且罵曰：『吾父母皆被汝害，留我欲何爲？』強之渡河，至中流，躍入水中而死，賊甚異之。」《順治潁上縣志·節孝·貞烈》：「吳烈女。吳濟女。正德七年，因寇屠其家，獨留此女。執之，不肯行，哭且罵曰：『我一家被害，留我何爲？』寧死不受汙。女知前欲渡，以言紿之。至中流，躍入水而亡。」

③呂景蒙《嘉靖潁州志·貞烈·太和》：「胡璉女。生員胡璉女也。七年，流賊陷太和，賊卒犯之，女不辱而死。賊率殺其卒，祭女以禮而去。」《萬曆太和縣志·人物·貞烈（皇明）》：「胡氏。生員李驥妻也，旗手衛經歷胡公璉之女。母訓素嚴，克閑內則。正德六年（1511），劉賊陷城，卒犯之，胡氏不辱而死。賊廼殺其卒，以禮祭之。有司以事聞，旌其門曰貞烈。」

④呂景蒙《嘉靖潁州志·貞烈·太和》：「陳氏。在城三圖民王昭妻。流賊陷縣城，陳被虜，不辱奮罵，投於河。賊怒，斷其屍。」《萬曆太和縣志·人物·貞烈（皇明）》：「陳氏。在城圖人王昭妻也。劉六、劉七陷城，陳氏被虜，迫之上馬，唾罵不從，奮其身而投於河，賊斷其屍。事聞旌表，勒石旌善亭。」

⑤呂景蒙《嘉靖潁州志·貞烈·太和》：「李欽女玉蓮。年十六歲，亦在虜中，罵不絕口。賊誘之百端，而辭勵，卒死於賊。事聞，與陳氏俱得旌表，勒石旌善亭。」《萬曆太和縣志·人物·貞烈（皇明）》：「李玉蓮。李欽女也。正德辛未之變，劉賊陷太和，時玉年十六，爲賊所虜，憤罵不辱，誘之百端，而憤罵愈厲，不絕口，遂被殺。事聞旌表，勒石旌善亭。」

宦業

夫思，起於愛之遺也；論，公於久之定也。故《詩》詠淑人，漢傳循吏。作《宦業》，表其賢以樹風，紀其蹟以存化，而《流寓》附焉。

東漢

宋登。字叔陽，京兆長安人。爲汝陰令，爲政能明［政爲明能］，號稱神父。遷趙相。及卒，汝陰人配社祀之。①

徐弘。汝陰令，爲政嚴明。縣多大姓兼並，弘誅鋤奸桀，豪右斂手。②

細陽令虞延。字子大，陳留人。建武初，仕執金吾府，除細陽令。每歲旹伏臘，輒遣徒繫，各使歸家，並感其恩，應期而還。有囚於家被病，自載詣獄，既至而死，延率吏掾史，殯於門外，百姓感悅。③

①《後漢書·宋登傳》：「宋登字叔陽，京兆長安人也。父由，爲太尉。登少傳《歐陽尚書》，教授數千人。爲汝陰令，政爲明能，號稱神父。遷趙相，入爲尚書僕射。順帝以登明識禮樂，使持節臨太學，奏定典律，轉拜侍中。數上封事，抑退權臣，由是出爲潁川太守。市無二價，道不拾遺。病免，卒於家，汝陰人配社祠之。」《大明一統志·中都·名宦》：「宋登。汝陰令。爲政［政爲］明能，號稱神父。後卒於家。汝陰人配社祠之。」《成化中都志·名宦·潁州（漢）》：「宋登。字叔陽，京兆長安人。汝陰令，爲政［政爲］明能，號曰神父。嘗入爲尚書僕射，順帝以登明識禮樂，使持節，臨太學，奏定典律。轉拜侍中，數上封事，抑退權臣。由是，出爲潁川太守。市無貳價，道不拾遺。及卒，汝陰人配社祀之。」《正德潁州志·名宦·漢》：「宋登。汝陰縣令。爲政［政爲］明能，號稱神父。後卒於家，汝陰人配社祠之。」呂景蒙《嘉靖潁州志·職官表·令（東漢）》：「（順帝永和）宋登。傳見《名宦》。」呂景蒙《嘉靖潁州志·名宦·東漢》：「宋登。字叔陽，京兆長安人。爲汝陰令，爲政［政爲］明能，號稱神父。後卒於家，汝陰人配社祀之。」《順治潁州志·宦業傳·補（漢）》：「宋登。字叔陽，京兆長安人。汝陰令，爲政［政爲］明能，號曰神父。嘗入爲尚書僕射，順帝以登明識禮樂，使持節，臨太學，奏定典律。轉拜侍中，數上封事，抑退權臣。由是，出爲潁川太守。市無貳價，道不拾遺。及卒，汝陰人配社祀之。」

②《太平御覽》卷二百六十八所引《會稽典録》：「徐弘字聖通，爲山陰令。縣俗剛強，大姓兼併。弘到官，誅剪姦桀，豪右歛手，商旅路宿，道不拾遺。童歌之曰：『徐聖通，政無雙。平刑罰，姦宄空。』」《成化中都志·名宦·潁州（漢）》：「徐弘。漢汝陰令。爲政嚴明。縣多大姓兼並，弘誅鋤奸桀，豪右歛手。」呂景蒙《嘉靖潁州志·職官表·令（東漢）》：「（順帝永和）徐弘。出《中都志》。」《順治潁州志·宦業傳·補（漢）》：「徐弘。漢汝陰令。爲政嚴明。郡多大姓兼並，弘誅鋤奸傑，豪強歛手。」

③《後漢書·虞延傳》：「虞延，字子大，陳留東昏人也……建武初，仕執金吾府，除細陽令。每至歲時伏臘，輒休遣徒繫，各使歸家，並感其恩德，應期而還。有囚於家被病，自載詣獄，既至而死，延率掾吏，殯於門外，百姓感悅之。」《大明一統志·中都·名宦》：「虞延。建武初細陽令。每歲時伏臘，輒休遣徒繫，各使歸家。莫不感其恩德，應期而還。」《成化中都志·名宦·潁州（漢）》：「虞延。建武初爲細陽令。每至歲時伏臘，輒休遣囚徒，各使歸家。並感其恩，如期而還。拜公車令，遷司徒。細陽，漢縣，在州西四十里。」《正德潁州志·名宦·漢》：「虞延。建武初爲細陽令。每歲時伏臘，輒休遣徒繫，各使歸家。莫不感其恩德，應期而還。」呂景蒙《嘉靖潁州志·職官表·令（東漢）》：「（光武建武）虞延。傳見《名宦》。」呂景蒙《嘉靖潁州志·名宦·東漢》：「細陽令虞延。字子大，陳留人。建武初，仕執金吾府，除細陽令。每歲時伏臘，輒遣徒繫，各使歸家，並感其恩，應期而還。有囚於家被病，自載詣獄，既至而死，延率吏掾史，殯於門外，百姓感悅之。」《順治潁州志·宦業傳·漢》：「虞延。字子大，陳留人。建武初，仕執金吾府，除細陽令。每歲時伏臘，輒遣徒繫，各使歸家，並感其恩，應期而還。有因於家被病，自載詣獄，既至而死，延率吏掾史，殯於門外。百姓感悅之。」《萬曆潁州志·歷官·遺愛（漢）》：「虞延。字子大，陳留人。建武初，仕執金吾府，除細陽令。廉明有守，喜慍不形於色。法寬和，吏民不擾。每歲時伏臘，輒遣徒繫還家，並感其恩，應期而還。有囚於家被病，自載詣獄，既至而死，延率吏掾史，殯於門外。百姓感悅。」

慎縣令劉伯麟。舉孝廉，除郎中，辟司徒掾，遷慎縣令，卒於官，有惠於民。

按，慎縣晉旹始隸汝陰，而伯麟則漢令也。細陽又非屬邑，今故地在西北四十里。難以槩列，故別而存之焉爾。①

南宋

張超。爲汝陰太守。泰始三年（467），魏鄭羲、元石攻汝陰，超城守，石等率精鋭攻之，不克。②

北魏

劉模。長樂信都人也。太和初，遷中書博士，出除潁州刺史。王肅之歸闕，路經懸瓠，羈旅窮悴。模獨給所須，吊待以禮，肅深感其意。及肅臨豫州，模猶在郡，微報復之，由是爲新蔡太守。在二郡積十年，寬猛相濟，頗有治稱。後家於潁。③

①事見歐陽修《集古録》卷三《後漢慎令劉君墓碑（建寧四年）》与洪适《隸釋》卷八《慎令劉修碑》。後者云：「君諱修，字伯麟……」歐陽修與洪适所載文字雖有差異，但爲同一碑無疑，可以互相對校。《成化中都志·名宦·潁上縣（漢）》：「劉伯麟。漢人。舉孝廉，除郎中，辟司徒掾，遷慎縣令，卒官，有惠於民。其《墓銘》曰：『忠孝正直，高明柔克。』慎，故城在潁上西北。」《正德潁州志·名宦·漢》：「劉伯麟。慎縣令。少罹艱苦，身服田畝。舉孝廉，除郎中，辟從事，司徒掾。遷慎縣令，卒於官。有惠於民，其《墓銘》有曰：『忠孝正直，高明柔克。』又曰：『志激後昆，人皆有云。貴終譽兮，垂名著兮。』」呂景蒙《嘉靖潁州志·職官表·令（潁上）》：「（漢）劉伯麟。傳見《名宦》。」呂景蒙《嘉靖潁州志·名宦·潁上（漢）》：「劉伯麟。漢人。舉孝廉，除郎中，辟司徒掾，遷慎縣令，卒於官，有惠於民。其《墓銘》畧曰：『忠孝正直，高明柔克。』可以見其爲人矣。」《順治潁上縣志·秩官·歷官》：「（漢慎令）劉伯麟。見《宦業》。」《順治潁上縣志·秩官·宦業（漢）》：「劉伯麟。漢人。舉孝廉，除郎中，辟司徒掾，遷慎令。有恩於民。其《墓銘》曰：『忠孝正直，高明柔克。』今祀名宦。」《順治潁州志·宦業傳·漢》：「劉伯麟。慎縣令。少罹艱苦，身服田畝。舉孝廉，除郎中，辟從事，司徒掾。遷慎縣令，卒於官。有惠於民，其《墓銘》有曰：『忠孝正直，高明柔克。』又曰：『志激後昆，人皆有云。貴終譽兮，垂名著兮。』」

②張超，字景遠。初爲國輔將軍、汝陰太守，破虜有功，卒後追贈冠軍將軍、豫州刺史，追封含洭縣男，食邑三百戶。本書《秩官》誤將一人分作張超、張景遠二人。《宋書·劉勔傳》：「至是引虜西河公、長社公攻圍輔國將軍、汝陰太守張景遠，景遠與軍主楊文萇拒擊，大破之。」呂景蒙《嘉靖潁州志·職官表·（南宋）太守》：「（明帝泰始）張景遠。出《宋書·傳》。」呂景蒙《嘉靖潁州志·名宦·南宋》：「張超。爲汝阴太守。明帝泰始三年，魏鄭羲、元石攻汝陰，超城守，石等率精鋭攻之，不克。」《順治潁州志·職官表·（宋）太守》：「張景遠。泰始間汝陰太守。詳《總紀》。」《順治潁州志·宦業傳·補（南宋）》：「張超。爲汝阴太守。明帝泰始三年，魏鄭羲、元石攻汝陰，超城守，石等率精鋭攻之，不克。」

③《魏書·高允傳》附傳：「初，允所引劉模者，長樂信都人也。少時竊遊河表，遂至河南，尋復潛歸。頗涉經籍，微有註疏之用。允領秘書、典著作，選爲校書郎。允撰修《國記》，與俱緝著。常令模帶持管籥，每日同入史閣，接膝對筵，屬述時事。允年已九十，手目稍衰，多遣模執筆而指授裁斷之，如此者五六歲。允所成篇卷，著論上下，模預有功焉。太和初，模遷中書博士，與李彪爲僚友，並相愛好。至於訓導國胄，甄明風範，遠不及彪也。出除潁州刺史。王肅之歸闕，路經懸瓠，羈旅窮悴，時人莫識。模獨給所須，弔待以禮。肅深感其意。及肅臨豫州，模猶在郡，微報復之，由是爲新蔡太守。在二郡積十年，寬猛相濟，頗有治稱。正始元年（504），復出爲陳留太守。時年七十餘矣，而飾老隱年，昧禁自效。遂家於南潁川，不復歸其舊鄉矣。」呂景蒙《嘉靖潁州志·職官表·守（北魏）》：「（孝文帝太和）劉模。出《魏書·傳》，見《僑寓》。」呂景蒙《嘉靖潁州志·僑寓·北魏》：「劉模。信都人。守潁州，治政有聲，後家於潁。（詳見《魏書》。）」《順治潁州志·職官表·魏（刺史）》：「劉謨。信都人。太和間刺史。見《流寓》。」《順治潁州志·侨寓传·北魏》：「劉模。長樂信都人也。涉獵經籍，微有註疏，高允選爲校書郎。允撰修《國紀》，與俱緝著。每同入史閣，接膝對筵，屬述時事，模有功焉。太和初，遷中書博士，出除潁州刺史。蒞任多年，寬猛相濟，有治稱。遂家於潁。」

唐

柳寶積。永徽中爲潁州刺史。脩椒陂塘，引潤水溉田二百頃，爲民永利。①

五代

王祚。並州祁人。漢華州刺史，改鎮潁州。均部內稅租，補實流徙，以出舊籍。州境舊有通商渠，距淮三百里，歲久湮塞。祚疏導之，遂通舟楫，郡無水患。②

司超。大名元城人。漢祖在太原，超往依之。爲宋、宿、亳三州遊奕巡檢使，改宿州西固安守禦都指揮使，移屯潁州下蔡鎮。屢與淮人戰，有功。③

---

①《新唐書·地理志·河南道》：「（潁州）縣四。汝陰，緊。武德初有永安、高唐、永樂、清丘、潁陽等縣，六年省永安、高唐、永樂，貞觀元年省清丘、潁陽，皆入汝陰。南三十五里有椒陂塘，引潤水溉田二百頃，永徽中，刺史柳寶積修。」《大明一統志·中都·名宦》：「柳寶積。永徽中潁州刺史。修椒陂塘，引潤水溉田二百頃，民利之。」《成化中都志·名宦·潁州（唐）》：「劉寶積。永徽中潁州刺史。修椒陂塘，引潤水溉田二百頃，民利之。」《正德潁州志·名宦·唐》：「柳寶積。永徽中刺史潁州，威惠並行，下民畏愛。修椒陂塘，引潤河水溉田二百頃，民甚利之。」呂景蒙《嘉靖潁州志·職官表·刺史（唐）》：「（高宗永徽）柳寶積。傳見《名宦》。」呂景蒙《嘉靖潁州志·名宦·唐》：「柳寶積。永

徽中潁州刺史。修椒陂塘，引潤水溉田二百頃，爲民永利。（出唐《地里［理］志》。）」《順治潁州志・宦業傳・唐》：「柳實積。永徽中潁州刺史。修椒陂塘，引潤水溉田三百頃，爲民永利。出唐《地里［理］志》。」

②《資治通鑑・後周紀・世宗睿文孝武皇帝中》：「（显德四年六月）丁丑，以前華州刺史王祚爲潁州團練使。祚，溥之父也。」《宋史・王溥傳》附傳：「父祚，爲郡小吏，有心計。從晉祖入洛，掌鹽鐵案，以母老解職歸。漢祖鎮並門，統行營兵拒契丹，委祚經度芻粟；即位，擢爲三司副使。歷周爲隨州刺史。漢法禁牛革，輦送京師，遇暑雨多腐壞，祚請班鎧甲之式於諸州，令裁之以輸，民甚便之。移刺商州，以奉錢募人開大秦山岩梯路，行旅感其惠。顯德初，置華州節度，以祚爲刺史。未幾，改鎮潁州。均部内租稅，補實流徙，以出舊籍。州境舊有通商渠，距淮三百里，歲久湮塞，祚疏導之，遂通舟楫，郡無水患。歷鄭州團練使。宋初，陞宿州爲防禦，以祚爲使。課民鑿井修火備，築城北隄以禦水災。因求致政，至闕下，拜左領軍衛上將軍，致仕。」《大明一統志・中都・名宦》：「王祚。漢潁州刺史。均部内稅租，補實流徙，及疏導通商渠湮塞，以通舟楫。郡無水患。」《成化中都志・名宦・潁州（五代）》：「王祚。漢潁州刺史。均部内租稅，補實流徙。疏導湮塞，以通舟楫。郡無水患。仕周爲潁州團練使。子溥爲宋宰相。祚有賓客薄常朝服侍立，客坐不安席，祚曰：『犺犬不足爲起。』」《南畿志・鳳陽府・宦蹟》：「王祚。漢潁州刺史。均部内租稅，補實流徙。疏導通商渠，以利舟楫，郡無水患。」《正德潁州志・名宦・五代》：「王祚。漢潁州刺史。均部内租稅，補實流徙。及疏導通商渠之湮塞，以通舟楫。郡無水患。」呂景蒙《嘉靖潁州志・職官表・團練使（後漢）》：「（高祖乾祐）王祚。並州祈［祁］人。傳見《名宦》。」呂景蒙《嘉靖潁州志・名宦・五代》：「王祚。並州祁人。漢華州刺史，改鎮潁州。均部内稅租，補實流徙，以出舊籍。州境有通商渠，距淮三百里，歲久湮塞。祚疏導，遂通舟楫，郡無水患。子溥相宋。（出《宋史・王溥傳》。）」《順治潁州志・宦業傳・五代》：「王祚。並州祁人。漢華州刺史，改鎮潁州。均部内稅租，補實流徙，以出舊籍。州境有通商渠，距淮三百里，歲久湮塞。祚疏導，遂通。」

③《宋史・司超傳》：「司超，大名元城人。初事邢帥安叔千。漢祖在太原，超往依之，隸帳下爲小校……時京東諸州寇盗充斥，以超爲宋、宿、亳三州游奕巡檢使。改宿州西固鎮守禦督指揮使，移屯潁州下蔡鎮。屢與淮人戰，有功。」《大明一統志・中都・名宦》：「司超。周時爲宋、宿、亳二［三］州遊奕巡檢使。改宿州固鎮守禦都指揮使，移屯潁州下蔡鎮。屢與淮人戰，有功。」《南畿志・鳳陽府・宦蹟》：「司超。大名元城人。仕周，爲宿州鎮守都指揮使，移屯潁州下蔡鎮。屢與南唐戰，有功。」《正德潁州志・名宦・五代》：「司超。周初爲守禦都指揮使，屯下蔡。劉仁瞻守壽州，防備益嚴。超移屯潁州，屡與淮人戰，有功。」呂景蒙《嘉靖潁州志・職官表・團練使（後周）》：「（世宗顯德）司超。傳見《名宦》。」呂景蒙《嘉靖潁州志・名宦・五代》：「司超。大名元城人。漢祖在太原，超往依之，爲宋、宿、亳三州遊奕指揮使，改宿州西固鎮守禦都指揮使，移屯潁州下蔡鎮。屢與淮人戰，有功。（出《宋史》本傳。）」《順治潁州志・宦業傳・五代》：「司超。大名元城人。漢祖在太原，超往依之，爲守禦指揮使，移屯潁州下蔡鎮。屢與淮人戰，有功。」

宋

畢士安。字仁叟，代州雲中人。淳化三年（992），以右諫議大夫知潁州，有治政。所至以嚴明稱。①

穆修。字伯長，鄆州人。幼嗜學，不事章句。真宗朝補潁州文學參軍。脩性剛介，好論斥時病，詆誚權貴，於人寡交。張知白守亳，召爲亳豪士作《佛廟記》，記成，不書士名。士以金五百遺脩爲壽，且求載名於記，脩投金庭下，促裝去郡。士謝之，絕不受，且曰："吾寧糊口爲旅人，決不以匪人汙吾文也。"宰相欲識脩，且將欲爲學官，脩不往見。母死，自負櫬以葬，日誦《孝經》《喪記》。自五代文敝，國初柳開始爲古文，其後楊億、劉筠尚聲偶之辭，天下學者靡然從之。脩於是時獨以古文稱。②

柳植。字子春，真州人。舉進士甲科，累官諫議大夫、御史中丞。以疾辭，改侍讀學士、知鄧州。遷給事中、移潁中。公明惠愛，客寓瀟然。雖蔬菜亦不妄採，家無長物，皆稱其廉。③

①《宋史·畢士安傳》：「畢士安，字仁叟，代州雲中人……乾德四年（966），舉進士。邠帥楊廷璋辟幕府，掌書奏。開寶四年（971），歷濟州團練推官，專掌筦榷，歲課增羡。改兗州觀察推官。太平興國初，爲大理寺丞，領三門發運事……（淳化）三年，與蘇易簡同知貢舉，加主客郎中，以疾請外，改右諫議大夫，知潁州……」《大明一統志·中都·名宦》：「畢士安，知潁州。有治政，以嚴正見稱。」《成化中都志·名宦·潁州（宋）》：「畢士安。字仁叟，代州人。知潁州，以嚴正見稱。後相真宗，雖貴，奉養無異平素，不殖產爲子孫計，天下稱其清。卒謚文簡。」《正德潁州志·名宦·宋》：「畢士安。知潁州。有治政，以嚴正見稱。」呂景蒙《嘉靖潁州志·職官表·知州（宋）》：「（太宗淳化）畢士安。傳見《名宦》。」呂景蒙《嘉靖潁州志·名宦·宋》：「畢士安。知潁。有治政，以嚴正見稱。（《舊志》。）」《順治潁州志·宦業傳·補（宋）》：「畢士安。知潁州。有惠政，以嚴正見稱。」

②事見《宋史·穆修傳》。《成化中都志·名宦·潁州（宋）》：「穆修。字伯長，鄆州汶陽人。真宗東封，賜進士。累官潁州文學參軍。」《南畿志·鳳陽府·宦蹟》：「穆修。鄆州人。潁州文學參軍。」呂景蒙《嘉靖潁州志·職官表·參軍（宋）》：「（真宗咸平）穆修。文學參軍。傳見《名宦》。」呂景蒙《嘉靖潁州志·名宦·宋》：「穆修。字伯長，鄆州人。嗜學，不事章句。真宗朝補潁州文學參軍。修性剛介，好論時詆勢，於人寡交。張知白守亳，召爲亳豪士作《佛廟記》，記成，不書士名。士以白金五百遺修爲壽，且求載名於記，修設［投］金庭下，趣裝去郡。士謝之，絕不受，且曰：『吾寧糊口爲旅人，決不以匪人汙吾文也。』宰相欲識修，且將用爲學官，修不往見。母死，自負櫬以葬，日誦《孝經》《喪記》，不飯浮屠爲佛事。自五代文敝，國初柳開始爲古文，其後楊億、劉筠尚聲偶之辭，天下學者靡然從之。修於是時獨以古文稱，蘇舜欽兄弟多從之游。修雖窮死，然一時士大夫稱能文者必曰穆參軍。」《順治潁州志·宦業傳·宋》：「穆修。字伯長，鄆州人。嗜學，不事章句。真宗朝補潁州文學參軍。性剛介，好論時詆勢，於人寡交。張知白守亳，召爲亳豪士作《佛廟記》，記成，不書士名。士以金五百遺修爲壽，求載名於記，修設［投］金庭下，趣裝去郡。士謝之，絕不受，且曰：『吾寧糊口爲旅人，決不以匪人汙吾文也。』宰相欲識修，且將用爲學官，修不往見。母死，自負櫬以葬，自五代文敝，楊億、劉筠尚聲偶之辭，天下學者靡然從之。修於是時獨以古文稱。蘇舜欽兄弟多從之游。修雖窮死，然一時士大夫稱能文者必曰穆參軍。」

③《宋史·柳植傳》：「柳植字子春，真州人。少貧，自奮爲學，從祖開頗器之。舉進士甲科，爲大理評事、通判滁州。遷著作郎、直集賢院、知秀州。除三司度支判官，出知宣州。擢修起居註、知制誥。求知蘇州，徙杭州，累遷尚書工部員外、郎中。召還，爲翰林學士，遷諫議大夫、御史中丞。既而以疾辭，改侍讀學士、知鄧州。遷給事中，移潁州。」《大明一統志·中都·名宦》：「柳植。知潁州。後又歷知壽、亳州。所至官舍蔬果亦不妄採，家無長物，時稱其廉。」《成化中都志·名宦·潁州（宋）》：「柳植。知潁州，又歷知壽、亳州。所至官舍，蔬果亦不妄採，家無長物，時稱其廉。」《正德潁州志·名宦·宋》：「柳植。知潁州。公明愛民，客寓淡然。雖蔬果亦不妄採，家無長物，時稱其廉。」呂景蒙《嘉靖潁州志·職官表·知州（宋）》：「（真宗乾興）柳植。傳見《名宦》。」呂景蒙《嘉靖潁州志·名宦·宋》：「柳植。字子春，真州人。少貧，自奮爲學，從祖開頗器之。舉進士甲科，累官諫議大夫、御史中丞。以疾辭，改侍讀學士、知鄧州。遷給事中、移潁中。（出本傳。）公明愛民，客寓瀟然。雖蔬菜亦不妄採，家無長物，時稱其廉。（《舊志》。）」《順治潁州志·宦業傳·宋》：「柳植。字子春，真州人。少貧，自奮爲學。舉進士甲科，累官侍讀學士、知鄧州。遷給事中，移潁州。公明愛民，客寓淡然，蔬果亦不妄採，家無長物，時稱其廉。」

晏殊。字同叔，撫州臨川人。相仁宗，罷爲工部尚書，知潁州。以政事聞於旹，公餘手不釋卷。旹邵亢爲推官，悉諉之以事。卒謚元獻。①

邵亢。字興宗，丹陽人。范仲淹舉亢茂才異等，除建康節度推官。元昊反，獻《兵說》十篇。召試秘閣，授潁州團練推官。旹晏殊爲守，一以事委之。民稅舊輸陳、蔡，轉運使又欲覆折緡錢，且多取之。亢言：「民之移輸，勞費已甚。方仍歲水旱，又從而加取，無廼不可乎？」遂止。事至立決，人憚而服。累官樞密副使，卒贈吏部尚書，謚安簡。②

楊察。字隱甫，合肥人。景祐元年（1034）舉進士甲科，除將作監丞、通判宿州。遷秘書省著作郎、直集賢院，出知潁、壽二州。遇事明決，勤於吏職。③

王代恕。開封咸平人，爲潁州司法參軍。民樂氏爲盜，會赦，出入閭里，操弓矢爲害。有朱氏募客二人謀殺之，法當死。公曰：「爲法所以輔善而禁惡，今殺良民爲惡盜報仇，豈法意邪？」廼狀列之，朱氏得減死。④

蔡齊。字子思，其先洛陽人，徙蔡［萊］州。舉進士第一。儀狀俊偉，舉止端重，真宗見之，顧寇準曰：「得人矣。」後以戶部侍郎出知潁州，請立學校，政以惠成，卒於官。潁人見其故吏朱宷會喪，猶號泣思之，指公所嘗更歷施爲曰：「此蔡使君迹也。」其仁恩如此。贈兵部尚書，謚文忠。⑤

---

①晏殊（991—1055），字同叔，撫州臨川人。十四岁以神童入试，赐同进士出身，仕至右谏议大夫、集贤殿学士、同平章事。《宋史》有傳。《大明一統志·中都·名宦》：「晏殊。知潁州。以政事聞於一時，公餘手不釋卷。時邵亢爲推官，殊諉之以事。」《成化中都志·名宦·潁州（宋）》：「晏殊。字同叔，撫州臨川人。相仁宗，罷爲工部尚書，知潁州。以政事聞於一時，自少篤學，公餘手不釋卷。時邵亢爲推官，公諉之

以事。徙知河南府，兼西京留守。卒贈司空兼侍中，謚元獻。」《南畿志·鳳陽府·宦蹟》：「晏殊。臨川人。罷相，知潁州。以政事聞於一時，公餘手不釋卷。」《正德潁州志·名宦·宋》：「晏殊。罢使相，知潁州。以政事聞於一時，公餘手不釋卷。時邵亢爲推官，殊誘之以事。」呂景蒙《嘉靖潁州志·職官表·知州（宋）》：「（仁宗明道）晏殊。傳見《名宦》。」呂景蒙《嘉靖潁州志·名宦·宋》：「晏殊。字同叔，撫州臨川人。相仁宗，罷爲工部尚書，知潁州。以政事聞於一時，自少篤學，公餘手不釋卷。時邵亢爲推官，公誘以事。徙知河南府，兼西京留守。卒贈司徒兼侍中，謚元獻。」《順治潁州志·宦業傳·宋》：「宴［晏］殊。字同叔，撫州臨川人。相仁宗，罷爲工部尚書，知潁州。以政事聞於一時，自少篤學，公餘手不釋卷。植雙柳潁州西湖中央，後人思之不置，爲建雙柳亭。贈司徒，謚元獻。」

②邵亢（1011—1071），字興宗，丹陽人。官至樞密直學士、開封知府。《宋史》有傳。《成化中都志·名宦·潁州（宋）》：「邵亢。字興宗，潤州丹陽人。爲潁州團練推官。有才畧，事至立決，人憚服之。神宗朝，遷龍圖閣直學士，累官樞密副使。卒謚安簡。」《南畿志·鳳陽府·宦蹟》：「邵亢。丹陽人。爲潁州團練推官。轉運使欲加取民税，亢言不可，遂止。」呂景蒙《嘉靖潁州志·職官表·推官（宋）》：「（仁宗明道）邵亢。團練推官。傳見《名宦》。」呂景蒙《嘉靖潁州志·名宦·宋》：「邵亢。字興宗，丹陽人。幼聰發過人，方十歲，日誦書五千言，賦詩豪縱，鄉先生見者皆驚偉之。再試開封，當第一，以賦失韻弗取。范仲淹舉亢茂才異等，除建康軍節度推官。或言亢對策字少不應式，宰相張士遜與之姻家，故得預選，遂報罷。而士遜子實娶他邵，士遜既不能直，亢亦不自言。元昊反，獻《兵説》十篇。召試秘閣，授潁州團練推官。時晏元獻爲守，一以事委之。民税舊輸陳、蔡，轉運使又欲覆折緡錢，且多取之。亢言：『民之移輸，勞費已甚。方仍歲水旱，又從而加取，無迺不可乎？』遂止。累官樞密副使，引疾知越州，歷鄭、鄆、亳三州，卒贈吏部尚書，謚安簡。（本傳。）事至立決，人憚而服。（《舊志》。）」《順治潁州志·宦業傳·宋》：「邵亢。字興宗，丹陽人。幼聰發過人，方十歲，日誦書五千言，賦詩豪縱，鄉先生見者皆驚偉之。范仲淹舉亢茂才異等，除建康軍節度推官。元昊反，獻《兵説》十篇。召試秘閣，授潁州團練推官，事至立決，人憚而服。時晏元獻爲守，一以事委之。民税舊輸陳、蔡，轉運使又欲覆折緡錢，且多取之。亢言：『民之移輸，勞費已甚。方仍歲水旱，又從而加取，無迺不可乎？』遂止。贈吏部尚書，謚安簡。」

③事見《宋史》本傳。《成化中都志·名宦·潁州（宋）》：「楊察。康定中知潁州。遇事明決，人不敢以非禮干。」《南畿志·鳳陽府·宦蹟》：「楊察。景祐中通判宿州，後歷知潁、壽二州。遇事明決，勤於吏職。」《正德潁州志·名宦·宋》：「楊察。康定中知潁州。遇事明決，勤於吏職，人不敢以非禮聞。」呂景蒙《嘉靖潁州志·職官表·知州（宋）》：「（仁宗景祐）楊察。傳見《名宦》。」呂景蒙《嘉靖潁州志·名宦·宋》：「楊察。字隱甫，其先晉人，再遷廬州合肥人。景祐元年，舉進士甲科，除將作監丞、通判宿州。遷秘書省著作郎直集賢院，出知潁、壽二州。（本傳。）遇事明決，人不敢以非理干。（《舊志》《中都志》。）」《順治潁州志·宦業傳·宋》：「楊察。字隱甫，廬州合肥人。景祐元年舉

進士，以書省著作郎直集賢院，出知潁、壽二州。遇事明決，人不敢以非禮干。」

④王珪《華陽集》卷三十三有《翰林學士承旨王拱辰父代恕可贈刑部侍郎制》。《成化中都志・名宦・潁州（宋）》：「王代恕。開封咸平人，爲潁州司法參軍。州民藥氏爲盜，會赦，出入閭里，操弓矢爲民害。有朱氏者募客二人謀殺之，法當死。公曰：『爲法所以輔善而禁惡也，今殺良民爲惡盜報讎，豈法意耶？』廼狀列之，朱氏得減死。公有子八人，皆歷顯宦，第七子拱辰右建議大夫、御史中丞。累贈公兵部尚書員外郎。」《南畿志・鳳陽府・宦蹟）》：「王代恕。開封人。爲潁州司法參軍。州民藥氏爲盜，會赦，出入閭里，操弓矢爲民害。有朱氏者募客二人謀殺之，法當死。代恕曰：『法所以輔善禁惡也，今殺良民爲惡盜報讎，豈法意邪？』廼狀列之，朱氏得減死。」呂景蒙《嘉靖潁州志・職官表・參軍（宋）》：「（仁宗景祐）王代恕。司法參軍。傳見《名宦》。」呂景蒙《嘉靖潁州志・名宦・宋》：「王代恕。開封咸平人，爲潁州司法參軍。州民樂氏爲盜，會赦，出入閭里，操弓矢爲害。有朱氏募客二人謀殺之，法當死。公曰：『爲法所以輔善而禁惡，今殺良民爲惡盜報讎，豈法意邪？』廼狀列之，朱氏得減死。公有八子，皆歷顯宦，第七子拱辰右建議大夫、御史中丞。累贈公兵部尚書員外郎。」《順治潁州志・宦業傳・宋》：「王代恕。開封咸平人，爲潁州司法參軍。州民樂氏爲盜，會赦，出入閭里，操弓矢爲害。有朱氏募客一 人謀殺之，法當死。公曰：『爲法意邪？』廼狀列之，朱氏得減死。公有八子，皆歷顯宦，第七子振［拱辰］爲御史中丞。」

⑤蔡齊（988—1039），字子思，萊州膠水（今山東平度）人。大中祥符八年（1015）進士第一，官至參知政事。《宋史・蔡齊傳》：「蔡齊，字子思，其先洛陽人也……舉進士第一。儀狀俊偉，舉止端重，真宗見之，顧宰相寇準曰：『得人矣。』尋出知潁州，卒，年五十二，贈兵部尚書，謚曰文忠。潁人見其故吏朱寀會喪，猶號泣思之。」《成化中都志・名宦・潁州（宋）》：「蔡齊。字子思，其先洛陽人，徙萊州。舉進士第一，真宗覽其文，曰：『宰相器也。』累官給事中，參知政事，罷爲吏部侍郎知潁州。卒於官。故吏朱寀至潁，吏民見寀泣，指公所嘗更歷施爲曰：『此蔡使君之迹也。』其仁恩如此。贈兵部尚書，謚文忠。」《南畿志・鳳陽府・宦蹟》：「蔡齊。萊州人。罷參政，知潁，卒於官。故吏朱寀會喪，潁人見之泣，指齊所嘗更歷施爲曰：『此蔡使君之蹟也。』」《正德潁州志・名宦・宋》：「蔡齊。知潁州。明恕直易。仁宗景祐四年丁丑（1037）正月，詔下：凡非藩鎮不得立學。時齊以潁在畿内爲大郡，乞立學。從之。他所建置，爲民猶多。及卒於官，故吏朱寀至潁，吏民見寀泣，指其所嘗更歷施爲曰：『此蔡使君之蹟也。』其仁恩感人如此。」呂景蒙《嘉靖潁州志・職官表・知州（宋）》：「（仁宗景祐）蔡齊。傳見《名宦》。」呂景蒙《嘉靖潁州志・名宦・宋》：「蔡齊。字子思，其先洛陽人，徙蔡州。舉進士第一，以吏部侍郎知潁州事。請立學校，政以惠成。後卒於官。故吏朱寀至潁，吏民見寀泣，指公所嘗更歷施爲曰：『此蔡使君之迹也。』其感民有如此者。贈兵部尚書，謚文忠。」《順治潁州志・宦業傳・宋》：「蔡齊。字子思，其先洛陽人，徙蔡州。舉進士第一，以吏部侍郎知潁州事。請建立學宮，政以惠誠，卒於官。故吏朱寀至潁，吏民見寀泣，指公所嘗更歷地曰：『此蔡使君之迹也。』贈兵部尚書，謚文忠。」

歐陽脩。字永叔，廬陵人。皇祐元年（1049），以龍圖閣直學士知制誥徙知潁州。嘗因災傷，奏免黄河夫萬餘人。築塞白龍溝，注水西湖，灌溉腴田，以爲民利。仍建書院，教民子弟，由是潁人咸知向學。因愛其風土淳厚，將卜家焉。嘉祐五年（1060）拜樞密副使，治平四年（1067）罷，以觀文殿學士、刑部尚書知亳州。熙寧元年（1068）轉兵部尚書，知青州，充京東東路安撫使。是歲，築第於潁。三年（1070）改知蔡州，四年（1071）以觀文殿學士、太子少師致仕歸，卒於潁。謚文忠，累封楚國公。其詳載在《宋史》。①

---

①歐陽修（1007—1072），字永叔，號醉翁、六一居士，吉州永豐（今屬江西）人。官至翰林學士、樞密副使、參知政事。北宋政治家、文學家。《宋史》有傳。《成化中都志·人才傳·潁州（宋）》：「歐陽修。字永叔，吉州永豐人。皇祐五年知潁州，樂西湖之勝，將卜居焉。熙寧元年築第於潁，致仕後居潁，號六一居士，終於潁濱。有文集傳於世，蘇軾序《公集》曰：『歐陽子論大道似韓愈，論事似陸贄，記事似司馬遷，詩賦似李白。此非予言，天下之言也。』詳見《名宦類》。子棐，字叔弼，能以文章世其家，修卒始仕，入元祐黨籍，罷居潁。」《成化中都志·名宦·潁州（宋）》：「歐陽修。皇祐元年知潁州。嘗因災傷，奏免黄河夫萬餘人。修陂水，通西湖，民德其利。嘉祐五年拜樞密副使，累遷推忠協謀同德佐理功臣，特進行尚書左丞、參知政事、上柱國、樂安郡開國公。治平四年罷，以觀文殿學士、刑部尚書知亳州。改賜推誠、保德崇仁翊戴功臣。熙寧元年轉兵部尚書，知青州，充京東東路安撫使。是歲，築第於潁。三年改知蔡州，四年以觀文殿學士、太子少師致仕歸，卒於潁。謚文忠。元豐三年（1080）贈太尉，八年（1085）贈太師，追封康國公。紹聖三年（1096），追封兗國公。崇寧三年（1104），追封秦國公。政和三年（1113），追封楚國公。」《正德潁州志·名宦·宋》：「歐陽修。知潁州。公恕坦易，明不至察，寬不至縱。因災傷，奏免黄河夫萬餘人。築陂堰以通西湖，引湖水以灌溉民田。建書院以教民之子弟，由是潁人始大興於學。」《正德潁州志·流寓·宋》：「歐陽修。廬陵人。宋仁宗朝出守潁州。愛其風土淳厚，因卜家焉。治潁甫再越寒暑，移留守南京。又明年皇祐壬辰（1052）三月戊子，丁母憂，歸潁守喪。五年癸巳（1053），護母喪歸葬吉水之瀧岡。是冬復至潁。蓋公生於綿，長於隨，雖世家於吉，而未嘗一日居之。及登仕版，以官爲家，而公故居吉水瀧岡又僻在深山瘴癘中，故凡墳墓，托之宗族。暨主守之人以其居址爲西陽宮，召道士住持，置祠堂其中，歲時道士奉祠。今爲四百年，公之子孫流落不可知。族屬之在吉者尚繁，而瀧岡之派亦未有聞；西陽宮尚在，而道士之奉祠猶自若也。潁州國初猶有歐陽氏，土人傳爲公後人螟子，以

武功授百戶，今調陝西西安衛云。」呂景蒙《嘉靖潁州志·職官表·知州（宋）》：「（仁宗皇祐）歐陽修。傳見《名宦》。」呂景蒙《嘉靖潁州志·名宦·宋》：「歐陽修。字永叔，廬陵人。皇祐元年知潁州。嘗因災傷，奏免黃河夫萬餘人。築塞白龍溝，注水西湖，灌溉腴田，以爲民利。仍建書院，教民子弟，由是潁人咸知向學。嘉祐五年，拜樞密副使。累遷推忠協謀同德佐理功臣，特進行尚書左丞、參知政事、上柱國、樂安郡開國公。治平四年罷，以觀文殿學士、刑部尚書知亳州。改賜推誠保德崇仁翊戴功臣。熙寧元年轉兵部尚書，知青州，充京東東路安撫使。是歲，築第於潁。三年改知蔡州，四年以觀文殿學士、太子少師致仕，歸卒於潁。謚文忠。元豐三年贈太尉，八年贈太師，追封康國公。紹聖三年，追封兗國公。崇寧三年，追封秦國公。政和二年（1112），追封楚國公。」《順治潁州志·宦業傳·宋》：「歐陽修。字永叔，廬陵人。皇祐元年知潁州。嘗因災傷，奏免黃河夫萬餘人。築塞白龍溝，注水西湖，灌溉腴田，爲民利。仍建書院，教民子弟，由是潁人咸知向學。累遷參知政事、上柱國、樂安郡開國公。熙寧元年轉兵部尚書，知青州，充京東東路安撫使。是歲，築第於潁。四年以觀文殿學士、太子少師致仕，歸卒於潁。謚文忠。」

張洞。字仲通，開封祥符人。仁宗旹舉進士，再調潁州推官。民有劉甲者，強弟柳使鞭其婦，既而投杖，夫婦相持泣。甲怒，逼柳使再鞭之，婦以無罪死。吏當夫極法，知州歐陽脩欲從之。洞曰：「律以令者爲首，夫爲從，且非其意，不當死。」衆不聽洞，即稱疾不出，不得已讞於朝，果如洞言。脩甚重之。①

蘇頌。泉州南安人，徙居丹陽。第進士，歷宿州觀察推官。富弼嘗稱頌爲古君子。及與韓琦爲相，同表其廉退，以知潁州。通判趙至忠本邊徼降者，所至與守競，頌待之以禮，且盡誠意。至忠感激曰：「身雖夷人，然見義則服，平生誠服者，惟公與韓魏公耳。」仁宗崩，建山陵，有司以不旹難得之物屬諸郡，頌曰：「遺詔務從儉約，豈有土不產而可強賦乎？」量其有無，事亦隨集。②

①《宋史》有傳。呂景蒙《嘉靖潁州志·職官表·推官（宋）》：「（仁宗皇祐）張洞。傳見《名宦》。」呂景蒙《嘉靖潁州志·名宦·宋》：「張洞。字仲通，開封祥符人。仁宗時舉進士，再調潁州推官。民有劉甲者，強弟柳使鞭其婦，既而投杖，夫婦相持而泣。甲怒，逼柳使再鞭之，婦以無罪死。吏當夫極法，知州歐陽修欲從之。洞曰：『律以教令者爲首，夫爲從，且非其意，不當死。』衆不聽洞，即稱疾不出，不得已讞於朝，果如洞言。修甚重之。」《順治潁州志·宦業傳·宋》：「張洞。字仲通，祥符人。仁宗時舉進士，再調潁州推官。民有劉甲者，強弟柳使鞭其婦，既而投杖，夫婦相持而泣。甲怒，逼柳使再鞭之，婦以無罪死。吏當夫極法，知州歐陽修欲從之。洞曰：『律以教令者爲首，夫從，非其意，不當死。』衆不聽洞，即稱疾不出，不得已讞於朝，果如洞言。修甚重之。洞平居與晏殊賦詩飲酒，傾倒當事，有官責，持議甚堅，殊爲阻止。」

②蘇頌（1020—1101），字子容，泉州南安（今屬福建）人。北宋天文學家、大文機械制造家、藥物學家。慶曆二年（1042）登進士第，官至刑部尚書、吏部尚書，哲宗時拜相。《宋史·蘇頌傳》：「蘇頌，字子容，泉州南安人。父紳，葬潤州丹陽，因徙居之。第進士，歷宿州觀察推官、知江寧縣……富弼嘗稱頌爲古君子，及與韓琦爲相，同表其廉退，以知潁州。通判趙至忠本邊徼降者，所至與守競，頌待之以禮，具盡誠意。至忠感泣曰：『身雖夷人，然見義則服，平生誠服者，惟公與韓魏公耳。』仁宗崩，建山陵，有司以不時難得之物厲諸郡。頌曰：『遺詔務從儉約，豈有土不產而可強賦乎？』量其有無，事亦隨集。」《成化中都志·名宦·潁州（宋）》：「蘇頌。字子容，泉州人，徙潤州。中進士第，爲集賢校理。不干榮利，力求外以便親養，遂除知潁州。宰相富弼遺書曰：『若吾子出處，可謂真古君子矣。』通判趙至忠，本邊徼降者，所至與守競，頌待之以禮，且盡誠意。至忠感泣曰：『身雖夷人，然見義則服，平生誠服者，惟公與韓魏公耳。』後又歷知亳、濠二州。歷事四朝，後相哲宗，紹聖中致仕。獨巋然不爲群邪所汙。」《正德潁州志·名宦·宋》：「蘇頌。知潁州。时通判趙至忠本邊徼降者，所至與守競，頌待之以禮，具盡誠意。至忠感泣曰：『身雖夷人，然見義則服，平生誠服者，惟公與韓魏公耳。』頴自五季後，版籍、賦輿、法制失實，頌每因治訟，旁問里鄰丁產多寡，悉得其詳。一日，召鄉老更定戶籍，民有自占不實者，頌曰：『汝家尚有某丁某產，何不自言？』相顧而驚，無敢隱者。一郡以爲神明。」呂景蒙《嘉靖潁州志·職官表·知州（宋）》：「（仁宗至和）蘇頌。傳見《名宦》。」呂景蒙《嘉靖潁州志·名宦·宋》：「蘇頌。字子容，泉州南安人。父紳葬潤州丹陽，因徙居之。第進士，歷宿州觀察推官，知江寧縣，調南京留守推官，召館閣校勘，同知太常禮院，遷賢校理，編定書籍。其知江寧也，定民戶籍，民不敢隱，剗剔夙蠹，簡而易行，諸令視以爲法。及調南京，留守歐陽修委以政曰：『子容處事精審，一經閱覽，則修不復省矣。』時杜衍老居睢陽，見頌深器之，曰：『如君真所謂不可得而親踈者。』遂自小官以至爲侍從、宰相，所以設施出處，悉以語頌，曰：『以子相知，且知子異日必爲此官。老夫非以自衿也。』富弼嘗稱頌爲古君子。及與韓琦爲相，同表其廉退，以知潁州。同知趙至忠本邊徼降者，所至與守競，頌待之以禮，且盡誠意。至忠感泣曰：『身雖夷人，然見義則服，平生誠服者，惟公與韓魏公耳。』仁宗

崩，建山陵，有司以不時難得之物厲諸郡。頌曰：『遺詔務從儉約，豈有土不產而可強賦乎？』量其有無，事亦隨集。英宗即位，召提點開封府界諸縣鎮公事，屢遷屢出。紹聖四年（1097），拜太子少師。致仕，巋然不爲群邪所汙，世稱其明哲保身云。」《順治潁州志·宦業傳·宋》：「蘇頌。字子容，潤州丹陽人。第進士，知江寧，定民戶籍，民不敢隱，剗剔夙蠹，簡而易行，諸令視以爲法。及調南京，留守歐陽修委以政曰：『子容處事精審，一經閱覽，則修不復省矣。』時杜衍老居睢陽，見頌深器之，曰：『如君真所謂不可得而親疎者。』遂自小官以至爲侍從、宰相，所以設施出處，悉以語頌，曰：『以子相知，且知子異日必爲此官。老夫非以自衿也。』富弼嘗稱頌爲古君子。及與韓琦爲相，同表其廉退，以知潁州。同知趙至忠本邊徼降者，所至與守競，頌待之以禮，且盡誠意。至忠感泣曰：『身雖夷人，然見義則服，平生誠服者，惟公與韓魏公耳。』仁宗崩，見［建］山陵，有司以不時難得之物厲諸郡。頌曰：『遺詔務從儉約，豈有土不產而可強賦乎？』量其有無，事亦隨集。以太子少師致仕。巋然不爲群邪所汙。頌邃於律曆，前代未有也。」

蘇軾。字子瞻，眉州人。元祐六年（1091），以龍圖閣學士出知潁州。是冬久雪，潁饑，公奏發義廩積穀數千石，並賣作院炭數萬秤，酒務柴數十萬秤，以濟饑寒。先是，開封諸縣多水患，吏不究本末，決其陂澤，注之惠民河，河不能勝，致陳亦多水。又將鑿鄧艾溝與潁河並，且鑿黃堆欲注之於淮。軾始至潁，遣吏以水平準之，淮之漲水高於新溝幾一丈，若鑿黃堆，淮水顧流潁地爲患。軾言於朝，從之。郡有宿賊尹遇等，數劫殺人，又殺捕盜吏。公召汝陰尉李直方曰：「君能擒此，當力言於朝，乞行優賞；不獲，亦以不職奏免君矣。」直方有母且老，與母訣而後行。廼緝知盜所，分捕其黨與，手戟刺遇，獲之。公奏移合賞，不報。又請以己之年勞，當改朝散階，爲直方賞，不從。其後吏部爲軾當還，以符會其考，軾謂已許直方，又不報。累官兵部尚書端明（殿）侍讀學士，卒，謚文忠。①

陳師道。字履常，彭城人。少而好學，年十六，以文謁曾鞏，一見奇之。元祐初，蘇軾薦其文行，起爲徐州教授，又改教

①蘇軾（1037—1101），字子瞻，號東坡居士，眉州眉山（今屬四川）人。北宋著名文學家、書法家、畫家。嘉祐二年（1057）進士，官至禮部尚書。《宋史》有傳。《成化中都志·名宦·潁州（宋）》：「蘇軾。字子瞻，眉州人。元祐六年，以龍圖閣學士知潁州。其冬久雪，人飢，先生奏發義廩積穀數千石，並賣作院炭數萬秤，酒務柴數十萬秤，以濟飢寒。又奏乞罷黃河夫萬人，開本州溝瀆，從之。七年（1092），改知揚州，累官兵部尚書端明殿侍讀學士，知定州，謫嶺南。建中靖國元年（1101）召還，復朝奉郎，卒。累贈太師，謚文忠。」《南畿志·鳳陽府·宦蹟》：「蘇軾。眉州人。以龍圖學士出知潁州。先是治水吏不究本末，將鑿鄧艾溝，與潁河並，且鑿黃堆，欲注之於淮。軾至，遣吏以水平準之，淮之漲水高於新溝幾一丈，若鑿黃堆，淮水顧流，潁地爲患。言於朝，從之。郡有宿賊尹遇等，捕不獲。軾召汝陰尉李直方慰遣緝捕，獲遇及其黨。」《正德潁州志·名宦·宋》：「蘇軾。知潁州。豪爽不羈，凡可以利民者，推誠爲之。修清波塘，開清溝，以引汝水，溉民田六十餘里。遊賞賦詠甚多。」呂景蒙《嘉靖潁州志·職官表·知州（宋）》：「（仁宗康定）蘇軾。傳見《名宦》。」呂景蒙《嘉靖潁州志·名宦·宋》：「蘇軾。字子瞻，眉州人。元祐六年，以龍圖閣學士出知潁州。是冬久雪，潁饑，公奏發義廩積穀數千石，並賣作院炭數萬秤，酒務柴數十萬秤，以濟饑寒。先是，開封諸縣多水患，吏不究本末，決其陂澤，注之惠民河，河不能勝，致陳亦多水。又將鑿鄧艾溝與潁河並，且鑿黃堆，欲注之於淮。軾始至潁，遣吏以水平準之，淮之漲水高於新溝幾一丈，若鑿黃堆，淮水顧流潁地爲患。軾言於朝，從之。郡有宿賊尹遇等爲一方患，公召汝陰尉李直方曰：『君能擒此，當力言於朝，乞行優賞；不獲，且罪。』直方有母且老，與母訣而後行。緝知盜所，分捕其黨與，手戟刺遇，獲之。公奏移合賞，官不報。又請以己之年勞，當改朝散，爲直方賞，不從。其後吏部爲軾當遷，以符會其考，又不報。七年（1092），改知揚州，累官兵部尚書端明殿侍讀學士，知定州，謫嶺南。建中靖國元年召還，復朝奉郎。卒累贈太師，謚文忠。（出本傳。）」《順治潁州志·宦業傳·宋》：「蘇軾。字子瞻，眉州人。元祐六年，以龍圖閣學士出知潁州。是冬久雪，潁饑，公奏發義廩積穀數千石，並賣作院炭數萬秤，酒務柴數十萬秤，以濟饑寒。先是，開封諸縣多水患，吏不究本末，決其陂澤，注之惠民河，河不能勝，致陳亦多水。又將鑿鄧艾溝與潁河並，且鑿黃堆，欲注之於淮。軾始至潁，遣吏以水平準之，淮之漲水高於新溝幾一丈，若鑿黃堆，淮水顧流潁地爲患。軾言於朝，從之。郡有宿賊尹遇等爲一方患，公召汝陰尉李直方曰：『君能擒此，當力言於朝，乞行優賞；不獲，且罪。』直方有母且老，與母訣而後行。緝知盜所，分捕其黨與，手戟刺而獲之。公奏移合賞，官不報。又請以己之年勞，當改朝散，爲直方賞，不從。七年（1092），改知揚州，累官兵部尚書端明殿侍讀學士，知定州，謫嶺南。建中靖國元年召還，復朝奉郎，卒。累贈，謚文忠。」

授潁州。嘗蘇軾知潁事，待之絕席，欲参諸門弟子間，而師道賦詩「向来一瓣香，敬爲曾南豐」之語，其自守如此。①

曾肇。字子開，南豐人。元祐四年（1089），由給事中左遷寶文閣待制，知潁州。浚清河，興學勸農，皆稱良守。更十一州，所至有聲。入爲中書舍人，遷翰林學士。卒謚文忠。②

王旭。字仲名［明］，大名莘人。以父蔭補太祝，遷殿中丞。由判國子監出知潁州，荒政脩舉。其敭歷中外，卓有政績。③

呂公著。字晦叔，文靖公子。中進士第。神宗朝拜御史中丞，論事與王安石不合，誣以惡語，以翰林侍讀學士知潁州。先嘗通判潁州，郡守歐陽脩與爲講學之友。及知是州，人愛戴之。④

燕肅。字穆之，益都人。舉進士。累官龍圖閣直學士，知潁州，有善政。知審刑院，冤獄盡釋。性巧，嘗造指南、記里鼓二車及欹器、蓮花刻漏，人服其精。⑤

豐稷。字相之，明州鄞人。哲宗嘗以集賢學士知潁州，後以元祐黨貶知遠州。卒謚清敏。《宋史》論：「稷劾蔡京，論司馬光、呂公著當配享廟庭，蓋亦名侍從也。」⑥

錢象先。吳人，舉進士。自許州别駕遷知潁州。名［多］善政，以經術勉士人。後入爲天章閣待制。⑦

呂希純。字子進，公著第三子。嘗知潁州，推廣父政，教化大行。其後位至宰輔，而父子、兄弟俱以賢用，故君子稱世濟其美。然皆陷於崇寧黨禍，何君子之不幸歟！⑧

---

①陳師道（1053—1102），字履常，號後山居士，彭城（今江蘇徐州）人。官至秘書省正字。《宋史·陳師道傳》：「陳師道，字履常，一字無己，

彭城人。少而好學苦志，年十六，早以文謁曾鞏，鞏一見奇之，許其以文著，時人未之知也，留受業……元祐初，蘇軾、傅堯俞、孫覺薦其文行，起爲徐州教援，又用梁燾薦，爲太學博士。言者謂在官嘗越境出南京見軾，改教授潁州……官潁時，蘇軾知州事，待之絕席，欲參諸門弟子間，而師道賦詩有『向來一瓣香，敬爲曾南豐』之語，其自守如是。」《南畿志·鳳陽府·宦蹟》：「陳師道。彭城人。潁州教授。」《順治潁州志·宦業傳·宋》：「陳師道，字履常，彭城人。少好學，年十六，以文謁曾鞏，一見奇之。元祐初，蘇軾薦其文行，起爲徐州教援，改教授潁州。時蘇軾知潁，待之絕厚，意欲參諸門弟子列。師道賦詩云：『向來一瓣香，敬爲曾南豐。』」

②曾肇（1047—1107），字子開，號曲阜先生，建昌南豐（今屬江西）人。北宋政治家、詩人。治平四年（1067）登進士第，歷任吏、戶、刑、禮四部侍郎。《宋史·曾鞏傳》附其傳。《成化中都志·名宦·潁州（宋）》：「曾肇。字子開，南豐人。元祐四年，由給事中左遷寶文閣待制知潁州。浚清河，興學勸農，時稱良守。更十一州，所至有聲。入爲中書舍人，遷翰林學士。卒謚文昭。《新志》云『仁宗朝知潁』，誤也。龜山楊時曰：『曾子開不以顏色假借人，慎重得大臣體，於今可以庶幾，前輩風流惟此一人耳。』」《南畿志·鳳陽府·宦蹟》：「曾肇。南豐人。以寶文閣待制知潁州。浚清河，興學勸農。時稱良守。」《正德潁州志·名宦·宋》：「曾肇。知潁州。興學勸農，時稱良守。」呂景蒙《嘉靖潁州志·職官表·知州（宋）》：「（仁宗慶曆）曾肇。傳見《名宦》。」呂景蒙《嘉靖潁州志·名宦·宋》：「曾肇。字子開，南豐人。元祐四年，由給事中左遷寶文閣待制知潁州。浚清河，興學勸農，時稱良守。更十一州，所至有聲。入爲中書舍人，遷翰林學士。卒謚文昭。龜山楊先生曰：『曾子開不以顏色假借人，慎重得大臣體，於今可以庶幾，前輩風流惟此一人耳。』」《順治潁州志·宦業傳·宋》：「曾肇。字子開，南豐人。元祐四年，由給事中左遷寶文閣待制知潁州。浚清河，興學勸農，時稱良守。楊龜山曰：『曾子開不以顏色假借人，慎重得大臣體，庶幾前輩風流，惟此一人耳。』」

③《宋史·王祐傳》附傳：「旭字仲明。嚴於治內，恕以接物，尤篤友誼。以蔭補太祝，嘗知緱氏縣。時官鄰邑者多食猥，民有『永寧三钁，緱氏一鎌』之謠。又知雍丘縣。真宗尹京時，素聞其能，及踐祚，三遷至殿中丞。自旦居宰府，旭以嫌不任職。王矩嘗薦旭材堪治劇，真宗召旦謂曰：『前代弟兄同居要地者多矣，朝廷任才，豈以卿故屈之邪？』命授京府推官，旦固辭，改判南曹。由判國子監出知潁州，荒政修舉。大中祥符間，旦既薨，敭歷中外，卓有政績，由兵部郎中出知應天府。卒年六十八。」《成化中都志·名宦·潁州（宋）》：「王旭。王旦弟。累遷殿中丞，知潁州。卓有政績，以兵部郎中知應天府。」《正德潁州志·名宦·宋》：「王旭。使相王旦弟。知潁州，卓有政績。」呂景蒙《嘉靖潁州志·職官表·知州（宋）》：「（真宗治平）王旭。大名莘人。祐之子。傳見《名宦》。」呂景蒙《嘉靖潁州志·名宦·宋》：「王旭。字仲名，大名莘人。父祐。見本傳。旭嚴於治內，恕以接物，尤篤友義。以蔭補大祝，嘗知緱氏，改雍丘，遷殿中丞。由判國子監出知潁州，荒政修舉。」《順治潁州志·宦業傳·宋》：「王旭。字仲名，大名莘人。父祐。見本傳。旭嚴於治內，恕以接物，尤篤友義。以蔭補大祝，由判國子監出知潁州，荒政修舉。」

④呂公著（1018—1089），字晦叔，壽州（今安徽壽縣）人。北宋著名政治家、學者。曾任翰林學士承旨、端明殿學士、同知樞密院事、資政殿大

學士等職。《宋史》有傳。《大明一統志·中都·名宦》：「呂公著。通判潁州。郡守歐陽修與爲講學之友。後知是州，民愛戴之。子希純亦嘗知是州。」《成化中都志·名宦·潁州（宋）》：「呂公著。字晦叔。文靖公子。中進士第。神宗朝拜御史中丞，論事與王安石不協，帝語執政。呂公著嘗言韓琦將興晉陽之甲，以除君側之惡，安石因傳政其罪，以翰林侍讀學士知潁州。後相哲宗，拜司空同平章軍國事。卒贈太師，封申國公，謚正獻。公先嘗通判潁州，郡守歐陽修與爲講學之友。後知州，人愛戴之。興晉陽之甲，廼孫覺之言。帝誤以爲公著也。」《南畿志·鳳陽府·人物》：「呂公著。夷簡子。自少講學，以治心養性爲才。舉進士。累官御史中丞，坐爭新法，及沮呂惠卿，貶知潁州。哲宗即位，陳十事，拜尚書左丞門下侍郎，遷右僕射兼中書侍郎。與司馬光同心輔政，進司空同平章軍國事。卒贈申國公，謚正獻。」《正德潁州志·名宦·宋》：「呂公著。通判潁州。郡守歐陽修與爲講學之友。後知是州，民愛戴之。皇祐中拜相。」呂景蒙《嘉靖潁州志·職官表·知州（宋）》：「（神宗熙寧）呂公著。傳見《名宦》。」呂景蒙《嘉靖潁州志·名宦·宋》：「呂公著。字晦叔，文靖公子。中進士第。神宗朝拜御史中丞，論事與王安石不合，以翰林侍讀學士知潁州。後相哲宗，拜司空同平章事。卒贈太師，封申國公，謚正獻。先嘗通判潁州，郡守歐陽修與爲講學之友。人愛戴之。」《順治潁州志·宦業傳·宋》：「呂公著。字晦叔。文靖公子。中進士第。神宗朝拜御史中丞，論事與王安石不合，以翰林侍讀學士知潁州。後相哲宗，拜司空同平章軍國事。卒贈太師，封申國公，謚正獻。先嘗通判潁州，郡守歐陽修與爲講學之友。修使契丹，主問中國學行士，首以著對。王安石嘗曰：『疵吝每不自勝，一詣長者，即廢所爲，使人意消者，於晦叔見之。』司馬光曰：『每聞晦叔講，便覺己語爲煩。』其爲名流所重如此。」

⑤燕肅（961—1040），字穆之，青州益都（今山東青州）人。真宗大中祥符年間進士，官至龍圖閣直學士。《宋史·燕肅傳》：「燕肅，字穆之，青州益都人。舉進士，補鳳翔府觀察推官……遷侍御史，徙廣南東路……進龍圖閣直學士、知潁州，徙鄧州……性精巧，能畫，入妙品，圖山水罨布濃淡，意象微遠，尤善爲古木折竹。嘗造指南、記里鼓二車及欹器以獻，又上《蓮花漏法》……」《大明一統志·中都·名宦》：「燕肅。知潁州。精於刻漏，時刻不差。有善政。臨去，吏民莫不攀戀。」《成化中都志·名宦·潁州（宋）》：「燕肅。青州人。舉進士。累官龍圖閣直學士，嘗知潁州，有善政。知審刑院，冤獄盡釋。性巧，嘗造指南、記里鼓二車及欹器，蓮花刻漏，人服其精。」《南畿志·鳳陽府·宦蹟》：「燕肅。知潁州。精於刻漏，時刻不差，尤有善政。」《正德潁州志·名宦·宋》：「燕肅。知潁州。精於刻漏，時刻不差，尤有善政。臨去，吏民莫不攀戀。」呂景蒙《嘉靖潁州志·職官表·知州（宋）》：「（神宗元豐）燕肅。傳見《名宦》。」呂景蒙《嘉靖潁州志·名宦·宋》：「燕肅。青州人。舉進士。累官龍圖閣直學士，嘗知潁州，有善政。知審刑院，冤獄盡釋。」《順治潁州志·職官表·宋（知州）》：「燕肅。見《宦業》。」然該書《宦業傳》未收其人。《康熙潁州志·名宦·宋》：「燕肅。字穆之，曹[青]州人。舉進士，寇準薦爲秘書丞，遷侍御史。爲丁謂所惡，出知越州，尋直昭文館，判尚書刑部。建言：『京師大辟皆覆奏，而州郡疑獄可憫者，多爲法司所駁，願如京師，許覆奏上請。』於是疑獄多得貸。詔與宋祁按律考定太常鍾磬，又詔與章得象、馮元詳刻漏。進龍圖閣直學士、知潁州，官至禮部侍郎。肅喜爲詩，多至數千篇。嘗

造指南、記里皷二車及欹器以獻。其《蓮花漏法》，州郡皆刻諸石，用之以候昏曉。又著《海潮論》行世。」

⑥豐稷（1033—1107），字相之，明州鄞縣（今浙江寧波）人。嘉祐四年（1059）登進士第，官至禮部尚書。《宋史·豐稷傳》：「豐稷，字相之，明州鄞人……以集賢院學士知潁州、江寧府，拜吏部侍郎，又出知河南府，加龍圖閣待制……蔡京得政，修故怨，貶海州團練副使、道州別駕，安置臺州。除名徒建州，稍復朝請郎。卒，年七十五。建炎中，追復學士，謚曰清敏。」《成化中都志·名宦·潁州（宋）》：「豐稷。舉進士。爲蒙城縣，擢監察御史裏行。哲宗朝，以集賢院學士知潁州，徽宗時遷御史中丞，徙工部尚書兼侍讀，權禮部尚書，以元祐黨累貶遠州。《言行錄》云：『後提舉明道宮，卒謚清敏。』《寧波志》云：『提舉亳州太清宮，稷以聖賢之學，直諒之節。進與時忤，卒老謫所，悲夫！』」《南畿志·鳳陽府·宦蹟》：「豐稷。鄞人。爲蒙城簿，每事據正，以誠意賛其官長，未嘗立異。後又知潁州。」呂景蒙《嘉靖潁州志·職官表·知州（宋）》：「（哲宗元祐）豐稷。傳見《名宦》。」呂景蒙《嘉靖潁州志·名宦·宋》：「豐稷，字相之，明州鄞人。登第。哲宗時以集賢學士知潁州，徽宗時遷御史中丞，徙工部尚書兼侍讀，權禮部尚書，以元祐黨貶知遠州。卒謚清敏。《宋史》論曰：『稷劾蔡京，論司馬光、呂公著當配享廟庭，蓋亦名侍從也。』」《順治潁州志·宦業傳·宋》：「豐稷，字相之，明州鄞人。登第。哲宗時以集賢學士知潁州。京城失守，二帝北行，稷袖書抗粘罕，請存趙氏。縋而出謁康王於濟州，謂神器久虛，異姓僭竊，宜蚤即位，以圖中興。一日三被顧問。補修職郎，充帳前差使。高宗即位，改承奉郎。更歷中外，所至有聲。」

⑦《宋史·錢象先傳》：「錢象先字資元，蘇州人。進士高第，呂夷簡薦爲國了監直講，歷權大理少卿、度支判官、河北江東轉運使，召兼天章閣侍講詳……進待制、知審刑院，加龍圖閣直學士，出知蔡州……徙知河南府、陳州，復兼侍講、知審刑院……復知許、潁、陳三州，以吏部侍郎致仕。卒，年八十一。」《成化中都志·名宦·潁州（宋）》：「錢象先。吳人。舉進士。自許州別駕，遷知潁州。多善政，以經術勉士人。後入爲天章閣待制。」《南畿志·鳳陽府·宦蹟》：「錢象先。吳人。知潁州。多善政，以經術勉士人。」《正德潁州志·名宦·宋》：「錢象先。吳人。舉進士。自許州別駕遷知潁州。多善政，以經術勉士人。後入爲天章閣待制。」呂景蒙《嘉靖潁州志·職官表·知州（宋）》：「（徽宗建中靖國）錢象先。吳人。由許州別駕遷知潁州。詳《舊志》。」《順治潁州志·宦業傳·補（宋）》：「錢象先。吳人。舉進士。由許州別駕遷知潁州。多善政，以經術勉士人。後入爲天章閣待制。」

⑧《宋史·呂公著傳》附其傳。《成化中都志·名宦·潁州（宋）》：「呂希純。字子進，公著第三子。嘗知潁州，推廣父政，教化大行。」《正德潁州志·名宦·宋》：「呂希純。公著子。知潁州，推廣父政，教化大行。」呂景蒙《嘉靖潁州志·職官表·知州（宋）》：「（徽宗建中靖國）呂希純。公著第三子。傳見《名宦》。」呂景蒙《嘉靖潁州志·名宦·宋》：「呂希純。字子進。公著第三子。嘗知潁州，推廣父政，教化大行。其後位至宰輔，而父子、兄弟俱以賢用，故君子稱爲世濟其美云。」《順治潁州志·宦業傳·宋》：「呂希純。字子進。公著第三子。嘗知潁，推廣父政，教化大行。後至宰輔。父子、兄弟俱以賢用，世濟（其）美。然皆陷於崇寧黨禍，何君子之不幸歟！」

陳規。字元則，安丘人。中明法科。紹興十年（1140），改知順昌府，葺城壁，招流亡，立保伍。會劉錡領兵赴東京留守過郡境，規出迎，坐未定，傳金人已入京城，即告錡城中有粟數萬斛，勉同爲死守計。相與登城區畫，分命諸將守四門，且明斥候，募土人鄉導間諜。布設粗畢，金遊騎已薄城矣。既至，金龍虎大王提重兵踵至，規躬擐甲冑，與錡巡城督戰，用神臂弓射之，稍引退，復以步兵邀擊，溺於河者甚衆。規曰：「敵志屢挫，必思出奇困我，不若潛兵斫營，使彼晝夜不得休，可養吾鋭也。」錡然之，果劫中其砦，殲其兵甚衆。金人告急於兀朮。規大享［饗］將士，酒半問曰：「兀朮擁精兵且至，策將安出？」諸將或謂今已累捷，宜乘勢全師而歸。規曰：「朝廷養兵十五年，正欲爲緩急之用，況屢挫其鋒，軍聲稍振。規已分一死，進亦死，退亦死，不如進爲忠也。」錡叱諸將曰：「府公文人，猶誓死守，況汝曹耶！兼金營近三十里，兀朮來援，我軍一動，金人追及，老幼先亂，必至狼狽，不獨廢前功，致兩淮侵擾，江、浙震驚。平生報君，反成誤國，不如背城一戰，死中求生可也。」已而兀朮至，親循城，責諸酋用兵之失，衆跪曰：「南兵非昔比。」兀朮下令晨飯府庭，且折箭爲誓，並兵十餘萬攻城，自將鐵浮屠軍三千遊擊。規與錡行城，勉激諸將，流矢及衣無懼色，軍殊死鬬。旹方劇暑，規謂錡毋多出軍，第更隊易器，以逸制勞，蔑不勝矣。每清晨輒堅壁不出，伺金兵暴烈日中，至未申，氣力疲，則城中兵爭奮，斬獲無算，兀朮宵遁。錡奏功，詔褒諭之，遷樞密直學士。規至順昌，即廣糴粟麥會［實］倉廩。會計議司移粟赴河上，規請以金帛代輸，至是得其用，成錡功者，以規足食故也。①

汪若海。字東叟，歙人。未弱冠，入太學。靖康元年（1126），金人侵擾，朝廷下詔求知兵者，若海應詔，未三刻而文成，擢高第。紹興九年（1139），遷承議郎、通判順昌府。金人奄至，太尉劉錡甫至，衆不滿三萬，議遣人丐援於朝，無敢往者。若海毅然請行，具述錡明方畧，善用兵，以偏師濟之，必有成功，朝廷從之，金兵果敗去。若海豁達高亮，深沉有度，恥爲世俗章句

①事見《宋史·陳規傳》。《成化中都志·名宦·潁州（宋）》：「陳規。安丘人。中明法科。爲人端毅寡言，以忠義自許。紹興十年，知順昌府，得報虜錡入東京，規以報示新除東京副留守劉錡，錡曰：『吾軍遠來，力不可支，事急矣。城中有糧，則能與君共守。』規曰：『有米數萬斛。』錡曰：『可矣。』規亦力留錡共守，遂斂兵入城，爲捍禦計，人心稍安。虜退，改知廬州。」《正德潁州志·名宦·宋》：「陳規。順昌太守。紹興中，諜報金虜陷東京。適東京副留守劉錡至，規留之，各以忠義致勉。錡雖兵少，慷慨自任，規轉給餉饋，卒敗兀朮，城以無虞。」呂景蒙《嘉靖潁州志·職官表·知州（宋）》：「（高宗紹興）陳規。傳見《名宦》。」呂景蒙《嘉靖潁州志·名宦·宋》：「陳規。安丘人。中明法科。紹興十年知順昌府，葺城壁，招流亡，立保伍。會劉錡領兵赴東京留守過郡境，規出迎，坐未定，傳金人已入京城，即告錡城中有粟數萬斛，勉同爲死守計。相與登城區畫，分命諸將守四門，且明斥候，募土人鄉導間諜。布設粗畢，金遊騎已薄城矣。既至，金龍虎大王者提重兵踵至，規躬環甲胄，與錡巡城督戰，用神臂弓射之，稍引退，復以步兵邀擊，溺於河者甚衆。規曰：『敵志屢挫，必思出奇困我，不若潛兵斫營，使彼晝夜不得休，可養吾鋭也。』錡然之，果劫中其砦，殲其兵甚衆。金人告急於兀朮。規大饗將士，酒半問曰：『兀朮擁精兵且至，策將安出？』諸將或謂今已累捷，宜乘勢全師而歸。規曰：『朝廷養兵十五年，正欲爲緩急用，況屢挫其鋒，軍聲稍振。規已分一死，進亦死，退亦死，不如進爲忠也。』錡叱諸將曰：『府公文人，猶誓死守，況汝曹邪！兼金營近三十里，兀朮來援，我軍一動，金人追及，老幼先亂，必至狼狽，不獨廢前功，致兩淮侵擾，江、浙震驚。平生報君，反成誤國，不如背城一戰，死中求生可也。』已而兀朮至，親循城，責諸酋用兵之失，衆跪曰：『南兵非昔比。』兀朮下令晨飯府庭，且折箭爲誓，並兵十餘萬攻城，自將鐵浮屠軍三千遊擊。規與錡行城，勉激諸將，流矢及衣無懼色，軍殊死鬬。時方劇暑，規謂錡毋多出軍，第更隊易器，以逸制勞，蔑不勝矣。每清晨輒堅壁不出，伺金兵暴烈日中，至未申，氣力疲，則城中兵爭奮，斬獲無筭，兀朮宵遁。錡奏功，詔褒諭之，遷樞密直學士。規至順昌，即廣糴粟麥會倉廩。會計議司移粟赴河上，規請以金帛代輸，至是得其用，成錡功者，以規足食故也。」《順治潁州志·宦業傳·宋》：「陳規。傳見《名宦》。」《順治潁州志·宦業傳·宋》：「陳規。安丘人。中明法科。紹興十年知順昌府，會劉錡領兵赴東京留守過郡，規出迎。傳金人已入京城，規語錡城中有粟數萬斛，勉同爲死守。相與登城區畫，分命諸將守四門，明斥候，募土人鄉導間諜。布設粗畢，金遊騎已薄城矣。規躬環甲胄，與錡巡城督戰，用神臂弓射之，稍引退，復以步兵邀擊，溺於河者甚衆。規曰：『敵志屢挫，挫必思出奇困我。不若潛兵斫營，使彼晝夜不得休，可養吾鋭也。』錡然之。金人告急於兀朮。規大饗將士，酒半問曰：『兀朮擁精兵且至，策將安出？』諸將或謂今已累捷，宜乘勢全師歸。規曰：『朝廷養兵十五年，正欲爲緩急用，況屢挫其鋒，軍聲稍振。規已分一死，進亦死，退亦死，不如進爲忠也。』錡叱諸將曰：『府公文人，猶誓死守，況汝曹邪！』兀朮至，親循城下，令晨飯府庭，且折箭爲誓，並兵十餘萬攻城。規與錡行城，勉激諸將，流矢及衣無懼色，軍殊死鬬。時方劇暑，規謂錡毋多出軍，第更隊易器，以逸制勞。每清晨輒堅壁不出，伺金兵暴烈日中，至未申氣力疲，則城中兵爭奮，斬獲無筭，兀朮宵遁。錡奏功，詔褒諭之，遷樞密直學士。規至順昌，即廣糴粟麥。會計議司移粟赴河上，規請以金帛代輸，至是得其用，成錡功者，以規足食故也。」

學，爲文操紙筆立就，蹈厲風發。高宗嘗以片紙書若海名諭張浚曰：「似此人才，卿宜收拾。」會浚去國，不果召。①

劉渙。字凝之，高安人。天聖進士及第，爲潁上令。持正不阿，忤上官，遂歸隱廬山。歐陽文忠公高其節，作《廬山高》以美之。②

①汪若海（1101—1161），字東叟，歙縣（今屬安徽）人。《宋史·汪若海傳》：「汪若海。字東叟，歙人。未弱冠，遊京師，入太學。靖康元年，金人侵擾，朝廷下詔求知兵者，若海應詔，未三刻而文成，擢高等……紹興九年，復三京，祇謁陵寢，事還，以前功，旬月四遷至承議郎、通判順昌府。金人奄至，太尉劉錡甫至，衆不滿三萬，遣人丐援於朝，無敢往者。若海毅然請行，具述錡明方畧，善用兵，以偏師濟之，必有成功，朝廷從之，金兵果敗去……若海豁達高亮，深沈有度，恥爲世俗章句學，爲文操紙筆立就，蹈厲風發。高宗嘗以片紙書若海名諭張浚曰：『似此人材，卿宜收拾。』會浚去國，不果召。」《成化中都志·名宦·潁州（宋）》：「汪若海。紹興中通判順昌府。金人犯順昌，劉錡衆不滿二萬，遣人求援於朝，無敢往者。若海毅然請行，朝廷以錡爲樞密副督承旨沿淮制置使，使禦虜。金兵敗去，仍命若海通判順昌。」《正德潁州志·名宦·宋》：「汪若海。紹興中通判順昌府。金人奄至。劉錡兵不滿一萬，遣人丐援於朝，無敢往。若海毅然請行，朝廷從之。援未至，金已敗去。三君皆可謂見危受命者。」《南畿志·鳳陽府·宦蹟》：「汪若海。歙人。紹興中通判順昌，有金人奄至，太尉劉錡衆不滿二萬，遣人丐援於朝，無敢往者，若海毅然請行。具述錡明方畧，善用兵，以偏師濟之，必有成功。朝廷從之。金兵果敗去。」呂景蒙《嘉靖潁州志·職官表·通判（宋）》：「（高宗紹興）汪若海。傳見《名宦》。」呂景蒙《嘉靖潁州志·名宦·宋》：「汪若海，字東叟，歙人。未弱冠，游京師，入太學。靖康元年，金人侵擾，朝廷下詔求知兵者，若海應詔，未三刻而文成，擢高第。時已割河北地，其年冬再犯京師。若海言河北國家重地，當用河北以攬天下之權，不可怯懦以自守，閉關養敵，坐受其敝。屬康王起兵相州，迺上書樞密曹輔，請立王爲大元帥，擁撫河北，以掎金人之後，則京城之圍自解。輔大喜，即以其書進欽宗，用爲參謀，遣如康王所。宰相何㮚執異議，以道梗爲辭，不果遣。京城失守，及二帝北行，袖書抗粘罕，請存趙氏，縋而出謁康王於濟州，謂神器久虛，異姓僭竊，宜蚤即位，以圖中興一日。三被顧問，補修職郎，充帳前差使。高宗既即位，推恩改承奉郎。自是更歷中外，所至有聲。紹興九年，遷承議郎、通判順昌府。金人奄至，太尉劉錡甫至，衆不滿三萬，議遣人丐援於朝，無敢往者。若海毅然請行，具述錡明方畧，善用兵，以偏師濟之，必有成功，朝廷從之，金兵果敗去。辟淮北宣撫司，主管機宜文字，以勞兩轉至朝散郎，通判洪州。未上，丁內艱，判信州。秩滿，遷知道州。陛辭得對，上曰：『久不見卿，卿向安在？』授直秘閣，知江州。丁父憂，時方經畧

中原，朝廷議起若海，而若海死矣。若海豁達高亮，深沉有度，恥爲世俗章句學，爲文操紙筆立就，蹈厲風發。高宗嘗以片紙書若海名諭張浚曰：『似此人材，卿宜收拾。』會浚去國，不果召。」《順治潁州志・宦業傳・宋》：「汪若海，字東叟，歙人。未弱冠，入太學。靖康元年，金人侵擾，朝廷下詔求知兵者，若海應詔，未三刻而文成，擢高第。紹興九年，還承議郎、通判順昌府。金人奄至，太尉劉錡甫至，衆不滿三萬，議遣人丐援於朝，無敢往者。若海毅然請行，具述錡明方畧，善用兵，以偏師濟之，必有成功。朝廷從之，金兵果敗去。遷道州，陛辭，上曰：『久不見卿，卿安在？』若海豁達高亮，深沉有度，恥爲世俗章句學，爲文操紙筆立就，蹈厲風發。高宗嘗以片紙書若海名諭張浚曰：『似此人材，卿宜收拾。』會浚去國，不果召。」

②《宋史・劉恕傳》：「劉恕，字道原，筠州人。父渙字凝之，爲潁上令，以剛直不能事上官，棄去。家於廬山之陽，時年五十。歐陽修與渙，同年進士也，高其節，作《廬山高》詩以美之。渙居廬山三十餘年，環堵蕭然，饘粥以爲食，而遊心塵垢之外，超然無慼慼意，以壽終。」《成化中都志・名宦・潁上縣（宋）》：「劉渙。字疑之，筠州高安人。志尚高潔，精詳史學。天聖中登進士第，由尚書屯田員外郎，爲潁上令。以剛直不能事上官，棄去。家於廬山之陽，號西磵先生。歐陽修同年，高其節，嘗作《廬山高》詩以美之。蘇子由稱其『冰清玉剛，廉潔不撓，凜凜乎非今世之士』。渙作《騎牛歌》曰：『我騎牛，君莫笑。世間萬事從吾好。』時陳舜俞謫居山南，亦乘黃犢，相與往來。黃魯直《拜西磵畫像》詩云：『棄官清潁尾，買田落星灣。身在狐蒲中，名滿天地間。誰能四十年，保此清靜退。往來澗谷中，神光射牛背。』子恕以文學顯於世，爲秘書丞，與司馬公修《通鑑》。」呂景蒙《嘉靖潁州志・職官表・令（潁上）》：「（宋）劉渙。傳見《名宦》。」呂景蒙《嘉靖潁州志・名宦・潁上（宋）》：「劉渙。字凝之，高安人。志尚高潔，精於史學。天聖進士及第，爲潁上令。持正不阿，忤上官，遂歸隱廬山。歐陽文忠公高其節，作《廬山高》以美之，號西澗居士。時陳舜俞謫居南康，豢二黃犢，並跨遊山。舜俞作《騎牛歌》，李伯時畫爲圖，一時傳誦。蘇子由稱其『冰清玉絜，剛廉不撓，凜乎非今世之士』。山谷稱其『中剛外和，忍窮如鐵石，其所不顧，萬夫不能回其首』。右史張耒謂其『文學似司馬遷、談，而遷、談無其風節；風節似疏廣、受，而廣、受無其文學』。晦庵朱文公守南康，爲作《壯節亭記》，謂其高懷勁節，可以激儒律貪，立祠祀之。子恕以文學顯於世，爲秘書丞，與司馬公修《通鑑》。」《順治潁上縣志・秩官・歷官》：「（宋潁上令）劉渙。見《宦業》。」《順治潁上縣志・秩官・宦業（宋）》：「劉渙。筠州高安人。志尚高潔，精詳史學。仁宗時登進士，由尚書屯田員外郎爲潁上令。持正不阿，忤上官，遂棄去。隱於廬山之陽，號西澗居士。時陳舜俞謫居山南，二公並乘黃犢，相往來於山水間，李龍眠繪圖，一時傳頌。渙作《騎牛歌》曰：『我騎牛，君莫笑。世間萬事從吾好。』同年歐陽修高其節，作《廬山高》詩以美之。蘇子由稱其『冰清玉絜，剛廉不撓，凜凜乎非今世之士』。黃魯直稱其『中剛外和，忍窮鐵石，其所不顧，萬夫不能回其首』，亦有《拜西澗先生畫像》詩。右史張耒謂其『文學似司馬遷、談，而遷、談無其風節；風節似疏廣、受，而廣、受無其文學』。晦庵朱文公守南康，謂其高懷勁節，可以激儒律貪。今祀名宦。渙子恕以文學顯於世，爲秘書丞，與司馬公修《通鑑》。」

元

歸暘。字彦溫，汴梁人。至順元年（1330）舉進士第，授同知潁州事，鉏奸擊強，人不敢以年少易之。山東鹽司遣奏差至潁，恃勢爲不法，暘執以下獄。旹州縣奉鹽司甚謹，頤指氣使，輒奔走之，暘獨不爲屈。又嘗奏添置潁水縣於南鄉。①

明兵備道②

李天衢。字行之，山西樂平人。弘治丙辰（1496）進士。由刑部員外陞兵備僉事。正德七年（1512），流賊擁衆寇潁上，公適按歷南，旋兼程而進，甫入城，賊至。雖勢甚猖獗，百方攻城，而應機立辦，舉無遺策。又伺隙設奇，斬首三百餘級，屬援兵垂至，賊聞宵遁，潁上圍解。尋以外艱歸，民立生祠思［祀］之。其事，具載王祭酒《碑》中。③

孫磐。字伯堅，遼東儀州人。弘治丙辰（1496）進士。以吏部主事忤逆瑾，落賊。瑾誅，起爲兵備僉事。獨持風力，捕擊豪奸，嚴二氏之禁，杜健訟之端，至街衢絕唾駡聲，凜凜然莫敢犯以法者。創文忠書院，囿名士而課之勤。計南城土垣不堪備禦，召工營建。不數日，輿磚石者畢集城下。會忤朝貴人，諭以他事而去。④

郭震。山西蒲州人。正德戊辰（1508）進士。十五年（1520）以僉事任。政暇留心經史，嘗進諸生講解。陞苑馬寺少卿，

①歸暘（1305—1367），字彦温，汴梁（今河南開封）人。至順元年進士。曾任潁州同知、刑部尚書、集賢學士等職。《元史·歸暘傳》：「歸暘字彦温，汴梁人……登至順元年進士第，授同知潁事……」《成化中都志·名宦·潁州（元）》：「歸暘。汴梁人。至順初舉進士，同知潁州事。鉏奸擊強，人不敢以年少易之。累官刑部尚書、集賢學士兼國子祭酒。」《南畿志·鳳陽府·宦蹟》：「歸暘。至順間同知潁州事。鉏奸擊強，人不敢以年少易之。」《正德潁州志·名宦·元》：「歸暘。至順初同知潁州事。鉏奸擊強，人不敢以年少易之。嘗奏添置潁水縣於南鄉。」呂景蒙《嘉靖潁州志·職官表·（元）知州》：「（文宗至順）歸暘。傳見《名宦》。」呂景蒙《嘉靖潁州志·名宦·元》：「歸暘。字彦温，汴梁人。至順元年舉進士第，授同知潁州事，鉏奸擊強，人不敢以年少易之。山東鹽司遣奏差至潁，恃勢爲不法，暘執以下獄。時州縣奉鹽司甚謹，頤指氣使，輒奔走之，暘獨不爲屈。又嘗奏添置潁水縣於南鄉。累官刑部尚書、集賢學士。進湯陞堂，畢諸生各退就，號以次校業，暮復擊鐸，至二鼓罷，諸生無敢惰者。郡前輩仕宦，以學識稱者，多出其門云。」《順治潁州志·宦業傳·補（元）》：「歸暘。汴梁人。至順初舉進士，同知潁州事。鉏奸擊強，人不敢以年少易之。累官刑部尚書、集賢學士兼國子祭酒。」

②原書無此類名。因所屬内容與上下文皆不同，自成一類，故參照其他志書擬此類名。

③《順治潁上縣志·秩官·明》：「李天衢。字行之，山西樂平人。登弘治丙辰進士。任潁道僉事。正德七年三月，劇賊楊虎餘黨賈敏兒擁衆至本縣城下。公適按歷南旋，幾被圍，倉皇入城。嚴號令，禦侮有方，親冒矢石，爲士卒先，設奇斬賊首十級。賊度其不可克，至旬日遁去。潁民德之，爲立生祠。事詳王公璵僎碑記。今祀名宦。」《順治潁州志·宦業傳·明兵備道》：「李天衢。字行之，山西樂平人。弘治丙辰進士。由刑部員外郎陞僉事。正德六年（1511）至。七年三月，流賊擁衆寇潁上。適逢按歷南旋，兼程而進。甫入城，賊至。當是時，承平既久，民不習兵。北境震讋，廼喻以利害，争前效力。雖賊勢猖獗，百方攻城，而應機立辦，舉無遺策。彼賊挽鉅車、蔽濠横騖，則亟沸飛礮攢碎之。賊樹長梯臨城，翼以騰入，則亟運鉤、戟、鑣、戭撇仆之。賊負木板、戴草人以劖劚城址，則膏油灌新鐵籠，盛炬散擲焚之。而矛、銃、矢、石，掠擊無時，警邏嚴整，群力齊奮，人百其勇。又伺隙設奇，躡而襲之，前後斬首三百五十級。屬援兵垂至，賊聞宵遁。先是，村落闤闠之民，有奔入城者，有逃匿山谷者，望廬之焚毁、少壯之被掠亦多矣。至是，皆纍纍來復，君皆勞徠存恤，俾獲寧宇。群情胥慶，若更生焉。未幾，狼山賊平，而君且以外艱歸。民念弗克釋，爲立生祠奉之。」李天衢及其守衛潁上事，《順治潁上縣志·文翰》所載時人孫賢《李公生祠記》敘其事甚詳。《雍正山西通志·科目·明》：「弘治八年乙卯科鄉試）李天衢。樂平人。岱子。進士。」「（弘治九年丙辰科朱希周榜）李天衢。樂平人。岱子。陝西參議。」

④《順治潁州志·宦業傳·明兵備道》：「孫磐。字伯堅，遼東儀州人。弘治丙辰進士。以吏部主事忤逆瑾，落職。瑾誅，起爲兵備僉事。獨持風力，捕擊豪奸，僧尼悉配爲夫婦。創文忠書院，建尊經閣。計南城土垣不堪備禦，召工營建。不數日，輿磚石者畢集城下。會忤朝貴人，中以他事而去。聞之故老，盖豪爽之人，而時廼目爲放蕩不羈云。」《明史》有傳。

濱行猶亹亹靡倦，有古遺愛風焉。①

史道。字克弘，直隸涿州人。正德丁丑（1517）進士，嘉靖丙戌（1526）任兵備僉事，陞光祿寺少卿。② 脩撰姚淶記《去思碑》：

潁舊稱中土要壤，在於今則南畿之北鄙，中都之西陲也，控韓引楚，視昔爲尤重。制，以吏事稟於濠守，而戎政則河南閫帥涖之，一彼一此，勢不相攝，而義相制焉。廼設憲臣以董兵民之政，（而）至者恒難其任，迨鹿墅史公爲之，聲績冠絕。公去潁五六稔，民滋慕焉，相率告於史官姚子曰：「澤厚則慕深，言盛則傳遠。吾潁人之戴史公，風謠是騰，飲食是祝，猶懼其漸泯也。願一言以登於珉，使永昭焉。」姚子進而問之曰：「夫史公之治潁奚若？尒胡思之深也？」其髦士對曰：「潁宿多秕政，使［吏］民患之。是故，其始有崇貨肆奢者，公爲（之）澄奸慝，而屬邑無貪吏；其始有衷惡善［售］詭者，公爲之剔荒類，而公庭無黠胥；其始有武斷逞私者，公爲之磨頑鈍，而鄉曲無豪門；其始有聚客矯虔者，公爲之薙蘊積，而山澤無挾士；其始有煉煆禁錮者，公爲之剖紛拏，而囹圄無滯獄；其始有侵牟攘竊者，公爲之鉤隱伏，而倉庾無蠹粒。公又振孤惸，卹耆老，存無告之義隆焉；濬濠塹，蒐卒伍，備不虞之計周焉；飭黌宮，錄翹秀，興有造之規備焉。令不嚴而行，教不督而立，家濡戶洽，咸奠厥居。其尤異者，州城之南有龍祠，歲久漫漶弗葺，且莫過而致敬者，公遇旱，首躅而謁之，令有司易以華構，未幾得雨。自是歲仍故事，往禱輒應，潁歲有入者，神之澤，公之功也。非公之精神［誠］與鬼神孚，其何以有是？夫政以寓思，思以表政，潁獨匪民，而敢忘公哉！潁人之言如此。」姚子又聞，當弘治間，公之尊公［人］先生嘗居是官，樹有風績，旹公以趨庭侍焉。於民俗之淳庬，吏事之煩簡，將士之勇怯，兵籍之羸縮，控制之遠近，科條之因革，紀綱之張弛，必有日書之牘以待（用）者。不然，何其「箴縷縩緻之間，攕揳哾齵之郄」③，獨無遺計也。公初爲諫官，亢直峻毅，庭論不阿，坐是遠竄。未及論定，起公於潁，固天欲惠此南土，使公成治潁之績，以展其夙志，而揚其先烈歟！

---

①《順治潁州志·宦業傳·明兵備道》：「郭震。山西蒲州人。進士。任僉事。正德十五年至。每致治之暇，留心經史，嘗進生徒教誨，濱行猶亹亹不倦。古有遺愛，潁得之矣。陞苑馬寺少卿。」《雍正山西通志·科目·明》：「（弘治十七年甲子科鄉試）郭震。蒲州人。進士。」「（正德三年戊辰科呂柟榜）郭震。蒲州人。遼東苑馬寺少卿。」《雍正山西通志·人物·蒲州府（明）》：「郭震。蒲州人。正德戊辰進士。授大理寺評事。累官河南僉事。時流賊騷徐豫間，震防禦保障，屢著奇謀。潁人立生祠祀之。終遼東苑馬少卿。」

②史道（1485—1553），字克弘，號鹿野，直隸涿州（今河北涿縣）人。正德十二年（1517）進士，仕至太子太保、兵部尚書。呂景蒙《嘉靖潁州志·名宦·明》：「史道。字克弘，直隸涿州人。進士。任僉事。嘉靖五年（1526）至，六年（1527）革淮、揚二府提督，陞光祿寺少卿。」《順治潁州志·宦業傳·明兵備道》：「史道。字克弘，直隸涿州人。正德丁丑進士。先爲諫官，以事補外。至嘉靖丙戌，任兵備僉事，陞光祿寺少卿。碑稱其澄貪吏，除黠胥，鋤豪强，清滯獄，禁侵牟，而孤獨者存恤之。兼治武備，濠塹、卒乘無不具者。其興起俊秀，人才勃鬱。歲旱，禱於龍祠，每禱必應，民甚異之。弘治中，其父俊任是官，著有風蹟。時道隨任，於民情利病悉周知之，故其治如此。」《畿輔通志·進士·明》：「（正德甲戌科唐臯榜）史道。涿州人。兵部尚書。」《畿輔通志·舉人·明》：「（正德癸酉科）史道。涿州人。」《畿輔通志·人物·名臣（順天府）》：「（明）史道。字克弘。涿州人。正德進士。改庶吉士，授給事中。疏論谷大用、江彬誤國，止太監張佐封爵，論救尚書王瓊等死，章數上，多見嘉納。後以論奏大學士楊廷和，下詔獄，謫金縣丞。累官僉都御史，巡撫大同。建五堡城，廣耕戍，歲省漕輓費無筭。進兵部尚書，加太子太保。」

③此二句，出自《淮南子·要畧》。

屬者，公與姚子嘗奉上命從事於禁垣之西，神交志合，有非言語所能述者。潁人之來請也。姚子喟然歎曰：「君子之澤，其流長；仁人之言，其利溥。召伯繫江漢之詠，鄭友存宛洛之思。今日之祠［詞］，義不可以止也（已）。」又從而爲之詩，詩曰：

惟嶽巍巍，峻極於天。爲雲爲雨，功施八埏。惟河湯湯，深紀於地。以縱以横，潤及千里。公望如嶽，公惠如河。保兹潁土，孔厚孔多。嗟我潁人，思公獨至。席公餘休，廼怙廼恃。昔先大夫，種德是邦。公克培之，載錫之光。安我室廬，祭我稼穡。莫能報公，徒頌公澤。潁人有思，豈敢私公！澤在天下，愛與潁同。

（皇明嘉靖十二年（1533），歲壬辰夏卯月望日，潁州知州朱同蓁，同知李珙，判官何坤，儒學學正胡志儒，訓導韋孚、鄭堂、姚理，郡人丁佐等，生員周大經等，耆民陳環等立石。濠梁萸鸞鐫。）①

李宗樞。字子西，陝西富平人。嘉靖癸未（1523）進士，十年（1531）任兵備僉事。練戎馬，清獄訟，復西湖十頃，弗避豪宗，建書院以祀晏、歐、呂、蘇四公，有補風化。陞河南布政司參議。②

孔天胤。字汝錫，山西汾州人。嘉靖壬辰（1532）進士及第，以王親改授陝西提學僉事，調知祁州。十五年（1536）起兵備僉事。以文章飭政事，以道學倡士風，故民安其業，士樂其教。陞河南布政司參議。③

林雲同。字汝雨，福建莆田人。嘉靖丙戌（1526）會魁，以浙江提學僉事，憂歸。服闋，補兵備僉事。居以廉平，鎮以簡静，減驅從，省冗費，惟恐擾民，不大聲色，故吏無奸邪，盜賊不起。□條倉場事宜，盡祛宿弊，軍民至今便焉。立仰高書

院，拔名士，身督教之。所得雋者，試南北省無不符應，潁自是翛翛然爭向學矣。陞廣東提學副使去。士民作《潁水悲思歌》，

①2014年春，阜陽出土《僉憲鹿野史公去思碑記》，即此。

②呂景蒙《嘉靖潁州志·命使·明》：「李宗樞。字子西，陝西富平人。進士。任僉事。嘉靖十一年（1532）至。陞河南布政司參議。」《順治潁州志·宦業傳·明兵備道》：「李宗樞。字子西，陝西富平人。嘉靖癸未進士。擢陞兵備僉事。練戎馬，清獄訟。復西湖十頃界，不避豪猾。修書院，葺晏、歐、呂、蘇四公祠，大有補於風化。陞河南布政司參議。」《雍正陝西通志·選舉·進士（明）》：「（嘉靖二年癸未姚淶榜）李宗樞。富平人。巡撫。」《雍正陝西通志·選舉·舉人（明）》：「（正德十一年内子科，1516）李宗樞。富平人。進士。」《雍正陝西通志·人物·直諫（明）》：「李宗樞。字子西，富平人。嘉靖癸未進士，授諸城令。邑多衛弁巨室，奪民田，宗樞按治，歸故侵地。縣隣海，夙稱盜藪，宗樞在邑三載，盜皆屏蹟。戊子（1528），擢御史。宣大有警，敕樞按之，陳邊務十一事，詔用之，邊境果寧。抗疏論總憲阿，附及少司馬副都不法事，皆坐免，出爲潁州兵備，遷河南參議，轉副使。上南巡，擢按察使，分督扈從之役，中官歛戢，拜僉都，巡撫河南。素性堅直廉正，無所阿避，尤軫民隱，陳災疫，請賑恤，凡章奏入告，期於通達下情，無所隱諱，多得請。中州民甚德之。以病歸。（《富平志》。）」

③孔天胤（1505—1581），字汝錫，號文谷子，又号管涔山人、文靖先生，汾阳人。嘉靖十一年（1532）進士，官翰林，至河南布政使。有《文谷集》。呂景蒙《嘉靖潁州志·命使·明》：「孔天胤。字汝錫，山西汾州人。進士及第，以王親改授陝西按察司提學僉事，調祁州知州，復任今職，嘉靖十五年季冬至。」《順治潁州志·宦業傳·明兵備道》：「孔天胤。字汝錫，山西汾州人。嘉靖壬辰進士及第，以王親改授陝西提學僉事，調知祁州，十五年起兵備僉事。以文章飭政事，有詩名，精藻鑒。簡易澹泊，瀟然如寒士。民安其業，士樂其教。陞河南布政司參議。」《雍正山西通志·科目·明》：……「（嘉靖十年辛卯科鄉試）孔天孕［胤］。汾陽人。進士。」「（嘉靖十一年壬辰科林大欽榜）孔天孕［胤］。汾陽人。榜眼。河南布政使。」《雍正山西通志·人物·汾州府（明）》：「孔天孕［胤］。字汝錫，汾陽縣人。嘉靖壬辰，賜榜眼及第。例官翰林，以宗親外補陝西按察司僉事提督學政，降祁州知州，遷河南按察司僉事，備兵潁州。復以布政司參議提督浙江學政，歷陝西按察使右布政使，遷河南左布政使，謝政歸。天孕［胤］好讀書，詩文高古。晚年寄興山水園林間，與王明甫、呂仲和、裴庸甫諸人相倡和。所著《文谷集》若干卷，行於世。」

積成巨帙云。①

蘇志皋。字德明，順天固安人。嘉靖壬辰（1532）進士，十九年（1540）以秋官郎任兵備僉事。崇儉抑浮，旌廉別汙，風裁獨持，豪強屏蹟，斷獄以法，弗避豪強。其功最鉅，脩城垣，闢馬路，濬潁水爲隍。詳載張柱史光祖《記》。陞山西參議。②

顧翀。字千將，浙江慈谿人。嘉靖壬辰（1532）進士，以司馬郎任兵備僉事。持體要，去煩苛，撫屬安民，有古長者風。因先任貼黃，謫去。③

李宜春曰：余詢諸人士，云開鎮以來，諸兵憲公爭相慕爲烈政，績咸班班可紀，錄不能盡焉爾。

①林雲同，字汝雨，号退斋，福建莆田人。嘉靖五年（1526）進士，仕至南京工部尚書、南京刑部尚書。《順治潁州志・宦業傳・明兵備道》：「林雲同。字汝雨，福建莆田人。嘉靖丙戌（1526）會魁，任兵備僉事。廉平簡靜，減騶從，省冗費，惟恐擾民。吏無奸邪，盜賊不起。條倉場事宜，盡祛夙弊，軍至今便焉。立仰高書院，拔名士，身督教之。所取雋士，試南北省無不符應，潁自是翩然爭向學矣。陞廣東提學副使，士民至今思之。」《光緒莆田縣志・選舉・（明）鄉試》：「（嘉靖元年壬午，1522）林雲同。字汝雨。琿子。丙戌會試第四人。」《光緒莆田縣志・人物・（明）名臣》：「林雲同。字汝雨。嘉靖丙戌會試第四人，改庶吉士。時同館以不謁時宰，俱出補郎署，雲同授戶部山西司主事。戊子（1528），以京朝官主廣西試，以榷稅九江，作《誓江文》以自勵。舟隨至隨發，即夜分，亦披衣起啟鑰，毋令泊風濤中，商人德焉。比及瓜歲，計外羡金千餘緡，檄府收之，不持一錢行，擢禮部祠祭司員外郎。壬辰（1532），同考會試。癸巳（1533），轉浙江提學僉事，持憲甚嚴，時相張璁爲其壻請廩，峻拒之。以艱歸，服闋，補河南僉事，備兵潁上。又明年庚子（1540），復轉廣東提學副使，功令一如浙中。會御史某欲以射圃爲邑官園，林雲同持不可，必取射圃者請先歸篆，御史語塞。後歷浙江右布政使，當入覲，行李蕭然，廷旌治行第一。尋轉左。浙有王金箔者，坐死罪，賄相夏言，求爲脫，竟論如律，人危之。未幾，夏言罷，擢督察院右副都御史，巡撫湖廣。時辰沅師興，督府檄取行糧數十萬，雲同蹙然曰：『楚比歲不登，物力盡矣，可竭澤而漁乎？』廼奏貸輸邊歲例粟十五萬給之，民得少甦。頃之，有屬縣李某以賄遷內臺，昵於嚴嵩

子，雲同疏摘其狀，李異辨。有旨，各回籍聽勘已，用按楚者言直雲同，槪李官。然雲同以嵩柄國，無心仕進，搆湖上一區，讀書其中，暇則與諸生講解疑義，有終焉意。隆慶改元（1567），起刑部左侍郎，不數月，轉南京督察院右都御史，掌院事。至則刊立會約，去奢就儉，南都侈靡之風爲之一變。值大察京官與冢宰秉公旌別，去其泰甚，給事中石星等以言事獲罪，抗疏救之，謂：『保全終始，迺人君待士之道。至於當憤怒而薄責己，遣逐而收復，非仁聖之主弗能也。』明年，轉南京工部尚書，以歲澇奏免江南十縣蘆洲課十之五，又奏南中諸公署壞，聽令自葺，非奉題請，不得擅費水衡錢。其壹意節縮如此。先是，兩疏請老，復與劉司馬采同時引年，並荷溫旨慰留，章凡五上而後得允，蓋隆慶庚午歲（1570）也。萬曆三年（1575），復召爲南京刑部尚書，再辭，不允，強起就道。比至，復辭如初，始奉俞旨，謂：『刀疾趨命，懇疏乞休，得大臣進退禮。』俾乘傳以歸，卒年七十有八。贈太子少保，謚端簡。雲同天性孝友，律己方嚴，嘗愛孟子『人有不爲而後可以有爲』之言，終身佩服，不失尺寸。讀書秘時題壁云：『寧餓死不爲不廉之夫，寧布衣不爲干進之士。』完璞純名，蓋自少保林貞肅之後，僅一再覯而已。子諧，見《選舉志》。孫瓅，以廕官刑部主事。」

②《順治潁州志·宦業傳·明兵備道》：「蘇志皋。字德明，固安人。强毅敏特，持法如斤繩，毫不可假。旌廉別汙，獨持風裁。築城，浚城河，闢馬路，周堤樹柳，柳皆合抱，悉爲後官殘伐。修西湖堤，清侵占。練土兵數百，皆諳攻擊，射命中。每入轅門，人馬寂然若土木，但聞烏鵲聲，風捲旗角，淅淅而已。有廢官法當死，伊子指揮爲奏辨，並論指揮不法，抵戍，沒產入官。至今父老談，猶肅然敬憚之。」《康熙潁州志·名宦·明》：「蘇志皋，字德明，固安人。官兵備，風裁甚峻。有廢官某，法當死，其子指揮也，爲父請命於朝，志皋並論指揮不法，人咸憚之。轅門寂然，但聞風捲旗聲，及烏鵲鳴噪而已。平時訓練鄉兵，皆諳騎射擊刺。爲政之暇，築城濬池，修治西湖，遶堤植柳。後代柳已合抱，人比之章孝寬春樹云。」《咸豐固安縣志·選舉志·（明）舉人》：「蘇志皋。嘉靖辛卯（1531）鄉試第三名。見《進士》。」《咸豐固安縣志·選舉志·（明）進士》：「蘇志皋。嘉靖壬辰。副都御史，廕一子入監讀書。累蒙恩賜煖耳，賞賚銀幣，表裏服色。見《人物》。」《咸豐固安縣志·人物·仕蹟（明）》：「蘇志皋。字德明，通關廂人。嘉靖壬辰進士，授江西進賢知縣，被徵以催科不及額，陞刑部主事員外郎中、直隸廬鳳兵備僉事。爲建閘壩事，陞分守宣府右參議。爲捷音事，陞陝西潼關兵備副使，推陞督察院副右僉都御史，巡撫遼東兼贊理軍務。考滿，陞右副都御史。累蒙賞賚，嘉靖己丑（1529）纂輯邑志，實志皋創始之力。崇祀鄉賢祠。」

③《順治潁州志·宦業傳·明兵備道》：「顧翀。慈谿人。嘉靖壬辰進士。仜僉事。持體要，去煩苛，撫屬安民，有古長者風。善草隸書。」《康熙潁州志·名宦·明》：「顧翀。慈谿人。嘉靖壬辰進士。任僉事。持體要，去煩苛，撫屬安民，時稱長者。」《雍正浙江通志·人物·武功（寧波府）》：「顧翀。《獻徵錄》：『字曰翔，慈谿人。嘉靖進士。授工部主事，調兵部，陞員外郎。於九邊智勇之士廉訪登記，佐尚書以易置，無不當。擢河南按察司僉事，攝徐州兵備道。徐州地跨江淮，多巨猾劇盜，翀從容料理，而地方寧謐，遷福建布政司參議。時倭賊猖獗，而福寧尤

急，巡撫王詢檄往剿之。翀馳至其地，一捷於□嶼，再捷於大金罔峡，三捷於州城之外，賊大挫逃遁。擢四川按察副使。松潘軍夷雜處，叛服不常，翀動中機宜，形格勢禁，發即就戮，因條畫五事：嚴責成以馭兵威遠，權事宜以防奸制變，復舊額以賞夷安邊，完逋餉以足食養兵，設官攢以典司出納。巡撫羅崇奎謂疆圉大計，無過於此，迺疏請行之，而翀堅請致仕歸。』」

明宦業①

李添祐。洪武元年（1368）同知州事。昔兵亂之後，百爾草創，添祐隨宜經理，招撫流亡，遺民歸復。②

王敬。洪武三年（1370）知州事。撫安招集避兵之民，卒復生業。③

車誠。浙江餘姚人。洪武四年（1371）知潁上縣。廉謹誠信，教化大行。尋以績最，陞光州知州。④

游兆。福建人。洪武七年（1374）任判官。勤能愛民，脩築清陂塘，民永賴之。⑤

王皞。常州武進人。洪武八年（1375）知潁上縣事。慈祥愷悌，以德化民。潁至今傳誦不忘。⑥

孔克耕。陝西漢中人。洪武十七年（1384）任潁上縣丞。公勤才幹，政理賦平。脩學宮，新縣治以及諸衙門，罔不完具，民不知擾。尋陞禮部員外郎。⑦

袁伯儀。湖廣辰州人。洪武間任太和縣丞。廉明仁惠，政績著聞。召入爲監察御史。⑧

①原書無此類名。因所屬内容與上文專言兵備道不同，故參照其他志書擬此類名。

②《成化中都志・名宦・潁州（國朝）》：「李添祐。洪武元年同知州事。時兵亂之後，百事草創。添祐隨宜經理，招撫流亡，遺民歸復。」《南畿志・鳳陽府・宦蹟》：「李添祐。洪武元年同知潁州事。時兵亂之後，百事草創。添祐隨宜經理，招撫流亡，遺民復歸。」《正德潁州志・名宦・明》：「李添祐。洪武元年同知州事。時初經喪亂，百事草創。添祐招撫流亡，救養顛沛，遺民稍稍歸復。」呂景蒙《嘉靖潁州志・職官表・同知（皇明）》：「（高皇帝洪武）李添祐。傳見《名宦》。」呂景蒙《嘉靖潁州志・名宦・明》傳記部分缺失。《順治潁州志・宦業傳・同知》：「李天祐。洪武元年同知州事，時兵亂之後，百事草創。天祐隨宜經理，招撫流亡，移民歸復。」

③《成化中都志・名宦・潁州（國朝）》：「王敬。洪武三年知州。撫安招集避兵之民，復安生業。」《正德潁州志・名宦・明》：「王敬。洪武三年知州事。避亂之民困窘萬狀，敬能撫安招集之。」呂景蒙《嘉靖潁州志・職官表・知州（皇明）》：「（高皇帝洪武）王敬。傳見《名宦》。」呂景蒙《嘉靖潁州志・名宦・明》傳記部分缺失。《順治潁州志・宦業傳・知州》：「王敬。洪武三年知州事。避亂之民困窘萬狀，敬能撫安招集之，卒復生業。」《康熙潁州志・名宦・明》：「王敬。洪武三年知州事。時民初出水火，積困未蘇。苦爲諸生先，每夜四鼓振鐸，諸生齊起，陞堂揖畢，各退就位，以次校業。暮復振鐸，至二鼓罷，諸生無敢惰。州中縉紳以學識稱者，多出其門。」

④《成化中都志・名宦・潁上縣（國朝）》：「車誠。浙江餘姚縣人。洪武四年知縣。廉以律己，信以臨民。陞光州知州。」呂景蒙《嘉靖潁州志・職官表・知縣（潁上）》：「（高皇帝洪武）車誠。浙江餘姚人。四年任，以廉謹稱。遷光州知州。」呂景蒙《嘉靖潁州志・名宦・明》傳記部分缺失。《順治潁上縣志・宦業・明》：「車誠。浙江餘姚人。洪武四年知潁上縣。守職廉謹，以誠信治民，政化大行。尋以績最，擢知光州。今祀名宦。」《光緒餘姚縣志・選舉表・（明）制科》：「（洪武元年戊申）車城。有《傳》。」《光緒餘姚縣志・列傳・明》：「車誠。字信夫。洪武初舉賢良方正，四年知潁上縣。奉職廉謹，以誠信治民，政化大行。遷知光州，益著名績。」

⑤《正德潁州志・名宦・明》：「游兆。福建人。洪武二十五年（1392）潁州判官。勤能愛民，修築清陂塘，民利之。」呂景蒙《嘉靖潁州志・職官表・判官（皇明）》：「（高皇帝洪武）游兆。傳見《名宦》。」呂景蒙《嘉靖潁州志・名宦・明》傳記部分缺失。《順治潁州志・宦業傳・判官》：「游兆。福建人。洪武七年潁州判官。勤能愛民，修築清陂塘，民永賴之。」

⑥《成化中都志・名宦・潁上縣（國朝）》：「王皞。常州武進縣人，洪武八年知縣。慈祥豈弟，以德化人。」呂景蒙《嘉靖潁州志・職官表・知縣（潁上）》：「（高皇帝洪武）王皞。武進人。有惠政。事見《郡志》。」呂景蒙《嘉靖潁州志・名宦・明》傳記部分缺失。《順治潁上縣志・宦業・明》：「王皞。常州府武進縣人。洪武八年知潁上縣。慈祥豈弟，以德化民，潁人傳誦，至今不忘。今祀名宦。」

⑦《南畿志・鳳陽府・宦蹟》：「孔克耕。漢中人。洪武間任潁上縣丞。賦平政理，增修學宮，新縣治及各公署，民不知擾。」呂景蒙《嘉靖潁州志・職官表・知縣（潁上）》：「（高皇帝洪武）孔克耕。漢中人。十七年任，公勤幹理，擢禮部員外郎。」呂景蒙《嘉靖潁州志・名宦・明》傳記部分缺失。《順治潁上縣志・宦業・明》：「孔克耕。陝西漢中人，洪武十七年任潁上丞。公勤才幹，賦平政理，增修學宮，一新縣治，以及合屬衙門，罔不完具，民不知擾。尋擢禮部員外郎。今祀名宦。」

⑧《成化中都志・名宦・太和縣（國朝）》：「袁伯儀。湖廣辰州府人。洪武間任本縣縣丞。律己清廉，政績著聞。陞監察御史。」《南畿志・鳳陽府・宦蹟》：「袁伯儀。辰州人。洪武間任太和縣丞，清廉有政績。」呂景蒙《嘉靖潁州志・職官表・縣丞（太和）》：「（高皇帝洪武）袁伯儀。傳見《名宦》。」呂景蒙《嘉靖潁州志・名宦・明》：「袁伯儀。湖廣辰州人。洪武間任太和丞。廉明而仁惠，政績著聞。召入爲監察御史。」《萬曆太和縣志・歷官・縣丞題名（皇明）》：「袁伯儀。湖廣人。由監生。洪武初年任，陞監察御史。見《名宦》。」《萬曆太和縣志・歷官・遺愛（皇明）》：「袁伯儀。湖廣辰州人。洪武年间任太和縣丞。廉明仁惠，政績著聞，召入，爲監察御史。《名宦》。」

陳名。江西餘干人。宣德八年（1433）由國子生知太和縣。勤於訟牘，威惠並行，吏民畏愛之。①

鄭文濂。浙江僊居人。正統元年（1436）知潁上縣。存心公恕，廉能有威，邑人慕而誦之。②

孫景名。浙江富陽人。永樂戊戌（1418）進士，以御史左遷。正統六年（1441），再陞知潁州。興學校，嚴祀禮，脩養濟院。廉靜牧民，甚有聲稱。③

李悅。浙江永嘉人。正統六年（1441）任學正。以潁川衛隸河南都司，廼奏請在學軍生赴河南省鄉試，自是科不乏人。陞南昌府學教授。④

張處仁。湖廣攸縣人。正統九年（1444）由國子生知太和縣。政平事集，一皆稱治。⑤

①呂景蒙《嘉靖潁州志・職官表・知縣（太和）》：「（章皇帝宣德）陳名。傳見《名宦》。」呂景蒙《嘉靖潁州志・名宦・明》：「陳名。江西餘干縣人。國子生也。宣德八年來知本縣。性嚴毅，且勤能，有惠於太和。太和之民至今懷之。」《萬曆太和縣志・歷官・知縣題名（皇明）》：「陳名。江西餘干人。由監生。宣德八年任。詳見《名宦》。」《萬曆太和縣志・歷官・遺愛（皇明）》：「陳名。江西餘干人。宣德八年由監生知太和縣。操守廉謹，有幹濟才，威惠並行，吏民畏愛之。《名宦》。」

②《成化中都志・名宦・潁上縣（國朝）》：「鄭文廉。浙江僊居縣人。正統元年知潁。存心公恕，廉能有威。」呂景蒙《嘉靖潁州志・職官表・知縣（潁上）》：「（睿皇帝正統）鄭文濂。僊居人。廉能有威，民至今慕之。」《順治潁上縣志・秩官・宦業（明）》：「鄭文濂。浙江僊居人。正統元年知潁上。存心公恕，廉能有威，邑人景慕，世頌不已。今祀名宦。」《光緒僊居縣志・選舉・（明）貢生》：「（宣德）鄭文廉。《顧志》在永樂。潁上縣知縣。祀潁上名宦。」

③《成化中都志・名宦・潁州（國朝）》：「孫景名。浙江富陽縣人。由進士，任監察御史，改歷揚州、臨江二府推官，正統六年知州。修理學校、壇壝、養濟院，爲政有聲。」《正德潁州志・名宦・明》：「孫景明。富陽人。由進士，監察御史左遷，再陞知潁州。興學校，嚴祀禮。是時黄河初徙，民物富庶。景明廉静牧民，得爲治體。」呂景蒙《嘉靖潁州志・職官表・知州（皇明）》：「（睿皇帝正統）孫景名。傳見《名宦》。」呂景蒙《嘉靖潁州志・名宦・明》傳記部分缺失。《順治潁州志・宦業傳・知州》：「孫景明。浙江富陽人。正統六年知潁州，修理學校、壇壝及養濟院，政績有聲。」《光緒富陽縣志・選舉表・舉人（明）》：「（永樂）孫景明。洋漲里人。中十二年甲午浙江鄉試一百六十三名。」《光緒富陽縣志・選舉表・進士（明）》：「（永樂）孫景明。登十六年戊戌李騏榜。」

④呂景蒙《嘉靖潁州志・職官表・學正（皇明）》：「（睿皇帝正統）李悅。傳見《名宦》。」呂景蒙《嘉靖潁州志・名宦・明》傳記部分缺失。《康熙潁州志・名宦・明》：「李悅。永嘉人。正統六年任學正，以潁川衛隸河南，奏請軍生赴豫鄉試，自是登賢書捷禮闈者相繼鵲起。後官南昌府學教授。」《光緒永嘉縣志・選舉・舉人（明）》：「（景泰元年庚午）李悅。」

⑤呂景蒙《嘉靖潁州志・職官表・知縣（太和）》：「（睿皇帝正統）張處仁。傳見《名宦》。」呂景蒙《嘉靖潁州志・名宦・太和（明）》：「張處仁。湖廣攸縣人。國子生。正統九年來爲太和知縣。政尚寬平，事多克濟，故當時民心愛戴，至於今思慕之。」《萬曆太和縣志・歷官・知縣題名（皇明）》：「張處仁。湖廣攸縣人。由監生。正統九年任。詳見《名宦》。」《萬曆太和縣志・歷官・遺愛（皇明）》：「張處仁。湖廣攸縣人。正統九年由國子生知太和縣事。政尚寬平，事多克濟，一時稱治焉。見《名宦》。」

鄭祺。字彥禧，江西貴谿人。應經明行脩舉，景泰初知潁上縣。廉明仁恕，事不煩而民安，流遺爭附，因增編户十三里爲十七。九年（1444）滿考，士民保留，進通判，職仍掌縣三年。其《遺愛碑》載《潁上縣志》。①

范衷。江西豐城人。永樂辛丑（1421）進士，景泰初知太和縣。清約自持，愛民省費。②

張賢。浙江臨海人。成化四年（1468）任學正。嚴立課程，勤於講訓，士多所成就。③

劉節。江西廬陵人。成化十三年（1477）由貢士任同知。惓惓然以淑人心，敦教化爲務。嘗伐石砌東關馬頭，百廢具舉。纂脩《州志》，允爲實錄。議請撫按置縣於谷家莊，已相地度基，因節卒，遂寢。④

劉珮。河南鄢陵人。成化十三年（1477）任學正。教規嚴整，以勤苦爲諸生先。每夜四鼓擊鐸陞堂畢，諸生各退就號，以次校業。暮復擊鐸，至二鼓罷。諸生無敢翫惰，其後徒衆尤盛知名也。⑤

李旹儀。字端夫，福建長樂人。成化十五年（1479）知潁上縣。省刑薄斂，立法惟一，不阿貴勢，邑人目爲版李。編户增爲一十九里。以禮致仕，信宿而行，士民留靴，寓去思云。⑥

劉讓。江西人。弘治初知潁州。初，州衛異屬，軍強而卑民，至豪勢軍舍常奪進州門，侵凌我百姓，莫之伊何。讓獨寘之以法，公正自持，不少假借。紀綱稍稍然振樹，廼奏請兵備道移鎮潁、壽二州。潁至今賴焉。⑦

林汝明。福建莆田人。弘治三年（1490）任潁上縣學教諭。學行脩飭，師範端嚴，有古君子風度。士薰而化者多焉。⑧

張澄。字憲夫，河南洛陽人。弘治十八年（1505）由貢士知潁上。興利除害，吏民畏服。巡按御史薦其才堪治繁，調盱眙。尋遷户部主事。⑨

①呂景蒙《嘉靖潁州志·職官表·知縣（潁上）》：「（景皇帝景泰）鄭祺。傳見《名宦》。」呂景蒙《嘉靖潁州志·名宦·皇明》：「鄭祺。江西貴谿縣人。應經明行修舉，景泰初知潁上縣。廉以律己，仁以御下。行事不煩，民咸安堵，流遺聞風者爭來復業焉。舊制編戶一十三里，公增爲一十七里，賦斂遂舒。九年任滿，天曹因士民保留，進通判職，仍掌縣事三年。政績具於《遺愛碑》。」《順治潁上縣志·秩官·宦業（明）》：「鄭祺。字彥禧，江西貴谿人。應經明行修舉，景泰初知潁上。廉以律己，仁以御下，行事不煩，民咸安堵，流移聞風，爭來復業焉。舊制編戶一十三里，公增爲十七里，賦斂遂舒。九年任滿，天曹因士民保留，進通判職，仍掌縣事三年。政績詳《遺愛碑》中。今祀名宦。」

②《大明一統志·江西布政司·人物》：「范衷。豐城人。由進士，歷昌化、太和二縣尹，陞知汝州。居官清苦，每去任，民輒哀戀不舍。時天下廉官三人，衷爲第一。性至孝，廬父墓，瓜生連理。又有三白兔遶墓馴走，人謂孝感所致。二子鏞、鐩，皆第進士，官藩臬長，有聲於時。鏞任廣西，政績尤著。」呂景蒙《嘉靖潁州志·職官表·知縣（太和）》：「（景皇帝景泰）范衷。江西豐城人。進士。由浙江調任，能以清約自持，斯亦足稱云。」《萬曆太和縣志·歷官·知縣題名（皇明）》：「范衷。江西豐城人。由進士。景泰四年（1453）任。見《名宦》。」《萬曆太和縣志·歷官·遺愛（皇明）》：「范衷。江西豐城人。永樂辛丑進士。景泰初知太和縣事。清約自持，省費愛民。《名宦》。」《同治豐城縣志·選舉·（明）進士》：「（永樂十九年辛丑曾鶴齡榜）范衷。槎村人。壽昌知縣。有傳。」《同治豐城縣志·人物·（明）仕蹟》：「范衷。字恭肅，楂村人。永樂進士。除昌化知縣，改壽昌。闢荒田二千六百畝，興水利三百四十有六區。報最當遷，民乞留，再任，陞知汝州。興利除害，不遺餘力。冢宰王直察舉天下廉吏數人，范衷爲第一。性至孝，廬父墓，瓜生連理，有白兔三馴遶墓側，人謂孝感所致。二子鏞、鐩，皆登進士。」

③《正德潁州志·名宦·明》：「張賢。浙江人。由舉人，任學正。教士多成，文風大振。」呂景蒙《嘉靖潁州志·職官表·學正（皇明）》：「（純皇帝成化）張賢，傳見《名宦》。」呂景蒙《嘉靖潁州志·名宦·明》傳記部分缺失。《康熙潁州志·名宦·明》：「張賢，臨海人。成化四年任學正，嚴課程，勤講訓，諸生多所造就，文風爲之益振焉。」《康熙臨海縣志·選舉志·舉人（明）》：「（成化四年戊子科）張賢，字時用。任潁州學正，轉國子學錄。」

④《正德潁州志·名宦》：「劉節。江西人。由舉人，同知潁州。政聲大著，士民悅服。」呂景蒙《嘉靖潁州志·職官表·同知（皇明）》：「（純皇帝成化）劉節。江西廬陵人。貢士。十三年任。有政績，民至於今福之。」《順治潁州志·宦業傳·同知》：「劉節。江西廬陵人。成化十三年，由貢士任同知潁事，惓惓然以淑人心，敦教化爲務。修清白陂、椒陂等堤，百姓賴之。嘗伐石砌東關馬頭，百廢具舉。纂修《州志》，允爲實錄。議請撫按置縣於谷家莊，已相地度基，節卒，其事遂寢。」

⑤呂景蒙《嘉靖潁州志·職官表·學正（皇明）》：「（純皇帝成化）劉珮。傳見《名宦》。」呂景蒙《嘉靖潁州志·名宦·明》傳記部分缺失。

《康熙潁州志·名宦·明》：「劉佩。鄢陵人。成化十三年任學正，教規嚴整，苦爲諸生先。每夜四鼓振鐸，諸生齊起，陞堂揖畢，各退就位，以次校業。暮復振鐸，至二鼓罷。諸生無敢惰。州中縉紳以學識稱者，多出其門。」

⑥呂景蒙《嘉靖潁州志·職官表·知縣（潁上）》：「（純皇帝成化）李時儀。傳見《名宦》。」呂景蒙《嘉靖潁州志·名宦·潁上（皇明）》：「李時儀。字端夫，福建長樂人。國子生。成化十五年知潁上。省刑薄斂，立法惟一，純樸不飾，貴勢不阿，邑人日爲版李。編戶增爲一十九里。時儀以禮去任，信宿而行，士民留靴，懸於譙樓，以寓去思之意。其善政，民至於今頌之。」《順治潁上縣志·秩官·宦業（明）》：「李時儀。字瑞夫，福建長樂人。由監生，成化十五年知潁上縣。省刑薄斂，立法惟一，純樸不飾，貴介不阿，邑人目爲版李。編戶增爲一十九里，自公始。以禮去任，信宿而行。士民留靴懸於譙樓，以寓去思之意，頌其善政，至今不絕。今祀名宦。」

⑦呂景蒙《嘉靖潁州志·職官表·知州（皇明）》：「（敬皇帝弘治）劉讓。江西人。」《順治潁州志·宦業傳·知州》：「劉讓。江西人。弘治初知潁州。初，州衙異屬，軍強而卑民，至豪勢軍舍常奪進州門，侵凌我百姓，莫之伊何。讓獨寘之以法，公正自持，不少假借。紀綱大振，奏請兵備道移鎮潁、壽二州。潁至今賴焉。」

⑧呂景蒙《嘉靖潁州志·職官表·教諭（潁上）》：「（敬皇帝弘治）林汝明。傳見《名宦》。」呂景蒙《嘉靖潁州志·名宦·潁上》：「林汝明。福建莆田人。舉貢士。弘治三年任儒學教諭。學行修飭，師範端嚴，威儀爾雅，有古君子之風。」《順治潁上縣志·秩官·宦業（明）》：「林汝明。福建莆田人。弘治二年，由舉人任儒學教諭。學行修飭，師範端嚴，威儀爾雅，有古君子之風。今祀名宦。」《乾隆福建通志·選舉·明舉人》：「（成化二十二年丙午，興化府）林汝明。儒士中式。潁上教諭。」《光緒莆田縣志·選舉·（明）鄉舉》：「（成化二十二年丙午）林汝明。字明鑑。正從弟。儒士。楨［潁］上教諭。」

⑨呂景蒙《嘉靖潁州志·職官表·知縣（潁上）》：「（敬皇帝弘治）張澄。傳見《名宦》。」呂景蒙《嘉靖潁州志·名宦·潁上》：「張澄。字憲夫，河南洛陽人。舉貢士。弘治十八年知潁上。興利除害，吏民畏服。巡按御史閭公旌其才堪治繁，調盱眙。未幾，遷戶部主事。」《順治潁上縣志·秩官·（宦業）明》：「張澄。字憲夫，河南洛陽人。由舉人，弘治十八年知潁上。興利除害，吏畏民懷。巡按御史閭公旌其才治繁，調盱眙。未幾，遷戶部主事。今祀名宦。」

張愛。雲南人。弘治間知潁州。愛民禮士，廉正自守。民以事至州者，一訊立辨，不費一錢而返。潁人名曰板張。①

廖自顯。字德潛，直隸盧龍人。正德辛巳（1521）進士，知潁上縣。爲政簡易，斷獄平反，植善掃強，境內稱治。暇則就諸生講論，秉燭不倦。甲申，江北大祲，潁上尤甚，多方賑濟，民賴以全活。②

①呂景蒙《嘉靖潁州志・職官表・知州（皇明）》：「（敬皇帝弘治）張愛。傳見《名宦》。」呂景蒙《嘉靖潁州志・名宦・皇明》：「張愛。雲南人。弘治間知潁州。愛民禮士，公廉有威。民以事至州者，不費一錢而返。潁人至今思之，名曰板張。」《順治潁州志・宦業傳・知州》：「張愛。雲南人。弘治間知潁州。愛民禮士，公廉有威。民以事至州者，不費一錢而返。潁人至今思之，名曰板張，言其執法也。」《乾隆雲南通志・選舉・舉人》：「（成化甲午科中式四十五名）張愛。澂江人。知府。」

②呂景蒙《嘉靖潁州志・職官表・知縣（潁上）》：「（今皇帝嘉靖）廖自顯。盧龍人。進士。元年（1522）任。行取陞監察御史，仕至汝寧府知府。」《順治潁上縣志・秩官・（宦業）明》：「廖自顯。字德潛，直隸盧龍人。登辛巳進士。任知縣。爲政簡易，斷獄平允，保安良善，刁頑息風，豪強屏蹟，舞文弄法之徒若遠遁去，境內號稱大治。暇則就諸生講論，秉燭不倦。門設教民條約，令人讀之，咸知公之德政云。」《民國盧龍縣志・選舉文科・（明）進士》：「（正德）廖自顯。辛巳。有傳。」《民國盧龍縣志・選舉文科・（明）舉人》：「（正德）廖自顯。己卯。見《進士》。」《民國盧龍縣志・選舉文科・（明）進士》：「（正德）廖自顯。辛巳。有傳。」《民國盧龍縣志・仕蹟・明》：「廖自顯。字德潛。家貧力學，以廉恥自持，登正德辛巳進士。知潁上縣，賑饑，活數萬人。陞御史，視通州倉，革中官監守弊；按宣大，劾鎮將科斂及殺降冒功；山西巡撫與參議以小嫌爭忿，劾罷之。嘉靖庚寅，鎮守建昌太監缺，疏請裁革，遂更游擊將軍，一時稱便。出按山東，巡撫邵錫清德藩，軍校詭冒不從，毆府卒，迺劾其長史、承奉官，爲所中，錫罷，待罪出。自顯知汝寧府二載，持法不撓。罷歸居家二十四年，日與故人徜徉東郭蓮池芝隴間。有《拾燼集》《放言憫遺集》。從姪際可，進士。獻可，舉人，不急仕進三十餘年，銓知即墨，旋垂橐，亦里中高士云。」

趙夔。遼東錦州人。正德間由貢士知太和縣。政尚寬平，有古循良風。承流賊後，甃磚石爲城，永爲保障。民立遺愛祠祀之。①

周祖堯。山東東平人。嘉靖癸未（1523）進士。甲申年（1524）任知州。持正秉剛，以樹紀綱爲主。遇千夫長抗行甬道間，竣拒之。且弗事趨媚，諸托不行。陞南京户部員外。②

廖雲從。字石和，福建懷安人。嘉靖五年（1526）由貢士任學正。博學洽聞，以身率衆，彬彬然多向學士矣。陞樂安知縣。③

許選。福建漳浦人。嘉靖初由貢士知太和縣，多有惠政。歷三載，陞岳州通判。民作遺愛亭，題曰愛民父母。④

何坤。江西峽江人。嘉靖九年（1530）由監生任判官。居官清謹，民咸德之。陞永淳知縣。⑤

呂景蒙。廣西象州人。嘉靖十二年（1533）由御史左遷添註判官。興學校，纂《州志》，振揚風化。陞汲縣知縣。⑥

胡袞。字補之，江西鄱陽人。嘉靖十二年（1533）由選貢任學正。廉以律身，義以作士，其纂脩前《志》，多賴秉筆。⑦

林墰。字世崇，福建莆田人。嘉靖十二年（1533）由貢士知太和縣。愛民惜費，務以至誠。歷歲餘，卒於官。民哀而祀之。⑧

茅宰。浙江山陰人。嘉靖己丑（1529）進士，十六年（1537）由刑部主事左遷添註同知。宅心如青天白日，布政如和風甘雨。吏畏其威，民懷其德，故其謡曰：「民之父母，愷悌君子。我潁茅公，如此如此。」又曰：「張周去後無天日，此日清光照千里。」陞南京刑部主事。⑨

---

①呂景蒙《嘉靖潁州志·職官表·知縣（太和）》：「（毅皇帝正德）趙夔。傳見《名宦》。」呂景蒙《嘉靖潁州志·名宦》：「趙夔。遼東錦州人。舉貢士，來知縣事。政尚寬平，以愛民爲主，有古循良風。承流賊後，修建城池，甃以磚石，永爲保障。民至於今德之，有遺愛祠在縣東。」《萬曆太和縣志·歷官·知縣題名（皇明）》：「趙夔。遼東錦州人。由舉人。正德八年（1513）任。創造城池，有功民社，後立祠祀之。詳見《遺愛》。」《萬曆太和縣志·歷官·遺愛（皇明）》：「趙夔。遼東綿［錦］州人。正德間以貢士知太和縣。政尚寬平，有古循良風。承流賊後，修建城池，甃以磚石，永爲保障。民立遺愛祠祀之。」《欽定盛京通志·選舉·舉人（明）》：「趙夔。廣寧衛人。官泰和知縣。」

②呂景蒙《嘉靖潁州志·職官表·知州（皇明）》：「（今皇帝嘉靖）周祖堯。山東東平人。進士。三年（1524）任。遷南京戶部員外郎去。」《順治潁州志·宦業傳·知州》：「周祖堯。山東東平人。嘉靖癸未進士，甲申年任知州。持正秉剛，以樹紀爲主，諸托不行。陞南京戶部員外。」《民國東平縣志·選舉·進士表（明）》：「周祖堯。嘉靖癸未姚淶榜。」《民國東平縣志·選舉·舉人表（明）》：「周祖堯。正德己卯（1519）。」

③呂景蒙《嘉靖潁州志·職官表·學正（皇明）》：「（今皇帝嘉靖）廖雲從。福建懷安人。貢士。五年任，遷欒安知縣。」《康熙潁州志·名宦·明》：「廖雲從。字石和，懷安人。嘉靖五年，由明經任學正。博學洽聞，以身率教，一時彬彬多向學士。除欒安縣令去。」《乾隆福建通志·選舉·明舉人》：「（嘉靖元年丘愈榜壬午懷安縣）廖雲從。授潁川學正。以身率教，陞欒安知縣。」

④呂景蒙《嘉靖潁州志·職官表·知縣（太和）》：「（今皇帝嘉靖）許選。福建漳浦人。貢士。陞湖廣岳州通判。」《萬曆太和縣志·歷官·知縣題名（皇明）》：「許選。福建漳浦人。由舉人。嘉靖元年（1522）任，陞岳州府通判。見《遺愛》。」《萬曆太和縣志·歷官·遺愛（皇明）》：「許選。福建漳浦人。嘉靖十年（1531），由貢士，任太和知縣，多有惠政。歷三載，陞岳州府通判。民作遺愛亭，題曰愛民父母。」《民國漳浦縣志·選舉·舉人》：「（正德五年庚午黄廷宣榜）許選。潛孫。岳州府通判。今詔安人。」

⑤呂景蒙《嘉靖潁州志·職官表·判官（皇明）》：「（今皇帝嘉靖）何坤。江西峽江人。監生。九年任，遷永淳知縣。居官清謹，民咸德之。」

《順治潁州志・宦業傳・判官》：「何坤。嘉靖九年由監生任判官。居官清謹，民咸德之。陞永淳知縣。」《乾隆峽江縣志・選舉・（明）職員》：「何坤。橫州人。任知縣。」

⑥呂景蒙《嘉靖潁州志・職官表・判官（皇明）》：「（今皇帝嘉靖）呂景蒙。廣西象州人。貢士。十二年御史左遷添註。」《順治潁州志・宦業傳・判官》：「呂景蒙。字修飭，象州人。嘉靖中，由御史左遷本州添註判官。屈己愛民，勤於其業，安僚佐之分，無少崖等，若忘其爲憲臣者。修西湖書院，創建三忠、六貞祠，振作學校，表揚風化，豪右大猾斂手避之。其纂修《郡志》，大有卓識，仿《史》《漢》之遺義，條例整潔，後人更討，不能違其成範，且富有著述，卓爾名家也。後陞汲縣知縣以去，所至有異績云。」《康熙潁州志・名宦・明》：「呂景蒙，字修飭，象州人。嘉靖中，由御史左遷潁州添註判官。潔己愛民，安僚佐之分，未嘗以風憲舊臣自矜也。繕西湖書院，建三忠、六貞祠，振興風化，豪猾斂手避之。其纂修《潁志》，頗稱雅贍。後遷汲縣令，所至有聲。」《同治象州志・明科舉表・舉人》：「呂景蒙。官御史。有傳。」《同治象州志・紀人・列傳》：「呂景蒙。字希正。舉宏［弘］治甲子孝廉，歷官監察御史，巡上江，作《操江衍義》奏聞，蒙著爲令。又劾蕪湖抽分奸弊，謫潁州判官，轉汲縣知縣。後陞福州府通判，遷南京大理寺評事，俱不就。從游湛甘泉之門，倡明理學，其所論說，粹然一出於正，總制張淨峯爲立理學名儒坊以旌之。坊在州城南門外。後淨峯督師過象，造其廬，接談終日不倦。所著有《定性發蒙》《象郡學的》三十卷、《柳州府志》十六卷。以壽終，墓在城南。（《舊志》。）」

⑦呂景蒙《嘉靖潁州志・職官表・學正（皇明）》：「（今皇帝嘉靖）胡袞。江西鄱陽人。選貢。十二年任。」《康熙潁州志・名宦・明》：「胡袞。字袞之，鄱陽人。嘉靖十二年，由選貢任學正。敬以律身，恕以訓士，時纂修《潁志》，袞訂正之功居多。」《道光鄱陽縣志・選舉・明貢士》：「胡袞。字補之，大梨人。歷官歸州、潁州、武昌教職。著有《讀史質疑》《戊丙樵書》等集。」

⑧呂景蒙《嘉靖潁州志・職官表・知縣（太和）》：「（今皇帝嘉靖）林墰。福建莆田人。貢士。十二年任。卒於官。」《萬曆太和縣志・歷官・知縣題名（皇明）》：「林墰。字世崇，號西麓，福建莆田人。由舉人。嘉靖十二年任。詳見《遺愛》。」《萬曆太和縣志・歷官・遺愛（皇明）》：「林墰。字世崇，號西麓，莆田人。嘉靖十二年，由貢士，任太和知縣。愛民惜費，務以至誠，歷歲餘，卒於官。子雲同以浙江提學僉事，扶櫬南還，民哀而祀之。」《光緒莆田縣志・選舉・（明）鄉舉》：「（正德五年庚午，1510）林墰。字世崇。洪曾孫。有《傳》。」《光緒莆田縣志・人物・（明）仕蹟》：「林墰。字世崇。洪曾孫。正德庚午鄉薦，授繁昌教諭，改新會，轉南雄教授。貴義賤利，以教化爲己任，督學歐陽鐸特移檄褒之。擢程鄉知縣，屬兵興，甫罷。墰數褰帷問疾苦，尋以從子富巡撫兩廣，引嫌改太和。時旁邑蝗災，爭設壇禳之至，有用巫詛爲厭勝計，吏以爲請，墰曰：『吾禳厭之術，非藉此也。』迺痛自引咎，輕徭弛禁，蝗竟不入境，旁邑爲之驚異。卒於官。墰雅好經術，修詞不尚浮華，所著有《西麓遺稿》。以子雲同貴，歷贈南京督察院右都御史。孫諧，萬曆辛卯（1591）應天鄉薦；擬，萬曆辛丑（1601）進士。曾孫璣，萬

曆丙戌（疑误）進士；瑮，刑部主事。元孫士鼎，萬曆壬子（1612）鄉薦。」

⑨呂景蒙《嘉靖潁州志·職官表·同知（皇明）》：「（今皇帝嘉靖）茅宰。浙江山陰人。進士。十六年刑部主事左遷添註。」《順治潁州志·宦業傳·同知》：「茅宰。浙江山陰人。嘉靖己丑進士。十六年，由刑部主事左遷添註同知。宅心如青天白日，布政和平。吏畏其威，民懷其德，謡曰：『民之父母，愷悌君子。我潁茅公，如此如此。』又曰：『張周去後無天日，此日清光照千里。』陞南京刑部主事。」《康熙潁州志·名宦·明》：「茅宰。山陰人。嘉靖己丑進士。十六年，由刑部主事左遷添註同知。布政和平，民懷其德，謡曰：『民之父母，愷悌君子。我潁茅公，可以當此。』『張周去後天日無，今見清光照千里。』尋遷南京刑部主事。」

劉養仕。字學夫，四川内江人。嘉靖二十年（1541）由貢士任知州。革宿弊，汰冗費，裁抑豪強，吏民懷服。陞順天府治中。①

李宜春曰：余讀《宦業傳》，宋以上則章，至今之際則微，未嘗不慨今之爲守令、爲師儒焉。是故今之獄猶昔也，曾有稱神父如登，斷無罪如洞乎？今之姦猶昔也，曾有鋤豪強如弘，執恃勢如暘乎？今之人才猶昔也，曾有興學校如齊，勉經術如象先乎？今之溝洫猶昔也，曾有濬清河、脩陂塘如肇如賨積乎？持身多愧於柳植，守介

---

①呂景蒙《嘉靖潁州志·職官表·學正（皇明）》：「（今皇帝嘉靖）劉養仕。四川内江人。貢士。二十年任。」《順治潁州志·宦業傳·知州》：「劉養仕。字學夫，四川内江人。貢士。嘉靖二十年任。革宿弊，汰冗費，民甚賴之。遷順天府治中。」《康熙潁州志·名宦·明》：「劉養仕。字學夫，内江人。嘉靖二十年以明經科任州牧。剔弊節財，民甚仰賴。遷順天府治中。」

焉類於無已？況晏、歐、呂、蘇，宜寥寥焉，莫之繼也。斯固治弗逮古，其所從來靡矣。嗟乎！舍己田而芸人之田，不亦重自慨哉？

流寓六人

宋

劉錡。字信叔，德順軍人。紹興十年（1140），金人歸三京，充東京副留守，節制軍馬。所部八字軍，終［纔］三萬七千人，將發，益殿司三千人，皆攜其孥［孥］，將駐於汴，家留順昌。錡自臨安泝［泝］江絕淮，凡二千二百里。至渦口，方食，暴風拔坐帳，錡曰：「此賊兆也，主暴兵。」即下令兼程而進，未至，五月，抵順昌三百里，金人果敗盟來侵。錡與將佐舍舟陸行，先趨城中。庚寅，諜報金人入東京。知府陳規見錡問計，錡曰：「城中有糧，則能與君共守。」規曰：「有米數萬斛。」錡曰：「可矣。」時所部選鋒、遊奕兩軍及老稚、錙重，相去尚遠，遣騎趣之，四鼓迺至。及旦得報，金騎已入陣［陳］。規與錡議斂兵入城，爲守禦計，人心迺安。召諸將計事，皆曰：「金兵不可敵也，請順流還江南。」錡曰：「吾本赴官留司，今東京雖失，幸全軍至此，有城可守，奈何棄之？吾意已決，敢言去者斬！」迺鑿舟沉之，示無去意。寘家寺中，積薪於門，戒守者曰：「脫有不利，即焚吾家，毋辱敵手也。」分命諸將守諸門，明斥堠，募土人爲間探。於是軍士皆奮，男子備戰守，婦人礪刀劍，爭呼躍曰：「平旹人欺我八字軍，今日當爲國家破賊立功。」旹守備一無可恃，錡於城上躬自督厲，取僞齊所造癡車，以輪轅埋城上；又撤民戶扉，周匝蔽之。凡六日粗畢，而遊騎已涉潁河至城下。壬寅，金人圍順昌，錡豫下城［城下］設伏，擒千戶阿黑等二人，詰之，云：「韓將軍營白沙渦，距城三十里。」錡夜遣千餘人擊之，連戰，殺虜頗衆。既而三路都統葛王褒以兵三萬，與龍虎大王合兵薄城。錡令開諸門，金人疑不敢近。初，錡傅城築羊馬垣，穴垣爲門。至是，與清等蔽垣爲陣，金人縱矢，皆自垣端軼著於城中，或止中垣上。錡用破敵弓翼以神臂、強弩，自城上或垣門射敵，無不中，敵稍卻。復以步兵邀擊，溺河死者不可勝計，破其鐵騎數千。旹受圍已四日，金兵益盛，移砦東村，距城二十里。錡遣驍將閻充募壯士五百人，夜斫其營。是夕，天欲雨，電光四起，見辮髮者輒殲之。金兵退十五里。錡復募百人往，命折竹爲嘂，如市井兒以爲戲者，人持一以爲號，直犯金營。電所燭則奮擊，電止則匿不動，敵衆大亂。百人者聞吹嘂聲即聚，金人益不能測，終夜自戰，積屍盈野，退軍老婆灣。兀朮在汴聞之，即索靴上馬，不七日至順昌。錡聞兀朮至，募得曹成二人，諭之曰：「遣汝作間，事捷重賞。今置汝綽路騎中，汝遇敵則佯墜馬，敵執，問我何如人，則曰：『太平邊帥子，喜聲伎，朝廷以兩國講好，使守東京圖逸樂耳。』」已而果遇敵被執，兀朮問之，對如前。兀朮喜曰：「城易破耳。」即置鵝車砲具不用。翌日，錡登城，望見二人械而來，縋而上之。廼遣耿訓以書約戰，兀朮怒曰：「劉錡何敢與我戰？以吾破彼，直用靴尖趯倒耳。」訓曰：「太尉非但與太子戰，且謂太子不敢濟河，願獻浮橋五所。」兀朮曰：「諾。」廼下令明日。遲明，錡果爲五浮橋於潁河上，遣人毒水上流及草中，戒軍士雖渴死，毋飲於河。衆請先擊韓將軍，錡曰：「當先擊兀朮，兀朮一動，則韓將軍無能爲矣。」旹天大暑，敵遠來疲敝，錡士氣閒暇，敵晝夜不解甲，錡軍皆番休更食。敵人馬飢渴，食水草者輒病困。方晨氣清涼，錡按兵不動，逮未、申間，敵力疲氣索，忽遣數百人出西門接戰。俄以數千人出南門，戒令勿喊，但以鋭斧犯之。統制官趙撙、韓直身中數矢，戰不肯已，士殊死戰，入其陣，刀斧亂下，敵大敗。是夕大雨，平地水深尺餘。乙卯，兀朮拔營北去，錡遣兵追之，死者萬數。方大戰時，兀朮被白袍，乘甲馬，以牙兵三千督戰，兵皆重鎧甲，號鐵浮圖，戴鐵兜牟，周匝綴長簷。三人爲伍，貫以韋索，每進一步，即用拒馬擁之，人進一步，拒馬亦進，退不可卻。官軍以槍標去其兜牟，大斧斷其臂，碎其首。敵又以鐵騎分左右翼，號拐子馬，皆女真爲之，號長勝軍，專以攻堅，戰酣然後用之。自用兵以來，所向無前；至是，亦爲錡軍所殺。戰自辰至申，敵敗，遽以拒馬木障之，少休。城上鼓聲不絕，廼出飯羹，坐餉軍士如平時，敵披靡不敢近。食已，撤拒馬木，深入斫敵，又大破之。棄屍斃馬，血肉枕藉，車旗器械，積如山阜。兀朮平日所恃以爲强者，十損七八，至陳州，數諸將之罪，韓常以下皆鞭之，遂還汴。時洪皓在燕密奏：「順昌之捷，金人震恐喪魄。燕之重寶珍器，悉徙而北，意欲捐燕以南棄之。」捷聞，帝甚喜，授錡武泰軍節度使、侍衛馬軍都虞候、知順昌府、沿淮制置使。①

①劉錡（1098—1162），字信叔，德順軍（今寧夏隆德）人。宋朝將領，曾於順昌（今安徽阜陽）大敗金兵。事見《宋史·劉錡傳》。《成化中都志·名宦·潁州（宋）》：「劉錡，字信叔，秦州成紀人。紹興十年，由主管侍衛馬軍司，爲東京副留守。奉旨隨軍，家口留屯順昌中，夏抵順昌，得報兀朮已入東京。錡謂衆曰：『錡本赴官留司，今東京既陷，幸全軍至此，有城池可守，機不可失，當同心力，以死報國。』即鑿舟沉之，示無去意。親督工，治戰具，修璧壘。六日粗畢，而金之游騎已渡河，至城下矣。虜衆三萬餘攻城，錡擊卻之。復夜劫其寨，殲之甚衆。虜馳詣東京告急，兀朮引兵來援，攻城凡十餘萬騎，所部不滿二萬，可出戰者僅五千人，皆殊死鬭。虜大敗，殺其衆五千，横屍滿野。兀朮移寨城，西掘塹自衛。夜遣兵劫之，虜退走。以功授武泰軍節度使侍衛、親軍督虞侯，高宗賜御札曰：『卿之偉績，朕所不忘。』尋以淮西制置使，權知順昌府，以代陳規。洪皓時在燕山，密奏曰：『順昌之役，虜震懼喪魄，燕之寶貨悉取，而此意欲捐燕，以南棄之。王師亟還，自失機會，可惜也。』錡累官太尉，卒謚武穆。」《南畿志·鳳陽府·宦蹟》：「劉錡，爲東京副留守，至順昌。諜報金人陷東京，錡斂兵入城，沉舟示無去意。

金兵圍城，錡連擊破之。兀朮來援，又爲錡所敗。兀朮平日所恃以爲強者，什損七八，金人震恐喪魄。」呂景蒙《嘉靖潁州志・過賓傳・宋》：

「劉錡。字信叔，德順軍人。瀘州軍節度使仲武第九子也。美儀狀，善射，聲如洪鍾［鐘］。高宗即位，錄仲武後，錡得召見，奇之。紹興十年，金人歸三京，充東京副留守，節制軍馬。所部八字軍纔三萬七千人，將發，益殿司三千人，皆攜其孥，將駐於汴，家留順昌。錡自臨安泝［泝］江絕淮，二千二百里。至渦口，方食，暴風拔坐帳，錡曰：『此賊兆也，主暴兵。』即下令兼程而進，未至，五月，抵順昌三百里，金人果敗盟來侵。錡與將佐舍舟陸行，先趨城中。庚寅，諜報金人入東京。知府事陳規見錡問計，錡曰：『城中有粮，則能與君共守。』規曰：『有米數萬斛。』錡曰：『可矣。』時所部選鋒、遊奕兩軍及老稚錙重，相去尚遠，遣騎趣之，四鼓迺至。及旦得報，金騎已入陣［陳］。規與錡議斂兵入城，爲守禦計，人心迺安。召諸將計事，皆曰：『不可敵也，請以精鋭爲殿，步騎遮老小順流還江南。』錡曰：『吾本赴官留司，今東京雖失，幸全軍至此，有城可守，奈何棄之？吾意已決，敢言去者斬！』惟部將許清號夜叉者奮曰：『太尉奉命副守汴京，軍士扶攜老幼而來。不如相與努力一戰，於死中求生也。』議與錡合。錡大喜，鑿舟沉之，示無去意。寘家寺中，積薪於門，戒守者曰：『脫有不利，即焚吾家，毋辱敵手也。』分命諸將守諸門，明斥堠，募土人爲間探。於是軍士皆奮，男子備戰守，婦人礪刀劍，爭呼躍曰：『平時人欺我八字軍，今日當爲國家破賊立功。』時守備一無可恃，錡於城上躬自督厲，取僞齊所造癡車，以輪轅埋城上；又撤民戶扉，周匝蔽之；城外有民居數千家，悉焚之。凡六日粗畢，而遊騎已涉潁河至城下。壬寅，金人圍順昌，錡預於城下設伏，擒千戶阿黑等二人，詰之，云：『韓將軍營白沙渦，距城三十里。』錡夜遣千餘人擊之，連戰，殺虜頗衆。既而三路都統葛王褒以兵三萬，與龍虎大王合兵薄城。錡令開諸門，金人疑不敢近。初，錡傅城築羊馬垣，穴垣爲門。至是，與清等蔽垣爲陣，金人縱矢，皆自垣端軼著於城，或止中垣上。錡用破敵弓翼以神臂、強弩，自城上或垣門射敵，無不中，敵稍卻。復以步兵邀擊，溺河死者不可勝計，破其鐵騎數千。特授鼎州觀察使、樞密副都承旨、沿淮制置使。時順昌受圍已四日，金兵益盛，迺移砦於東村，距城二十里。錡遣驍將閻充募壯士五百人，夜斫其營。是夕，天欲雨，電光四起，見辮髮者輒殲之。金兵退十五里。錡復募百人往，或請銜枚，錡笑曰：『無以枚也。』命拆［折］竹爲嘂，如市井兒以爲戲者，人持一以爲號，直犯金營。電所燭則奮擊，電止則匿不動，敵衆大亂。百人者聞吹嘂聲即聚，金人益不能測，終夜自戰，積屍盈野，退軍老婆灣。兀朮在汴聞之，即索靴上馬，過淮寧留一宿，治戰具，備糗糧，不七日至順昌。錡聞兀朮至，會諸將於城上問策，或謂今已屢捷，宜乘此勢，具舟全軍而歸。錡曰：『朝廷養兵十五年，正爲緩急之用，況已挫賊鋒，軍聲稍振，雖衆寡不侔，然有進無退。且敵營甚邇，而兀朮又來，吾軍一動，彼躡其後，則前功俱廢。使敵侵軼兩淮，震驚江、浙，則平生報國之志，反成誤國之罪。』衆皆感動思奮，曰：『惟太尉命。』錡募得曹成等二人，諭之曰：『遣汝作間，事捷重賞，第如我言，敵必不汝殺。今置汝綽路騎中，汝遇敵則佯墜馬，爲敵所得。敵帥問我何如人，則曰：「太平邊帥子，喜聲伎，朝廷以兩國講好，使守東京圖逸樂耳。」』已而二人果遇敵被執，兀朮問之，對如前。兀朮喜曰：『此城易破耳。』即置鵝車砲具不用。翌日，錡登城，望見二人遠來，縋而上之，廼敵械成等歸，以文書一卷繫於械，錡懼惑軍心，立焚之。兀朮至城下，責諸將喪師，衆皆曰：『南朝用兵，非昔之比，元帥臨城自見。』錡遣耿訓以書約戰，兀朮怒曰：『劉錡何敢與我戰？以吾力破爾城，直用靴尖趯倒耳。』訓曰：『太尉非但請與太子戰，且謂太子不敢濟河，願獻浮橋五所，濟而大戰。』兀朮曰：『諾。』廼下令明日府治會食。遲明，錡果爲五浮橋於潁河上，敵由之以濟。錡遣人毒水上流及草中，戒軍士雖渴死，毋得飲於河；飲者，夷其族。敵用長勝軍嚴陣以待，諸酋各居一部。衆請先擊韓將軍，錡曰：『擊韓雖退，兀朮精兵尚不可當。先擊兀朮，兀朮一動，則餘無能爲矣。』時天大暑，敵遠來疲敝，錡士氣閒暇；敵晝夜不解甲，錡軍皆番休更食羊馬垣下。敵人馬飢渴，食水草者輙病，往往困乏。方晨氣清涼，錡按兵不動，逮未、申間，敵力疲氣索，忽遣數百人出西門接戰。俄以數千人出南門，戒令勿喊，但以鋭斧犯之。統制官趙撙、韓直身中數矢，戰不肯已，（士）殊死戰，入其陣，刀斧亂下，敵大敗。是夕大雨，平地水深尺餘。乙卯，兀朮拔營北去，錡遣兵追之，死者萬數。方大戰時，兀朮被白袍，乘甲馬，以牙兵三千督戰，兵皆重鎧甲，號鐵浮圖；戴鐵兜牟，周匝綴長簷。三人爲五［伍］，貫以韋索，每進一步，即用拒馬擁之，人進一步，拒馬亦進，退不可卻。官軍以長（槍）標去其兜牟，大斧斷其臂，碎其首。敵又以鐵騎分左右翼，號拐子馬，皆女真爲之，號長勝軍，專以攻堅，戰酣然後用之。自用兵以來，所向無前；至是，亦爲錡軍所殺。戰自辰至申，敵敗，遽以拒馬木阵［障之］，少休。城上鼓聲不絕，廼出飯羹，坐餉軍士如平時，敵披靡不敢近。食已，撤拒馬木，深入斫敵，又大破之。棄屍斃馬，血肉枕藉，車旗器械，積如山阜。兀朮平日所恃以爲強者，十損七八，至陳州，數諸將之罪，韓常以下皆鞭之，遂還汴。既而洪皓自金密奏：『順昌之捷，金人震恐喪魄。燕之重寶珍器，悉徙而北，意欲捐燕以南棄之。』捷聞，帝甚喜，授錡武泰軍節度使、侍衛馬軍都虞候、知順昌府、沿淮制置使。故議者謂是時諸將協心，分路追討，則兀朮可擒，汴京可復；而王師亟還，自失幾［機］會，良可惜也！」《順治潁州志·武畧內傳·宋》直接抄錄，僅有少量異文。文太長，不復重錄。

洪皓。字光弼，番易人。少有奇節，慷慨有經畧四方志。政和五年（1115）進士。建炎三年（1129），以事請出滁陽路。自壽春由東京以行，至順昌，聞群盜李閣羅、小張俊者梗潁上道。皓與其黨遇，譬曉之曰：「自古無白頭賊。」其黨悔悟。皓使持書至賊巢，二渠魁聽命，領兵入宿衛。①

劉攽。字貢父，臨江人。與兄敞同登科第。博學守道，累官屯田員外郎，充集賢校理，喪父。嘗歐陽文忠公守潁，攽往依之，相與賡詠。攽詩有曰：「羈鳥能擇木，遊魚知赴淵」「卜居幸樂國，負郭依良田。」②

李之儀。趙州人。謫居潁州，籍有文名，後因家焉。③

---

①《宋史・洪皓傳》：「洪皓字光弼，番易人。少有奇節，慷慨有經畧四方志。登政和五年進士第……皓遂請出滁陽路，自壽春由東京以行。至順昌，聞群盜李閻羅、小張俊者梗潁上道。皓與其黨遇，譬曉之曰：『自古無白頭賊。』其黨悔悟，皓使持書至賊巢，二渠魁聽命，領兵入宿衛。」呂景蒙《嘉靖潁州志・過賓傳・宋》：「洪皓。字光弼，番易人。少有奇節，慷慨有經畧四方志。政和五年進士。建炎三年，以事請出滁陽路。自壽春由東京以行，至順昌，聞群盜李閻羅、小張俊者梗潁上道。皓與其黨遇，譬曉之曰：『自古無白頭賊。』其黨悔悟。皓使持書至賊巢，二渠魁聽命，領兵入宿衛。」《順治潁州志・武畧內傳・宋》：「洪皓。字光弼，番易人。少有奇節，慷慨有經畧四方志。登政和五年進士。建炎三年，以事請出滁陽路，自壽春由東京以行。至順昌，聞群盜李閻羅、小張俊者梗潁上道，皓與其黨遇，譬之曰：『自古無白頭賊。』其黨悔悟，皓使持書至賊巢，二渠魁聽命，領兵入宿衛。」《康熙潁州志・流寓・明》：「洪皓，字光弼，番易人。少負奇節，慷慨有經畧四方志。登政和五年第。建炎初，以通問使出滁陽路。行至順昌，聞群盜李閻羅、小張俊者梗潁上道。皓遇其黨，譬曉之曰：『自古無白頭賊。』其黨悔悟。皓使持書至賊巢，二渠魁聽命，遂領兵入宿衛。皓留金十五年始還，又以忤秦檜坐貶。卒復徽猷閣學士，謚忠宣。」

②劉攽（1023—1089），字貢父，號公非。臨江新喻（今江西新余）人。北宋史學家。慶曆六年（1046）年登進士第，官至中書舍人。《宋史》有傳。《成化中都志・人才傳・潁州（宋）》：「劉攽。字貢父，《古今紀要》作戇父，本臨江人。博學守道，累官屯田員外郎，充集賢校理。喪父。時歐陽文忠公守潁，攽往依之，與賡詠。攽詩有云：『羈鳥能擇木，遊魚知赴淵……卜居幸樂國，負郭依良田。』元城劉先生云：『劉貢父好謔，然立身立朝極有可觀，故某喜與之交游也。』」《正德潁州志・名宦・宋》：「劉攽。臨江人。宋仁宗朝通判廬州。辭學優贍，操履清慎。後歷官播遷無常，父喪犇塟，貧不自存。歐公守潁，攽往依之。相與賡詠，故攽有謝詩云。見後。」呂景蒙《嘉靖潁州志・僑寓・宋》：「劉攽。字貢父，臨江人。與兄敞同登科第。博學守道，累官屯田員外郎，充集賢校理。喪父。時歐陽文忠公守潁，攽往依之，相與賡詠。攽詩有曰：『羈鳥能擇木，遊魚知赴淵……卜居幸樂國，負郭依良田。』劉元城先生曰：『劉貢父好謔，然立身立朝極有可觀，故某喜與之交游也。』」

③李之儀（1046？—1125？），字端叔，晚年謫居姑熟（今安徽當塗），自號姑谿居士。登進士第。「蘇門」詩人。《宋史・李之純傳》後附傳。《正德潁州志・名宦・宋》：「李之儀。真定趙州人。謫居潁州，籍有文名。後爲土著。」呂景蒙《嘉靖潁州志・僑寓・宋》：「李之儀。趙州人。謫居潁州，籍有文名。後爲土著。」《康熙潁州志・流寓・宋》：「李之儀。趙州人。謫居清潁，藉有文名。後因家焉。」按，李之儀未嘗謫居潁州，亦未嘗定居於此。此條當誤。

歐陽發。字伯和，脩長子。少師事安定胡瑗，得古樂鍾律之説。不治科舉文字，獨探古始立論議。自書契來，君臣世系，制度文物，旁及天文、地理，靡不悉究。以父恩，補將作監主簿，賜進士出身，累遷殿中丞。卒，蘇軾哭之，以謂發得文忠公之學，漢伯喈、晉茂先之流也。①

歐陽棐。字叔弼，脩中子。廣覽強記，能文辭，年十三旹，見脩著《鳴蟬賦》，侍側不去。脩撫之曰：「兒異日能爲吾此賦否？」因書以遺之。用蔭，爲秘書省正字。登進士乙科，調陳州判官，以親老不仕。脩卒，代草遺表，神宗讀而愛之，意脩自作也。服除，始爲審官主簿，累遷職方員外郎、知襄州。忤執政曾布，徙潞州，旋又罷去。元符末，以直秘閣知蔡州。未幾，坐元祐黨籍廢。②

李宜春曰：余讀東坡詩，得《汝陰答錢穆父》，有「豪傑雖無兩王繼，風流猶有二歐存」。③其《竹間小酌》云：「豈無一老兵，坐念兩歐陽？」④又《泛潁水》云：「趙、陳、兩歐陽，同參天人師。」⑤且《會老堂追次文忠公禁體》敘云：「忽憶公作守四十年，公二子又適在郡。」⑥則二歐隨公之寓茲潁也，可無錄歟？故列公《宦業》，標其巨爾，於此亦可以並見焉。

①歐陽發（1040—1089），字伯和，廬陵（今江西吉安）人。歐陽修長子。以父恩補將作監主簿，賜進士出身，累遷殿中丞。《宋史·歐陽修傳》附傳：「子發字伯和，少好學，師事安定胡瑗，得古樂鍾律之說，不治科舉文詞，獨探古始立論議。自書契以來，君臣世系，制度文物，旁及天文、地理，靡不悉究。以父恩，補將作監主簿，賜進士出身，累遷殿中丞。卒，年四十六。蘇軾哭之，以謂發得文忠公之學，漢伯喈、晉茂先之流也。」《順治潁州志·僑寓傳·宋》：「歐陽發。字伯和。」

②歐陽棐（1047—1113），字叔弼，廬陵（今江西吉安）人。歐陽修中子。治平四年（1067）進士，歷知襄、潞、蔡州。《宋史·歐陽修傳》附傳：「中子字叔弼，廣覽強記，能文詞。年十三時，見修著《鳴蟬賦》，侍側不去。修撫之曰：『兒異日能爲吾此賦否？』因書以遺之。用蔭，爲秘書省正字，登進士乙科，調陳州判官，以親老不仕。修卒，代草遺表，神宗讀而愛之，意修自作也。服除，始爲審官主簿，累遷職方員外郎、知襄州。曾布執政，其婦兄魏泰倚聲勢來居襄，規占公私田園，強市民貨，郡縣莫敢誰何。至是，指州門東偏官邸廢址爲天荒，請之。吏具成牘至，棐曰：『孰謂州門之東偏而有天荒乎？』卻之。衆共白曰：『泰横於漢南久，今求地而緩與之，且不可，而又可卻邪？』棐竟持不與。泰怒，譖於布，徙知潞州，旋又罷去。元符末，還朝。歷吏部、右司二郎中，以直秘閣知蔡州。蔡地薄賦重，轉運使又爲覆折之令，多取於民，民不堪命。會有詔禁止，而佐吏憚使者，不敢以詔旨從事。棐曰：『州郡之於民，詔令苟有未便，猶將建請。今天子詔意深厚，知覆折之病民，手詔止之。若有憚而不行，何以爲長吏？』命即日行之。未幾，坐黨籍廢，十餘年卒。」《順治潁州志·僑寓傳·宋》：「歐陽棐。字叔弼。」

③蘇軾《次韻答錢穆父以軾得汝陰用杭越唱酧韻作詩見寄》：「豪傑雖無兩王繼（子直、深父），風流猶有二歐存（叔弼、季默）。」

④蘇軾《竹間亭小酌懷歐陽叔弼季默呈趙景貺陳履常》：「豈無一老兵，坐念兩歐陽。」

⑤蘇軾《泛潁》：「趙、陳、兩歐陽，同參天人師。」

⑥蘇軾《聚星堂雪（並敘）》敘：「元祐六年十一月一日，禱雨張龍公，得小雪，與客會飲聚星堂。忽憶歐陽文忠作守時，雪中約客賦詩，禁體物語，於艱難中特出奇麗，爾來四十餘年莫有繼者。僕以老門生繼公後，雖不足追配先生，而賓客之美殆不減當時，公之二子又適在郡，故輒舉前令，各賦一篇，以爲汝南故事云。」

兵防

夫孔子會於夾谷，請具司馬；①世儒闇於大較，猥云去兵。②作《兵防》，敘軒冕以明武備，禦以宣猷，而《屯田》《民壯》附焉。

潁川衛

在州治後，洪武初置。中爲堂，東爲經歷司，西爲鎮撫司，翼左右爲六曹堂。後爲退廳，夾兩廂爲庫房。又後爲旗纛廟，霜降致祭。廟左爲預備倉，堂之前爲儀門，東西爲角門，左右則五所列焉。又前爲大門，屬河南都司，隸中軍都督府。③

指揮使六人：

張傑。直隸徐州人。初，張永以靖難功調潁川，世襲指揮使。子信替。無嗣，以姪永襲。傳勝，以功陞河南都指揮僉事，尋以罪免。泰替原職。傑，泰孫也，嘉靖十二年（1533）因父亡承襲，見管城操。④

王嘉愛。直隸廬州人。初，王威宣德六年（1431）以都指揮諒子授潁川，世襲指揮使。鎮襲，以納粟進都指揮僉事。爵襲，

---

①《孔子家語・相魯》：「定公與齊侯會於夾谷，孔子攝相事，曰：『臣聞有文事者必有武備，有武事者必有文備。古者諸侯出疆，必具官以從。請具左右司馬。』」

②《史記・律曆》：「自是之後，名士迭興，晉用咎犯，而齊用王子，吳用孫武，申明軍約，賞罰必信，卒伯諸侯，兼列邦土，雖不及三代之誥誓，然身寵君尊，當世顯揚，可不謂榮焉？豈與世儒闇於大較，不權輕重，猥云德化，不當用兵，大至窘辱失守，小廼侵犯削弱，遂執不移等哉！」

③《成化中都志・軍衛》：「潁川衛，在潁州治北磚城內。洪武十九年（1386），指揮李勝創建，有經歷司、衛鎮撫，轄五千戶所，隸河南都司。」《南畿志・鳳陽府・公舘》：「潁川衛，在潁州治北。洪武十九年，指揮李勝創建。」呂景蒙《嘉靖潁州志・兵衛》：「皇明洪武初，置潁川衛，屬河南都司，隸中軍都督府，附北城西州之後。領經歷司一，鎮撫司一，千戶所五，曰左，曰右，曰中，曰前，曰後，百戶所五十。置官無定員，今存者，指揮使五人，同知五人，僉事十有二人，經歷一人，知事一人，千戶正八人，副二十有三人，鎮撫衛三人，所二人，（餘三人缺。）百戶四十有五人，試百戶七人，吏令史二人，典五人，鎮撫司司一人，千戶所各司一人，百戶所軍吏五十人，總旗一百人，小旗五百人。軍原額五千人。（見在旗軍一千九十五人，事故一千九百一十二人。）」《順治潁州志・軍衛志・衛官》：「明朝設潁川衛，隸河南都指揮使司，領經歷司一，鎮撫司一，千戶所五，曰左、右、中、前、後，百戶所五十。置指揮使等官，無定員。奉例五年一次撫控［按］會同三司考選軍政，不拘品級，選任賢能。統衛事曰軍政掌印；屯田曰軍政僉書；巡捕、軍器、城操、領班諸襍務曰見任管事；鎮撫掌刑獄；經歷典出納、文移，知事佐之；正、副千戶，選一人掌印，次爲僉書。百戶不能皆賢，數印或一人兼掌。所鎮撫無獄事管軍，百戶缺則代之。」

④呂景蒙《嘉靖潁州志・兵衛・指揮使》：「張永，直隸徐州人，洪熙元年（1425）任。信，宣德十年（1435）任。政，正統十年（1445）任。勝，成化九年（1473）任，以軍功陞都指揮僉事。泰，正德十二年（1517）任。傑，嘉靖十二年任。」《順治潁州志・軍衛志・指揮使》：「張永，徐州人。信。政。勝，陞本省都司。泰。傑。尚文。九鳴，陞浙江都司。聯璧。」

又納粟如之。臣替職，推舉陞河南都指揮僉事。嘉愛以嘉靖十六年（1537）替原職，今以罪免。①

王欽。薊州遵化人。以祖功襲授羽林前衛帶俸指揮使。嘉靖七年（1528），欽潁川世襲，實授指揮使。②

鞏世。兗州府嶧縣人。初，鞏信永樂十八年（1420）以功調潁川，世襲指揮僉事。傳瑛。再傳方，天順二年（1458）以功陞世襲指揮使。固替，以納粟進都指揮僉事。臣襲，又納粟如之，後以殺潁上寇功，銓註河南都司掌印，世襲原職，嘉靖二十年（1541）陞貳簽書，尋陞都指揮僉事，未任，卒。子夢圭。③

梁棟。順天府興州人。初，祖梁文以蔭襲宣武衛指揮同知。弘治十四年（1501），因與王府結親，改調潁川，正德壬申（1512）授潁上，陣亡，贈指揮使。子安國襲指揮使。棟嘉靖五年（1526）仍世襲，卒。子大任。④

劉俊。原潁川衛人。以祖蔭襲大興左衛指揮使，懸出外衛。正德元年（1506）調潁川，卒。子壽。

同知四人：

李柱。山東莒州人。初，李端以河南都指揮瑾子，宣德十年（1435）襲授潁川指揮同知，戰鷄兒嶺，陣亡。銘襲。傳淳，以納粟進河南都指揮僉事，後領勑宣府春班備禦，殺達賊有功，欽賜表裏。傳鶴，無嗣。柱以端曾孫，嘉靖二十一年（1542）承襲，見掌印屯局。⑤

陳厚。湖廣江夏人。初，陳貴宣德六年（1431）累功授潁川，世襲指揮同知。廣、彪、勛相繼應襲。勛以老疾，厚嘉靖十年（1531）替職，見佐貳管局兼巡捕。⑥

檀輅。涞州樂亭人。初，檀成洪武元年（1368）累功調潁川指揮僉事。傳原。再傳錦，以功陞世襲指揮同知。濟與臣相繼而代。輅嘉靖二十二年（1543）又代，見佐貳管屯。⑦

---

①呂景蒙《嘉靖潁州志・兵衛・指揮使》：「王威，直隸合肥人，宣德六年任。鎮，成化二年（1466）任，二十一年（1485）納粟陞都指揮僉事。爵，弘治八年（1495）任，正德三年（1508）納粟陞都指揮僉事。臣，正德十四年（1519）任，嘉靖元年（1522）推舉大同備禦，以都指揮體統行事，八年（1529）恩授都指揮僉事。嘉愛，嘉靖十六年任。」《順治潁州志・軍衛志・指揮使》：「王威，合肥人。鎮，加都司。爵，加都司。臣，陞本省都司。嘉愛。」

②呂景蒙《嘉靖潁州志・兵衛・指揮使》：「王欽，直隸遵化人，嘉靖八年（1529）任。」《順治潁州志・軍衛志・指揮使》：「王欽，薊州人。國印。用臣。維新。」

③呂景蒙《嘉靖潁州志・兵衛・指揮使》：「鞏信，山東嶧縣人，永樂十四年（1416）任指揮僉事。瑛，宣德六年（1431）任。芳，正統十四年（1449）任，天順二年以軍功陞指揮使。固，成化九年（1473）任，二十一年（1485）納粟都指揮僉事。臣，弘治七年（1494）推舉汝寧守備，正德十二年（1517）兵部推陞河南都司軍政掌印。世，嘉靖二年（1523）任。」《順治潁州志・軍衛志・指揮僉事》：「鞏信，嶧縣人。英。方。固，加都司。臣，陞本省都司軍政掌印。世，陞本省都司。夢圭。國寧。皇圖。」

④呂景蒙《嘉靖潁州志・兵衛・指揮使》：「梁文，直隸興州人，弘治十四年任指揮同知，死於陣。安國，正德七年（1512）以父功授指揮使。棟，嘉靖五年任。」《順治潁州志・軍衛志・指揮同知》：「梁文，興州人。安國。棟。大任，陞神機營佐擊。將。繼勳。」

⑤呂景蒙《嘉靖潁州志・兵衛・同知》：「李端，山東莒州人，正統二年（1437）任。銘，景泰元年（1450）任。淳，成化十八年（1482）任，二十一年（1485）納粟都指揮僉事。鶴，正德十五年（1520）任。」《順治潁州志・軍衛志・指揮同知》：「李端，莒州人。銘。淳，加都司。鶴。柱。紹先。世芳。從師。雲龍。」

⑥呂景蒙《嘉靖潁州志・兵衛・同知》：「陳貴，湖廣江夏人。宣德七年（1432）任。廣，正統六年（1441）任。彪，成化六年（1470）任。勇，弘治五年（1492）任。勛，正德七年（1512）任。」《順治潁州志・軍衛志・指揮同知》：「陳貴，江夏人。廣。彪。湧。厚。執中。養民。善。」

⑦呂景蒙《嘉靖潁州志・兵衛・同知》：「檀成，直隸樂亭人。洪熙元年（1425）任指揮僉事。原，宣德五年（1430）任。錦，正統八年（1443）任，成化六年（1470）以軍功陞指揮同知。濟，弘治元年（1488）任。臣，正德十四年（1519）任。」《順治潁州志・軍衛志・指揮僉事》：「檀成，灤州人。原。錦。濟。臣。輅。養正。茂芳。國柱。」

甯希武。直隸通州人。初，甯端承襲，有功，宣德十年（1435）調潁川，世襲指揮同知。委替之。鉞替，以納粟進河南都指揮僉事。瀅襲原職。楚替，卒。希武嘉靖十二年（1533）承襲。①

僉事十人：

田耕。直隸清苑人。初，田雲蔭授潁川副千户，以功陞世襲指揮僉事。寬襲，遇詔陞同知。朝佐替之，仍署同知。耕嘉靖十年（1531）替，授僉事，守備儀真等處兼備倭，以都指揮行事，尋以賢能，保薦陞任福建都指揮僉事。②

亓洲。山東陽信人。初，亓恩洪熙元年（1425）以鎮南衛指揮僉事，有功，調潁川。昇替職，陣亡。恭始授世襲。麟替，以納粟進河南都指揮僉事。鯨襲，卒。子洲嘉靖二十年（1541）襲，卒，無嗣。弟渭。③

楊彪。江西太和人。初，楊簡以蔭授潁川左衛百户。傳寧。再傳安，以殺達賊功，累陞世襲指揮僉事。傳鳳。傳彪，正德九年（1514）卒，無嗣。弟鎮。④

王承恩。安慶懷寧人。初，王輔以祖功襲羽林衛指揮僉事，天順六年（1462）調潁川。傳雄。傳錦。傳承恩，嘉靖四年（1525）承襲。⑤

白鑾。河間獻縣人。初，白士能以戰功累陞沂州衛指揮僉事，洪熙元年（1425）調潁川。傳信。傳剛。傳雄。傳玉。正德八年（1513）鑾承襲。⑥

邢蘭。山後興州人。初，邢進以功授揚州衛指揮僉事，洪熙元年（1425）調潁川，世襲。傳端。傳珊。傳鑾。傳蘭，嘉靖三年（1524）辛。子。⑦

朱魁。東昌范縣人。初，朱安以蔭襲杭州右衛指揮僉事，宣德六年（1431）調潁川，世襲。傳勳。傳鼎。傳玉。傳繼宗。

---

①呂景蒙《嘉靖潁州志·兵衛·同知》：「甯端，直隸通州人。宣德十年任。鉞，成化十年（1474）任。瀅，弘治十七年（1504）任。楚，嘉靖四年（1525）任。希武，嘉靖十二年任。」《順治潁州志·軍衛志·指揮同知》：「甯端，順天通州人。琇。鉞。瀅。楚。希武。中和。孝。宣宸。」

②呂景蒙《嘉靖潁州志·兵衛·僉事》：「田成。直隸清苑人。宣德六年（431）任左所千戶。雲，正統六年（1441）任，天順元年（1457）以年任［深］陞署指揮同知。寬，成化二十年（1484）任。朝佐，正德元年（1506）任。耕，嘉靖十年任。」《順治潁州志·軍衛志·指揮僉事》：「田雲，清苑人。寬。朝佐。耕，陞福建都司軍政掌印。」

③呂景蒙《嘉靖潁州志·兵衛·僉事》：「亓恩，山東陽信人。洪熙元年任。昇，宣德六年（1431）任。恭，天順三年（1459）任。麟，弘治六年（1493）任。鯨，正德十二年（1517）任。」《康熙潁州志·衛官·指揮使》：「亓忠，陽信人。昇。恭。麟。鯨。洲。渭。」

④呂景蒙《嘉靖潁州志·兵衛·僉事》：「楊簡，江西泰和人。洪武三十五年（1402）任百戶。寧，正統元年（1436）任。安，正統四年（1439）任，天順元年（1457）以軍功陞指揮僉事。鳳，成化十五年（1479）任。彪，弘治十一年（1498）任。」《順治潁州志·軍衛志·指揮僉事》：「楊安，江西泰和人。鳳。彪。」

⑤呂景蒙《嘉靖潁州志·兵衛·僉事》：「王輔，直隸懷寧人。天順元年（1457）任。雄，成化十九年（1483）任。錦，正德七年（1512）任。承恩，嘉靖四年（1525）任。」《順治潁州志·軍衛志·指揮僉事》：「王輔，懷寧人。雄。錦。承恩。承業。承富。」

⑥呂景蒙《嘉靖潁州志·兵衛·僉事》：「白仲禮，直隸獻縣人。洪熙元年任。信，宣德二年（1427）任。剛，正統八年（1443）任。雄，成化元年（1465）任。玉，弘治九年（1496）任。鸞，正德七年（1512）任。」《順治潁州志·軍衛志·指揮僉事》：「白中禮，獻縣人。信。剛。雄。玉。鑾。」

⑦呂景蒙《嘉靖潁州志·兵衛·僉事》：「邢進，山後興州人。永樂二十三年（1425）任。端，宣德六年（1431）任。珊，天順七年（1463）任。鸞，成化二十年（1484）任。蘭，嘉靖四年（1525）任。」《順治潁州志·軍衛志·指揮僉事》：「邢進，興州人。端。珊。鑾。蘭。正道。仁。本。」

傳魁，嘉靖十五年（1536）承襲，見管領北京春班操備。①

武世爵。交阯峽山人。初，武閉永樂時率衆降，宣德七年（1432）除潁川世襲指揮僉事。傳英。傳義。傳清。傳鎮。傳功。傳韜。傳世爵，嘉靖十年（1531）承襲。②

蘇昇。直隸威縣人。昇襲祖職，授西安左衛指揮僉事，嘉靖七年（1528）調潁川衛。③

葛臣，山東曹縣人。初，葛興洪熙元年（1425）以功由府軍後衛調潁川前所副千户。傳信。傳真，景泰間以殺達賊功陞僉事。傳振。傳臣，正德七年（1512）承襲。④

經歷八人：

王瓚。⑤

楊芳。⑥

曹紳。⑦

柳延。⑧

汪遠。⑨

何淵。⑩

陳廷禎。湖廣麻城人。嘉靖十二年（1533）任。⑪

馬良璧。嘉靖□年任。

---

①呂景蒙《嘉靖潁州志・兵衛・僉事》：「朱安，山東范縣人。宣德七年（1432）任。勳，天順七年（1463）任。鼎，成化十二年（1476）任。玉，成化二十年（1484）任。繼宗，正德十六年（1521）任。魁，優給。」《順治潁州志・軍衛志・指揮僉事》：「朱安，范縣人。勳。鼎。玉。繼宗。魁。正名。」

②呂景蒙《嘉靖潁州志・兵衛・僉事》：「武閉，交趾峡山人。宣德三年（1428）任。英，正統三年（1438）任。義，正統六年（1441）任。清，天順七年（1463）任。鎮，弘治十八年（1505）任。功，正德五年（1510）任。韶，嘉靖七年（1528）任。世爵，嘉靖十五年（1536）任。」《順治潁州志・軍衛志・指揮僉事》：「武閉，交趾峡山人。英。義。清。鎮。功。韶。世爵。纘緒。烈。宗尹，歷陞馬水口參將。」

③呂景蒙《嘉靖潁州志・兵衛・僉事》：「蘇昇，直隸威縣人。嘉靖八年（1529）任。」《順治潁州志・軍衛志・指揮僉事》：「蘇昇，威縣人。萬民。繩武，陞九永守備。」

④呂景蒙《嘉靖潁州志・兵衛・僉事》：「（葛）忠，山東曹縣人。洪熙元年任千戶。真，正統元年（1436）任，以軍功陞指揮僉事。鎮，成化十一年（1475）任。臣，正德七年任。」《順治潁州志・軍衛志・指揮僉事》：「葛真，曹縣人。鎮。臣。」

⑤呂景蒙《嘉靖潁州志・兵衛・經歷》《康熙潁州志・衛官・經歷》僅存其名。

⑥呂景蒙《嘉靖潁州志・兵衛・經歷》《康熙潁州志・衛官・經歷》僅存其名。

⑦呂景蒙《嘉靖潁州志・兵衛・經歷》《康熙潁州志・衛官・經歷》僅存其名。

⑧呂景蒙《嘉靖潁州志・兵衛・經歷》《康熙潁州志・衛官・經歷》僅存其名。

⑨呂景蒙《嘉靖潁州志・兵衛・經歷》《康熙潁州志・衛官・經歷》僅存其名。

⑩呂景蒙《嘉靖潁州志・兵衛・經歷》《康熙潁州志・衛官・經歷》僅存其名。

⑪呂景蒙《嘉靖潁州志・兵衛・經歷》：「陳廷禎。湖廣麻城人。嘉靖十二年任。」《康熙潁州志・衛官・指揮使》：「陳廷禎。湖廣麻城人。」

知事二人：

王禧。①

劉璽。今革。②

衛鎮撫三人：

鹿鈺。河南林縣人。初，鹿通洪熙元年（1425）以功由大河副千户調潁川署印鎮撫副千户。傳讓。傳壽。傳寧。傳鈺，弘治十六年（1503）承襲。子自齡。③

劉一徵。河南永城人。初，劉英宣德八年（1433）以蔭授河南衛後所副千户，改選潁川世襲鎮撫。傳瑜。傳翰，以納粟進指揮僉事。臣襲原職。傳一徵，嘉靖十一年（1532）承襲。④

朱江。直隸壽州人。初，朱英以蔭授莊浪衛鎮撫，正統元年（1436）調潁川。傳昱。傳鐸，以納粟進指揮僉事。清襲原職。傳江，嘉靖十五年（1536）襲，見掌印理刑。⑤

左所

正千戶三人：

丘鐸。直隸鹽城人。初，丘瓛成化八年（1472）以蔭襲寧夏前所正千戶，調潁川。傳鐸，弘治七年（1494）替職。⑥

謝恩。直隸巢縣人。初，謝弘洪武二十六年（1393）以蔭除潁川左所正千戶。傳祥。傳茂。傳錦。傳恩，弘治十六年

---

①呂景蒙《嘉靖潁州志·兵衛·知事》《康熙潁州志·衛官·知事》僅存其名。

②呂景蒙《嘉靖潁州志·兵衛·知事》《康熙潁州志·衛官·知事》僅存其名。

③呂景蒙《嘉靖潁州志·兵衛·衛鎮撫》：「鹿通，河南林縣人。洪熙元年任。讓，宣德六年（1431）任。壽，天順六年（1462）任。寧，成化十年（1474）任。鈺，弘治十六年任。自齡，優給。」《順治潁州志·軍衛志·鎮撫》：「鹿通，狄縣人。讓。壽。寧。鈺。自齡。韜。」

④呂景蒙《嘉靖潁州志·兵衛·衛鎮撫》：「劉英，河南永城人。宣德八年任。瑜，天順二年（1458）任。漢，成化四年（1468）任，二十一年（1485）納粟指揮僉事。臣，弘治十五年（1502）任。一徵，嘉靖十一年任。」《順治潁州志·軍衛志·鎮撫》：「劉英，永城人。瑜。翰，加指揮僉事。臣。一徵。九世。廷範。」

⑤呂景蒙《嘉靖潁州志·兵衛·衛鎮撫》：「朱英，直隸壽州人。正統二年任。昱，正統七年（1442）任。鐸，成化二十年（1484）任。清，正德九年（1514）任。江，嘉靖十五年任。」《順治潁州志·軍衛志·鎮撫》：「朱英，壽州人。昱。鐸。清。江。国相。光耀。」

⑥呂景蒙《嘉靖潁州志·兵衛·千戶（正）》：「丘瓛，直隸鹽城人。成化八年任。鐸，弘治七年任。」《順治潁州志·軍衛志·正千戶》：「丘瓛，鹽城人。鐸。」

（1503）替職。①

徐弼。山東堂邑人。初，徐安宣德六年（1431）以蔭襲朔州前所正千戶，調潁川。傳斌。傳政。傳弼，正德七年（1512）替職。②

副千戶四人③：

經邦。直隸合肥人。初，經諒洪武三十五年（1402）以蔭除潁川左所副千戶。傳旲，陣亡。傳綸。傳昇。傳濟。傳邦，正德五年（1510）承襲，卒。④

張宸。山東膠州人。初，張禮襲甘州前衛後所副千戶，正統四年（1439）爲邊務調潁川左所□□。傳幹。傳宸，正德十一年（1516）替職，卒。子承恩。⑤

高昇。直隸興化人。初，高貴洪熙元年（1425）以功調潁川左所副千戶。傳敬。傳昇，卒。孫□□。⑥

百戶九人：

宋葵。直隸巢縣人。初，宋榮洪武三十年（1397）以蔭調潁川百戶。傳良。傳儉。傳葵，嘉靖六年（1527）承襲。⑦

唐佐。直隸虹縣人。初，唐滿洪武二十五年（1392）以總旗年深除授潁川世襲百戶。傳信。傳鈺，陣亡。傳麟。傳佐，正德十五年（1520）承襲，見掌印。⑧

孫鯨。河南上蔡人。初，孫珏洪武二十五年（1392）以總旗年深除授潁川世襲百户。傳恭。傳斌。傳縉。傳隆。傳鯨，嘉靖八年（1529）承襲。⑨

---

①呂景蒙《嘉靖潁州志・兵衛・千戶（正）》：「謝弘，直隸巢縣人。洪武二十六年任。祥，洪武三十三年（1400）任。茂，正統元年（1436）任。錦，成化七年（1471）任。恩，弘治十六年任。」《順治潁州志・軍衛志・正千戶》：「謝弘，巢縣人。祥。瑁。錦。恩。昇。」

②呂景蒙《嘉靖潁州志・兵衛・千戶（正）》：「徐安，山東堂邑人。宣德七年（1432）任。斌，天順元年（1457）任。政，成化十八年（1482）任。弼，正德八年（1513）任。」《順治潁州志・軍衛志・正千戶》：「徐安，堂邑人。斌。政。弼。」

③據後所列，實爲三人，疑缺一人，即王浩。呂景蒙《嘉靖潁州志・兵衛・千戶（副）》：「王浩，河南夏邑人。正德元年（1506）任。」此人在呂景蒙《嘉靖潁州志・兵衛・千戶（副）》中位於張宸和高昇之間。

④呂景蒙《嘉靖潁州志・兵衛・千戶（副）》：「經諒，直隸合肥人。洪武三十五年任。吳，正統四年（1439）任。綸，天順二年（1458）任。濟，成化十四年（1478）任。邦，正德五年任。」《順治潁州志・軍衛志・副千戶》：「經諒，合肥人。吳。綸。濟。邦。」

⑤呂景蒙《嘉靖潁州志・兵衛・千戶（副）》：「張禮，山東膠州人。正統五年（1440）任。能，天順三年（1459）任。幹，弘治十四年（1501）任。宸，正德十二年（1517）任。承恩，優給。」《順治潁州志・軍衛志・副千戶》：「張禮，膠州人。能。幹。宸。承恩。圖麟。」

⑥呂景蒙《嘉靖潁州志・兵衛・千戶（副）》：「高貴，直隸興化人。洪熙元年任。敬，天順六年（1462）任。昇，成化二年（1466）任。」《順治潁州志・軍衛志・副千戶》：「高貴，興化人。敬。昇。」

⑦呂景蒙《嘉靖潁州志・兵衛・百戶》：「宋榮，直隸巢縣人。洪武三十五年任。良，正統四年（1439）任。鎮，成化二十年（1484）任。奎，嘉靖元年（1522）任。」《順治潁州志・軍衛志・百戶》：「宋榮，巢縣人。良。鎮。奎。」

⑧呂景蒙《嘉靖潁州志・兵衛・百戶》：「唐滿，直隸虹縣人。洪武二十五年任。勝，永樂元年（1403）任。信，永樂六年（1408）任。鈺，正統六年（1441）任。麟，天順七年（1463）任。佐，正德十六年（1521）任。」《順治潁州志・軍衛志・試百戶》：「唐滿，虹縣人。勝。信。鈺。麟。佐。誥。宗舜。治國。」

⑨呂景蒙《嘉靖潁州志・兵衛・百戶》：「孫珏，河南上蔡人。洪武二十五年任。恭，洪武三十五年（1402）任。斌，正統八年（1443）任。縉，成化二十三年（1487）任。隆，嘉靖六年（1527）任。鯨，嘉靖八年任。」《順治潁州志・軍衛志・百戶》：「孫珏，上蔡人。恭。斌。永。縉。隆。鯨。棟。煒。陞。」

魏國。直隸合肥人。初，魏忠襲甘州前衛後所百户，正統四年（1439）調潁川左所。傳湧。傳欽。傳臣。傳國，嘉靖十年（1531）承襲。①

朱恩。直隸桐城人。初，朱興洪武二十六年（1393）累以功調潁川百户。傳亮，爲事被刑。傳福。傳源，陣亡。傳珍。傳永。傳紀。傳恩，嘉靖八年（1529）替職。②

劉寧。湖廣武岡人。初，劉慶洪武二十七年（1394）以祖功除潁川百户。傳濬。傳琥。傳寧，正德九年（1514）承襲。③

史幹。山西潞城人。初，史恕景泰二年（1451）以功陞潁川百户。傳庠。傳幹，弘治七年（1494）替職。④

蘇清。直隸通州人。初，蘇貴洪武二十三年（1390）以蔭除潁川衛左所百户。傳讓，陣亡。傳清，正德二年（1507）告老。子卒。孫臣。⑤

王隆。直隸臨淮人。初，王資洪武三十年（1397）授潁川百户。傳璉，天順三年（1459）始授世襲。傳隆，卒。子又卒。孫桀。⑥

試百户一人：

胡政。河南洛陽人。初，胡原蔭襲甘州左衛左所試百户，正統二年（1437）因疾改調潁川。傳瑛。傳清，天順間遇詔，實授百户。傳政，嘉靖七年（1528）承襲。子朝。⑦

所鎮撫一人：

張朋。湖廣澧州人。初，張幹洪武二十八年（1395）襲除潁川左所鎮撫。傳禮。傳雄。傳瑾。傳斌。傳節。傳朋，嘉靖九年（1530）承襲。⑧

---

①呂景蒙《嘉靖潁州志・兵衛・百戶》：「魏忠，直隸合肥人。正統四年任。湧，天順四年（1460）任。欽，弘治六年（1493）任。臣，正德十五年（1520）任。國，嘉靖十一年（1532）任。」《順治潁州志・軍衛志・百戶》：「魏忠，合肥人。湧。欽。臣。國。尚志。」

②呂景蒙《嘉靖潁州志・兵衛・百戶》：「朱興，直隸桐城人。洪武二十四年（1391）任。亮，洪武三十年（1397）任。福，永樂四年（1406）任。源，宣德十年（1435）任。珍，景泰六年（1455）任。永，成化十年（1474）任。紀，正德九年（1514）任。恩，嘉靖八年任。」《順治潁州志・軍衛志・百戶》：「朱興輔，桐城人。亮。福。源。珍。永。紀。恩。衮。名揚。廷詔。」

③呂景蒙《嘉靖潁州志・兵衛・百戶》：「劉慶，湖廣武崗人。洪武二十八年（1395）任。濬，宣德六年（1431）任。琥，成化六年（1470）任。寧，正德九年任。」《順治潁州志・軍衛志・百戶》：「劉慶，武崗人。濬。琥。寧。書。承祖。生鋐。」

④呂景蒙《嘉靖潁州志・兵衛・百戶》：「史恕，山西潞城人。天順五年（1461）任。庠，成化八年（1472）任。翰，弘治七年任。」《順治潁州志・軍衛志・百戶》「史恕，潞城人。庠。翰。署。臣。宗孔。」

⑤呂景蒙《嘉靖潁州志・兵衛・百戶》：「蘇貴，直隸通州人。洪武二十三年任。讓，永樂十二年（1414）任。清，成化二年（1466）任。」《順治潁州志・軍衛志・百戶》：「蘇貴，通州人。讓。清。」

⑥呂景蒙《嘉靖潁州志・兵衛・百戶》：「王資，直隸臨淮人。洪武二十三年（1390）任。璉，宣德六年（1431）任。隆，成化十七年（1481）任。」《順治潁州志・軍衛志・百戶》：「王資，臨淮人。璉。隆。」

⑦呂景蒙《嘉靖潁州志・兵衛・試百戶》：「胡伯川，河南洛陽人。正統二年（1437）任。瑛，正統十三年（1448）任。清，天順四年（1460）任。政，嘉靖六年（1527）任。」《順治潁州志・軍衛志・試百戶》：「胡川，洛陽人。瑛。清。政。」

⑧呂景蒙《嘉靖潁州志・兵衛・所鎮撫》：「張幹，湖廣澧州人。洪武二十八年任。禮，永樂元年（1403）任。雄，宣德六年（1431）任。瑾，正統十二年（1447）任。斌，弘治八年（1495）任。節，正德十四年（1519）任。朋，嘉靖八年（1529）任。」《順治潁州志・軍衛志・所鎮撫》：「張幹，澧州人。禮。雄。瑾。斌。節。朋。可愛。尚印。」

右所

正千戶二人：

朱臣。直隸宛平人。初，朱寶襲羽林前衛中所副千戶，宣德六年（1431）調潁川。傳廣，以殺達賊功，陞正千戶。傳通。傳輔。傳臣，卒。①

王詔。河南偃師人。初，王順洪武間以功累陞潁川正千戶。傳福。傳海。傳昇。傳璽。傳潁。傳詔，正德六年（1511）承襲，見掌印。②

副千戶二人：

丁威。直隸桃源人。初，丁勝洪武二十八年（1395）累功陞潁川副千戶。傳瑄。傳麟，陣亡。傳諒。傳洪。傳幹。傳鵬。傳威，嘉靖十年（1531）承襲。③

王道。直隸滁州人。初，王順洪武三十五年（1402）以功年深調潁川副千戶。傳瑄，授百戶，以殺達賊功，陞世襲副千戶。傳禎。傳葵。傳道，卒。子嘉言。④

百戶九人：

卞臣。直隸懷遠人。初，卞通洪武十九年（1386）襲平海衛後所百户，奉令旨除潁川右所，世襲百户。傳逵。傳昇。傳洪。傳臣，卒。子壽。⑤

曹恩。直隸泗州人。初，曹敖襲金吾後衛百户，永樂五年（1407）調潁川前所，宣德六年（1431）改右所，尋調延安衛前所。傳敏，天順元年（1457）赦回。傳威。傳鵬。傳恩，嘉靖五年（1526）承襲。⑥

---

①呂景蒙《嘉靖潁州志·兵衛·千戶（正）》：「朱賓，直隸宛平人。宣德七年（1432）任。廣，正統元年（1436）任。通，天順五年（1461）任。輔，弘治十六年（1503）任。臣，正德十年（1515）任。」《順治潁州志·軍衛志·正千戶》：「朱賓，宛平人。廣。通。輔。臣。」

②呂景蒙《嘉靖潁州志·兵衛·千戶（正）》：「王順，河南偃師人。洪武二十六年（1393）任百戶，陞正千戶。福，永樂七年（1409）任。海，宣德元年（1426）任。昇，正統五年（1440）任。璽，景泰五年（1454）任。潁，成化十六年（1480）任。詔，正德六年任。」《順治潁州志·軍衛志·正千戶》：「王順，偃師人。福。海。昇。璽。潁。詔。繼簪。尚學。」

③呂景蒙《嘉靖潁州志·兵衛·千戶（副）》：「丁勝，直隸桃源人。洪武二十八年任。瑄，永樂元年（1403）任。麟，永樂十七年（1419）任。亮，宣德元年（1426）任。洪，景泰三年（1452）任。幹，天順七年（1463）任。鵬，弘治十七年（1504）任。威，嘉靖十年任。」《順治潁州志·軍衛志·副千戶》：「丁勝，桃源人。瑄。麟。諒。洪。幹。鵬。威。世爵。始然。助國。應泰。」

④呂景蒙《嘉靖潁州志·兵衛·千戶（副）》：「王順，直隸滁州人。洪武三十五年任。瑄，正統四年（1439）任。禎，成化四年（1468）任。葵，弘治三年（1490）任。道，弘治十八年（1505）任。」《順治潁州志·軍衛志·副千戶》：「王舜，滁州人。瑄。禎。夔。道。加言。九思。見賓。」

⑤呂景蒙《嘉靖潁州志·兵衛·百戶》：「卞通，直隸懷遠人。洪武二十九年（1396）任。逵，宣德五年（1430）任。昇，天順四年（1460）任。洪，成化五年（1469）任。臣，正德八年（1513）任。」《順治潁州志·軍衛志·百戶》：「卞通，懷遠人。達。昇。洪。臣。爵。化。世威。」

⑥呂景蒙《嘉靖潁州志·兵衛·百戶》：「曹興，直隸泗州人。永樂五年任。敏，景泰七年（1456）任。威，天順七年（1463）任。鵬，弘治八年（1495）任。恩，嘉靖五年任。」《順治潁州志·軍衛志·百戶》：「曹毅，泗州人。敏。威。鵬。恩。倫。世顯。」

崔灝。直隸樂亭人。初，崔深以功授宣武衛中所百户，宣德六年（1431）調潁川。傳榮。傳顯。傳灝，卒。姪進。①

張表。直隸歙縣人。初，張善襲廬州衛中所百户，永樂元年（1403）調潁川右所。傳敏。傳澤。傳表，卒。弟朝。②

胡堂。浙江鄞縣人。初，胡勝襲遼東後衛後所百户，永樂五年（1407）調潁川。傳儁。傳珊。傳綱。傳堂，正德十五年（1520）替職。③

方學。直隸合肥人。初，方瑛襲威遠衛前所百户，天順元年（1457）調潁川。傳鎮。傳雄。傳學，正德十三年（1518）承襲，見管印。④

張瑁。河南濟源人。初，張禮襲寬河衛中所帶俸百户，正統元年（1436）調潁川前所。傳鎮，景泰年間改右所。傳璽。傳瑁，卒。子湧。⑤

戚堂［鐣］。直隸宿州人。初，戚成襲金吾前衛中所百户，永樂元年（1403）調潁川左所。傳雄，改右所。傳顒。傳堂［鐣］，卒。子臣。⑥

吴宣［瑄］。江西玉山人。初襲彭城衛右所百户，嘉靖七年（1528）奉詔除潁川右所，八年（1529）任。⑦

試百户一人：

范鈺。河南延津人。初，范俊天順間告補本所。傳雄。傳鈺，卒。子世臣。⑧

所鎮撫一人：

檀雄。直隸樂亭人。初，檀勝景泰元年（1450）以殺達賊功，授潁川右所鎮撫。傳昱。傳雄，卒。子葵。⑨

---

①呂景蒙《嘉靖潁州志·兵衛·百戶》：「崔深，直隸樂亭人。宣德六年任。榮，正統九年（1444）任。顯，天順二年（1458）任。浩，天順八年（1464）任。」《順治潁州志·軍衛志·百戶》：「崔深，樂亭人。榮。顯。浩。」

②呂景蒙《嘉靖潁州志·兵衛·百戶》：「張善，直隸歙縣人。永樂元年任。敏，宣德九年（1434）任。澤，景泰元年（1450）任。表。」《順治潁州志·軍衛志·百戶》：「張善，歙縣人。敏。澤。表。」

③呂景蒙《嘉靖潁州志·兵衛·百戶》：「胡勝，浙江鄞縣人。永樂五年任。雋，景泰四年（1453）任。珊，成化元年（1465）任。剛，弘治二年（1489）任。堂，正德十五年任。」《順治潁州志·軍衛志·百戶》：「胡勝，鄞縣人。雋。珊。綱。堂。仲。天祥。全忠。」

④呂景蒙《嘉靖潁州志·兵衛·百戶》：「方瑛，直隸合肥人。天順元年任。鎮，成化元年（1465）任。雄，弘治十五年（1502）任。學，正德十三年任。」《順治潁州志·軍衛志·百戶》：「方瑛，廬州人。鎮。雄。學。泰。守教。克猷。」

⑤呂景蒙《嘉靖潁州志·兵衛·百戶》：「張禮，河南濟源人。正統元年任。鎮，景泰二年（1451）任。茂，成化十七年（1481）任。」《順治潁州志·軍衛志·試百戶》：「張禮，濟源人。鎮。瑁。登。」

⑥呂景蒙《嘉靖潁州志·兵衛·百戶》：「戚成，直隸宿州人。永樂元年任。熊，宣德六年（1431）任。融，成化五年（1469）任。鏜，正德七年（1512）任。」《順治潁州志·軍衛志·百戶》：「戚成，宿州人。熊。融。鏜。臣。」

⑦呂景蒙《嘉靖潁州志·兵衛·百戶》：「吳瑄，江西玉山人。嘉靖八年任。」《順治潁州志·軍衛志·百戶》：「吳瑄，玉山人。棟。隹印。」

⑧呂景蒙《嘉靖潁州志·兵衛·試百戶》：「范俊，河南延津人。成化元年（1465）任。雄，成化十六年（1480）任。鈺，嘉靖二年（1523）任。」《順治潁州志·軍衛志·試百戶》：「范俊，延津人。雄；鈺；世臣；希文；希武。」

⑨呂景蒙《嘉靖潁州志·兵衛·所鎮撫》：「檀勝，直隸樂亭人。景泰元年任。顯，景泰三年（1452）任。雄，成化二十三年（1487）任。」《順治潁州志·軍衛志·所鎮撫》：「檀勝，樂亭人。顯。雄。」

中所

正千戶二人：

段傑。直隸祁縣人。初，段成累以功授龍虎衛指揮僉事，洪熙元年（1425）調潁川。傳能，陣亡。傳祥。傳綉。傳榮，爲妝過屯□，問擬爲民。傑，嘉靖十六年（1537）承襲，照例革降正千户，見管印。①

張希岳。直隸遷安人。初，張山累以功授永平衛正千户，洪熙元年（1425）調潁川衛。傳春。傳斌。傳文，成化間以納粟進指揮僉事。傳岳，嘉靖八年（1529）承襲。②

副千戶五人：

錢勇。直隸清河人。初，錢真宣德六年（1431）以功調潁川副千户。傳名［銘］。傳江。傳勇，正德十六年（1521）替職。③

王榮。河南光山人。初，王政洪武二十年（1387）以功調潁川百户。傳英。傳海。傳錦，景泰二年（1451）以功陞副千户。傳清。傳榮，嘉靖八年（1529）承襲。④

張昺。浙江杭州人。初，張安襲虎賁左衛副千户，永樂十二年（1414）調潁川。傳興。傳威。傳鵬。傳昺，正德五年（1510）承襲。⑤

鄒奎。直隸盱眙人。初，鄒忠襲壯浪衛副千户，正統元年（1436）調潁川。傳珉。傳虎。傳英。傳奎，卒。子思憲。⑥

舒祥。直隸桃源人。初，舒泰襲義勇後衛副千户，成化十五年（1479）調潁川。傳祥，弘治十六年（1503）承襲。⑦

---

①呂景蒙《嘉靖潁州志・兵衛・千戶（正）》：「段成，直隸祁縣人。洪熙元年任。能，正統二年（1437）任。祥，天順三年（1459）任。綉，弘治八年（1495）任。榮，嘉靖七年（1528）任。傑，本衛指揮僉事降襲。」《康熙潁州志・衛官・正千戶》：「段傑，本衛僉事降襲。煐。敬裕。」

②呂景蒙《嘉靖潁州志・兵衛・千戶（正）》：「張福成，直隸遷安人。洪熙元年任。春，正統元年（1436）任。斌，天順元年（1457）任。文，成化八年（1472）任，二十一年（1485）納粟指揮僉事。秀，弘治十六年（1503）任。璽，嘉靖九年（1530）任。」《順治潁州志・軍衛志・正千戶》：「張山，遷安人。春。斌。文，加指揮僉事。璽。希岳。起鳳。心學。」

③呂景蒙《嘉靖潁州志・兵衛・千戶（副）》：「錢真，直隸清河人。宣德七年（1432）任。銘，正統十三年（1448）任。江，成化十八年（1482）任。湧，嘉靖九年（1530）任。」《順治潁州志・軍衛志・副千戶》：「錢真，清河人。銘。江。湧。」

④呂景蒙《嘉靖潁州志・兵衛・千戶（副）》：「王政，河南光山人。洪武二十一年（1388）任百戶。美，洪武二十五年（1392）任。海，永樂元年（1403）任。以軍功陞副千戶。錦。榮，嘉靖八年任。」《順治潁州志・軍衛志・副千戶》：「王海，光山人。錦。榮。」

⑤呂景蒙《嘉靖潁州志・兵衛・千戶（副）》：「張安，浙江仁和人。永樂十二年任。貴，宣德四年（1429）任。興，宣德七年（1432）任。威，正統十一年（1446）任。鵬，成化十年（1474）任。昺，正德六年（1511）任。」《順治潁州志・軍衛志・副千戶》：「張安，仁和人。貴。興。威。鵬。昺。」

⑥呂景蒙《嘉靖潁州志・兵衛・千戶（副）》：「鄒忠，直隸盱眙人。宣德元年（1426）任。珉，正統十二年（1447）任。虎，成化六年（1470）任。英，正德六年（1511）任。奎，嘉靖七年（1528）任。」《順治潁州志・軍衛志・副千戶》：「鄒忠，盱眙人。珉。虎。英。奎。思儒。」

⑦呂景蒙《嘉靖潁州志・兵衛・千戶（副）》：「舒泰，直隸桃源人。成化十五年任。祥。」《順治潁州志・軍衛志・副千戶》：「舒泰，桃源人。祥。」

百戶九人：

王洲。浙江西安人。初，王端襲信陽衛百戶，永樂元年（1403）調潁川，後因事謫戍。傳瑾，襲原職。傳昇。傳鉞。傳洲，嘉靖十一年（1532）承襲。①

韓堂。直隸定遠人。初，韓進襲武平衛百戶，永樂十三年（1415）調潁川。傳輔。傳綱。傳堂，卒。子應龍。②

閻欽。湖廣襄陽人。初，閻先以功襲齊東左衛，洪武三十一年（1398）調潁川。傳義。傳俊。傳欽，卒。孫密。③

羅勳。直隸邳州人。初，羅鳴以功授羽林衛，洪武二十四年（1391）調潁川。傳雲。傳山。傳亨。傳錦。傳洪，成化十七年（1481）以殺賊功，陞副千戶。傳昇，仍襲千戶。傳勳，遇例實授百戶，卒。弟照。④

劉江。山西盂縣人。初，劉廣永樂十年（1412）調潁川，陣亡。傳海。傳林。傳鎮，後以罪免。傳江，卒。子繼宗。⑤

阮熜。交阯太平人。初，阮強率衆歸附，宣德七年（1432）調潁川。傳恪。傳貴。傳綱。傳熜，嘉靖八年（1529）承襲，見管印。⑥

劉一夔。直隸合肥人。初，劉成襲五開衛，洪武二十九年（1396）調潁川，陣亡。傳全。傳榮。傳漢。傳一夔，嘉靖二十年（1541）承襲。⑦

田爵。河南沂州人。初，田友才洪武三十五年（1402）除潁川。傳英。傳盛。傳玉。傳爵，卒。子鯨。⑧

葉端。直隸如皋人。初，葉福以功授羽林衛，洪武二十五年（1392）調潁川。傳茂。傳清。傳文。傳太。傳端，正德十三年（1518）承襲。⑨

---

①呂景蒙《嘉靖潁州志·兵衛·百戶》：「王端，浙江西安人。永樂元年任。（左王右茉），正統七年（1442）任。昇，成化五年（1469）任。鉞，正德三年（1508）任。洲，嘉靖十一年任。」《順治潁州志·軍衛志·百戶》：「王端，西縣人。琮。昇。越。洲。尚仁。安國。」

②呂景蒙《嘉靖潁州志·兵衛·百戶》：「韓進，直隸定遠人。洪武三十四年（1401）任。輔，宣德八年（1433）任。綱，成化十六年（1480）任。鏞，正德二年（1507）任。」《順治潁州志·軍衛志·百戶》：「韓進，定遠人。輔。綱。鏜。應龍。」

③呂景蒙《嘉靖潁州志·兵衛》《順治潁州志·軍衛志》皆未錄其人。

④呂景蒙《嘉靖潁州志·兵衛·百戶》：「羅鳴，直隸邳州人。洪武二十六年（1393）任。雲，洪武三十一年（1398）任。山，永樂四年（1406）任。亨，正統十三年（1448）任。錦，景泰三年（1452）任。洪，成化四年（1468）任。昇，弘治十三年（1500）任。勳，嘉靖十一年（1532）任。」《順治潁州志·軍衛志·百戶》：「羅名，邳州人。雲。山。亨。錦。洪。昇。勳。照。三奇。元慶。」

⑤呂景蒙《嘉靖潁州志·兵衛·百戶》：「劉廣，山西孟縣人。洪武三十二年（1399）任。海，景泰元年（1450）任。林，成化五年（1469）任。鎮，成化二十七年（1491）任。江，正德十六年（1521）任。」《順治潁州志·軍衛志·百戶》：「劉全，太原人。廣。海。林。鎮。江。繼宗。」

⑥呂景蒙《嘉靖潁州志·兵衛·百戶》：「阮強，交趾太平人。宣德七年任。恪，正統六年（1441）任。貴，成化十五年（1479）任。綱，弘治十五年（1502）任。熜，嘉靖八年任。」《順治潁州志·軍衛志·百戶》：「阮強，交趾太平人。恪。貴。綱。熜。尚節。」

⑦呂景蒙《嘉靖潁州志·兵衛·百戶》：「劉成，直隸合肥人。洪武二十九年任。全，景泰元年（1450）任。榮，成化五年（1469）任。漢，成化十八年（1482）任。一夔，優給。」《順治潁州志·軍衛志·百戶》：「劉成，合肥人。全。榮。漢。一夔。元功。濬哲。」

⑧呂景蒙《嘉靖潁州志·兵衛·百戶》：「田友才，河南沂州人。洪武三十五年任。英，宣德六年（1431）任。盛，景泰元年（1450）任。玉，成化二十三年（1487）任。爵，嘉靖七年（1528）任。」《順治潁州志·軍衛志·百戶》：「田友才，沂州人。英。盛。玉。爵。鯨。得民。」

⑨呂景蒙《嘉靖潁州志·兵衛·百戶》：「葉福，直隸如皋人。洪武二十六年（1393）任。茂，洪武三十二年（1399）任。清，永樂十九年（1421）任。文，景泰元年（1450）任。太，弘治十六年（1503）任。端，正德十三年任。」《順治潁州志·軍衛志·百戶》：「葉福，如皋人。茂。清。文。太。端。」

試百戶二人：

吳魁。山東恩縣人。初，吳瑛景泰元年（1450）以殺賊功授潁川試百户，尋殺賊，陞實授，後不爲例。傳政。傳魁，正德十三年（1518）承襲。①

馮英。直隸昌平人。初，馮亮景泰三年（1452）以功授潁川試百户，尋陞實授，後不爲例。傳斌。傳英，正德八年（1513）承襲。②

前所

正千戶一人：

王臣。直隸蒙城人。初，王茂襲府軍衛鎮撫，以功授潁川正千户。傳淮。傳璽。傳鎮。傳臣，正德十三年（1518）承襲。③

副千戶四人：

楊潮。直隸太［大］興人。初，楊聚襲鎮江衛，宣德二年（1427）調潁川。傳寬。傳斌。傳潮，正德十三年（1518）替職。④

郭鳳。山東章丘人。初，郭安以功授安吉衛，洪熙元年（1425）調潁川。傳斌。傳興。傳鎮。傳鳳，正德十五年（1520）承襲。⑤

劉勳。直隸太［大］興人。初，劉雄龍驤衛，成化十五年（1479）調潁川。傳勳，弘治十八年（1505）替職。⑥

劉昇。山東郯縣人。初，劉成正統十四年（1449）以殺賊功，累陞潁川署副千户；景泰二年（1451）以功實授百户，仍署副千户；天順元年（1457）詔與實授。傳玘。傳隆，以罪謫戍。子昇，嘉靖十八年（1539）承襲。⑦

---

①呂景蒙《嘉靖潁州志·兵衛·試百戶》：「吳瑛，山東恩縣人。景泰元年任。政，成化十六年（1480）任。魁，正德十三年任。」《順治潁州志·軍衛志·試百戶》「吳瑛，恩縣人。政。魁。國印。見伯。」

②呂景蒙《嘉靖潁州志·兵衛·試百戶》：「馮亮，直隸昌平人。景泰三年任。斌，成化八年（1472）任。英，正德八年任。」《順治潁州志·軍衛志·試百戶》：「馮亮，昌平人。斌。英。」

③呂景蒙《嘉靖潁州志·兵衛·千戶（正）》：「王政，直隸蒙城人。洪熙元年（1425）任。淮，宣德六年（1431）任。璽，景泰三年（1452）任。鎮，成化二十年（1484）任。臣，正德十三年任。」《順治潁州志·軍衛志·正千戶》：「王茂，壽州人。懷。璽。鎮。臣。世德。柱國。」

④呂景蒙《嘉靖潁州志·兵衛·千戶（副）》：「楊聚，直隸大興人。宣德二年任。山，宣德七年（1432）任。寬，景泰四年（1453）任。斌，成化十二年（1476）任。潮，正德十四年（1519）任。」《順治潁州志·軍衛志·副千戶》：「楊聚，大興人。山。寬。斌。潮。威。進忠。鎮國。」

⑤呂景蒙《嘉靖潁州志·兵衛·千戶（副）》：「郭安，山東章丘人。洪熙元年任。斌，宣德三年（1428）任。興，景泰二年（1451）任。鎮，成化七年（1471）任。鳳，正德十五年任。」《順治潁州志·軍衛志·副千戶》：「郭安，章丘人。斌。興。鑑。奉。昇。應元。」

⑥呂景蒙《嘉靖潁州志·兵衛·千戶（副）》：「劉雄，直隸大興人。成化十五年任。勳，弘治十八年任。」《順治潁州志·軍衛志·副千戶》：「劉雄，大興人。勳。」

⑦呂景蒙《嘉靖潁州志·兵衛·千戶（副）》：「劉成，山東郯城人。正統十四年任。玘，成化八年（1472）任。隆，成化二十三年（1487）任。」《順治潁州志·軍衛志·署副千戶》：「劉成，兗州府人。玘。隆。昇。繼祖。卓立。」

百戶一十一人：

陶恩。直隸壽州人。初，陶英襲泗州衛，洪武三十五年（1402）調潁川百户。傳旺。傳勛，以殺賊功，陞副千户。傳繼，仍襲。傳恩，嘉靖十九年（1540）承襲，例革實授百户。①

張漢。直隸潁上人。初，張伯川以功授羽林衛，洪武二十六年（1393）調潁川。傳斌。傳得。傳雄。傳振［鎮］。傳浩。傳漢，卒。子臣。②

江鎮。湖廣光化人。初，江清以功授兆州衛，宣德七年（1432）調潁川，陣亡。傳諒。傳通。傳岳。傳潮。傳鎮，嘉靖六年（1527）替職。③

苗威。直隸山陽人。初，苗旺以功授金吾衛，洪武二十九年（1396）調潁川。傳成。傳勝。傳廣。傳威，以罪免。孫洪。④

孫爵。直隸儀真人。初，孫瓛襲信陽衛，成化三年（1467）調潁川。傳勳。傳功。傳爵，嘉靖十三年（1534）承襲。⑤

秦炌。浙江西安人。初，秦善襲西安護衛，洪武三十一年（1398）調潁川。傳信。傳琮。傳瑁。傳炌，嘉靖十八年（1539）承襲。⑥

丘恭。直隸江都人。初，丘遜洪武二十年（1387）以父發功除潁川，陣亡。傳振。傳璽。傳岳。傳章，以罪革職。傳相，襲原職。傳恭，嘉靖二年（1523）承襲。⑦

朱洪。直隸江陰人。初，朱和以總旗年深授百户，洪武二十年（1387）調潁川前所副千户。傳旺，襲百户。傳誥。傳洪，卒。⑧

雲彪。直隸合肥人。初，雲興襲杭州衛，洪武二十年（1387）調潁川。傳震。傳萱。傳昇。傳崇。傳彪，卒。子濟。⑨

---

①呂景蒙《嘉靖潁州志·兵衛·百戶》：「陶英，直隸壽州人。洪武二十五年（1392）任百戶。旺，景泰三年（1452）任。勳，成化五年（1469）任。以軍功陞副千戶。繼，正德五年（1510）任。」《順治潁州志·軍衛志·百戶》：「陶英，壽州人。旺。勳。繼。恩。裕後。碧臣。」

②呂景蒙《嘉靖潁州志·兵衛·百戶》：「張伯川，直隸潁上人。洪武二十六年任。斌，洪武三十年（1397）任。得，洪武三十年（1397）任。雄，永樂七年（1409）任。鎮，景泰三年（1452）任。浩，成化十五年（1479）任。漢，弘治十三年（1500）任。」《順治潁州志·軍衛志·百戶》：「張伯川，潁上人。斌。得。雄。鎮。浩。漢。允。」

③呂景蒙《嘉靖潁州志·兵衛·百戶》：「江清，湖廣光化人。宣德七年任。諒，宣德八年（1433）任。通，景泰元年（1450）任。岳，成化十一年（1475）任。潮，弘治九年（1496）任。鎮，嘉靖六年任。」《順治潁州志·軍衛志·百戶》：「江清，光化人。諒。通。岳。潮。鎮。柱。桂。檀。」

④呂景蒙《嘉靖潁州志·兵衛·百戶》：「苗望，直隸山陽人。洪武二十九年任。成，洪武三十四年（1401）任。勝，宣德三年（1428）任。威，正統元年（1436）任。」《順治潁州志·軍衛志·百戶》：「苗望，山陽人。成。勝。威。」

⑤呂景蒙《嘉靖潁州志·兵衛·百戶》：「孫瓛，直隸儀真人。成化三年任。勳，正德元年（1506）任。功，正德六年（1511）任。爵，嘉靖十四年（1535）任。」《順治潁州志·軍衛志·百戶》：「孫瓛，儀真人。勳。功。爵。銓。揚武。尚武。」

⑥呂景蒙《嘉靖潁州志·兵衛·百戶》：「秦祿，浙江西安人。洪武二十五年（1392）任。善，正統八年（1443）任。琮，景泰六年（1455）任。琄，天順二年（1458）任。武，弘治四年（1491）任。」《順治潁州志·軍衛志·百戶》：「秦善，西安縣人。信。琮。琄。武。炌。秉忠。衍祚，歷陞廣東游擊。」

⑦呂景蒙《嘉靖潁州志·兵衛·百戶》：「丘遜，直隸揚州人。洪武二十年任。振，永樂十四年（1416）任。璽，景泰元年（1450）任。岳，成化十四年（1478）任。章，成化二十三年（1487）任。相，弘治十四年（1501）任。恭，嘉靖三年（1524）任。」《順治潁州志·軍衛志·百戶》：「丘遜，揚州府人。振。璽。岳。章。相。恭。祖堯。世勳。」

⑧《順治潁州志·軍衛志·試百戶》：「朱洪。」

⑨呂景蒙《嘉靖潁州志·兵衛·百戶》：「雲興，直隸合肥人。洪武十六年（1383）任。震，洪武三十年（1397）任。萱，洪武三十五年（1402）任。昇，永樂二十二年（1424）任。崇，景泰七年（1456）任。彪，成化二十二年（1486）任。」《順治潁州志·軍衛志·百戶》：「雲興，合肥人。震。萱。昇。彪。濟。」

劉溏。山後遼陽人。初，劉廣襲潞州衛，正統四年（1439）調潁川。傳釗。傳溏，正德十六年（1521）替職。①

試百户：

陸璽。直隸鳳陽人。初，陸俊洪武三十五年（1402）以總旗年深，除潁川前所實授百户。傳洪，例革，权充總旗，以殺賊功陞試百户，遇例實授。傳綬。傳璽，正德十四年（1519）承襲。②

後所

正千户一人：

顧惟忠。直隸山陽人。初，顧真襲金吾右衛，永樂九年（1411）調潁川。傳堅。傳德，以納粟進指揮僉事。傳惟忠，仍襲原職，罪免而卒。子學詩，庠生。孫新。③

副千户七人：

王功。河南汲縣人。初，王敬襲天成衛，宣德九年（1434）調潁川。傳凱。傳欽。傳綬。傳功，嘉靖二十四年（1545）承襲，見管前所佐貳事。④

劉孜。直隸固安人。初，劉希文以功授涼州衛，洪熙元年（1425）調潁川。傳麒。傳智。傳林。傳昇。傳輗。傳孜，嘉靖六年（1527）替職。⑤

錢山。直隸定遠人。初，錢貴洪武二十二年（1389）以功除潁川後所鎮撫。傳勝。傳英。傳榮，以殺賊功，陞副千户。傳昇。傳山，卒。子定。⑥

---

①呂景蒙《嘉靖潁州志・兵衛・百戶》：「劉廣，山後遼陽人。正統四年任。釗，天順元年（1457）任。溏，正德十六年任。」《順治潁州志・軍衛志・百戶》：「劉廣，山後人。釗。浩。應詔。治民。」

②呂景蒙《嘉靖潁州志・兵衛・試百戶》：「陸俊，直隸鳳陽人。洪武三十五年任。洪，天順四年（1460）任。綬，弘治十八年（1505）任。璽，正德十四年任。」《順治潁州志・軍衛志・試百戶》：「陸俊，鳳陽人。洪。綬。璽。」

③呂景蒙《嘉靖潁州志・兵衛・千戶（正）》：「顧真，直隸山陽人。宣德八年（1433）任。堅，正統十年（1445）任。德，成化十年（1474）任，二十一年（1485）納粟指揮僉事。惟忠，弘治十六年（1503）任。」《順治潁州志・軍衛志・正千戶》：「顧真，山陽人。堅。德，加指揮僉事。惟忠。」

④呂景蒙《嘉靖潁州志・兵衛・千戶（副）》：「王敬，河南汲縣人。宣德九年任。凱，景泰二年（1451）任。欽，成化十五年（1479）任。綬，正德七年（1512）任。」《順治潁州志・軍衛志・副千戶》：「王敬，汲縣人。凱。欽。綬。功。尚賢。道隆。」

⑤呂景蒙《嘉靖潁州志・兵衛・千戶（副）》：「劉希文，直隸固安人。洪熙元年任。麒，宣德二年（1427）任。智，宣德九年（1434）任。林，正統五年（1440）任。昇，景泰三年（1452）任。輗，成化二十□年任。孜，嘉靖六年任。」《順治潁州志・軍衛志・副千戶》：「劉希文，固安人。麒。智。林。昇。輗。孜。」

⑥呂景蒙《嘉靖潁州志・兵衛・千戶（副）》：「錢貴，直隸定遠人。洪武二十二年任所鎮撫。勝，洪武三十一年（1398）任。英，正統四年（1439）任。榮，正統十一年（1446）任，以軍年任副千戶。昇，成化十三年（1477）任。山，正德十五年（1520）任。定，優給。」《順治潁州志・軍衛志・副千戶》：「錢榮，本所鎮撫陞授。昇。山。□國。」

朱朝。直隸崑山人。初，朱才襲羽林左衛百户，洪武三十五年（1402）調潁川，陣亡。傳榮，以殺賊功，陞副千户。傳顯。傳端，陣亡。傳福。傳朝，嘉靖九年（1530）承襲。①

霸威。直隸樂亭人。初，霸居政以功授宣武衛副千户，宣德二年（1427）調潁川後所。傳昇。傳聪［璁］。傳忠。傳廣。傳盛，卒。子贏。②

張勳。河南延津人。初，張琰景泰間以功歷陞潁川實授百户，署副千户；天順元年（1457）以守門功陞實授。傳遜。傳經。傳勇。傳勳，嘉靖十五年（1536）承襲。③

孫棠。山東滕縣人。初，孫義以祖茂功，調潁川後所。傳鉞。傳棠，卒，無嗣。弟杲。④

百户九人：

張輔。湖廣安六人。初，張成洪武二十五年（1392）以總旗年深，除潁川百户。傳能。傳智。傳壽。傳順。傳茂。傳奉。傳輔，正德五年（1510）承襲。⑤

張禮。山東堂邑人。初，張亨永樂十一年（1413）以父蔭除潁川百户。傳泰。傳瑄。傳翀。傳禎。傳禮，嘉靖八年（1529）承襲。⑥

張繼武。河南夏邑人。初，張榮洪武二十六年（1393）以功授潁川百户。傳文。傳賢。傳鳳。傳崑。傳繼武，正德十年（1515）替職。⑦

嚴相。直隸泰興人。初，嚴敬襲密雲衛百（戶），正統四年（1439）調潁川。傳銘。傳洪。傳相，卒。子爵。⑧

---

①呂景蒙《嘉靖潁州志·兵衛·千戶（副）》：「朱才，直隸崑山人。洪武三十五年任。榮，宣德四年（1429）任百戶，以軍功陞副千戶。顯，成化元年（1465）任。端，成化十四年（1478）任。福，弘治二年（1489）任。朝，嘉靖十一年（1532）任。」《順治潁州志·軍衛志·副千戶》：「朱榮，本所百戶陞授。顯。端。福。朝。英。承印。」

②呂景蒙《嘉靖潁州志·兵衛·千戶（副）》：「覇居政，直隸樂亭人。宣德二年任。昇，宣德七年（1432）任。璁，正統八年（143）任。寬，正統十年（1445）優給。忠，天順二年（1458）任。廣，成化三年（1467）任。盛，弘治五年（1492）任。」《順治潁州志·軍衛志·副千戶》：「覇居政，樂亭人。昇。璁。寬。忠。盛。」

③呂景蒙《嘉靖潁州志·兵衛·千戶（副）》：「張琰，河南延津人。景泰元年（1450）任。遜，成化元年（1465）任。經，成化二十三年（1487）任。勇，正德十二年（1517）任。勳，嘉靖十五年任。」《順治潁州志·軍衛志·署副千戶》：「張琰，延津人。遜。京［經］。勇。勳。秉乾。爾才。」

④呂景蒙《嘉靖潁州志·兵衛·千戶（副）》：「孫義，山東滕縣人。正統四年（1439）任。茂，景泰七年（1456）任。鉞，弘治二年（1489）任。棠，正德十五年（1520）任。」《順治潁州志·軍衛志·副千戶》：「孫義，滕縣人。茂。鉞。棠。」

⑤呂景蒙《嘉靖潁州志·兵衛·百戶》：「張成，湖廣安六人。洪武二十五年任。能，洪武二十九年（1396）任。智，洪武三十四年（1401）任。壽，永樂十三年（1415）任。順，正統十一年（1446）任。茂，天順三年（1459）任。奉，成化二年（1466）任。輔，正德五年任。」《順治潁州志·軍衛志·百戶》：「張成，安陸人。能。智。壽。順。瑂［茂］。奉。輔。署。習武。胤緒。」

⑥呂景蒙《嘉靖潁州志·兵衛·百戶》：「張亨，山東堂邑人。永樂十一年任。泰，景泰二年（1451）任。瑄，成化十三年（1477）任。翀，弘治十八年（1505）任。禎，正德七年（1512）任。禮，嘉靖八年任。」《順治潁州志·軍衛志·百戶》：「張亨，堂邑人。泰。瑄。翀。禎。禮。尚忠。士賢。」

⑦呂景蒙《嘉靖潁州志·兵衛·百戶》：「張榮，河南夏邑人。洪武二十六年任。文，洪武三十三年（1400）任。麟，宣德六年（1431）任。鳳，景泰三年（1452）任。崑，弘治元年（1488）任。繼武，正德十年（1515）任。」《順治潁州志·軍衛志·百戶》：「張榮，夏邑人。文。麟。鳳。崑。繼武。恩。尚卿。國威。景宸。」

⑧呂景蒙《嘉靖潁州志·兵衛·百戶》：「嚴敬，直隸太興人。正統四年任。銘，正統十三年（1448）任。洪，成化七年（1471）任。相，正德五年（1510）任。」《順治潁州志·軍衛志·百戶》：「嚴敬，儀真人。銘。洪。相。尚和。師啟。」

王鯨。河南祥符人。初，王敬洪武二十五年（1392）以功歷陞潁川後所百戶。傳用，陣亡。傳榮。傳濟。傳希。傳鯨，嘉靖二十年（1541）承襲。①

劉廷臣。直隸豐縣人。初，劉聚以功陞甘肅前衛百戶，正統四年（1439）調潁川後所。傳深。傳鑑。傳璽。傳廷臣，卒。子爵。②

汪洪。湖廣黔陽人。初，汪霖襲莊浪左所百戶，正統元年（1436）調潁川後所。傳海。傳洪。子卒。孫洋。③

劉儒。直隸舒城人。（劉和）洪武二十五年（1392）蔭襲除潁川後所百戶。傳惠。傳顯［憲］。傳瓛。傳鎮。傳儒，卒。子乾。④

吳臣。河南封丘人。初，吳寬景泰元年（1450）以功陞潁川後所百戶。傳貞。傳通。傳臣，嘉靖七年（1528）承襲。⑤

試百戶一人：

耿文。卜魚兒海子達人。初，阿魯土乂兒洪武間歸附，宣德七年（1432）以招諭功，陞潁川試百戶。傳貴，補後所，遇詔實授。傳鑑。傳鑾［鸞］。傳文，正德十四年（1519）承襲。⑥

旗軍五千六百名：

北京。春班三百三十三名，見一百四十七名，餘逃故。秋班五百八十八名，見三百一十八名，餘逃故。⑦

---

①呂景蒙《嘉靖潁州志・兵衛・百戶》：「王敬，河南祥符人。洪武二十六年（1393）任。用，永樂九年（1411）任。榮，宣德四年（1429）任。濟，景泰三年（1452）任。希，正德元年（1506）任。」《順治潁州志・軍衛志・百戶》：「王敬，祥符人。用。榮。濟。希。鯨。尚德。日雍。」

②呂景蒙《嘉靖潁州志・兵衛・百戶》：「劉聚，直隸豐縣人。正統四年任。深，正統十五年（1450）任。鑑，成化二十一年（1485）任。璽，正德十五年（1520）任。廷臣，嘉靖四年（1525）任。」《順治潁州志・軍衛志・百戶》：「劉聚，豐縣人。深。鑑。璽。廷臣。爵。」

③呂景蒙《嘉靖潁州志・兵衛・百戶》：「汪霖，湖廣黔陽人。正統元年任。海，成化六年（1470）任。洪，正德元年（1506）任。」《順治潁州志・軍衛志・百戶》：「汪霖，黔縣人。海。洪。」

④呂景蒙《嘉靖潁州志・兵衛・百戶》：「劉和，直隸舒城人。永樂元年（1403）任。惠，永樂二十二年（1424）任。憲，正統十一年（1446）任。瓛，成化元年（1465）任。鎮，弘治三年（1490）任。儒，嘉靖四年（1525）任。」《順治潁州志・軍衛志・百戶》：「劉和，舒城人。惠。憲。瓛。鎮。儒。」

⑤呂景蒙《嘉靖潁州志・兵衛・試百戶》：「吳寬，河南封丘人。景泰元年任。貞，成化三年（1467）任。通，正德三年（1508）任。臣，嘉靖八年（1529）任。」《順治潁州志・軍衛志・試百戶》：「吳寬，封丘人。真。通。臣。櫝。道行。」

⑥呂景蒙《嘉靖潁州志・兵衛・試百戶》：「耿阿魯土乂兒，卜魚兒海子達人。宣德七年任。貴，正統二年（1437）任。鑑，弘治七年（1494）任。鸞，弘治十八年（1505）任。文，正德十四年（1519）任。」《順治潁州志・軍衛志・試百戶》：「耿阿魯土乂兒，卜魚兒海子人。貴。鑑。鸞。文。濠。懋忠。希恭。」

⑦呂景蒙《嘉靖潁州志・兵衛》：「戍京衛春班旗軍三百三十有三人，秋班五百八十有八人。」《順治潁州志・軍衛志》：「旗軍原額五千六百名。戍京衛春班軍三百三十三名，秋班軍五百八十八名。」

大同。春班一千四十名，見四百一十九名，餘逃故。秋班一千四十八名，見三百二十六名，餘逃故。①

城操。軍舍餘丁二千一百零八名，見一千五百六十一名，餘事故。②

歲運。漕舟三十隻，旗軍二百人。成化間，額外代鳳陽中等衛。③

軍器庫。大將軍銅銃二個，二將軍銅銃三個，碗口銅銃四十四個，俱係原降。④

軍器局。在衛治西。工七十四人，每歲造盔八十頂，甲八十副，腰刀八十把，斬馬刀二十把，弓八十張，絃一百六十條，箭二千四百枝，撒袋八十副，長牌四十面。⑤

演武場。在東廓。⑥

樓五：

譙樓。在中衢，以樓分南北城。

望霍樓。在城上東南角。

克敵樓。在城上西南角。

凱歌樓。在城上西北角。

向蒙樓。在城上東北角。

營三：

長營。在州西七十里。

五輛車營。在州西五十里。

趙德營。在州西一百九十里。

按：三營，古屯兵處也。在行師亦或可圉，故附於此。

---

①呂景蒙《嘉靖潁州志·兵衛》：「戍大同衛春班旗軍一千四十人，秋班一千四十六人。」《順治潁州志·軍衛志》：「戍大同衛春班軍一千四十名，秋班軍一千四十六名。」

②呂景蒙《嘉靖潁州志·兵衛》：「城操衛餘丁二千一百一十人。（見在一千三百八十八人，事故七百二十二人。）」《順治潁州志·軍衛志》：「城操餘丁原額二千一百一十名。（嘉靖間止存一千三百八十八名。）」

③呂景蒙《嘉靖潁州志·兵衛》：「歲運衛漕舟二十隻，旗軍二百人。此廼成化間額外代鳳陽中等衛運糧者，延今爲例。」

④《順治潁州志·軍衛志》：「軍器庫。在衛堂兩頭，內貯大將軍五座，二將軍十座，俱銅鑄。」《康熙潁州志·衛治》：「軍器庫。在堂兩頭，內貯大將軍砲位五座，二將軍砲位十座，俱銅鑄。」

⑤呂景蒙《嘉靖潁州志·兵衛》：「器仗衛。軍器局在衛治西，工七十四人，五年考選軍政指揮一人掌之，每歲所造軍器四十副。」《順治潁州志·軍衛志》：「軍需局。在衛署西南北街，東向。有庭，暨打造所，工七十四人，每歲額造軍器四十副。」

⑥呂景蒙《嘉靖潁州志·兵衛》：「演武場。衛一，在東廓。潁上所一，在南廓東。太和一，在南廓東。」《順治潁州志·軍衛志》：「演武場。在東門外迤北二里，幅幁可十頃，週以墻垣，爲前門，爲將臺，爲廳三楹，爲月臺，爲退廳。每歲管操官以清明後開操，五月初止；霜降日開操，十月終止。」

潁上守禦千戶所

在東華觀西。洪武初，千戶孫繼達即縣治改建。十四年（1381），千戶周忠重建。中宣武堂，東吏目廳，又東爲儀仗庫；西鎮撫廳，又西爲軍器庫；堂後爲退廳，廳後爲旗纛廟；堂前爲儀門，右爲獄，又前爲大門。屬河南都司，隸中軍都督府。①

正千戶三人：

姚鶴齡。直隸金壇人。初，姚煥洪武二十八年（1395）任。傳旭。傳璽。傳鑑。傳洪。傳繼宗。傳鶴齡，正德十二年（1517）承襲。②

高壽。直隸興州人。初，高英宣德六年（1431）任。傳顯。傳清。傳明。傳爵。傳壽，嘉靖二十二年（1543）襲。③

宗延齡。山東陽信人。初，宗鐸正德元年（1506）任。傳延齡，嘉靖六年（1527）承襲。④

副千戶五人：

李承武。直隸江都人。初，李和洪武五年（1372）任。傳麒。傳麟。傳欽。傳銘。傳鉞。傳朝陽。傳承武，嘉靖二十四年

---

①《成化中都志・軍衛》：「潁上守禦千戶所。在縣治西潁陽門外。洪武元年（1368），千戶孫繼達開設。有吏目。隸河南都司。」《南畿志・鳳陽府・公舘》：「潁上守禦千戶所。在潁陽門外。洪武元年建。」呂景蒙《嘉靖潁州志・兵衛・潁上守禦千戶所》：「屬如衛，亦隸中軍都督府。在東華觀西。領吏目廳一，鎮撫司一，百戶所十。置官亦無定員，今存者，千戶正三人，副六人，百戶十有三人，鎮撫二人，司吏一人，百戶所軍吏十人，總旗二十人，小旗一百人。軍原額一千人。」《順治潁上縣志・武備・建置》：「潁上舊無軍衛，洪武元年始立守禦所。正千戶孫繼達、副千戶何泉等率千軍詣潁上，修築城池，廢舊縣基址立所治。次除千戶周忠到所，全伍屯田。所治局庫皆周忠建。所治：大門、儀門、正廳、穿堂、後堂、東廂房、西廂房。廳右鎮撫廳，左吏目廳，西爲軍器局。大門內西爲獄神廟。所治東爲旗纛廟。東至東華觀。今廢。」

②呂景蒙《嘉靖潁州志・兵衛・潁上守禦千戶所（千戶正）》：「姚煥，直隸金壇人。洪武二十八年任。旭，永樂四年（1406）任。璽，正統四年（1439）任。鑑，正統十二年（1447）任。洪，成化九年（1473）任。繼宗，弘治十三年（1500）任。鶴齡，正德十二年任。」《順治潁上縣志・武備・軍官（正千戶）》：「姚渙，原籍金壇縣人。洪武二十八年任。旭。璽。鑑。洪。繼宗。鶴齡，官恩命進階。殿邦。復泰，今革。」

③呂景蒙《嘉靖潁州志・兵衛・潁上守禦千戶所（千戶正）》：「高英，直隸山後興州人。宣德六年任。顒，正統九年（1444）任。清，天順二年（1458）任。明，弘治十七年（1504）任。爵，正德十二年（1517）任。」《順治潁上縣志・武備・軍官（正千戶）》：「高英，原籍冀州人。宣德六年任。顒。清。明。爵。壽。學武。學易。如嶺。必選。必進。如華，今革。」

④呂景蒙《嘉靖潁州志・兵衛・潁上守禦千戶所（千戶正）》：「宗鐸，山東陽信人。正德元年任。延齡，嘉靖六年任。」《順治潁上縣志・武備・軍官（正千戶）》：「宗鐸，原籍武定州人。正德元年任。延齡。永錫，今革。」

（1545）承襲。①

郭朝。直隸唐縣人。初，郭勝洪武二十五年（1392）任。傳能。傳欽。傳朝，正德二年（1507）承襲。②

周濟。湖廣新化人。初，周興宣德二年（1427）任。傳通。傳玉。傳倫。傳濟，嘉靖十四年（1535）承襲。③

王應爵。山東青州人。初，王貴宣德四年（1429）任。傳全。傳斌。傳欽。傳應爵，正德十四年（1519）承襲。④

金堂。山東單縣人。初，金政宣德二年（1427）任。傳旺。傳成。傳福。傳璋。傳堂，嘉靖元年（1522）承襲。⑤

百戶一十四人：

張勳。山東昌邑人。初，張績洪武二十七年（1394）任。傳景。傳忠。傳勇。傳堂，以功陞副千戶。傳勳，嘉靖十八年（1539）承襲。⑥

楊繼武。直隸合肥人。初，楊春洪武十一年（1378）任。傳敬。傳傑。傳雄。傳海。傳鎮。傳欽。傳繼武，嘉靖十八年（1539）承襲。⑦

馬騰霄。直隸常熟人。初，馬福洪武十五年（1382）任。傳文。傳良。傳賢。傳英。傳相。傳承武。傳騰霄，嘉靖十八年（1539）承襲。⑧

謝廷訓。浙江樂亭人。初，謝貴洪武二十七年（1394）任。傳義。傳清。傳釗。傳恩。傳賢。傳廷訓，嘉靖二十六年（1547）承襲。⑨

①呂景蒙《嘉靖潁州志·兵衛·潁上守禦千戶所（千戶副）》：「李和，直隸江都人。洪武五年任。麒，永樂十一年（1413）任。麟，宣德二年（1427）任。欽，成化十六年（1480）任。銘，成化二十三年（1487）任。鉞，弘治十一年（1498）任。朝陽。」《順治潁上縣志·武備·軍官（副千戶）》：「李和，原籍江都人。洪武二十五年（1392）任。麒。麟。旺。政。銘。鉞。朝陽。承武。應魁，皇太子恩進階。夢弼。從華，以孝蒙獎，今革。」

②呂景蒙《嘉靖潁州志·兵衛·潁上守禦千戶所（千戶副）》：「郭勝，直隸唐縣人。洪武二十五年任。能，宣德四年(1429)任。欽，成化元年(1465)任。朝，正德二年任。」《順治潁上縣志·武備·軍官（副千戶）》：「郭勝，原籍唐山人。洪武三十五年(1402)任。能。欽。朝。希儀。之柱。家將，今革。」

③呂景蒙《嘉靖潁州志·兵衛·潁上守禦千戶所（千戶副）》：「周興，湖廣新化人。宣德二年任。通，宣德二年（1427）任。玉，成化十年（1474）任。倫，弘治十八年（1505）任。」《順治潁上縣志·武備·軍官（副千戶）》：「周興，原籍新化人。宣德二年到任。朝，正德二年（1507）任。通。玉。倫。清。源。官。易武。易信，今革。」

④呂景蒙《嘉靖潁州志·兵衛·潁上守禦千戶所（千戶副）》：「王貴，山東青州人。宣德四年任。全，宣德十年（1435）任。斌，天順六年（1462）任。欽，成化十九年（1483）任。應爵，正德十四年任。」《順治潁上縣志·武備·軍官（副千戶）》：「王貴，原籍安丘人。宣德四年到任。泉［全］。斌。欽。應爵。崇禮。祖庚。九錫，今革。」

⑤呂景蒙《嘉靖潁州志·兵衛·潁上守禦千戶所（千戶副）》：「金政，山東單縣人。宣德二年任。旺，宣德十年（1435）任。成，景泰四年（1453）任。福，成化三年（1467）任。璋，弘治元年（1488）任。堂，嘉靖元年任。」《順治潁上縣志·武備·軍官（副千戶）》：「金政，原籍單縣人。宣德七年（1432）到任。旺。成。福。璋。堂。印。世忠。邦瑞。鴻烈，今革。」

⑥呂景蒙《嘉靖潁州志·兵衛·潁上守禦千戶所（百戶）》：「張續，山東昌邑人。洪武二十七年任百戶。景，宣德七年（1432）任。忠，景泰二年（1451）任。勇，成化十六年（1480）任。堂，正德四年（1509）任，以軍功陞副千戶。」《順治潁上縣志·武備·軍官（百戶）》：「張續，原籍昌邑人。洪武二十七年到任。璟。忠。勇。鏜。［勳］、啟蒙，副千。大胤。名將。名哲，今革。」

⑦呂景蒙《嘉靖潁州志·兵衛·潁上守禦千戶所（百戶）》：「楊春，直隸合肥人。洪武十一年任。敬，洪武二十七年（1394）任。傑，宣德六年（1431）任。雄，正統十二年（1447）任。海，成化四年（1468）任。鎮，成化二十年（1484）任。欽，正德十年（1515）任。」

⑧呂景蒙《嘉靖潁州志·兵衛·潁上守禦千戶所（百戶）》：「馬福，直隸常熟人。洪武十五年任。文，洪武三十四年（1401）任。良，宣德五年（1430）任。賢，正統十二年（1447）任。英，成化二十一年（1485）任。相，弘治十三年（1500）任。」《順治潁上縣志·武備·軍官（百戶）》：「馬福，原籍常熟人。洪武十五年到任。文，征交趾陣亡。良。賢。锳。相，加級副千戶，戰流賊陣亡。承武。騰霄，系借職。伯魁，三中武舉。九一，納（粟），副千戶。勇，今革。」

⑨呂景蒙《嘉靖潁州志·兵衛·潁上守禦千戶所（百戶）》：「謝貴，浙江樂清人。洪武二十七年任。義，永樂二十年（1422）任。清，成化元年（1465）任。釗，成化二十三年（1487）任。恩，弘治十八年（1505）任。」

蘇希厚。直隸望江人。初，蘇斌永樂元年（1403）任。傳誠。傳英。傳俸。傳民。傳希厚，嘉靖二十三年（1544）承襲。①

余恭。直隸桐城人。初，余謙永樂五年（1407）任。傳海。傳隆。傳左。傳恭。②

張岱。湖廣景陵人。初，張鑑永樂六年（1408）任。傳璽。傳武。傳傑。傳岱。③

徐思。廣西臨桂人。初，勝宗永樂六年（1408）任。傳彪。傳朋。傳太。傳臣。傳思，嘉靖十七年（1538）承襲。④

顧守義。直隸崑山人。初，顧清宣德六年（1431）任。傳勇。傳通。傳寧。傳守義，嘉靖十年（1531）承襲。⑤

韓珍。山西稷山人。初，韓廣成化十年（1474）任。傳相。傳堂。傳珍，嘉靖十九年（1540）承襲。⑥

孫權。直隸霸州人。初，孫榮正統三年（1438）任。傳顯。傳權，弘治十八年（1505）承襲。⑦

魏臣。山東陽信人。初，魏真正統三年（1438）任。傳勝。傳璋。傳臣，正德十四年（1519）承襲。⑧

聶經。山東章丘人。初，聶蘭正統四年（1439）任。傳良。傳瓚。傳經，嘉靖十八年（1539）承襲。⑨

劉武。直隸灤州人。初，劉鐸嘉靖元年（1522）任。傳武，二十一年（1542）承襲。⑩

所鎮撫三人：

張恩。直隸和州人。初，張敵洪武二十一年（1388）任。傳慶。傳俊。傳雄。傳瑄。傳恩，嘉靖十三年（1534）承襲。⑪

丘桼。河南固始人。初，丘貴正統四年（1439）任。傳清。傳桼，弘治十一年（1498）承襲。⑫

①呂景蒙《嘉靖潁州志·兵衛·潁上守禦千戶所（百戶）》：「蘇斌，直隸望江人。永樂元年任。誠，景泰三年（1452）任。英，成化七年（1471）任。俸，弘治十三年（1500）任。民，正德十二年（1517）任。」

②呂景蒙《嘉靖潁州志·兵衛·潁上守禦千戶所（百戶）》：「余謙，直隸桐城人。永樂五年任。海，正統四年（1439）任。隆，成化六年（1470）任。左，弘治十五年（1502）任。恭。」

③呂景蒙《嘉靖潁州志·兵衛·潁上守禦千戶所（百戶）》：「張鑑，湖廣景陵人。永樂六年任。璽，正統元年（1436）任。武，成化十二年（1476）任。傑，正德元年（1506）任。岱。」《順治潁上縣志·武備·軍官（百戶）》：「張鑑，原籍沔陽人。永樂二年（1404）任。璽。武。傑。岱。習。光祖，今革。」

④呂景蒙《嘉靖潁州志·兵衛·潁上守禦千戶所（百戶）》：「徐勝宗，廣西臨桂人。永樂六年任。彪，正統四年（1439）任。朋，天順七年（1463）任。太，弘治七年（1494）任。」《順治潁上縣志·武備·軍官（百戶）》：「徐勝宗，原籍林桂人。永樂六年任。彪。朋。太。朝祖。進忠，今革。」

⑤呂景蒙《嘉靖潁州志·兵衛·潁上守禦千戶所（百戶）》：「顧清，直隸崑山人。宣德六年任。勇，正統十二年（1447）任。通，成化十二年（1476）任。寧，正德三年（1508）任。」《順治潁上縣志·武備·軍官（百戶）》：「顧清，原籍崑山人。宣德六年任。勇。通。寧。守義，倭功陞正千戶，今革。」

⑥呂景蒙《嘉靖潁州志·兵衛·潁上守禦千戶所（百戶）》：「韓廣，山西稷山人。成化十年任。相，弘治二年（1489）任。堂，弘治十六年（1503）任。」《順治潁上縣志·武備·軍官（百戶）》：「韓廣，原籍平陽府稷山人。成化十年到任。相。鏜。珍。化潮，副千。幹國，正千。柱國，今革。」

⑦呂景蒙《嘉靖潁州志·兵衛·潁上守禦千戶所（百戶）》：「孫榮，直隸霸州人。正統三年任。顯，天順元年（1457）任。權，弘治十八年（1505）任。」

⑧呂景蒙《嘉靖潁州志·兵衛·潁上守禦千戶所（百戶）》：「魏真，山東陽信人。正統三年任。勝，成化五年（1469）任。璋，弘治十四年（1501）任。臣，正德十四年任。」《順治潁上縣志·武備·軍官（百戶）》：「魏真，原籍山東濟南府陽信人。正統三年到任。勝。璋。臣。爵。安國。承勳，今革。」

⑨呂景蒙《嘉靖潁州志·兵衛·潁上守禦千戶所（百戶）》：「聶蘭，山東章丘人。正統四年任。良，景泰六年（1455）任。瓚，成化二十一年（1485）任。」《順治潁上縣志·武備·軍官（百戶）》：「聶蘭，原籍章丘人。正統六年（1441）任。良。瓚。經，今革。」

⑩呂景蒙《嘉靖潁州志·兵衛·潁上守禦千戶所（百戶）》：「劉鐸，直隸灤州人。嘉靖元年任。」《順治潁上縣志·武備·軍官（百戶）》：「劉鐸，原籍灤州人。嘉靖三年（1524）任。武。天爵，今革。」

⑪呂景蒙《嘉靖潁州志·兵衛·潁上守禦千戶所（所鎮撫）》：「張敵，直隸和州人。洪武二十一年任。慶，永樂四年（1406）任。俊，宣德六年（1431）任。雄，天順五年（1461）任。瑄，弘治十四年（1501）任。」《順治潁上縣志·武備·軍官（鎮撫）》：「張敵，原籍和州人。洪武二十一年到任。慶。俊。雄。瑄。恩。立。秉忠。耀武，今革。」

⑫呂景蒙《嘉靖潁州志·兵衛·潁上守禦千戶所（所鎮撫）》：「丘貴，河南固始人。正統四年任。清，景泰六年（1455）任。柰，弘治十一年任。」

朱輔。直隸定遠人。嘉靖八年（1529）任。①

旗軍：

北京。春班、秋班共二百名。②

大同。春班、秋班共四百名。③

城操。軍舍餘丁七百名。④

歲運。五十名。⑤

軍器局。在所治西。⑥

演武場。在南廓東。⑦

預備倉。在所治前。⑧

屯田

潁川衛：

田地四千四百八十頃。屯卒四千四百八十名，夏稅小麥二萬二千四百石，秋糧粟米四千四百八十石。⑨

①呂景蒙《嘉靖潁州志·兵衛·潁上守禦千戶所（所鎮撫）》未錄其人。《順治潁上縣志·武備·軍官（鎮撫）》：「朱輔，原籍定遠人。嘉靖八年（1529）到任。汝陽，金成，今革。」

②呂景蒙《嘉靖潁州志·兵衛·潁上守禦千戶所》：「戍京衛春班旗軍三百三十有三人，秋班五百八十有八人，所通二百人。」《順治潁上縣志·武備·軍士》：「京操軍春秋二班二百名，今止存一百九十七名。」

③呂景蒙《嘉靖潁州志·兵衛·潁上守禦千戶所》：「戍大同衛春班旗軍一千四十人，秋班一千四十六人，所通四百人。」

④呂景蒙《嘉靖潁州志·兵衛·潁上守禦千戶所》：「城操衛餘丁二千一百十八人，（見在一千三百八十八人，事故七百二十二人；）所軍舍餘丁七百人。」《順治潁上縣志·武備·軍士》：「城操軍七百名。」

⑤呂景蒙《嘉靖潁州志·兵衛·潁上守禦千戶所》：「歲運衛漕舟二十隻，旗軍二百人。此廼成化間額外代鳳陽中等衛運糧者，延今爲例。所五十人。」《順治潁上縣志·武備·軍士》：「運軍五十名。」

⑥《順治潁上縣志·武備·所治》：「軍器局。所治。東至城隍廟，西至巷，南至大街，北至陳滋。」

⑦呂景蒙《嘉靖潁州志·兵衛》：「演武場，潁上所一，在南廓東。」《順治潁上縣志·武備·所治》：「演武場，壽春門外。」

⑧《順治潁上縣志·武備·所治》：「預備倉，所治前。今廢。」

⑨《成化中都志·屯田》：「潁川衛下屯旗軍舍餘四千四百八十名，共種地四千四百八十頃。夏子粒小麥二萬二千四百石，秋糧粟米四千四百八十石。」呂景蒙《嘉靖潁州志·兵衛》：「衛屯田地四千四百八十頃，屯卒四千四百八十人。夏稅小麥二萬二千四百石，秋糧粟米四千四百八十石。」

潁上守禦千戶所：

田地八百頃。屯卒八百名，夏稅小麥二千四百石，秋糧粟米二千四百石。①

李宜春曰：今之兵耗矣，田則故存也。豪右肆吞隱連陌，而兵之家無遺秉。猾強多影射私市，甚至奪民田以附益之，其有不優屯而後民哉？嗟乎！籍之去者，惡害也；併之兼者，分無定也。余嘗欲訪古屯田籍，按地而經，履畝而丈，潁之民庶其瘳哉！

民壯

州四百人。潁上縣一百四十三人。太和縣一百八十人。②十年一編木，巡捕官編成隊伍，以時操練，遇警調用。③

李宜春曰：嗟哉！民既出賦養兵，又自爲役，有事則調用爲先鋒，無事則操練爲守備，致十年間，率多逃亡消乏，不亦良苦乎哉？余適編排爲之議云：民之所以逃亡消乏者，獨役害之也。揆厥弊端，其所從來漸矣。蓋由審編之時，惟憑里老舉報，上戶應充，餘皆全免，致使豪民巧於規避，多易昂以趨低；里胥猾於受財，率差貧以隱富。縱以殷實之家，曷堪獨役？況且十年之累，柰之何不窮且逃哉？故立通融之法，以垂易行之規。姑於槩州人戶分爲三等，列以九則，以上上爲正戶，至下下爲貼戶。正戶者任役，則役而有貼，雖勞而不爲苦；貼戶者出銀，則銀可代勞，雖出而不爲傷。非惟無獨役負累，亦且無全家幸免，彼此各均，衆辦易集，庶祛宿弊，庸慰群情！

①《成化中都志·屯田》：「潁上守禦千戶所下屯旗軍舍餘八百名，地八百頃。夏子粒小麥二千四百石，秋糧粟米二千四百石。」呂景蒙《嘉靖潁州志·兵衛》：「潁上所屯田八百頃，夏稅小麥二千四百石，秋糧粟米二千四百石。」《順治潁上縣志·武備·軍屯》：「原額屯田八百分，夏稅小麥二千四百石，秋糧粟米二千四百石。屯種軍人八百名。（每分計地一頃，糧本色五石，折色一石，共六石。）」

②《萬曆太和縣志·食貨·民壯》：「原額民壯貳百陸拾玖名，每名工食銀壹拾貳兩，共銀三千貳百玖拾壹兩貳錢……實在民壯壹百玖拾玖名，每名工食銀柒兩貳錢，共銀壹千肆百三拾貳兩捌錢。」

③呂景蒙《嘉靖潁州志·兵衛》：「民兵。州四百人。潁上一百四十三人。太和一百八十人。」

傳疑

夫疑，疑也；信，亦疑也。孔夫子歎闕文之不及見，郭公、夏五，《春秋》因之。①作《傳疑》，敘綜述以稽證，並錄以存故。而《方伎》《寺觀》附焉。

寢丘城。《舊志》：「在潁東三十里。」按《史記》：莊王召叔敖子，封之寢丘。註解：固始縣，本寢丘之邑。②

黃覇墓。《舊志》：「在州東三里灣中流高堆。」按：覇，陽夏人也，爲潁川太守。《一統志》載：「在考城縣東北一十里。」③

蔡邕墓。《舊志》：「在州西六十里栗頭倉西。」按：邕，陳留圉人也。《一統志》載：「在開封府東北四十五里。」④

陳勝。《近志·外傳》載：「勝爲陽城人。」按《史義》云：「即河南陽城縣也。」⑤

鄧宗。《近志·外傳》載：「宗爲汝陰人。」《一統志》載：「在宿州。」⑥

①《春秋·桓公十四年》：「夏五。」杜預註：「不書月，闕文。」又《莊公二十四年》：「郭公。」杜預註：「無傳，蓋經闕誤也。」後因以「夏五郭公」比喻文字有殘缺。

②《史記·滑稽列傳》：「莊王謝優孟，廼召孫叔敖子，封之寢丘。」《集解》：「徐廣曰：在固始。」《正義》：「今光州固始縣，本寢邱邑。」《正德潁州志·古蹟》：「寢丘城。在州東三十里，潁水北岸。」呂景蒙《嘉靖潁州志·凡例·正誤》：「寢丘。按《史記·滑稽·優孟傳》註：今光州固始之地，孫叔敖子僑之封邑，前有妬谷，後有戾丘。《舊志》以爲潁東三十里有寢丘城，誤也。」

③《大明一統志·開封府下·陵墓》：「黄霸墓。在考城縣東南二十里。」《成化中都志·塚墓·潁州》：「黄霸塚。《州志》云：『在三里灣中流。』土人呼黄霸孤堆。霸嘗守潁川，後爲丞相，卒塟於此。《新志》載：『在考城縣東北十里。』霸，陽夏人，今之太康縣也，在考城者爲是。」《正德潁州志·陵墓》：「黄霸墓。在州東三里灣中流。相傳古極高大，黄河衝蕩，遂夷削，土人呼黄霸孤堆。按古《志》，潁川治在今許州。此亦潁川郡地，故今州中驛逓，皆名潁川。霸後登朝，及薨而塟，亦或於故治内卜地。盖漢時，潁、汝、淮、泗皆未有河患，塟亦疑順當時情耳。」呂景蒙《嘉靖潁州志·凡例·正誤》：「黄霸墓。按《傳》，霸治潁川，即今之許州。霸非潁人，不應有墓在潁。《舊志》云：『州東三里灣中流，高塚爲霸墓。』誤也。」

④《大明一統志·開封府上·陵墓》：「蔡邕墓。在府城東北四十五里。」《正德潁州志·陵墓》：「蔡伯喈墓。在州西六十里，栗頭倉之西。土阜，四頂相連，高大如山。偏西頂久陷，下見磚郭。三向俱二穴，惟北一穴，世傳蔡祖墳。按，陳留有蔡邕事蹟，然本州古有蔡村社，潁陽又有蔡村溝。」呂景蒙《嘉靖潁州志·凡例·正誤》：「蔡伯喈墓。按《一統志》，開封府即古陳留郡，東北有伯喈墓。《舊志》云：『在州西六十里。栗頭倉之西。』誤也。今有四大塚，蓋不可考。」

⑤《史記·陳涉世家》：「陳勝者，陽城人也，字涉。」《正義》：「即河南陽城縣也。」呂景蒙《嘉靖潁州志·外傳·秦》：「楚人陳勝起兵。陳勝者，陽城人也。」

⑥《史記·陳涉世家》：「令汝陰人鄧宗徇九江郡。」呂景蒙《嘉靖潁州志·外傳·秦》：「鄧宗。汝陰人。」

灌嬰。《舊志》：「封爲潁陰侯於此。」按《史記》註解，今陳州南潁縣西北十三里，廼潁陰故城。①

灌夫。《舊志》載：「夫父張孟給事潁陰侯，遂蒙灌姓，爲潁陰人。」按《漢書》：「夫家在潁川。」②

鄭渾。《舊志》載：「魏初爲下蔡長，教民耕桑。及通判汝陰，重去子之令，民男女以鄭爲姓。」按《三國志》：「廼遷下蔡、邵陵令事。」其通判汝潁，本傳不載。③

盧毓。《舊志》：「魏初以黃門侍郎左遷汝陰典農校尉，躬爲民擇居美田，百姓賴之。」按《魏志》：「文帝踐阼，徙黃門侍郎，出爲濟陰相，梁、譙一［二］郡太守。因議徙民，失帝意，左遷爲睢陽典農校尉。」廼載是事。④

徐邈。《舊志》：「爲譙郡相，遷汝陰太守，明能撫下。」按《魏志》：「文帝踐阼，歷譙相，平陽、安平太守，潁川典農中郎將，所在著稱。」⑤

畢卓。《舊志·流寓》載：「爲吏部侍郎，以罪謫居銅陽，因家焉。」按《一統（志）》載：「卓爲汝寧人物，又云汝陰銅陽人，以飲酒廢職。」⑥

華陀［佗］。《舊志》載爲汝陰人，善醫，四方有疾，求無不瘳。按本傳：「沛國譙人。」⑦

周顗。《舊志·人物》載爲潁人。按《晉書》本傳：「汝潁人。」《一統志》載：「汝南安城人。」⑧

呂夷簡。《近志》：「潁州推官。呂文穆公致政居洛，真宗祀汾陰，過洛，幸其第，問曰：『卿諸子孰可用？』公對曰：『臣諸子皆不足用，有姪夷簡任潁州推官，宰相才也。』夷簡由是見知。」具見《呂蒙正傳》。按《宋史》本傳：「以進士及第，補絳州推官。」《舊志》亦不載。⑨

①《史記・樊酈滕灌列傳》：「潁陰侯灌嬰者，睢陽販繒者也。」《正義》：「今陳州南潁縣西北十三里潁陰故城是也。」《大明一統志・歸德府・人物》：「灌嬰。睢陽人。嘗以販繒爲業，從高帝定天下，封潁陰侯。後與周勃平諸呂，共立文帝，以功進太尉、右丞相。卒謚曰懿侯。」《正德潁州志・名宦・漢》：「灌嬰。開國功臣。位次十八，一云第九，封爲潁陰侯。文帝召，拜相。」呂景蒙《嘉靖潁州志・凡例・正誤》：「《封爵》中潁陰侯灌嬰，按《史記》，潁陰縣屬潁川。今陳州南潁縣西北十三里潁陰故城是也，非汝陰地。不宜收入《人物》中。如灌夫，實潁陰人，父張孟給事潁陰侯，遂蒙灌姓。《舊志》皆收入，誤也。」

②《正德潁州志・流寓》：「灌夫。父爲潁陰侯灌嬰舍人。得幸，進之二千石，故蒙灌氏姓，就嬰所置第居之。喜任俠，交遊豪傑。家累千萬，食客日數十百人。性剛直，使酒流風，至今有之。」呂景蒙《嘉靖潁州志・凡例・正誤》所辨已見上條註。

③《三國志・魏志・鄭渾傳》：「鄭渾字文公，河南開封人也……太祖聞其篤行，召爲掾，復遷下蔡長、邵陵令。天下未定，民皆剽輕，不念產殖；其生子無以相活，率皆不舉。渾所在奪其漁獵之具，課使耕桑，又兼開稻田，重去子之法。民初畏罪，後稍豐給，無不舉贍；所育男女，多以鄭爲字。」《南畿志・鳳陽府・宦蹟》：「鄭渾。開封人。下蔡長。時天下未定，民不念生殖。產子無以自活，皆不舉。渾課使耕桑，兼開稻田，重去子之法。民稍豐給，所育男女，多以鄭爲字。」《大明一統志・中都・潁州（名宦）》：「鄭渾。魏下蔡長。時天下未定，民皆剽輕，不念產殖。渾課使耕桑，兼開稻田，民以豐給。」《正德潁州志・名宦・三國》：「鄭渾。字次公。魏初爲下蔡長，教民耕桑。及通判汝陰，重去子之令，民男女以鄭爲字。後遷沛郡太守。」呂景蒙《嘉靖潁州志・凡例・正誤》：「鄭渾，按《三國志》並無通判汝陰，舊《志》所載皆下蔡長時事。」

④《三國志・魏志・盧毓傳》：「文帝踐阼，徙黄門侍郎。出爲濟陰相，梁、譙二郡太守。帝以譙舊鄉，故大徙民充之，以爲屯田。而譙土地墝瘠，百姓窮困，毓愍之，上表徙民於梁國就沃衍，失帝意……正元三年（256），疾病，遜位。遷爲司空，固推驃騎將軍王昶、光祿大夫王觀、司隸校尉王祥。詔使使者即授印綬，進爵封容城侯，邑二千三百戶。」《大明一統志・中都・潁州（名宦）》：「盧毓。魏譙郡太守。文帝以譙舊鄉，大徙民充之，以爲屯田。而譙土地磽瘠，百姓窮困。毓上表徙民於梁國，就沃衍。」《南畿志・鳳陽府・宦蹟》：「盧毓。涿人。植之子。魏譙郡太守。文帝以譙舊鄉，大徙民充之，以爲屯田。而譙土地磽瘠，百姓窮困。毓上表徙民於梁國就沃衍。」《成化中都志・名宦・亳州（三國）》：「盧毓。字子家。魏譙郡太守。文帝以譙舊鄉，大徙民充之，以爲屯田。而譙土地磽瘠，百姓窮困。毓上表徙民於梁國就沃衍。後遷安平、廣平太守，所在有惠化。進位僕射，封容城侯。卒，謚成。」《正德潁州志・名宦・三國》：「盧毓。魏文初以黄門侍郎左遷汝陰典農校尉。躬爲民擇安居美田，百姓賴之。及遷譙郡太守，上表徙民入汝陰，就沃衍。後封容城侯。」呂景蒙《嘉靖潁州志・凡例・正誤》：「盧毓，按《魏志》，文帝踐阼，徙黄門侍郎。出爲濟陰相，非汝陰也。」

⑤《三國志・魏書・徐邈傳》：「文帝踐阼，歷譙相，平陽、安平太守，潁川典農中郎將，所在著稱，賜爵關內侯。」《大明一統志・中都・潁州（名

宦）》：「徐邈。魏譙郡相。有政績著稱。」《南畿志·鳳陽府·宦蹟》：「徐邈。薊人。魏譙相，政績著聞。」《成化中都志·辯疑》：「徐邈。《潁州志》云：『魏汝陰太守。』按《三國志·列傳》：『邈，太祖時爲丞相軍謀掾，遷尚書郎。文帝踐阼，歷譙相，平陽、安平太守，潁川典農中郎將。明帝時爲梁州刺史，領護羌校尉，遷司隸校尉，拜司空。固辭不受，卒。』未嘗守汝陰也。」《正德潁州志·名宦·三國》：「徐邈。魏初爲譙郡相，政績著稱。遷汝陰太守，明能撫下。再遷安平，所在著稱。卒謚穆侯。」呂景蒙《嘉靖潁州志·凡例·正誤》：「徐邈。按《魏志》，文帝踐阼，歷譙相，平陽、安平太守，潁川典農中郎將。《傳》云：『車駕幸許昌，問邈云云。』可證是許州，非潁也。《舊志》汝陰太守，誤矣。」

⑥《大明一統志·汝寧府·人物（晉）》：「畢卓。汝陰鮦陽人。少希放達。太興末，爲吏部郎。常飲酒廢職。卓嘗謂人曰：『得酒滿四百斛船，右手持酒杯，左手持蟹螯，拍浮酒船中，便足了一生矣。』及過江，爲温嶠平南長史，與阮孚等爲八達。」《成化中都志·人才傳·潁州（晉）》：「畢卓。字茂世，鮦陽人。父諶，中書郎。卓少希放達，爲胡母輔之所知。太興末，爲吏部郎。過江，爲温嶠平南長史，卒官。鮦陽城在州西一百二十里，卓故居在城中。有大池，今呼畢卓池。又有墓在城東。《新志》載卓於開封府下，又云卓墓在府城内，皆誤也。卓卒於江左大梁，非東晉地也。」《正德潁州志·流寓》：「畢卓。爲吏部郎。以罪謫居鮦陽郡，因家焉。所居前有大池，今俗呼畢卓池。塟鮦陽城東，墓存。」

⑦《三國志·魏書·方伎》：「華佗字元化，沛國譙人也。」《正德潁州志·僊釋》：「華陀［佗］。汝陰人，漢末善醫行。四方有劇疾求之，無不瘳。欲謝之，忽不知所之。」

⑧《晉書·周浚傳》：「周浚字開林，汝南安成人也。」《晉書·周顗傳》：「周顗字伯仁，安東將軍浚之子也。」《大明一統志·汝寧府·人物（晉）》：「周顗。浚子。少有重名，神采秀徹。元帝鎮江左，請爲軍諮祭酒，累遷尚書左僕射，爲護軍將軍。王導甚器重之。逮王敦構逆，顗以忠義折之，遂被害。弟嵩，累官御史中丞。」《正德潁州志·人物·隋》：「周顗。字伯仁，潁人。東晉渡江，爲尚書僕射。王敦反，王導待罪。顗入朝，導呼之，不應而申救。導公忠，後敦殺顗，導不救。他日，導歎曰：『幽冥之間，負此良友。』故後人稱顗汝潁奇士。」呂景蒙《嘉靖潁州志·凡例·正誤》：「周顗並子閔。按《晉書》，汝南安成人。《舊志》誤收。」

⑨《宋史·呂蒙正傳》：「上謂蒙正曰：『卿諸子孰可用？』對曰：『諸子皆不足用，有姪夷簡，任潁州推官，宰相才也。』夷簡由是見知於上。」《宋史·呂夷簡傳》：「呂夷簡字坦夫。先世萊州人，祖龜祥知壽州，子孫遂爲壽州人。夷簡進士及第，補絳州軍事推官，稍遷大理寺丞。」《成化中都志·名宦·潁州（宋）》：「呂夷簡。字坦夫。呂文穆公致政，居洛，真宗祀汾陰過洛，幸其宅，問曰：『卿諸子孰可用？』公對曰：『臣諸子皆豚犬不足用，有姪夷簡任潁州推官，宰相才也。』帝記其語，遂至大用。」呂景蒙《嘉靖潁州志·名宦·宋》：「呂夷簡。字坦夫。先世萊州人，徙壽州。呂文穆公致政，居洛，真宗祀汾陰過洛，幸其第，問曰：『卿諸子孰可用？』公對曰：『臣諸子皆不足用，有姪夷簡任潁州推官，宰相才也。』夷簡由是見知，遂至大用。」

韓琦。《舊志》：「知潁州。公忠政治，嘗與程明道、范文正泛舟遊西湖。」按《宋史》，琦未嘗知潁。《程氏遺書》載：「伊川先生與韓持國、范夷叟泛舟於潁昌西湖。」《朱子語錄》載：「韓維與一呂先生善，屈致於潁昌，暇日同遊西湖。」即今之許州西湖。①

潘美。《近志》載：「美爲潁州團練使。」按《宋史》本傳：「爲泰州團練使。」②

邵雍。《舊志》：「自將作監主簿遷潁州團練推官。」《近志》引《宋史》：「雍舉逸士，補潁州團練推官，固辭不拜。」猶列之《職官》，何邪？③

---

①《二程遺書·楊遵道錄》：「先生云：『韓持國服義最不可得。一日，某與持國范夷叟泛舟於潁昌西湖……』」《成化中都志·辯疑》：「《潁州志》云：『韓琦知潁州，與程明道、范文正泛舟西湖。』按朱子《宋名臣言行錄》引《程氏遺書》載：『伊川先生與韓持國、范夷叟泛舟於潁川西湖。』持國，忠憲公之子維。夷叟，文正公之子純禮也。《朱子語錄》亦云：『韓維與二先生善，屈致於潁昌，暇日同游西湖。』廼許州之西湖，非潁州之西湖也。《潁川志》云：『西湖在州城西北方八九里。』歐陽公《春日西湖寄謝法曹歌》註云：『西湖者，許昌勝地也。』蘇東坡亦有《許州西湖詩》。國朝纂修《性理大全》，誤以韓爲韓琦，修志者遂傳訛而錄之，又誤以潁昌爲潁州，范公爲仲淹，程子爲明道。按《史傳》，魏公平生未嘗仕潁，文正皇祐四年（1052）有潁州之命，而道卒於徐。是時，明道年二十一，伊川年二十，皆不同時，謬之甚也。」呂景蒙《嘉靖潁州志·凡例·正誤》：「韓琦未嘗知潁，《中都志》辯之詳矣。《舊志》誤也。」

②《宋史·潘美傳》：「潘美字仲詢，大名人……李重進叛，太祖親征，命石守信爲招討使，美爲行營都監以副之。揚州平，留爲巡檢，以任鎮撫，以功授秦州團練使……」呂景蒙《嘉靖潁州志·職官表·團練使（宋）》：「（太祖開寶）潘美。大名人。團練使。詳本傳。」

③《宋史·邵雍傳》：「邵雍字堯夫，其先范陽人……嘉祐詔求遺逸，留守王拱辰以雍應，詔授將作監主簿。復舉逸士，補潁州團練推官。皆固辭廼受命，竟稱疾不之官。」《正德潁州志·名宦·宋》：「邵雍。自將作監主簿遷潁州團練推官。卒，贈著作郎，謚康節。」呂景蒙《嘉靖潁州志·凡例·正誤》：「邵雍。舉逸士，補潁州團練推官，固辭。《舊志》以爲自將作監主簿遷潁州團練推官，卒，亦誤。」

張叔夜。《近志》：「嘗倅潁州。」按《宋史》本傳，未嘗出倅。①

岳雲。飛子。《舊志》：「紹興十年（1140），金兀朮圍順昌，爲劉錡所敗；攻郾城，又爲岳飛所敗。先是，飛遣裨將王貴援錡，屯於順昌，又遣子雲直貫虜軍，戰數十合，大敗之。」按《宋史》：「飛大軍在潁昌，諸將分道出戰，飛自以輕騎駐郾城，兵勢甚鋭。兀朮大懼。方郾城再捷，飛謂雲曰：『賊屢敗，必還攻潁昌，汝宜速援王貴。』既而兀朮果至，貴將遊奕、雲將背嵬戰於城西。雲以兵八百決戰，步軍張左右翼繼之，殺兀朮壻夏金吾，兀朮始遁。」②

趙葵。《舊志》：「爲破虜大將軍。開慶中賊金爲胡元淩滅不支，宋軍入信州，留屯以俟策應。尋以粮盡，兵還。民亦念之。」按《宋史》，葵紹定中知滁州，端平中知應天府，嘉熙中知揚州，後以特受樞密使兼參知政事，督視江淮、京西、湖北軍馬。未嘗爲破虜將軍。③

李端愿。《舊志》載：「至和中知潁州。」按《宋史》本傳：「知襄、郢二州。其子評知潁州。」④

孫延仲。《中都志》：「熙寧中以龍圖閣待制守汝陰。」《宋史》《舊志》俱不載。⑤

①《宋史·張叔夜傳》：「張叔夜字稽仲，侍中耆孫也。少喜言兵，以蔭爲蘭州錄事參軍……」《成化中都志·名宦·潁州（宋）》：「張叔夜。字嵇［稽］仲。鄧國公耆孫。其先開封人，徙永豐。嘗倅潁州，後拜簽書樞密院事。從徽欽北狩，惟時欲湯不食粟，至白溝者曰：『過界河矣。』廼矍然起，仰天大呼，遂不復語。明日卒。訃聞，高宗贈觀文殿大學士、醴泉觀使。謚忠文。」呂景蒙《嘉靖潁州志·名宦·宋》：「張叔夜。字嵇［稽］仲。登國公耆孫。其先開封人，徙永豐。嘗倅潁州，拜簽書樞密院事……」

②《宋史·岳飛傳》：「（紹興）十年，金人攻拱亳劉錡告急令飛馳援……方郾城再捷，飛謂雲曰：『賊屢敗，必還攻潁昌，汝宜速援王貴。』既而兀朮果至，貴將遊奕、雲將背嵬戰於城西。雲以騎兵八百挺前決戰，步軍張左右翼繼之，殺兀朮壻夏金吾、副統軍粘罕索堇，兀朮遁去。」《正德潁州志·名宦·宋》：「岳雲。飛子。紹興十年，金兀朮南侵，圍順昌，爲劉錡所敗。至秋，攻郾城，又爲武穆所敗。先是，武穆遣裨將王貴將大軍援錡，屯於順昌，自將輕騎駐郾城。兀朮技窮，與龍虎、蓋天二酋並力來攻。飛遣子雲直貫虜軍，戰數十合，大敗之。兀朮忿甚，夜遁。飛謂雲曰：『賊必還攻潁昌，汝宜速援王貴。』既而兀朮果至。貴將游奕、雲將背嵬戰於城西，殺兀朮婿夏金吾，又大敗之。兀朮僅以身免，遁還汴。及賊檜沮忌飛功，屢詔班師。雲、貴、錡等皆南還，順昌從此陷於胡虜。」呂景蒙《嘉靖潁州志·凡例·正誤》：「岳雲。按《飛傳》及《雲傳》俱云潁昌，並無順昌字。《舊志》云：『紹興十年，金兀朮南侵，圍順昌，爲劉錡所敗。至秋，攻郾城，又爲武穆所敗。先是，武穆遣裨將王貴援錡，屯於順昌，自是輕騎駐郾城。兀朮計窮，與龍虎、蓋天一酋並力來攻。飛遣子雲直貫虜軍，戰數十合，大敗之。兀朮忿甚，夜遁。飛謂雲曰：『賊必還，攻潁昌，汝宜速援王貴。』既而兀朮果至。貴將雲奕、雲將背嵬戰於城西，殺兀朮婿夏金吾，又大敗之。兀朮僅以身免，遁還汴。及賊檜沮忌飛功，屢詔班師。雲、貴、錡等皆南還，順昌從此陷於胡虜。』」

③《宋史》有傳。《正德潁州志·名宦·宋》：「趙葵，破虜大將軍。理宗開慶中，賊金爲胡元凌滅，不支。宋軍入信州，留屯以俟策應。尋以粮盡，兵少退還，民亦念之。」呂景蒙《嘉靖潁州志·凡例·正誤》：「趙葵，按本傳與潁州並無干。《舊志》誤收，且曰：『破虜大將軍。開慶中，賊金爲胡元凌滅，不支。宋軍入信州，留屯以俟策應。尋以粮盡，兵少退還。民亦念之。』」

④《宋史·李遵勗傳》附傳：「端愿字公謹……累進邢州觀察使鎮東軍留後知襄、郢二州……評字持正……以滎州刺史出知潁州……」《成化中都志·名宦·潁州（宋）》：「李端愿。至和中知潁州，遷鎮東軍節度觀察使。」呂景蒙《嘉靖潁州志·凡例·正誤》：「李端愿。按本傳，知襄、郢二州，非潁州也。《中都志》曰：『至和中知潁州，遷鎮東軍節度觀察使，蓋因其子評曾知潁州而誤也。』」

⑤《宋史·孫祖德傳》：「孫祖德字延仲，濰州北海人。父航，監察御史、淮南轉運。祖德進士及第，調濠州推官、校勘館閣書籍……累遷右諫議大夫、知河中府。歷陳許蔡潞鄆亳州、應天府，以疾得潁州，除吏部侍郎致仕，卒。有《論事》七卷。」歐陽修《酬孫延仲龍圖》詩註：「延仲，前守汝陰。」《成化中都志·名宦·潁州（宋）》：「孫延仲。熙寧中以龍圖閣待制守汝陰。」呂景蒙《嘉靖潁州志·凡例·正誤》：「孫延仲。俱無可考。蓋當時郡名潁州，非汝陰。《中都志》云：『熙寧中以龍圖閣待制守汝陰。』誤也。」

蘇轍。《中都志》：「以哲宗朝論事出知潁州，崇寧中致仕，居潁。」按《宋史》：「轍會廷試進士，李清臣撰策，題爲邪說，上疏劾之。哲宗以引漢武方先朝，落其職，知汝州。崇寧中，蔡京當國，又罷祠，居許州。後致仕，築室於許，號潁濱遺老。」①

劉福通。《近志·外傳》載爲潁人。至正間，因與山童以紅巾爲號，破潁州，據朱皋，攻羅山諸縣，顛末甚悉。於李穀反不錄，豈穀不如通邪？②

李宜春曰：《舊志》者，成化丁酉（1477）劉同知節纂也，只載州事；《近志》通衛、二縣載焉，廼嘉靖丙申（1536）呂判景蒙所撰。今二本固在，觀者當自辨之。

方伎六人

漢

周義山。字季道［通］，汝陰人。丞相勃後。從父秘刺史陳留時，年十六，讀書外，嘗凌晨向日嗽咽服氣百數，如是者經年。

父怪而問之，對曰：「某好此日景長輝，是以服食之。」陳留大侵，又傾家財濟之。有黄泰者，元鳳中寓陳留，著敗衣，賣芒履，義山奇之，曰：「此目方面光，必僊人也。」使人買芒履，陰以金帛著物中與之。泰後詣義山，謝曰：「我中岳僊人蘇子玄也，聞君好

①《宋史·蘇轍傳》：「蘇轍字子由，年十九，與兄軾同登進士科，又同策制舉……崇寧中，蔡京當國，又降朝請大夫，罷祠，居許州，再復大中大夫致仕。築室於許，號潁濱遺老，自作傳萬餘言，不復與人相見。終日黙坐，如是者幾十年。」《成化中都志·名宦·潁州（宋）》：「蘇轍。字子由。軾弟。累官門下侍郎。哲宗朝論事，出知潁州，崇寧中致仕，居潁。卒謚文定。」呂景蒙《嘉靖潁州志·凡例·正誤》：「蘇轍。按本傳，並無官潁事。又云：『築室於許，號潁濱遺老。』《中都志》云：『論事出知潁州，崇寧致仕，居潁。』皆誤。」

②《元史·順帝紀》：「（至正十一年）五月己酉朔，日有食之。辛亥，潁州妖人劉福通爲亂，以紅巾爲號，陷潁州。初，欒城人韓山童祖父，以白蓮會燒香惑衆，謫徙廣平永平［年］縣。至山童，倡言天下大亂，彌勒佛下生，河南及江淮愚民皆翕然信之。福通與杜遵道、羅文素、盛文郁、王顯忠、韓咬兒復鼓妖言，謂山童實宋徽宗八世孫，當爲中國主。福通等殺白馬、黑牛，誓告天地，欲同起兵爲亂，事覺，縣官捕之急，福通遂反。山童就擒，其妻楊氏，其子韓林兒，逃之武安……是月，劉福通據朱臯，攻破羅山、真陽、確山，遂犯舞陽、葉縣等處……」呂景蒙《嘉靖潁州志·外傳·元》：「劉福通。潁州人。元至正辛卯（1351），四方盜起，欒城韓山童倡言天下當大亂。福通因稱山童爲宋徽宗八世孫，當爲中國主，廼刑牲，誓告天地，遂同起兵，以紅巾爲號。（出《綱目》。）初，庚寅歲（1350），山童以百姓苦賈魯治河之役，因挾詐，陰鑿石人，止開一眼，鐫其背曰：『莫道石人一隻眼，此物一出天下反。』預當開河道埋之，掘者得之，遂相爲驚詫而謀亂，至是與福通合。縣官補之急，山童就擒，妻子逃於武安。惟福通黨盛不可制，遂破潁州，據朱臯，攻羅山諸縣，犯武陽，陷汝寧府及光、息二州，衆至十萬。乙未，福通自碭山夾迎韓林兒，稱宋帝。林兒，山童子也。戊戌，破汴梁，奉其主入都之。分兵畧山東西地，遂破遼州。其黨關先生破上都，焚宮闕。己亥秋八月，元察罕帖木兒克汴梁，福通以其主復走安豐。癸亥，張士誠將呂珍入安豐，殺福通，據其城。」

道，陰德流行，是以相詣。」義山再拜而進，自陳少好長生，乞請奇要，僊人遂以授之。後爲紫陽真人，白日昇天。①

許曼。平輿人。祖父峻善占卜之術，時人方之京房。所著有《易林》。曼少傳其學。桓帝時，隴西太守馮緄始拜郡開綬笥，有兩赤蛇分南北走，令曼筮之。曰：「三歲之後，君當爲邊將，行東北三千里。復五年，更爲大將軍。」南征後，果爲遼東太守，討鮮卑，復拜車騎將軍，擊武陵蠻。如其占。餘多徵驗。②

晉

隗炤。汝陰人也。善於《易》。臨終，善版授其妻，曰：「吾亡後，當大荒窮離，汝慎莫賣宅也。當有詔使來頓此亭，姓龔者，負吾金，即以此版責之。」炤亡後，其家大困，欲賣宅，憶言夫［夫言］輒止。期日，有龔使者止亭中，妻遂齎版往責之。使者執版惘然，不知所以。妻曰：「夫臨亡手書版，見命如此，不敢妄也。」使者良久而悟，曰：「賢夫何善？」妻曰：「夫善於《易》。」使者曰：「噫！可知矣！」迺取蓍筮之，卦成，撫掌而歎曰：「妙哉！隗生含明隱蹟，可謂鏡窮達而洞吉凶者也。」於是告炤妻曰：「吾不相負金也，賢夫自有金耳，知亡後漸窮，故藏金以待。所以不告者，恐金盡而困無已也。知吾善《易》，故書版以寄意耳。金有五百斤，盛以青瓮，覆以銅柈，埋在堂屋東頭，去壁一丈，入地九尺。」妻還掘之，果如卜。③

隋

張路斯。即張龍公。詳載在龍公《廟碑記》。④

①詳見《雲笈七籤·紫陽真人周君内傳》。《成化中都志·道釋神僊異人·潁州》：「周義山。字季道［通］，汝陰人。丞相勃之後也。父秘，陳留刺史，義山年十六，讀書外，嘗以平旦日出時東向嗽咽服氣百數，經年。父問之，對曰：『義山中心好此日光長景之暉，是以服之。』是歲，陳留荒，多飢民，義山傾家財以濟之。有黄泰者，元鳳中寓陳留，著敗衣，賣芒履，義山見之，曰：『聞《僊經》云：僊人目方面光。』密奇之，使人買芒履，常以金帛著物中，陰以與之。泰後詣義山，延之靜室，泰曰：『聞君好道，陰德流行，感於我，是以相謁。我，中嶽僊人蘇子玄也。』義山再拜，膝行而進，自陳少好長生，今靈啟神降，得接聖顔。廼請乞奇要，僊人遂授以長生之道。後義山爲紫陽真人，白日昇天。」《南畿志·鳳陽府·僊釋》：「周義山。漢汝陰人。丞相勃之後也。年十六，嘗以平旦日出時東向嗽咽服氣百數，父問之，對曰：『義山中心好此日光長景之暉，是以服之。』有黄泰者，寓陳留，著敗衣，賣芒履。義山延之靜室，泰曰：『我中嶽僊人蘇子玄也。』遂投以長生之道。後義山爲紫陽真人，白日飛昇。」呂景蒙《嘉靖潁州志·方伎·漢》：「周義山。字季道［通］，汝陰人。丞相勃之後也。父秘，陳留刺史。義山年十六，讀書外，嘗以平旦日出時東向嗽咽服氣百數，經年。父問之，對曰：『義山中心好此日光長景之暉，是以服之。』是歲，陳留荒，多饑民，義山傾家財以濟之。有黄泰者，元鳳中寓陳留，著敗衣，賣芒履，義山見之，曰：『聞《僊經》云：僊人目方面光。』密奇之，使人買芒履，常以金帛著物中，陰以與之。泰後詣義山，延之靜室，泰曰：『聞君好道，陰德流行，感於我，是以相謁。我，中嶽僊人蘇子玄也。』義山再拜，膝行而進，自陳少好長生，今靈啟神降，得接聖顔。廼請乞奇要，僊人遂授以長生之道。後義山爲紫陽真人，白日昇天。」《順治潁州志·僊釋傳·漢》同。

②事見《後漢書·許曼傳》。《成化中都志·藝術·潁州》：「許曼。汝南平輿人。祖父峻，字季山，善占卜之術，多有顯驗，時人方之前世京房。所著《易林》行於世。曼少傳峻學。桓帝時，隴西太守馮緄始拜郡開綬笥，有兩赤蛇分南北走，令曼筮之，曰：『三歲之後，君當爲邊將官，有東名，當東北行三千里。復五年，更爲大將軍南征。』延熹元年（158），緄果爲遼東太守，討鮮卑。至五年（162），復拜車騎將軍，擊武陵蠻。皆如占。其餘多類此云。」《順治潁州志·方技傳·漢》：「許曼。（卜。）汝南平輿人也。祖峻善占卜術，多有顯驗，時人方之京房。自云：少嘗篤病，三年不愈，廼謁太山請命，行遇道士張巨君，授以方術。所著《易林》，至今行世。曼少從傳峻學。桓帝時，隴西太守馮緄始拜郡開綬笥，有兩赤蛇分南北走。緄令曼筮之，卦成，曼曰：『三歲之後，君當爲邊官，當東北行三千里。復五年，更爲大將軍南征。』延熹元年（158），緄出爲遼東太守，討鮮卑。至五年，復拜車騎將軍，擊武陵蠻賊。皆如占。其餘多此類云。」

③事見《晉書·隗炤傳》。《大明一統志·中都·潁州（人物）》：「隗炤。汝陰人。善《易》。臨終，書板授妻，曰：『後五年春，當有詔使來，姓龔。此人負吾金，即以此板往責。』至期，果有龔使至，妻齎板往，使者惘然，良久廼悟。取蓍筮之，歎曰：『妙哉！吾不負金，汝夫自有

金。知汝漸困，故藏金以待。知我善《易》，故書板以寓意耳。金五百斤，盛以青甕，覆以銅柈，在屋東，去壁一丈，入地九尺。』掘之，如卜。」《成化中都志·藝術·潁州》：「隗炤。晉汝陰人。善《易》。臨終，書板授妻，云：『後五年春，當有詔使至，姓龔。此人負吾金，即以此板往索。』至期，果有龔使至，其妻齎板往，使者惘然，良久迺悟。取蓍筮之，歎曰：『妙哉！隗兄可謂鏡窮達而洞吉凶者也。吾不負金，汝夫自有金。知亡後當暫窮，故藏金以待。知我善《易》，故書板以寄意耳。金五百斤，盛以青甕，覆以銅盤，在屋東，去壁一丈，入地九尺。』掘之，如卜。」《正德潁州志·人物·隋》：「隗炤。汝陰人。善《易》。臨終，書版授妻，曰：『後五年，當有詔使來，姓龔。此人負吾金，即以此版往責。』至期，果有龔使，妻賫版往，使者惘然，良久迺悟。取蓍筮之，歎曰：『妙哉！吾不負金，汝大自有金。知汝漸困，故藏金以待。知我善《易》，故書版以寓意爾。金五百斤，盛以青甕，覆以銅柈，在屋東，去壁一丈，入地九尺。』掘之，如卜。」《順治潁州志·方技傳·晉》：「隗炤。（卜。）汝陰人也。善於《易》。臨終，書版授其妻，曰：『吾亡後，當大荒。雖窮，爾慎莫賣宅也。後五年春，當有詔使來頓此亭，姓龔，此人負吾金，即以此版往責之。』炤亡後，其家大貧乏，欲賣宅，憶言夫［夫言］輒止。期日，有龔使者止亭中，妻遂賫［齎］版往責之。使者執版惘然，不知所以。妻曰：『夫臨亡手書版，見命如此，不敢妄也。』使者沉吟良久而悟，曰：『賢夫何善？』妻曰：『夫善於《易》，未曾爲人卜也。』使者曰：『噫！可知矣！』迺取蓍筮之，卦成，撫掌歎曰：『妙哉！隗生含明隱蹟，可謂鏡窮達而洞吉凶者也。』於是告炤妻曰：『吾不相負若金也，賢夫自有金耳，知亡後當暫窮，故藏金以待太平。所以不告兒婦者，恐金盡而困無已也。知吾善《易》，故書版以寄意耳。金有五百斤，盛以青瓮，覆以銅柈，埋在堂屋東頭，去壁一丈，入地九尺。』妻還掘之，皆如卜焉。」

④《南畿志·鳳陽府·方外（僊釋）》：「張路斯，潁上人。唐景龍［隆］中爲宣城令。夫人石氏，生九子。張罷令歸。每夕出，自戊［戌］至丑歸。常體冷且濕，石氏異而詢之。張曰：『吾龍也，蓼人鄭祥遠亦龍也。據吾池。吾屢與戰，未勝。明日取決，可令吾子挾弓矢射之，繫鬣以青綃者，鄭也。絳綃者，吾也。』九子如其言，遂射中青綃。鄭怒，投合肥西山死。由是張與九子俱化爲龍。」《大明一統志·中都·潁州（人物）》：「張路斯，潁上人。年十六，中隋明經第。仕唐，爲宣城令，以才能稱。」《成化中都志·孝行·潁上縣》：「張路斯，其先南陽人，家於潁上百社村。隋初，年十六，明經登第。爲宣城令，以才能稱。後罷歸，於縣治西南四十里淮潤鄉蜕骨化龍，其地名龍池。歐陽文忠公《集古錄》跋尾云：『《張龍公碑》，唐布衣趙耕撰，云：君諱路斯，潁上百社人也。隋初明經登第，景龍［隆］中爲宣城令。夫人關洲石氏，生九子。公罷令歸。每夕出，自戊［戌］至丑歸。常體冷且濕，石氏異而詢之。公曰：吾龍也，蓼人鄭祥遠亦龍也。騎白牛據吾池，自謂鄭公池。吾屢與戰，未勝。明日取決，可令吾子挾弓矢射之，繫鬣以青綃者，鄭也。絳綃者，吾也。子遂射中青綃。鄭怒，東北去，投合肥西山死，今龍穴山是也。由是公與九子俱復爲龍。亦可謂怪矣。余嘗以事至百社村，過其祠下，見其林樹陰蔚，池水窈然，誠異物之所託。歲時禱雨，屢獲其應，汝陰人尤以爲神也。』」《正德潁州志·人物·隋》：「張路斯，潁上百社人。年十六，以明經登隋進士第。景隆中爲宣城令，以才能稱。罷

歸。每夕出，自戌至丑歸。常體冷且濕，夫人石氏異而詢之。公曰：『吾龍也。蓼人鄭祥遠亦龍也，騎白牛據吾池。屢與戰，未勝。明日取決，可令吾子挾弓矢射之。繫鬣以青綃者，鄭也。絳綃者，吾也。』子遂射中青綃，鄭怒去。公與九子皆化爲龍。」呂景蒙《嘉靖潁州志·方伎·隋》：「張路斯。其先南陽人，家於潁上百社村。隋初，十六明經登第。爲宣城令，以才能稱。後罷歸。於縣治西南四十里淮潤鄉蛻骨化龍，其地名龍池。歐陽文忠公《集古錄》跋尾云：『《張龍公碑》，唐布衣趙耕撰，云：君諱路斯，潁上百社人也。隋初，明經登第。景隆中，爲宣城令。夫人關洲石氏，生九子。公罷令歸。每夕出，自戌至丑歸。常體冷且濕，石氏異而詢之。公曰：「吾龍也，蓼人鄭祥遠亦龍也。騎白牛據吾池，自謂鄭公池。吾屢與戰，未勝。明日取決，可令吾子挾弓矢射之。繫鬣以青綃者，鄭也；絳綃者，吾也。」子遂射中青綃。鄭怒，東北去，投合肥西山死。今龍穴山是也。由是公與九子俱復爲龍，亦可謂怪矣。余嘗以事至百社村，過其祠下，見其林樹陰蔚，池水窈然，誠異物之所託。歲時禱雨，屢獲其應，汝陰人尤以爲神也。』」《順治潁州志·僊釋傳·隋》：「張路斯。其先南陽人，家於潁上百社村。隋初，十六明經登第。爲宣城令，以才能稱。後罷歸。於縣治西南四十里淮潤鄉蛻骨化龍，其地名龍池。歐陽文忠公《集古錄》跋尾云：『《張龍公碑》，唐布衣趙耕撰，云：君諱路斯，潁上百社人也。隋初，明經登第。景隆中，爲宣城令。夫人關洲石氏，生九子。公罷令歸。每夕出，自戌至丑歸。常體冷且濕，石氏異而詢之。公曰：「吾龍也，蓼人鄭祥遠亦龍也。騎白牛據吾池，自謂鄭公池。吾屢與戰，未勝。明日取決，可令吾子挾弓矢射之。繫鬣以青綃者，鄭也；絳綃者，吾也。」子遂射中青綃。鄭怒，東北去，投合肥西山死。今龍穴山是也。由是公與九子俱復爲龍，亦可謂怪矣。余嘗以事至百社村，過其祠下，見其林樹陰鬱，池水窈然，誠異物之所託。歲時禱雨，屢應，汝陰人尤以爲神也。』蘇子瞻迎祀潁之西湖，有《昭靈侯張龍公祠記》。」

唐

劉太〔大〕師。不詳何地人，人亦莫知其名，因以太〔大〕師呼之。初騎白馬過油店橋，見久盲者，以藥點之，立愈。倏而來，倏而去。一日忽墮馬，坐林下鼾睡如雷，即之不見。後人因睡所爲寺，今稱其橋爲迎僊橋云。①

明

張古山。潁州人。幼端重不流，父母欲昏娶之，不從，廼寄蹟迎祥觀。永樂間，以高道召爲武當山提點。能預言未形事。後入山採藥，莫知所終。今迎祥觀存所遺渾元衣，有學制者，竟莫能肖。②

寺一十九

資福寺。在州南城。③

善現寺。在州東五十五里。舊名北照。我太祖起兵駐驆於此。④

艾亭寺。在州南鄉古艾亭臺之上。⑤

香臺寺。在州沈丘乳香臺上。⑥

白龍菴。在州北關。⑦

觀音臺。在州西田村集。⑧

①《正德潁州志·僊釋》：「大師。姓劉。唐時騎白馬過油店橋，以藥點久盲者，立明復初。因號橋曰迎僊。往來倏忽，一日再至。趺坐大林中，鼾睡如怒濤，即之不見。後人爲立寺睡所。」呂景蒙《嘉靖潁州志·方伎·唐》：「劉大師。唐時姓劉者，不詳何地人，人莫知名，因以太師呼之。劉初騎白馬過油店橋，見久盲者，以藥點之，立愈。往來倏忽。一日再至，墜馬，坐林下鼾睡如怒濤，即之不見。後人爲寺於睡所，今猶稱其橋爲迎僊云。」《順治潁州志·僊釋傳·唐》：「劉大師。唐時姓劉者，不詳何地人，人莫知名，因以大師呼之。劉初騎白馬過油店橋，見久盲者，以藥點之，立愈。往來倏忽。一日再至，墜馬，坐林下鼾睡如怒濤，即之不見。後人爲寺於睡所。今猶稱其橋爲迎僊云。」

②《成化中都志·道釋神僊異人·潁州》：「張古山，本州人。幼端重不流。父兄爲娶，不從。出家，居迎祥觀。以高道，召爲武當提點，能預言未來事。入山採藥，不知所終。」《正德潁州志·僊釋》：「張古山，本州人。幼清重不流。父兄爲聘，堅不從。誘以他，不動。遁身迎祥觀，以高道，召爲武當提點，能預言未形事。入山採藥，不知所終。」呂景蒙《嘉靖潁州志·方伎·皇明》：「張師古。潁州人。幼端重不流，父母嘗欲爲聘，不從。誘以他，不動。出家，居迎祥觀。以高道，召爲武當提點。能預言未形事。後入山採藥，不知所終。今迎祥觀存所遺渾元衣，後有學制者，竟莫能肖。」《順治潁州志·僊釋傳·唐》：「張師古。潁州人。幼端重不流，父母嘗欲爲聘，不從。誘以他，不動。出家，居迎祥觀。以高道，召爲武當提點。能預言未形事。後入山採藥，不知所終。今迎祥觀存所遺渾元衣，後有學制者，尋厥體裁，竟莫能測其所命意，蓋先天河圖，火候之數所寓也。若張三豐遊於潁，而古山師事之，衣爲三豐所遺云。」

③《大明一統志·中都·潁州（寺觀）》：「資福寺。在潁州土城西南。宋建，本朝洪武中重修。」《成化中都志·寺院·潁州》：「資福寺。在州治南土城西南隅。宋建，洪武十六年（1383）修，僧正司在焉。」《正德潁州志·寺觀》：「資福寺。在南城南門内大街西街衕内，僧正司在焉。每歲萬壽節、履端、長至，俱於寺習儀。」呂景蒙《嘉靖潁州志·輿地下·寺（州）》：「資福。在南城。」

④《成化中都志·寺院·潁州》：「善現寺。洪武初敕建，後因頽壞，永樂九年（1411）奉敕重建。」《正德潁州志·寺觀》：「善現寺。在州東五十五里。舊名北照寺。太祖高皇帝起兵駐蹕於此。洪武二十五年（1392）建寺，三十五年被亂兵焚毀。永樂初重修，更題宿緣寺。」呂景蒙《嘉靖潁州志·輿地下·寺（州）》：「善現。在東五十五里，舊名北照。太祖高皇帝起兵駐驛於此，洪武二十五年建。」

⑤《成化中都志·寺院·潁州》：「艾亭寺。在南鄉古艾亭基上。」《南畿志·鳳陽府·潁州（方外）》：「艾亭寺。在古艾亭基上。」《正德潁州志·寺觀》：「艾亭寺。在南鄉古艾亭墓臺上。寺西北有泉流出，溉田。」呂景蒙《嘉靖潁州志·輿地下·寺（州）》：「艾亭。在南鄉古艾亭之上。」

⑥《成化中都志·寺院·潁州》：「香臺寺。在沈丘乳香臺上，四面皆潁水遶之。」《正德潁州志·寺觀》：「香臺寺。在沈丘乳香臺之上。臺四面皆潁水遶流，至冬則南向地出。」呂景蒙《嘉靖潁州志·輿地下·寺（州）》：「香臺。在沈丘乳香臺之上。」

⑦《正德潁州志·寺觀》：「白龍菴。在北關。成化中僧濟拳募修白龍溝橋，買地橋南，闢衢通道，以便行旅。築菴橋畔，以卓錫焉。菴前立有建橋碑。」呂景蒙《嘉靖潁州志·輿地下·寺（州）》：「白龍菴。在雙廟之右。」

⑧《正德潁州志·寺觀》：「觀音臺。在西鄉田村集預備倉之西。」呂景蒙《嘉靖潁州志·輿地下·寺（州）》：「觀音臺。西田村集西。」

龍興寺。在潁上縣通津門內。① 綦毋潛詩：

香刹夜忘歸，松清古殿扉。燈明方丈室，珠繫比丘衣。白日傳心淨，青蓮喻法微。天花落不盡，處處鳥銜飛。②

宿緣寺。在潁上縣南五十里漕口鎮，即古南照寺。③ 都御史熊□詩：

宿緣多古柏，聖祖有遺踪。一水環如帶，千家護若墉。北山天命作，南照法門宗。愛此殊林好，遊觀不厭重。

御史劉淮詩：

幽逕驚蛇曲，雲寒老樹深。拂碑尋舊事，聽磬坐禪林。淮水明羅帶，常山削玉簪。東南無此地，何處嘯清吟。

新興寺。在潁上縣西南五十里。④

清涼寺。在潁上縣西南三十五里同丘。⑤

竹城寺。在潁上縣西北五十里。⑥

靈臺寺。在潁上縣西南五十里。⑦

---

①《成化中都志·寺院·潁上縣》：「龍興寺。舊址在通津門內。元末兵廢，爲倉。洪武六年（1373）創建於城外北關，十六年（1383）開設僧會司。」《南畿志·鳳陽府·潁上（方外）》：「龍興寺。舊在通津門內，廢於兵。洪武中創建於城北，設僧會司。」呂景蒙《嘉靖潁州志·輿地下·寺（潁上）》：「龍興。在通津門內。綦毋潛詩：『香刹夜忘歸，松清古殿扉。燈明方丈室，珠繫比丘衣。白日傳心淨，青蓮喻法微。天花落不盡，處處鳥銜飛。』」《順治潁上縣志·風俗·寺觀》：「龍興寺。舊在東門內，元末兵廢，改爲潁上縣倉。明洪武六年，僧得津、了成創於北關。天順庚辰（1460），江西賈僧釋郎休重修。此僧不分寒暑，著一衲頭，人咸以衲頭和尚稱之。舊寺無禪林，天啟年間，邑人知州高天祐獨力創建藏經閣五間，更置齋僧愿田軍地二所。今因寇變地荒，止餘熟地數十畝，照軍冊納差不缺。募衆建東西廊樓二座，共十間。又募修已廢方丈五間，傍立署縣事通判唐公時生位，以爲禪堂護法。」

②此詩，在《衆妙集》等選集或總集中均題作《宿龍興寺》。

③《成化中都志·寺院·潁上縣》：「宿緣寺。在縣西南六十里，古南趙寺也。元末兵廢，洪武二十五年（1392）差內官梁丙進創建，二十六年（1393）敕賜額宿緣。」《南畿志·鳳陽府·潁上（方外）》：「宿緣寺。在縣西南六十里，古南趙寺也，廢於兵。洪武間重建，賜今額。」呂景蒙《嘉靖潁州志·輿地下·寺（潁上）》：「宿緣。在南五十里，即漕口鎮古南照寺。」《順治潁上縣志·風俗·寺觀》：「宿緣寺。西南五十里，即漕口鎮古南照寺也。洪武十五年（1382），敕太監梁丙進重建，賜欽錄一通，銅鍾一口，鼓一面，銅云板一面，寺田一千頃。明末屢經寇躪，寺宇盡廢，寺田荒蕪。」

④呂景蒙《嘉靖潁州志·輿地下·寺（潁上）》：「新興。在西南五十里。」《順治潁上縣志·風俗·寺觀》：「新興寺。縣西南四十里。」

⑤呂景蒙《嘉靖潁州志·輿地下·寺（潁上）》：「清涼。在西南三十五里同丘。」《順治潁上縣志·風俗·寺觀》：「清涼寺。西南四十里同丘村。」

⑥呂景蒙《嘉靖潁州志·輿地下·寺（潁上）》：「竹城。在西北五十里。」《順治潁上縣志·風俗·寺觀》：「竹城寺。西北五十里，江子口西岸。」

⑦呂景蒙《嘉靖潁州志·輿地下·寺（潁上）》：「靈臺。在西南五十里。」《順治潁上縣志·風俗·寺觀》：「靈臺寺。西南五十里淮潤鄉。」

古城寺。在潁上縣北二十里。①

水月寺。在潁上縣西正陽鎮。② 兩淮運使薛□詩：

野人未解逢冠蓋，休訝乘間此寺來。石徑雖存迷不掃，禪門深閉叩還開。恰逢花雨階前落，直到藤蘿頂上回。更擬再遊天欲晚，且從深酌足吾裁。

又：

萬戶日高人已食，山僧無事夢初醒。鳩鳴別樹誰家雨，鵲噪危巢客子情。具［貝］葉照時元有證，浮雲蔽處自須明。從來不負平居志，一路隨風夾掉生。

又：

碧桃也自種僧家，却任開花與落花。落處一年驚変態，開時三月見天葩。傳春總向無言識，剪錦空教滿地賒。幾爲琳宮題大壁，子規聲已遍天涯。

州同知潘仁詩：

古刹臨流活，盈眸景最佳。銀鋪江上鷺，墨潑樹頭鴉。屋角留殘照，鍾聲送落霞。山僧延客久，次第煮香茶。

興國寺。在太和縣東二百步。③

運丘寺。在太和縣東北三十里。④知縣林墰《道中傷蝗詩》：

尋群東跳滿町塲，天地何辜煽此殃。虻賊不仁流族盛，生民無計力殲傷。菊黄豆白曾遺種，蔌長莎方且滅秧。幸我在封災却足，漸何政蹟兆嘉祥。

---

①呂景蒙《嘉靖潁州志·輿地下·寺（潁上）》：「古城。在北二十里。」《順治潁上縣志·風俗·寺觀》：「古城寺。縣北三十里。四圍，城址中建其寺。」

②呂景蒙《嘉靖潁州志·輿地下·寺（潁上）》：「水月。在西正陽鎮。州同知潘潁詩：『古刹臨流活，盈眸景最佳。銀鋪江上鷺，墨潑樹頭鴉。屋角留殘照，鍾聲送落霞。山僧延客久，次第煮香茶。』知縣允莊詩：『一水縈迴萬柳園，等閒下馬輒忘歸。拓開世外一世界，點出化中萬化機。竹塢暗藏春淡蕩，風花撩亂影離披。拈來寫作詩中話，喚醒閭閻俗眼知。』」《順治潁上縣志·風俗·寺觀》：「水月寺。在西正陽鎮。」

③呂景蒙《嘉靖潁州志·輿地下·寺（太和）》：「興國。在東二百步。」《萬曆太和縣志·輿勝·寺宇》：「興國寺。在城東門內。景泰甲戌年（1454）建，時因掘地得斷碣興國二字，因以名寺。有《碑記》見《藝文》。今祝聖旨鐫於此。」

④呂景蒙《嘉靖潁州志·輿地下·寺（太和）》：「運丘。在東北三十里。」《萬曆太和縣志·輿地·古蹟》：「運丘。在縣東北三十五里，突起茨河之中，其形若龜逆流而上，建寺於背，名運丘寺，河水周流環遶，臺殿若玉玦，識亦上方之勝槩也。」《萬曆太和縣志·輿勝·寺宇》：「運丘寺。在縣東四十里。」

天宫寺。在太和縣東三十里。①

龍泉寺。在太和縣北七十里。②

三塔寺。在太和縣東三十里。③

觀二

迎祥觀。在州南城西北隅。④

東華觀。在潁上縣十字街西北。⑤

李宜春曰：方伎異流，君子所不道也，余惟因其舊记焉。近有白蓮教扇惑群迷，猶有死而不悟，何哉？

①《成化中都志・寺院・太和縣》：「天宮寺。在縣治東三十里添保鄉。」呂景蒙《嘉靖潁州志・輿地下・寺（太和）》：「天宮。在東三十里。」《萬曆太和縣志・輿勝・寺宇》：「天宮寺。在縣（東）三十里。」

②呂景蒙《嘉靖潁州志・輿地下・寺（太和）》：「龍泉。在北七十里。」《萬曆太和縣志・輿勝・寺宇》：「龍泉寺。在縣西北六十里。」

③《成化中都志・寺院・太和縣》：「三塔寺。在縣治東北七十里。俱久廢。」呂景蒙《嘉靖潁州志・輿地下・寺（太和）》：「三塔。在東三十里。」《萬曆太和縣志・輿勝・寺宇》：「三塔寺。在縣東三十五里。」

④《大明一統志・中都・潁州（寺觀）》：「迎祥觀。在潁州治南。元泰定間建，本朝洪武間重建。」《成化中都志・宮觀・潁州》：「迎祥觀。在州治南土城中西北隅。大定二年（1162）創建，洪武十五年（1382）重修，道正司在焉。」《南畿志・鳳陽府・潁州（方外）》：「迎祥觀。在南土城西北隅，洪武中設道正司。」《正德潁州志・寺觀》：「迎祥觀。在南城西北隅，道正司在焉。」呂景蒙《嘉靖潁州志・輿地下・觀（州）》：「迎祥。在南城西北隅。」

⑤《成化中都志・宮觀・潁上縣》：「東華觀。在城十字街西北。建於元末，因兵廢，洪武十年（1377）重建。」《南畿志・鳳陽府・潁上（方外）》：「東華觀。在十字街西北。」呂景蒙《嘉靖潁州志・輿地下・觀（潁上）》：「東華。在十字街西北。」《順治潁上縣志・風俗・寺觀》：「東華觀。在城十字街西。《舊志》：元癸丑年（1313），道士李清安創建，兵廢。洪武十年，住持朱守真重建。永樂八年（1410），楊得宜修葺。弘治十五年（1502），住持姚永珊建山門五間，朝元大閣五門。正德十六年（1521），監生李經、李倫建祖師大殿五間，以鑄鐵像真武。萬曆十年（1582），會首郭希倫、張登、張秩、謝盤，住持沈太高重修。三十八年（1610）新建兩廓十間，西已頹敝。舊供玉皇上帝於朝元閣東楹三寶之左，無中正專祀。崇禎八年（1635），邑人知州高天祐，獨力創建玉皇閣三間，高其臺以配前閣，而供帝像於其上。住持尢清澈又募衆創建東西樓六間，其山門、殿宇重葺。又於順治十一年（1654）信生卜世重葺卷棚五間，其格柵、聖像、供器俱飭一新。」

夫《語》以國名，《書》以謹稱，世固有非之瑕之者矣，矧余戔戔然？聞乏臼季之多，物非子產之博，安能免於戾乎？嗟夫！爲志而使人戾吾，吾悲乎其時；爲志而使人不吾戾焉，吾悲乎其志。《志》作於九月初旬，閱載閏而登之木。

嘉靖丁未（1547）冬十月上澣，壺賔李宜春跋。

跋潁志後（張光祖）

跋潁志後
此吾潁新志也舊有之胡
為乎復修也舊志或失
則略或失則浮或失則陋
或失則雜矣是以修之物
乎其日成乎其日匯勤諸
棗匯刻諸梨殫神指鋒
嘉竣修事者吾守李公也
公乃閩豪為一代雅傳學
博而約才贍而敏識多而
擇子固三長備之矣夫是
以能修之也觀其貞樸雅度
遠氣遜思養化利民展期
遒及上蘖下悅口碑載道

源深而流永立而生不假文
士不習墳典夫是以善修之
也肆今新志高山浮雲秋蓬
春葩燁燁鶴鶴變煩增華簡
易匯傳乎予政略者患矣
驕侈匯殺乎季長浮者實
矣學禮物向陋者醇矣書
法如椽肆者統矣雜者萬代
直筆要亦一郡良史遷固而
已詳則及之而況乎舊志學傳
曰言以足志文以足言不言誰
知其志此案之所著跋也嗣
是潁守學仕如公為時採集
俾圖滇蔚圖潁人潁也公道

如頴前胥宮牧教政孔多
志特揭其一云
賜進士第前文林郎四川
道監察御史巡捕巡関巡
按紀功——
恩賜歸田
詔復劉帝鄉人雙溪張
光祖撰

後記

校註李宜春《嘉靖潁州志》，最初是出於以下兩個方面的考慮：一方面，筆者生長於阜陽，工作於阜陽，又無其他能力回報鄉梓，只能整理一些地方文獻。在現存的幾種《潁州志》中，《李志》雖然遲於《正德潁州志》和呂景蒙《嘉靖潁州志》，但版本更爲珍貴，幾十年後的萬曆年間已難覓其本，竟然有孤本傳到今天，實在是過於難得，而且印刷較差，字蹟模糊，甚至有明顯的空白和殘缺，如不進行系統的整理，根本就無法閱讀，更別説爲研究者服務了。另一方面，則是爲了研究生培養的需要。我們學校招收的古代文學專業研究生，一開始根本没有能力直接閱讀古籍刻本。爲了提高他們認字、斷句和標點的水平，進一步培養閱讀和整理古籍的能力，筆者決定讓他們親自動手做一些文獻校註工作。戴歡歡雖然不是我的研究生，但聽説後主動要求參加這樣的工作，《嘉靖潁州志校註（李本）》就是這樣的一個結果。

該書的整理經過以下三個階段：第一個階段，讓戴歡歡對《李志》進行認字、斷句和標點。我要求她每天做一頁，然後發給我看，我在逐字核對原文的基礎上指出其所有的錯誤，當天晚上發還給她。這個工作持續了一年，她做得很辛苦，我也改得很辛苦。

第二個階段，讓戴歡歡做校對和註釋工作。還是要求她每天做一頁，發給我看，我當天把我脩改過的部分和脩改意見發還給她。這個過程進行得很慢，我們共同努力了一年，終於大體完成了這項工作。

第三個階段，戴歡歡補充和完善校註後，我對全部內容又進行了一些增刪。至於後面在完善體例後的統稿、整理工作，就全由我來負責了。

本書是對《李志》的第一次認真整理，目的是給讀者提供閱讀更方便、資料更豐富的一種文本。如果這個目的能達到，則主要是戴歡歡的成績，因爲從斷句、標點到校對、註釋，大部分都是由她完成的；至於其中存在的錯誤和不足，則應該由我承擔，因爲戴歡歡標點的每一句話、校註的每一條內容，我都檢查、修改過三遍以上。

在本書整理過程中，得到了鄭斌、岳冰、劉洪芹的大力幫助。此外，皖北文化中心的朱麗婷主任一直關心本書的進度和出版。在此，謹向他們致以深深的謝意！

張明華

2016年11月23日

書于阜陽師範學院